Hermann-Josef Frisch
Vom Leben erzählen
Wortgottesdienste für Familien mit Kindern
Lesejahr C

Hermann-Josef Frisch

Vom Leben erzählen

Wortgottesdienste für Familien mit Kindern

Lesejahr C

Patmos Verlag Düsseldorf

Wortgottesdienste für Familien mit Kindern
Lesejahr A (Matthäus): In Gemeinschaft feiern *(erscheint im Herbst 1998)*
Lesejahr B (Markus): Zum Geheimnis finden *(erscheint im Herbst 1999)*
Lesejahr C (Lukas): Vom Leben erzählen

– Berücksichtigt die neuen Rechtschreibregeln –

Die Deutsche Bibliothek – CIP-Einheitsaufnahme

Frisch, Hermann-Josef:
Vom Leben erzählen: Wortgottesdienste für
Familien mit Kindern; Lesejahr C /
Hermann-Josef Frisch.
– Düsseldorf: Patmos-Verl., 1997
ISBN 3-491-77030-0

© 1997 Patmos Verlag Düsseldorf
Alle Rechte vorbehalten
1. Auflage 1997
Satz und Gestaltung: Hermann-Josef Frisch
Umschlagentwurf: Volker Butenschön mit einer
Bildvorlage von Eva Degenhardt
Druck und Bindung: Friedrich Pustet, Regensburg
ISBN 3-491-77030-0

Einführung

Weihnachtsfestkreis

Sonntage im Jahreskreis (1. Teil)

Osterfestkreis

Sonntage im Jahreskreis (2. Teil)

Gottesdienste zu besonderen Anlässen

Anhang

Ein Wort zu Beginn

Der Glaube der Christen und ihre Feier des Gottesdienstes ist in unserer Gesellschaft keineswegs mehr selbstverständlich, sondern wird in hohem Maß angefragt. Der Glaube und seine Feier scheinen sich weit vom Leben der Menschen entfernt zu haben, so weit, dass sie nach Meinung vieler keinerlei Beziehung mehr zueinander haben.

»Die Feier des Gottesdienstes bringt mir nichts«, sagen viele, vor allem junge Menschen. »Was habe ich davon für mein Leben?« Entsprechend ist die Teilnahme junger Christen am Gottesdienst ihrer Gemeinde zurückgegangen. Kirche und Gottesdienst – das klingt vielen als verstaubt und überholt im Ohr, ist bestenfalls noch etwas für die Alten.

So müssen unsere Gemeinden neu ansetzen, wenn der Gottesdienst weiterhin die Mitte gemeindlichen Lebens darstellen soll. Sie dürfen sich nicht allein auf die Botschaft des Glaubens in den Büchern der Bibel und in der Geschichte der Christen besinnen, sondern müssen in intensivem Maße das Leben der heutigen Menschen in die Gottesdienste einbeziehen: mit allen Höhen und Tiefen, mit den Sorgen und Freuden, mit dem Leid und dem Glück, mit den Hoffnungen und den Enttäuschungen, die zum Leben gehören. Christen müssen in ihren Gottesdiensten die Sprache heutigen Lebens sprechen, die Fragen heutiger Menschen aufgreifen und Antworten suchen, die heutigen Menschen eine Hilfe sind.

Nur dann werden die Gottesdienste, damit aber auch die Botschaft christlichen Glaubens, für heutige Menschen annehmbar. Nur wenn Menschen erfahren, dass der Glaube ihr Leben bereichert, in seinen Alltäglichkeiten, aber ebenso in seinen existenziellen Fragen, werden sie danach streben, den Glauben tiefer zu lernen und mit anderen zu feiern.

Die Verbindung von Glauben und Leben heute stellt deshalb nicht allein für die Weitergabe des Glaubens an die nachwachsende Generation den entscheidenden Punkt dar, sondern ebenso für die gottesdienstliche Feier des Glaubens. Die Liturgiereform nach dem Zweiten Vatikanischen Konzil war ein Beginn, Leben und Glauben neu zu verbinden. Dieser Anfang muss zu einer ständigen Erneuerung werden, zu einer Neubesinnung auf die Kraft, die der Glaube und seine Feier auch heutigem Leben geben kann: Den Glauben feiern hilft dem Menschen, das Leben zu gestalten und zu bestehen.

Was allgemein für Gottesdienste gilt, gilt für Familiengottesdienste mit Kindern in besonderem Maße. Das Leben der Kinder (und der Erwachsenen) in allen Schattierungen, mit allen positiven und negativen Seiten, mit Lachen und Weinen, Trauer und Freude bildet die eine Seite der Gottesdienstgestaltung. Auf der anderen Seite steht die Botschaft, die uns durch die Bibel und die Tradition der Christen erreicht. Beide Pole müssen in einem ausgewogenen Verhältnis stehen.

Das vorliegende Buch und die beiden anderen Bände zu den Lesejahren A und B setzen an dieser Stelle an und geben vielfältige Anregungen für die eigene Gottesdienstgestaltung. Dabei werden in der Regel die Schrifttexte der Sonn- und Feiertage als Grundlage gewählt. Sie werden allerdings intensiv mit der heutigen Lebenswirklichkeit und der Lebenswelt der Kinder verbunden. So wird der Titel dieses Bandes »Vom Leben erzählen« in die Praxis gemeindlicher Gottesdienste umgesetzt.

Dabei können die Anregungen dieses Buches nur ein Anstoß sein, sich innerhalb der eigenen Lebenssituationen auf den Weg zu machen, Glauben und heutiges Leben miteinander zu verbinden.

Wir wünschen Ihnen, dass Sie diesen Weg in Ihrer Gemeinde gehen können. Wir wünschen Ihnen, dass Sie in den Familiengottesdiensten Ihrer Gemeinde miteinander die Freude des Glaubens erfahren können. Wir wünschen Ihnen, dass die Botschaft des Glaubens Kindern wie Erwachsenen durch gut gestaltete Gottesdienste zugänglich wird und dass sie erfahren, wie durch die Feier des Glaubens das Leben auch in unserer heutigen Welt bereichert wird. Wir wünschen Ihnen, dass Sie in Ihren Gottesdiensten Kindern und Erwachsenen »vom Leben erzählen« können.

Hermann-Josef Frisch

Wortgottesdienste für Familien mit Kindern

Gottesdienste für Familien mit Kindern finden zu unterschiedlichen Gelegenheiten statt und haben von da aus unterschiedliche Gestaltung. Entsprechend der jeweiligen Gemeindesituation und den darin möglichen Gottesdienstangeboten finden sich sehr unterschiedliche Ansätze.

In den meisten Gemeinden liegt der Ursprung von Familienwortgottesdiensten in den früheren Kinder- oder Familienmessen, die als Eucharistiefeiern in der Regel am frühen Sonntagmorgen gefeiert wurden. Kontinuierlich an jedem Sonntag oder in einem bestimmten Rhythmus (etwa alle vierzehn Tage oder einmal im Monat) waren diese Gottesdienste Bestandteil vieler Gemeinden.

Inzwischen hat sich die Situation von zwei Seiten her geändert. Zum einen lässt überall der Besuch der Gottesdienste, auch der Gottesdienste mit Kindern nach. Es ist selbst für Kommunionkinder und ihre Familien keineswegs mehr selbstverständlich, am Sonntagsgottesdienst ihrer Gemeinde teilzunehmen. Dies gilt nicht allein für die Städte, sondern in wachsendem Maß auch für ländliche Gebiete. Der Gottesdienstbesucherrückgang führt bei den Verantwortlichen zur Frage, ob diese Form von Gottesdiensten weiter angeboten werden kann.

Diese Frage gewinnt aufgrund des zunehmenden Personalmangels erhebliche Brisanz. Immer mehr Gemeinden müssen sich einen Priester teilen. Da damit auch die Zahl der sonntäglichen Eucharistiefeiern begrenzt wird, wird in vielen, vor allem den kleinen Gemeinden am Wochenende nur einmal Eucharistie gefeiert, in manchen Gegenden noch nicht einmal an jedem Wochenende. Deshalb kann diese eine Eucharistie nicht oder zumindest nicht regelmäßig auf eine Zielgruppe (hier Familien mit Kindern, gleiches gilt für die Zielgruppe der Jugendlichen, der Alten, der Frauen ...) ausgerichtet sein, sondern muss die ganze Gemeinde im Blick haben.

Wenn so die Familiengottesdienste immer häufiger »auf der Strecke« bleiben, hat dies entscheidende Auswirkungen auf die Weitergabe des Glaubens an die nachwachsende Generation. Wo Kinder den Gottesdienst ihrer Gemeinde als ihrem Leben fremd empfinden, wo sie und ihr Leben in diesen Gottesdiensten nicht »vorkommen«, werden sie kaum noch teilnehmen. Der Gemeindegottesdienst steht damit in der Gefahr, immer mehr zu einer Sache der älteren Gemeindemitglieder zu werden. So ergibt sich eine sich selbst verstärkende Entwicklung einer Entfremdung von Familien mit Kindern vom Gottesdienst der Gemeinden.

Auf verschiedene Weise wird in den Gemeinden gegen diese Entwicklung angegangen:

● Manchmal wird versucht, die sonntäglichen Eucharistiefeiern zwar grundsätzlich auf Erwachsene auszurichten, aber an einer Stelle des Gottesdienstes ein kindgerechtes Element oder eine Beteiligung der Kinder einzubauen, ein Lied etwa oder das Vortragen der Fürbitten durch Kinder ... Dies ist ein wichtiger Ansatz, aber er reicht als einziges Zugeständnis an die Kinder nicht aus.

● Manche Gemeinden trennen einmal oder auch mehrfach im Monat die Zielgruppen während des Wortgottesdienstes: Die Erwachsenen halten den Wortgottesdienst in einer sie ansprechenden Form in der Kirche. Die Kinder versammeln sich in einem anderen geeigneten Raum (etwa Pfarrheim oder Kapelle ...) und feiern dort einen kindgemäßen, sie stark in die Gestaltung einbeziehenden Gottesdienst. Etwa zur Gabenbereitung (manchmal auch früher: zu den Fürbitten) kommen sie dann in die Kirche und feiern den zweiten Teil der Messe zusammen mit den Erwachsenen. Diese Form stellt einen wertvollen Kompromiss dar und sollte, wo immer möglich, gepflegt werden. Anzufragen ist allerdings zum einen die Trennung der versammelten Gottesdienstteilnehmer und zum anderen die Gestaltung des eucharistischen Teils der Messe. Für die Kinder darf kein Bruch zwischen Wortgottesdienst und Eucharistie entstehen; eine verantwortliche Gestaltung muß hierauf Rücksicht nehmen.

● Wieder andere Gemeinden bieten eigene Wortgottesdienste mit Kindern an, die zu einer anderen Zeit als die sonntägliche Eucharistie der Gemeinde (oder der sonntägliche Wortgottesdienst für Erwachsene) stattfinden. Hier gewinnt der Wortgottesdienst für Familien mit Kindern ein eigenes Gewicht. Es werden gezielt nicht allein die Kinder, sondern auch ihre Eltern und andere Familienangehörige eingeladen. Mehr als in der vorhergehenden Form müssen bei der Gestaltung die unterschiedlichen Altersgruppen berücksichtigt werden.

• Neben den Gottesdiensten am Sonntag gibt es in den Gemeinden auch unterschiedliche Formen von Wortgottesdiensten, bei denen Kinder und Familien angesprochen werden können. Dies sind zum einen Gottesdienste zu bestimmten Anlässen wie etwa ein Wortgottesdienst vor dem Martinszug oder ein Kreuzweg oder eine Maiandacht. Ferner können auch zu Schulgottesdiensten oder zu Gottesdiensten anläßlich gemeindlicher Kinderaktivitäten (etwa der Gruppen bei einem KJG-Tag) die Eltern eingeladen und an der Vorbereitung und Gestaltung beteiligt werden.

Kinder- oder Familiengottesdienste

Die sonntäglichen Kindermessen früherer Zeiten waren meist reine *Kinder*gottesdienste. Sie waren weniger auf *Familien*, das heißt auf Kinder *und* auf erwachsene Gemeindemitglieder bezogen. Dies bedeutet nicht, dass nicht auch Erwachsene mit innerem Gewinn an solchen Gottesdiensten teilnehmen konnten. Vielmehr kann eine gut gestaltete Kindermesse mit ihren Zeichen, ihrer Konzentration auf einen Gedanken, ihren lebensnahen Gebeten und Liedern durchaus Erwachsene ansprechen.

Dennoch müssen *Familien*gottesdienste in höherem Maße die unterschiedlichen Altersgruppen bedenken, die zu gemeinsamer Feier zusammenkommen. Es geht darin zwar wesentlich um Kinder, aber nicht ausschließlich. Dies hat Konsequenzen für die Gestaltung, um allen gerecht zu werden. Von den Teilnehmern eines solchen Gottesdienstes wird Toleranz und Rücksicht aufeinander gefordert, die für solche Gottesdienste Verantwortlichen haben aufgrund der heterogenen Zielgruppe eine schwere Aufgabe.

Bei der Vorbereitung von Familiengottesdiensten muss dies berücksichtigt werden. Erwachsene und Kinder sollten an der Gestaltung beteiligt werden, also Texte vortragen, Lieder miteinander singen (warum nicht ein Familienchor von Eltern und Kindern statt eines reinen Kinderchores?), Zeichenhandlungen ausführen und Symbole in den Gottesdienst einbringen. Für jeden Teilnehmer muss deutlich werden, dass Kinder *und* Erwachsene mit diesem Gottesdienst angesprochen werden sollen und ihn mittragen. Die Erwachsenen sind also nicht die Statisten in einem Kindergottesdienst, wie dies früher häufig war. Unsere Vorschläge greifen dies auf.

Glauben und Leben feiern

Wie alle Gottesdienste leben Familiengottesdienste aus der Verbindung und Wechselwirkung von Glauben und Leben. Es geht in ihnen nicht darum, einen lebensfernen Glauben zu verkünden, der in Art einer »Konserve« aus ferner Zeit zu uns gekommen ist. Es geht vielmehr darum, unser heutiges Leben mit all seinem Licht, aber auch mit seinem Schatten aus dem Licht des Glaubens zu betrachten. Unsere Fragen, Sorgen und Nöte werden mit der Botschaft des Glaubens in Verbindung gebracht. Dies stellt jedoch keine Einbahnstraße dar, bei der das Leben die Fragen, der Glauben dagegen die Antworten bietet. Vielmehr muss auch der Glauben angesichts sich ständig verändernden Lebens auch immer wieder neu ausgesagt werden. Leben und Glauben verändern und befruchten sich in gegenseitiger Wechselwirkung. Die Geschichte christlichen Glaubens geht also ebenso weiter wie die Geschichte der menschlichen Gesellschaft.

In Familiengottesdiensten geht es vor allem um das Leben von Eltern und Kindern; die Großelterngeneration sollte nicht übersehen werden, steht aber nicht im Vordergrund. Dabei lässt sich heute nicht mehr von der herkömmlichen Familie bestehend aus Vater, Mutter und mehreren Kindern ausgehen. Die Fülle heutiger Familienformen mit ihren Problemen aber auch Chancen sollte in den Gottesdienst eingebracht werden. Zum Leben von Familien heute gehören die Erfahrung von

Liebe und intensiver Bindung ebenso dazu wie die Erfahrung von Enttäuschung und Verlust. Beides prägt heutige Kinder und ihre Eltern. Inhalt, Sprache und Gestalt der Familiengottesdienste müssen darauf Rücksicht nehmen und diese ambivalenten Erfahrungen einbeziehen.

Gleiches gilt etwa für das veränderte Rollenverständnis von Mann und Frau, von Junge und Mädchen. Auch hierbei darf es keine Einseitigkeit im Sinne herkömmlicher Vorstellungen geben. Dies umso mehr, als die grundsätzliche Gleichheit von Mann und Frau eine Grundlage christlichen Glaubens ist, selbst wenn sie in der Kirche in ihrer heutigen Gestalt keineswegs verwirklicht wird.

Verantwortung für den Familiengottesdienst

Die Verantwortung für die Gestaltung der Gottesdienste einer Gemeinde und damit auch der Familiengottesdienste obliegt keineswegs allein den Hauptamtlichen und dabei vorrangig dem Pastor. Das Zweite Vatikanische Konzil und in seiner Folge die Deutsche Synode haben sehr deutlich ausgedrückt, dass sich die Christen miteinander als das Volk Gottes verstehen müssen, das füreinander Verantwortung trägt und durch Taufe und Firmung zur Gestaltung seines Lebens berufen ist. Damit ist der besondere Dienst in der Kirche keineswegs bestritten, aber er ist in diese grundsätzliche Berufung der Christen eingebunden. (Vgl. dazu den Aufbau des Konzilsdokumentes über die Kirche: Zuerst wird über das Volk Gottes gesprochen, dann über die hierarchisch gegliederten Dienste darin.)

Ebenso wie die Weitergabe des Glaubens an die nachwachsende Generation (vgl. die Gemeindekatechese etwa in den Bereichen Kommunion- und Firmvorbereitung) stellt somit auch der Gemeindegottesdienst eine Aufgabe dar, die alle Gemeindemitglieder – wenn auch auf unterschiedliche Weise – angeht und anfordert.

Es ist deshalb erfreulich, dass viele Frauen und Männer diese Aufgabe bereits zu ihrer eigenen gemacht haben und sich auf vielfältige Weise an der Vorbereitung und Durchführung von Gottesdiensten beteiligen.Oft übernehmen sie in hohem Maße Verantwor-

tung für einzelne Gottesdienste, die ohne ihren Einsatz nicht möglich wären. Dabei geht es naturgemäß, wenn auch nicht ausschließlich, um Wortgottesdienste oder den Wortgottesdienstteil der Eucharistiefeier. Hier machen Laien durch ihre Mitarbeit und ihr Angebot die Vielfalt kirchlicher Gottesdienstformen erst möglich und sichtbar.

In den meisten Gemeinden gibt es inzwischen einen Liturgieausschuss als Unterausschuss des Pfarrgemeinderates, der die verschiedenen gottesdienstlichen Angebote koordiniert und anregt. Er wird aber kaum die Gestaltung einzelner Gottesdienste übernehmen können. So sind eigene Gottesdienstkreise in den Gemeinden nötig, auch und besonders für den Bereich Familiengottesdienst.

Für eine solche Arbeit lassen sich in der Regel die Eltern von Kindern im Grundschulalter und darüber hinaus ansprechen. Wo die Gemeindekatechese sich intensiv nicht allein an die Kinder, sondern auch an die Familien richtet, ist ein Ansatzpunkt gegeben, erwachsene Gemeindemitglieder für eine Mitarbeit anzusprechen (etwa auf einem abschließenden Elternabend im Kommunionkurs). Auch sind oft die Eltern, die ein Kind im kirchlichen Kindergarten haben, bereit, sich über die Kindergartenarbeit hinaus zu engagieren.

Jeder Familiengottesdienstkreis wird seinen eigenen Arbeitsstil finden und aushandeln müssen, so dass hier nur allgemeine Grundsätze gegeben werden können:

● Gründliche Schulung und Vorbereitung auf diese Aufgabe sind unerlässlich. Die Gemeindeleitung (Hauptamtliche bzw. Pfarrgemeinderat oder Liturgieausschuss) müssen dies unterstützen und durch Angebote fördern. Niemand darf ohne ausreichende Hilfe zu einer solchen Aufgabe gedrängt werden.

● Am Beginn der Gottesdienstvorbereitung muss die eigene Beschäftigung mit dem Thema und dem Inhalt stehen. Zuerst einmal muss man sich selber über wichtige Akzente des Themas und über seinen eigenen Standpunkt klar werden. Bei unseren Gottesdienstvorschlägen steht deshalb am Beginn eine Beschäftigung mit dem jeweiligen Schrifttext und seiner möglichen Verankerung im heutigen Leben. Wenn dies in dieser Buchreihe wegen der Fülle der Gottesdienste auch nur kurz geschehen kann, so stellt dieser Teil einen wichtigen Impuls dar.

● Alle Modelle, Anregungen und Vorschläge nicht allein dieser Buchreihe, sondern auch des umfangreichen Materials zu Kinder- und Familiengottesdiensten sind nur Anregungen, die auf die eigene Situation hin angepasst und verändert werden müssen. Man kann fertige Vorlagen also nicht einfach übernehmen, sondern muss sie von der Gemeinde- und Gottesdienstsituation her ebenso überprüfen wie von der Lebenswelt der teilnehmenden Kinder und Erwachsenen.

● Die einzelnen Aufgaben für einen Gottesdienst sollten klar abgesprochen und aufgeteilt werden, damit niemand überfordert ist und im Gottesdienst sichtbar wird, dass viele gemeinsam Verantwortung tragen.

Die Vorbereitung und Gestaltung von Familiengottesdiensten ist für die mitwirkenden Frauen und Männer nicht allein eine Aufgabe, die im Interesse der ganzen Gemeinde und ihrer Zukunft wichtig ist. Sie kann dem Einzelnen auch für seinen persönlichen Glaubens- und Lebensweg wichtige Impulse geben und so Leben und Glauben verbinden und bereichern.

Außer dieser allgemeinen Einführung in die Gestaltung von Wortgottesdiensten für Familien mit Kindern geben wir in den drei Bänden dieser Reihe jeweils spezielle Hinweise, die aufeinander aufbauen und miteinander eine Art »Grundkurs« zur Gestaltung von Familiengottesdiensten geben.

Entsprechend den drei Lesejahren und den dabei jeweils im Vordergrund stehenden Evangelisten folgt auf den beiden folgenden Seiten eine Einführung in das Denken und die inhaltlichen Schwerpunkte dieser Evangelisten:

Lesejahr A	Matthäus
Lesejahr B	Markus
Lesejahr C	Lukas

Danach folgen jeweils mehrere Teile eines *Leitfadens Gottesdienst*:

Lesejahr A: – Kinder und Gottesdienst

– Eucharistiefeier und Wortgottesdienst

– Kleine Sprach- und Gebetsschule

Lesejahr B: – Texte im Gottesdienst mit Kindern

– Spiele, Zeichen und Zeichenhandlungen im Gottesdienst mit Kindern

– Bilder und Musik im Gottesdienst mit Kindern

Lesejahr C: – Heutiges Leben und der Gottesdienst der Christen

– Kriterien von Gottesdiensten für Familien mit Kindern

– Zur Thematik von Gottesdiensten

Zur Vertiefung der in diesen Abschnitten dargestellten Fragen verweisen wir auf folgendes Buch: Hermann-Josef Frisch, Leitfaden Kinder- und Familiengottesdienst, Patmos Verlag, Düsseldorf 1992.

Der Evangelist Lukas im Lesejahr C

Jedes der drei Lesejahre stellt eines der drei synoptischen Evangelien (Markus, Matthäus, Lukas) in den Vordergrund, im Lesejahr C ist dies das Lukasevangelium. (Texte des Johannesevangeliums finden sich in allen drei Lesejahren, vor allem an den Sonntagen der Osterzeit.) Durch diese Aufteilung soll den Gemeinden aus der Fülle der biblischen, vor allem der neutestamentlichen Texte, ein breites Angebot gemacht werden. So wird durch das Verlesen der wichtigsten Texte eines Evangelisten in einem Jahr ein Zugang zu seinem Denken und seiner theologischen Aussage ermöglicht. (Die Texte der Lesungen sind in der Regel so gewählt, dass die erste, alttestamentliche Lesung in einem inhaltlichen Zusammenhang mit dem Evangelium steht; die zweite, neutestamentliche Lesung besteht meist aus fortlaufenden Stücken der neutestamentlichen Briefliteratur. Nur an wenigen Stellen wird dieser Grundsatz durchbrochen.)

Der Evangelist Lukas

Trotz einer persönlichen Einleitung in den Versen 1–4 des ersten Kapitels nennt der Verfasser seinen Namen nicht. Bereits die altkirchliche Tradition (ab Mitte des zweiten Jahrhunderts) verbindet das dritte Evangelium mit dem Mitarbeiter des Apostels Paulus, dem »Arzt Lukas« (Kol 4,14). Begründet wurde dies durch eine Deutung vielfältiger Anspielungen sowohl im Evangelium als auch im vom gleichen Autor gestalteten Werk der Apostelgeschichte.

Wenn dem Lukasevangelium und der Apostelgeschichte auch eine innere Nähe zu Paulus nicht abgesprochen werden kann, so hat die moderne Bibelwissenschaft doch eine Fülle von Argumenten erarbeitet, die die These vom Paulusschüler nicht länger wahrscheinlich macht. Das Bild, das wir uns von Paulus aus seinen Briefen machen können, stimmt an vielen Stellen nicht mit dem überein, das die Apostelgeschichte von ihm zeichnet. Paulus und »Lukas« haben sich wohl kaum persönlich gekannt.

Weil der Verfasser des Lukasevangeliums sich aber an die griechisch sprechenden Gemeinden des östlichen Mittelmeerraumes wendet, kommt er dadurch automatisch in Beziehung zum Werk des Paulus und seiner Gemeindegründungen, damit auch mit seinem Denken und seiner Botschaft. Es gibt eine »paulinische Atmosphäre« in seinem Werk.

Es wird deshalb heute angenommen, dass ein uns namentlich unbekannter, gebildeter Heidenchrist das Evangelium geschrieben hat. Um seine Apostolizität zu unterstreichen, also seine authentische Verbindung zur Botschaft der Apostel, bringt ihn eine spätere Zeit mit einem Namen der Apostelzeit, mit Lukas, in Verbindung. Ein solcher Vorgang war in der Antike durchaus üblich und stellt keine Verfälschung dar, sondern eine Betonung der Ursprünglichkeit und der Bedeutung eines Textes.

Zur Person des Lukas kann deshalb nicht viel gesagt werden. Aus seinem Doppelwerk aber geht hervor, dass er ein sprachlich und theologisch gebildeter Mensch gewesen sein muss. Im Vergleich etwa zu Markus springt seine gute Erzählweise ins Auge. Sein Evangelium enthält die literarisch schönsten Erzählungen des Neuen Testaments, etwa die Kindheitsgeschichten, das Gleichnis vom guten Vater, die Emmausgeschichte ... Aufgrund seiner Sprachfähigkeit hat man Lukas als Dichter und Erzähler bezeichnet, aber auch als Maler, der in bunten Farben und gefälligen Formen die Botschaft des Evangeliums zum Ausdruck bringt.

Trotz dieses erzählerischen Formats schreibt Lukas keinen Roman, sondern ein Evangelium, das heißt Texte, mit denen Jesus von Nazaret als Mensch und zugleich als Gott verkündet werden soll. Die theologische Botschaft ist für ihn das Entscheidende, dem wird sein eigenes literarisches Wirken untergeordnet (wohl deshalb nennt Lukas im Gegensatz zu antiken Geschichtsschreibern auch seinen Namen nicht am Anfang seines Buches). Es geht Lukas um die Verkündigung des menschgewordenen Gottessohnes, in dem die Menschen ihr Heil erlangen können. Dies drückt er erzählerisch aus, er kann deshalb als »narrativer Theologe« bezeichnet werden.

Das Lukasevangelium

Als Entstehungszeit des Lukasevangeliums wird heute der Zeitraum von 80-90 n. Chr. angesehen. Dies wird mit der Quellenlage und mit inhaltlichen Kriterien begründet. Lukas schöpft aus drei verschiedenen Quellen:
– dem nach dem Jahr 70 entstandenen Markusevangelium, von dem er etwa die Hälfte des Textes (ca. 350 Verse) übernimmt,
– der Logienquelle Q, die auch Matthäus für sein Evangelium nutzte (ca. 235 Verse),
– lukanischem Sondergut (ca. 550 Verse), also Texten, die sich so nur im Lukasevangelium finden (wie etwa das Gleichnis vom guten Vater).

Diese drei Quellen verknüpft Lukas literarisch, setzt auch seine eigenen theologischen Akzente und versucht alles in seine Gesamtsicht des Jesusereignisses einzuordnen. Für Lukas ist Jesus der entscheidende Wendepunkt menschlicher Geschichte. Er will den ihm bereits von anderen überlieferten Glauben an diesen Jesus seiner Zeit neu zugänglich machen. So gliedert er sein Evangelium wie folgt:

1,1-2,52	Einleitung und Kindheitsgeschichte
3,1-4,13	I. Teil: Vorbereitung des Wirkens Jesu
4,14-9,50	II. Teil: Wirken Jesu in Galiläa
9,51-19,27	III. Teil: Auf dem Weg nach Jerusalem
19,28-21,38	IV. Teil: Die letzten Tage in Jerusalem
22,1-24,53	Schluss: Leiden und Auferstehen

Aus dieser Gliederung wird ersichtlich, dass Lukas das Jesusgeschehen als Weg betrachtet, der konsequent von Galiläa zu Kreuz und Auferstehung nach Jerusalem führt. In vergleichbarer Weise zeigt die Apostelgeschichte dann den Weg auf, den die Botschaft von diesem Jesus von Jerusalem nach Rom, dem Zentrum der damaligen Welt, nimmt. So wird Geschichte als zielgerichtetes, aus lukanischer Sicht als von Gott geleitetes Geschehen verstanden: Gott ist durch seinen Geist in diesem Jesus und in seiner Kirche am Werk.

Diesen theologischen Grundgedanken führt Lukas durch verschiedene inhaltliche Schwerpunkte seines Evangeliums aus:
● *In Jesus ist das Heil Gottes zu den Menschen gekommen.* Er ist »Israels Herrlichkeit und das Licht der Heiden, das Heil, das Gott allen Völkern bereitet hat« (Lk 2,31f). Dies bedeutet für die an ihn Glaubenden Trost und Sicherheit – der Glaube an ihn rettet. Jesus ist wahrer Mensch und zugleich der Heiland der Welt. Er steht ebenso in der Linie der Heilserwartung der ganzen Menschheit wie in der Linie der besonderen Messiaserwartung Israels. Irdischer Jesus und himmlischer Gottessohn werden von Lukas in eins gesehen, in Jesus werden Himmel und Erde verbunden. (Von diesem Gedanken aus lassen sich sowohl die Kindheitsgeschichten wie auch die Berichte über die Himmelfahrt Jesu am Ende des Evangeliums und am Anfang der Apostelgeschichte lesen.)
● *Dieser menschenfreundliche Heiland wendet sich besonders den Armen, den Verlorenen, den Entrechteten, den Zöllnern und Sündern zu.* So spiegelt sich in Jesus das Erbarmen und die Menschenfreundlichkeit Gottes. Jesus macht die Liebe des Vaters sichtbar, er ist das gute Wort Gottes an uns. Dies bedeutet an Zuspruch an die Glaubenden und zugleich einen Anspruch auf Nachfolge: Gottes- und Nächstenliebe, die beide bereits im Alten Testament gefordert wurden, sind nun unlösbar miteinander verknüpft.
● *Die an Jesus Glaubenden stellen eine neue Gemeinschaft dar, die den Kern des neuen Gottesvolkes bilden und alle Menschen sammeln sollen.* Die Kirche hat eine nicht zu ersetzende Aufgabe in der Welt und in der fortschreitenden Geschichte der Völker. Dabei legt Lukas großen Wert auf die Bewahrung der Tradition apostolischen Glaubens, auf die Anbindung an die Anfänge der Kirche. Das Amt erhält bei ihm einen besonderen Stellenrang, ebenso aber auch die Gemeinschaft der Glaubenden (vgl. besonders die Apostelgeschichte). In dieser Gemeinschaft des Anfangs spielt für Lukas Maria eine besondere Rolle.

Literatur: Josef Ernst, Lukas. Ein theologisches Portrait, Patmos, Düsseldorf 1985.

Einführung

Leitfaden Gottesdienst (C)

Auf den folgenden Seiten dieses Bandes ebenso wie in den beiden Bänden zu den Lesejahren A und B sollen Leitlinien für Gottesdienste mit Familien dargestellt werden, die als Grundlage jeder Vorbereitung und Durchführung dienen können. Zusammen ergeben diese Texte einen Leitfaden Gottesdienst, der den Mitarbeiterinnen und Mitarbeitern im Bereich der Liturgie für Familien Anregung und Hilfe sein soll.

Heutiges Leben und der Gottesdienst der Christen

Die Teilnahme am Gottesdienst ist für Christen heute keineswegs mehr selbstverständlich. Nur noch knapp 20 % der katholisch Getauften besuchen im Bundesdurchschnitt sonntags den Gottesdienst, in den Städten liegt der Kirchenbesuch erheblich darunter, zum Teil nur bei 2-3 %, ähnlich den Zahlen der evangelischen Kirche. Die nachlassende Bindung der Christen an die Feier des Glaubens im Gottesdienst hat viele Gründe; der allgemein zu verzeichnende Glaubensschwund ist hier sicher wesentlich.

Zugleich aber liegt ein Hauptgrund darin, dass viele Christen die Eucharistiefeier und die Feier anderer Gottesdienste als weitab von ihrem Leben empfinden. Man klagt über eine Sondersprache in den Gebeten, Liedern und in der Predigt, über unverständliche Zeichen und Riten, über Themen, die mit heutigem Leben nichts zu tun haben ... So wird der sonntägliche Gottesdienst zu einer Sonderwelt jenseits der Alltagserfahrungen der Menschen, fernab von ihren Wünschen und Hoffnungen, von ihren Sorgen und Nöten. Damit aber verliert der Gottesdienst jede Relevanz für die Gestaltung heutigen Lebens, er »bringt einem nichts mehr«.

Hinter dieser berechtigten Kritik steht der ebenso berechtigte Wunsch: Christlicher Glaube und seine Feier im Gottesdienst muss mit meiner Lebenswirklichkeit zu tun haben, mit meinem alltäglichen Leben, mit den vielen kleinen und großen Dingen, die mich belasten oder erfreuen, mit meinen Ängsten und meinem Glück. Glaube und Gottesdienst müssen mit meinem Leben in Verbindung stehen, umgekehrt gesagt: Ich muss mit meinem Leben einen Platz im Gottesdienst finden. In

Umformung des Bibelwortes gesagt: »Der Gottesdienst ist für den Menschen da, nicht der Mensch für den Gottesdienst.« Glaube und Gottesdienst müssen dazu beitragen, dass mein Leben gelingt, sonst sind sie sinnlos und können beiseite gelegt werden, so wie es viele tun.

Heutiges Leben und der Gottesdienst der Christen müssen also in eine je neue Verbindung gebracht werden. Es geht um einen Dialog und ein gegenseitiges Befruchten von überliefertem Glauben und gegenwärtigem Leben. Die Glaubenserfahrungen vieler Menschen, die in den Schriften der Bibel und in der Tradition der Kirche zusammengetragen wurden, müssen mit den Lebenserfahrungen heutiger Menschen in einer sich schnell wandelnden Welt zusammentreffen. Es ergibt sich ein Wechselspiel vom Leben der Menschen auf der einen Seite und von christlichem Glauben auf der anderen. Dieses Wechselspiel gilt für alle Bereiche christlicher Verkündigung, also für die Gemeindekatechese ebenso wie für den Gottesdienst, für den Religionsunterricht ebenso wie für das Wirken der Gemeindegruppen.

| Leben heute, Menschsein: eigene und fremde Erfahrungen mit Leben und Welt heute | ▶◀ | Glauben heute, Christsein: eigene und fremde Erfahrungen mit überliefertem Glauben |

Glauben und Leben, Christsein und Menschsein, Gott und Welt stehen in unlösbarer Beziehung und Wechselwirkung.

14

Weil Leben heute und überlieferter Glaube, Menschsein und Christsein zusammengehören, ergeben sich Konsequenzen für die Gestaltung von Familiengottesdiensten:

• *In Familiengottesdiensten muss heutiges Leben von Kindern und Erwachsenen umfassend wahrgenommen werden:* Der Gottesdienst mit Kindern und Familien muss offen und umfassend die heutigen Lebenssituationen mit all ihren Hoffnungszeichen und Behinderungen, mit ihren Freuden und Ängsten, mit ihren Hoffnungen und Enttäuschungen wahrnehmen und in die Feier integrieren. Das Erzählen von eigenem und von fremdem Leben und das Einbringen eigener und fremder Erfahrungen mit unserer Welt, mit Menschen, mit gelingendem und scheiterndem Leben ... gehören notwendig zur Feier des Gottesdienstes dazu. Dabei geht es um Lebenserfahrungen von Kindern und Erwachsenen gleichermaßen.

• *In Familiengottesdiensten muss das so wahrgenommene und erzählte Leben umfassend gedeutet werden:* Der Gottesdienst mit Kindern und Familien darf die vielfältigen Erfahrungen heutigen Lebens nicht nur einfach erzählen, sondern muss kreativ und produktiv an sie herangehen. Er muss die vielen Einzelerfahrungen einordnen und nach großen Sinnzusammenhängen suchen. Er muss deutlich machen, dass das Leben tiefere Dimensionen hat als die äußerlich sichtbaren. Er muss von solcher Mehrdimensionalität des Lebens her dazu ermuntern, das Leben auf seinen Sinn zu befragen, sich auf die Sinnsuche zu machen und die Erfahrung des Einzelnen durch die Erfahrungen größerer Gemeinschaft zu bereichern. Wiederum geht es um das Einbringen von Erfahrungen der Kinder und der Erwachsenen, die miteinander ins Gespräch kommen können.

• *In Familiengottesdiensten muss die überlieferte Glaubensbotschaft in eine Wechselwirkung zu heutigen Lebenserfahrungen gebracht werden:* Gottesdienste mit Familien und Kindern müssen nicht nur offen der Welt und heutigem Leben gegenüber sein. Ebenso muss eine Öffnung zur überlieferten Glaubensbotschaft hin erfolgen. Dabei wird die Begegnung mit den in der Bibel gesammelten Glaubenserfahrungen im Vordergrund stehen. Hinzu kommen die vielfältigen Erfahrungen, die in der Geschichte der Kirche mit dem Glauben an den sich in Jesus offenbarenden Gott gesammelt und die in wesentlichen Punkten konzentriert und in Glaubensbekenntnissen weitergegeben wurden. Diese Botschaft des Glaubens ist jedoch nicht loszulösen von den Lebenserfahrungen der Menschen, die ihren Glauben in Sprache gebracht haben. Ebenso muss der Glaube von Menschen heute mit den Lebenserfahrungen heute verbunden und dann gemeinsam in Sprache gebracht werden. Das Leben soll aus dem Glauben heraus neu gelingen, der Glaube soll umgekehrt vom Leben heute her Relevanz erhalten. So können Glaube und Leben im Gottesdienst gefeiert und auf den lebenschaffenden Gott ausgerichtet werden.

• *In Familiengottesdiensten müssen Impulse zu neuem Leben aus dem Glauben gegeben werden:* Gottesdienste mit Kindern und Familien sind kein Selbstzweck. Sie wollen dazu beitragen, dass das Leben der Menschen gelingt und durch den Glauben bereichert wird. So muss nicht nur heutiges Leben in den Gottesdienst eingebracht werden. Umgekehrt müssen die Impulse und Anregungen des Glaubens vom Gottesdienst aus in alltägliches Leben gebracht werden (vgl. den Namen »Messe – lat. missa – Sendung«). So nur können die Teilnehmer des Gottesdienstes die Erfahrung machen, dass christlicher Glaube für ihr Leben bedeutsam ist.

Mit den drei Bänden zu den drei Lesejahren folgen wir der kirchlichen Leseordnung für die Sonn- und Feiertage. Dabei sind wir uns bewusst, dass die Schrifttexte dieser Leseordnung nicht auf Kinder hin ausgerichtet sind und sich deshalb gegen eine Verwendung in Gottesdiensten mit Kindern sperren. Dennoch versuchen wir bewusst den mühsamen Weg einer Wechselwirkung zwischen dem in diesen Texten fassbaren Glauben und der heutigen Lebenswirklichkeit. Dabei können wir naturgemäß nur Anregungen geben, das eigentliche Gespräch zwischen den beiden Polen muss vor Ort geschehen: in der konkreten Auseinandersetzung von Leben und Glauben, von Menschsein und Christsein.

Kriterien von Gottesdiensten für Familien mit Kindern

Familiengottesdienste richten sich bewusst nicht nur an Kinder. Sie sind keine reinen Kindergottesdienste, obwohl ihre Gestaltung wesentlich auf Kinder ausgerichtet ist. Dennoch sind in solchen Gemeindegottesdiensten (dies gilt für Wortgottesdienste ebenso wie für Eucharistiefeiern) häufig viele Erwachsene, die eigene, berechtigte Erwartungen an den Gottesdienst haben. Auch ihren Ansprüchen muss man gerecht werden, ihr Glaubensweg soll durch diese Gottesdienste ebenso bereichert werden wie der der Kinder.

In Familiengottesdiensten muss deshalb gestalterisch ein Kompromiss zwischen der Ausrichtung auf Kinder und auf Erwachsene gefunden werden. So schwierig das oft ist und so sehr dies einer Gratwanderung gleichkommt, so sehr stellt eine solche doppelte Ausrichtung eine pastorale Chance dar. Im Gottesdienst, also an der zentralen Stelle des Gemeindelebens, wird die generationenübergreifende Gemeinschaft christlichen Glaubens erlebbar. Der nachwachsenden Generation werden Möglichkeiten eröffnet, sich selbst einzubringen und zugleich vom Leben und Glauben der Erwachsenen zu lernen. Die Älteren dagegen erhalten durch die Kinder je neue Anregungen für ihren eigenen Glauben und ihr Leben. Es ist deshalb berechtigt zu sagen: Ein gut gestalteter Familiengottesdienst in seiner schlichten und auf das Wesentliche konzentrierten Form und in seiner frohen und festlichen Atmosphäre vermag sowohl Erwachsenen wie Kindern auf ihrem Glaubensweg weiterzuhelfen.

Damit sind bereits Kriterien benannt, die für die Gestaltung eines solchen Gottesdienstes wichtig sind:

• *Ein Familiengottesdienst darf in der Regel nur einen durchlaufenden Gedanken haben, auf den hin die einzelnen gottesdienstlichen Elemente gestaltet sind.* Dieser grundlegende Gedanke muss sich sowohl aus der Glaubenstradition wie aus dem Leben heutiger Menschen heraus ergeben. Dies führt konsequenterweise dazu, dass in Familiengottesdiensten in der Regel nur ein Schrifttext verwandt wird, mehr Texte bringen zu viele un-terschiedliche Gedanken ein. In Wortgottesdiensten steht es dabei frei, welcher der drei vorgegebenen Sonntagstexte verlesen wird. (In Gottesdiensten mit Kindern kann natürlich nach dem Direktorium für Kindergottesdienste auf das entsprechende Lektionar mit anderen Lesungstexten zurückgegriffen werden, in dieser Buchreihe legen wir die regulären Sonntagstexte zugrunde.) Der Grundgedanke eines Schrifttextes muss immer daraufhin überprüft werden, ob er mit der Lebenswirklichkeit heutiger Kinder und Erwachsenen in Verbindung gebracht werden kann.

• *Ein Familiengottesdienst muss in seiner Struktur einfach und auch für Kinder überschaubar sein.* Einige wenige Gottesdienstelemente, die klar und deutlich voneinander abgesetzt sind und die den Gottesdienstablauf für alle Beteiligten deutlich strukturieren, sind besser als eine Fülle einzelner Teile, die sich vielleicht alle liturgiegeschichtlich begründen lassen, aber heutige Gottesdienstteilnehmer überfordern. Weniger ist hier mehr. Dies bedeutet etwa: einen Eingangsteil statt Begrüßung, Schuldbekenntnis, Herr, erbarme dich, Gebet ... Riten müssen klar und verständlich ausgeführt werden. Da man nicht länger davon ausgehen kann, dass traditionelle Riten, etwa Besprengung mit Weihwasser oder Körperhaltungen beim Beten ..., von allen Gottesdienstteilnehmern verstanden und nachvollzogen werden können, sind häufig Erklärungen und Hilfen angebracht, um eine gute Mitfeier zu ermöglichen.

• *Ein Familiengottesdienst braucht wiedererkennbare Teile.* Sinnvoll sind also Gebete, Lieder, Riten und Zeichenhandlungen ..., die wiederholt werden und bei denen jeder mitmachen kann, weil sie aus früheren Gottesdiensten bekannt sind. Damit kommt man nicht allein den Kindern entgegen, für die Wiederholungen wichtig sind, sondern auch den Erwachsenen, die sich keineswegs ständig auf Neues einstellen können und wollen. Durch solche bekannten Teile kann der Gottesdienst zu einem Stück Heimat werden. Selbstverständlich darf dabei die Gefahr eines gedankenlosen Wiederholens und der seelenlosen Ritualisierung nicht übersehen werden. Von Zeit zu Zeit müssen die wiederkehrenden Elemente deshalb kritisch überprüft werden. Dies führt zum nächsten Gedanken.

● *Ein Familiengottesdienst braucht neue, manchmal überraschende Elemente.* So kann Aufmerksamkeit hervorgerufen und zum Nachdenken angeregt werden. Ein guter Familiengottesdienst lässt aufhorchen, er stellt eine kritische und produktive Unterbrechung des alltäglichen Lebens und Denkens dar, gibt Impulse, die über das Bisherige hinausführen, die einen Menschen über seinen Horizont hinausblicken lassen. Nur so können auch unterschiedliche Lebens- und Glaubenserfahrungen von Menschen offen und dialogbereit ausgetauscht werden und eine Bereicherung für alle darstellen.

● *Ein Familiengottesdienst lebt von einer frohen und festlichen Atmosphäre.* Er muss auf den Menschen bezogen sein, sein Leben zur Sprache bringen, fördern und aufrichten, kurzum menschenfreundlich sein. Er sollte Kindern wie Erwachsenen Freude bereiten. Im Gottesdienst darf trotz oft ernster und wichtiger Themen gelacht werden. Es muss Raum für eine Sprache und für Gesten und Handlungen sein, die die Botschaft des Evangeliums als frohmachend verstehen. Ein Gottesdienst hat dann sein Ziel erreicht, wenn die Menschen aus ihm froher, getrösteter, hoffnungsvoller herausgehen, als sie zu ihm gekommen sind. Dies kann durch viele kleine gottesdienstliche Elemente angestrebt werden, vor allem aber ist die Grundhaltung der Verantwortlichen entscheidend: Wenn sie auf Menschen, besonders auf die Kinder, zugehen können und ihre Sprache sprechen, ihre Themen aufgreifen, wird auch der von ihnen geleitete Gottesdienst stimmig.

● *Ein Familiengottesdienst muss den Menschen in all seinen Dimensionen ansprechen.* Er darf von seiner Gestaltung her nicht nur den Verstand, sondern muss auch das Herz ansprechen und Gelegenheiten bieten, dass sich der ganze Mensch mit Körper und Geist in den Gottesdienst einbringen kann. So geht es im Gottesdienst auch nicht um ein »verkopftes« Tun, das nur auf dem gesprochenen Wort aufbaut. Musik und Tanz, Bewegung und Spiel, Gesten und Stille, Bild und Symbol, all dies muss immer wieder seinen Platz in unseren Gottesdiensten finden.

● *Ein Familiengottesdienst muss den Alltag von Kindern und Erwachsenen auf verschiedene Weise in den Gottesdienst einbringen.* Dies geschieht nicht allein durch das Thema, sondern ebenso durch die Texte der Lieder und Gebete, durch die Musik, durch Gegenstände, die in den Gottesdienst mitgebracht werden, durch Berichte, Fotos, Bilder und vieles andere mehr, das im Gottesdienst vom alltäglichen Leben der Menschen künden kann.

● *Ein Familiengottesdienst lebt von den persönlichen Beziehungen der Teilnehmer zueinander.* Nicht allein Kinder sind stark personenbezogen, Erwachsene brauchen ebenfalls ein Beziehungsgeflecht, in dem sie sich wohlfühlen. Bei der Gestaltung der Gottesdienste muss deshalb grundsätzlich, aber auch bei einzelnen Teilen (etwa bei der Begrüßung, beim Friedensgruß, bei der Entlassung ...) darauf geachtet werden, dass Menschen zueinander geführt werden und so eine Gemeinschaft bilden, die nicht nur äußerlich ist. Wo der Familiengottesdienst regelmäßig gefeiert wird, kann diese Gemeinschaft naturgemäß leichter entstehen. Dennoch muss auch dann auf diesen Punkt geachtet werden, Fremde und Neuzugezogene sollten immer wieder bewusst eingebunden werden.

Die Entscheidung, ob Familiengottesdienste mit oder ohne *Kommunionausteilung* gefeiert werden, muss von den Verantwortlichen vor Ort entschieden werden. Es gibt Gründe dafür und dagegen, so dass die jeweilige Gemeindesituation entscheidend ist.

Ebenso spielt bei der Vorbereitung und Gestaltung von Familiengottesdiensten die genaue Festlegung der jeweiligen Zielgruppe eine Rolle, also ob der Gottesdienst mehr Kinder (und ihre Eltern) im Blick hat, die im Kindergartenalter sind, oder mehr Kommunion-, also Schulkinder.

Alle hier benannten Kriterien stellen Wegweiser dar, die für die eigene Arbeit Orientierungshilfen sind. Der Weg der Gestaltung muss vor Ort gegangen werden, das bedeutet, dass hier die konkrete Umsetzung dieser Linien geschieht.

Zur Thematik eines Gottesdienstes

Jede Eucharistiefeier und jeder Gottesdienst birgt eine Fülle verschiedener Aspekte in sich (etwa Gemeinschaft mit Jesus, Stärkung für Glauben und Leben, Fest Gottes mit uns Menschen, Danksagung und Lobpreis, Versammlung der Glaubenden, Stätte des Gebetes ..., um nur einige zu nennen). Selbst in Erwachsenengottesdiensten werden nicht alle Aspekte in gleicher Weise anklingen können, immer – und dies oft geschichtlich und gesellschaftlich bedingt – werden Schwerpunkte zu setzen sein.

Dies gilt in besonderer Weise für Gottesdienste mit Kindern. In Familiengottesdiensten sollte deshalb eine Konzentration auf einen wesentlichen Gedanken, auf ein Hauptthema, auf einen grundlegenden Aspekt christlichen Gottesdienstes erfolgen. So kann entsprechend dem kindlichen Auffassungs- und Konzentrationsvermögen gezielt gearbeitet werden. Die Beschränkung auf ein Thema ist dabei keineswegs eine Verflachung, sondern führt zu einer vertieften Teilnahme und Feier des Gottesdienstes, wenn eine *durchgehende Linie* die vielen einzelnen Stücke des Gottesdienstes durchzieht und miteinander verbindet.

Um eine solche durchlaufende Linie geht es bei der Auswahl eines Gottesdienstthemas, die der erste Schritt bei der Vorbereitung von Gottesdiensten mit Kindern darstellt. Dabei kann man auf verschiedene Weise vorgehen und sich an unterschiedlichen Orientierungspunkten ausrichten:

● Ein erster Orientierungspunkt ist einer der in der Leseordnung für den betreffenden Sonntag vorgegebenen *Schrifttexte* (eine der zwei Lesungen oder das Evangelium). Hieran lässt sich in vielen Fällen thematisch anknüpfen, vor allem, weil die Schrifttexte häufig eine Beziehung zur Zeit des Kirchenjahres haben (etwa Advent, Osterzeit ...). In dieser Buchreihe versuchen wir durchgehend eine solche Anknüpfung. Dies stellt allerdings nur *eine* Auswahlmöglichkeit dar.

● Ein weiterer Orientierungspunkt ist das *Leben der Kinder* und seine aktuellen Ereignisse (etwa Schuljahresbeginn, Karneval ...).

Solche Bezüge zum Leben der Kinder (und auch der Erwachsenen) in der heutigen Welt können ebenfalls zu Themen für Gottesdienste werden. In solchen Fällen wird man nicht immer vom vorgegebenen Schrifttext ausgehen können. Die Richtlinien lassen dann die Wahl eines anderen, passenderen Schrifttextes zu.

● Ein dritter Orientierungspunkt ist das *Kirchenjahr* mit seinen vielen Festen. Kinder werden besonders durch die vielen Bräuche und sinnenfälligen Zeichen des Kirchenjahres angesprochen, so dass sich von hier aus viele Möglichkeiten einer Themenfindung ergeben (etwa Erntedank, Advent, Aschermittwoch ...). Meist fällt zu Themen des Kirchenjahres die Auswahl eines passenden Schrifttextes leicht, bzw. ist durch die Leseordnung ein guter und Kindern zugänglicher Text vorgegeben.

● Ein vierter Orientierungspunkt kann die Aufstellung von *inhaltlich zusammenhängenden Reihen* sein, bei denen mehrere Gottesdienste aufeinander aufbauen und sich ergänzen (etwa eine Reihe »Große Gestalten des Alten Testamentes« mit Abraham, Mose, David oder eine Reihe zu den einzelnen Vaterunserbitten oder den Zehn Geboten ...). Die Erfahrung zeigt, dass sich Themenreihen leichter und arbeitssparender vorbereiten lassen als viele unabhängige Einzelthemen.

● Ein fünfter Orientierungspunkt nimmt besondere *Aktivitäten der Gemeinde oder der Weltkirche* als Thema. Hierzu gehören etwa die kirchlichen Hilfsaktionen Adveniat, Misereor, Missio, aber auch Caritas oder örtliche Schwerpunkte gemeindlicher Aktivität (etwa Missionsbasar ...).

● Ein letzter Orientierungspunkt geht von Ereignissen aus, die nicht unmittelbar im Leben der Kinder stattfinden, die aber dennoch für das Leben einer Gemeinde und das Leben von Christen heute wichtig sind (etwa das Jubiläum einer gemeindlichen Gruppe ...). Auch zu solchen Ereignissen lassen sich Kindergottesdienste gestalten und dadurch Verbindungen zwischen den erwachsenen Gemeindegliedern und den Kindern schaffen.

Umgekehrt sollten Themen gemeindlicher Kinderarbeit, etwa die Gestaltung des Kommunionkurses, auch in Gottesdiensten mit Erwachsenen eine Rolle spielen.

Nach Auswahl eines Gottesdienstthemas sollte man in zwei verschiedenen Schritten vorgehen:

– Zuerst ist im Vorbereitungskreis eine *Besinnung auf das Thema* unabhängig von der Umsetzung für den Gottesdienst und für Kinder sinnvoll. Die Mitarbeiter können so ihre persönliche Stellung zu einem Thema bedenken und wenn nötig vertiefen. Dieser Schritt wird vor allem bei Schrifttexten, aber ebenso bei Grundthemen des Glaubens (etwa in einer Reihe zum Glaubensbekenntnis) wichtig sein. Jedoch auch bei Themen, die aus dem Leben von Menschen heute gewählt wurden, ist zuerst eine mehr grundsätzliche Besinnung sinnvoll, damit man die unterschiedlichen Aspekte eines Themas und seine Bedeutung für Menschen heute (für Kinder wie für Erwachsene) richtig einordnen kann. Als Ergebnis dieser ersten Besinnung kann sich eine präzise Formulierung des Thema ergeben, aber ebenso auch die Einsicht, dass das Thema nicht geeignet ist.

– Erst in einem zweiten Schritt lässt sich ein gewähltes Thema auf Kinder und die konkrete *Umsetzung in die Gottesdienstgestaltung* hin bedenken. Von der gemeinsamen Besinnung aus können dann Aufgaben an einzelne Mitglieder des Kreises oder an Untergruppen verteilt werden, ohne dass der inhaltliche Zusammenhang zerrissen wird.

Die so gefundene und vertiefte Thematik lässt sich auf unterschiedliche Weise in einen Gottesdienst einbringen. Dazu einige Möglichkeiten:

● *Liedauswahl*: Nicht zu jedem Thema gibt es passende Lieder. Oft aber lassen sich in altem und neuem Liedgut Texte finden, die mit dem gewählten Thema übereinstimmen und Impulse dazu geben. In manchen Fällen kann ein solches thematisches Lied auch als Hauptbestandteil der Erarbeitung eines Themas gewählt werden. Allerdings ist jeder Zwang zu vermeiden: Nicht alle Lieder im Gottesdienst müssen eine Beziehung zum Thema haben.

● *Begrüßung und Einführung:* An dieser Stelle erhält ein Gottesdienst gleichsam seine Überschrift. Die Gottesdienstgemeinde wird auf den Gottesdienst eingestimmt, sie erhält Impulse zum besseren Verständnis. So stellt die Einführung gleichsam Weichen in ein Thema. Das kann mit Worten geschehen oder durch ein Spiel, durch ein Lied, ein Zeichen, einen Gegenstand ...

● *Herr-erbarme-dich-Rufe oder Gebet:* Auch eine Kyrie-Litanei oder ein einführendes Gebet können das Thema anklingen lassen. Dabei sollten natürlich die inhaltlichen Aussagen des Wortgottesdienstes nicht vorweggenommen werden.

● *Lesung und Evangelium:* Wichtigster Ansatzpunkt für ein gewähltes Thema ist natürlich der Schrifttext. Oft ergibt sich aus ihm auch das Thema (etwa wenn die zum Kirchenjahr passenden Tagestexte genommen werden). Aber auch bei einer anderen thematischen Ausrichtung sollte der Schrifttext einen Bezug zum Thema haben, auf den dann auch in der weiteren Erarbeitung (Predigt, Katechese ...) Bezug genommen wird.

● *Predigt, Katechese oder andere Weisen der Verkündigung:* Hier ist der Platz für eine gründliche Erarbeitung eines gewählten Themas in einer Weise, dass sich die Kinder aktiv einbringen können. In methodischer Vielfalt wird das Thema nicht nur von der Botschaft christlichen Glaubens aus betrachtet, sondern ebenso von den Erfahrungen der Kinder her.

● *Glaubensbekenntnis und Fürbitten:* In diesen beiden Teilen des Wortgottesdienstes antwortet die Gemeinde auf das Wort Gottes. Beide Texte können kindgemäß gestaltet und thematisch angebunden werden. Die Fürbitten können frei zum Thema formuliert werden, aber auch im Glaubensbekenntnis kann auf ein Thema Bezug genommen werden, falls ein eigener Text erarbeitet wird.

● *Entlassung:* Am Ende des Gottesdienstes kann noch einmal auf das Thema Bezug genommen werden durch zusammenfassende Worte, eine Einleitung zum Segensgebet oder eine sich aus dem Gottesdienst ergebende Aufforderung bei der Entlassung, nun eine bestimmte Aktion durchzuführen und dadurch Messe und Alltag in Beziehung zu setzen.

Einführung

Zu den Gottesdienstmodellen

Die folgenden siebzig Gottesdienstmodelle (vergleichbar in den Bänden zu den beiden anderen Lesejahren) sind nach gleichem Schema in vier Schritten aufgebaut:

Zu den Schrifttexten	In aller hier gebotenen Kürze werden einige Verständnishilfen zu den Schrifttexten gegeben, die Anstöße sein können, die eigene Stellung und den eigenen Glauben zu bedenken.
Schrifttext und Familien mit Kindern	In einem zweiten Schritt wird bedacht, welche Ansatzpunkte im Leben heutiger Familien mit einem der Schrifttexte korrespondieren und die Grundlage des Gottesdienstes bilden können.
Gestaltungsideen für den Gottesdienst	Nicht fertig ausgeführt, vielmehr als Ideensammlung und Anregung zu eigenem Tun folgen Hilfen zur Umsetzung der ersten beiden Schritte in einen Gottesdienst.
Weiterführung nach dem Gottesdienst	Um Gottesdienst und alltägliches Leben zu verbinden, folgen Ideen zur Weiterführung des Themas im Leben der Familie und der Gemeinde.

Alle Anregungen, die im Folgenden vorgestellt werden, müssen auf die eigene Situation hin konkretisiert werden. Wie dies auch für andere Bücher mit Gottesdienstmodellen gilt, wird man wohl kaum einen Gottesdienst unverändert übernehmen können, sondern muss ihn immer der Situation vor Ort und dem Leben der dortigen Menschen anpassen. Diese Arbeit kann der vorbereitenden Gruppe und den Verantwortlichen nicht von außen abgenommen werden, da sich menschliches Leben und auch die gemeindlichen Strukturen zu vielgestaltig zeigen, als dass Rezepte für alle passen könnten. Wir verstehen deshalb die folgenden Anregungen eher als eine Art »Steinbruch«, aus dem sich jeder passende Steine für sein »Gottesdiensthaus« selber schlagen muss. Dies ist eine manchmal mühevolle, zugleich aber reizvolle und kreative Aufgabe.

Wichtig ist uns auch hier wiederum die Verbindung von Leben und Glauben. So ist der jeweils letzte Abschnitt kein »liturgischer Wurmfortsatz«, sondern auf seine Weise Bestandteil eines Gottesdienstes und seiner Vorbereitung. Gottesdienst und Leben sowohl in der Familie wie auch in der Gemeinde müssen aneinander gebunden werden. Nur so erhält der Gottesdienst eine Relevanz, die ihn auch für heutige Menschen attraktiv macht.

Ferner weisen wir an dieser Stelle noch einmal darauf hin, dass der Ansatz dieser Buchreihe die Schrifttexte der Sonn- und Festtage sind. Ebenso ist es natürlich immer möglich, in Gottesdienst mit Kindern andere Schrifttexte anzuwählen, wenn sich die regulären als zu sperrig erweisen. Auch können andere Themen wichtiger sein als diejenigen, die sich aus den Schrifttexten ergeben. Wir wünschen Ihnen jedenfalls viel Freiheit und Kreativität.

Einführung Advent und Weihnachten

Im Band zum Lesejahr A betonen wir besonders die Sehnsucht des Menschen nach Licht, seine Hoffnung auf gelingendes Leben, auf Überwindung der vielfältigen Dunkelheiten, die ihm im Leben begegnen. Im Band zum Lesejahr B geht es uns vorrangig um Leben, die Umkehr zum Leben und zum lebenschaffenden Gott, der in seiner Menschwerdung dem Menschen neues Leben zuspricht.

Schwerpunkt der einführenden Besinnung dieses Bandes ist das Warten, die Wachsamkeit, die aufmerksame Lebensgestaltung aus dem Glauben. Mit diesem Thema können wir ebenso wie in den anderen Bänden heutiges Leben und die Botschaft des Glaubens miteinander verknüpfen.

Das Thema Warten entspricht der Stimmung bei Kindern im Advent. Sie warten – wenn auch aus vielerlei, meist vorrangig äußerlichen Gründen – auf Weihnachten und freuen sich auf das Fest. Der Adventskalender greift dieses Warten auf, voller Ungeduld müssen die Kinder lernen, dass die großen Dinge im Leben Zeit brauchen und dass Warten zum Leben gehört.

Dieser Gedanke kann verallgemeinert werden: Wir warten auf die unterschiedlichsten Dinge, auf Post, auf den Bus, auf einen Besuch, auf die vielen kleinen Sachen des Alltags. Kinder wie Erwachsene können ihre Erfahrungen mit Warten zusammenbringen: mit dem Positiven (der Vorfreude, der Spannung, dem Sich-Ausstrecken auf Neues ...) und dem Negativen (der Langeweile, der Ungeduld, dem Nicht-länger-ertragen-können ...).

Warten hängt eng zusammen mit Wachsamkeit. Wer auf etwas wartet, beschäftigt sich schon innerlich damit, er blickt aufmerksam darauf, nimmt erste Anzeichen einer Veränderung wahr, lebt wachsam und bewusst. Der Ruf zur Wachsamkeit gehört ebenso wie das Warten zum Advent als der Vorbereitungszeit auf Weihnachten hin.

Advent kommt vom lateinischen »adventus (domini)« = »Ankunft (des Herrn)«. Dieser Begriff macht bereits deutlich, dass Advent in doppelter Weise mit Warten zu tun hat: Er ist zum einen die freudige Erwartung von Weihnachten und die Vorbereitung auf die Feier der Menschwerdung Gottes in Jesus. Zum anderen ist Advent die Erinnerung daran, dass wir als Christen auf die Vollendung der Welt warten, die mit der Wiederkunft Christi am Ende der Zeiten geschieht. Auch diese Erwartung ist keine bange Sorge oder gar Angst im Blick auf das kommende Gericht, sondern freudige Erwartung der Offenbarung (Sichtbarwerdens) Gottes und der Vollendung. Dem entspricht etwa das kleine Glaubensbekenntnis in der Messe nach der Wandlung: »Deinen Tod, o Herr, ... bis du kommst in Herrlichkeit.«

Das Kommen Jesu damals wie künftig ist das Grundthema des Advent und der Feier von Weihnachten. Dabei geht es wesentlich um das Bekenntnis der Christen zu diesem Jesus. Es geht also nicht um eine – oft genug sentimentale – Feier der Geburt eines Babys, sondern es geht um die Person Jesu, in dem Gott und Mensch zusammengebunden werden, in dem der »Himmel die Erde geküsst« hat. Auch an Weihnachten muss der »ganze« Jesus, also sein Leben, Sterben und Auferstehen verkündet werden. Dass im Brauchtum und in den Liedern und Texten zu Advent und Weihnachten oft das Jesuskind im Vordergrund steht, ist geschichtlich und menschlich verständlich, darf aber nicht die einzige, weil dann einseitige Aussage dieses Festes sein. Es geht an Weihnachten nicht um die Feier eines kleinen Kindes, sondern um Jesus, den Christus Gottes, den ersehnten Retter der Welt. Nicht allein das Kind in der Krippe ist für Weihnachten entscheidend, sondern der ganze Weg Jesu: Krippe und Kreuz gehören zusammen.

Advent und Weihnachten können gegen alle Kommerzialisierung und Gefühlsbetonung auch in unserer Zeit ihren Sinn behalten. Die Festzeit muss keine Fassade ohne dahinterliegenden Sinn sein, sondern stellt einen Anstoß zum Glauben dar. Somit haben protzige Geschenke in ihr ebenso wenig Platz wie Märchen vom Weihnachtsmann und anderes ... Kindern wie Erwachsenen die Freude der Weihnacht zu vermitteln, ist Aufgabe der Gottesdienste auch für Familien mit Kindern.

(C 1) 1. Adventssonntag

Zu den Schrifttexten

Jer 33,14-16: Seht, Tage werden kommen, da lasse ich dem David einen Spross erstehen. Der Prophet Jeremia verkündete vor dem Exil eine Botschaft des Gerichts über Jerusalem, die nur an wenigen Stellen von Hoffnung durchzogen ist. Darauf aber berufen sich Autoren, die nach dem Exil das Buch Jesaja neu für ihre Zeit lesen und aus ihrer Erfahrung Zusätze zum Prophetenbuch formulieren. Ein solcher Zusatz mit einer Hoffnungsbotschaft für Juda und die Stadt Jerusalem liegt in dieser Lesung vor.

Gegen Situationen der Not (auch noch nach dem Exil) wirft der Verfasser einen Blick auf die kommende Heilszeit: Gott wird eingreifen und einen Messiaskönig schicken, der Gerechtigkeit schaffen wird. Gerechtigkeit ist hier kein Begriff der Gerichtssprache, sondern übergreifendes und allumfassendes Heil (vergleichbar dem Begriff Schalom). Das Land und die Menschen sind von dieser Gerechtigkeit geprägt, so kann man auch die Hauptstadt Jerusalem mit dem Namen belegen:»Der Herr ist unsere Gerechtigkeit«. Gegen alle Resignation angesichts widriger Zeitumstände stellt dieser Text eine Botschaft der Hoffnung dar, die sich aus einem tiefen Vertrauen auf Gott und sein Eingreifen ergibt.

1 Thess 3,12-4,2: Der Herr lasse euch wachsen in der Liebe zueinander. Im ersten Thessalonicherbrief, seinem ersten Brief und der ältesten Schrift des Neuen Testaments überhaupt, will Paulus der von ihm gegründeten Gemeinde Mut zu einem Leben aus christlichem Geist machen. Er selber war nur kurze Zeit in der Gemeinde, hört aber, dass sie im Glauben und in der Lebensgestaltung aus dem Glauben große Fortschritte macht. Deshalb ist der erste Teil des Briefes von Dank geprägt, er schließt mit den ersten Versen unserer Le-

sung. Der zweite Teil des Briefes (beginnend mit dem zweiten der Perikope) hat mahnenden Charakter: Werdet noch vollkommener.

Bereits in seinem ersten Schreiben betont Paulus die Bedeutung der uneingeschränkten Liebe für die christliche Lebensgestaltung (vgl. dazu 1 Kor 13,13: am größten ist die Liebe; Röm 13,10: die Liebe ist die Erfüllung des Gesetzes). Erfüllen des Willens Gottes, Heiligkeit des Lebens und damit das Bestehen des Menschen vor dem Gericht Gottes hängen davon ab, wie die Menschen aus dem Glauben an Gottes Liebe heraus selber zur Liebe bereit werden, wie sie immer wieder in grenzenloser Liebe wachsen, wie damit ihr Leben durch die Liebe reich wird. Kurzum: Die Liebe allein genügt.

Lk 21,25-28.34-36: Der Menschensohn wird mit großer Macht kommen. In dem Teil der lukanischen Endzeitrede, den das Evangelium des ersten Advent umfasst, stehen für den Hörer die Bilder von Umsturz, Erschütterung der Erde und Angst der Menschen im Vordergrund. Dennoch liegen die eigentlichen Aussagekerne tiefer und werden von diesen, wohl der damaligen apokalyptischen Literatur entnommenen Vorstellungen überdeckt. Es sind dies: 1. Gegen alle Angst haben die Glaubenden Grund zum mutigen Aufrichten, es geht um Erfüllung und Vollendung durch Christus, den Menschensohn. 2. Das Wie dieser Veränderung ist unbedeutend gegenüber der Tatsache der Erlösung, auf die sich die Glaubenden unbedingt verlassen können. 3. Gegen alles oberflächliche Leben richten sich Glaubende wachsam auf das Ziel ihres Lebens und damit auf Gott (»beten«) aus. Wenn auch überdeckt, ist dieser Text also ein Hoffnungstext und damit passend für den Beginn der Adventszeit.

Schrifttext und Familien mit Kindern

Wie häufig führen alle drei Schrifttexte zu Schwierigkeiten bei den Hörern. Der alttesta-

mentliche Text ist sowohl sprachlich wie inhaltlich sehr weit weg von der Lebenssituation heutiger Menschen. Der Ermunterung des Thessalonicherbriefes zu uneingeschränkter Liebe werden sicher alle zustimmen, aber dieser Aufruf des Paulus ist so allgemein gehalten, dass er keinen konkreten Bezug zum Alltag heutiger Menschen hat und deshalb wirkungslos bleibt. Im Evangelientext wiederum verdecken die apokalyptischen Bilder vom Ende der Welt die eigentliche Aussage: Aus einem mutmachenden Text wird so ein befremdlicher und verwirrender Text, der zum einen von einem Teil der Hörer nicht verstanden und akzeptiert wird, der zum anderen von fundamentalistisch geprägten Hörern einseitig funktionalisiert wird.

Wie also können Familien mit Kindern zu solch sperrigen Texten einen Zugang gewinnen? Mehrere Zugänge erscheinen möglich:

– *Gerechtigkeit als Sehnsucht der Menschen:* Kinder wie Erwachsene können es kaum ertragen, ungerecht behandelt zu werden. Die Sehnsucht nach Gerechtigkeit, hier im umfassenden Sinn als ganzheitliches Heil und Angenommensein verstanden, prägt Menschen jeden Alters und zu jeder Zeit. Dabei müssen wir immer wieder realistisch die Schwierigkeiten wahrnehmen und akzeptieren lernen, die Menschen bei der Verwirklichung von Gerechtigkeit haben. Wirklich umfassende Gerechtigkeit ist Menschen nicht möglich, sie erfahren auf vielfältige Weise ihre Grenzen – die Sehnsucht nach heilem Leben jedoch bleibt. Solche Sehnsucht ist zum einen ständige Motivation für ein Handeln aus Gerechtigkeit und Liebe (vgl. 2. Lesung), zum anderen führt sie für den Glaubenden zur Ausrichtung auf Gott, der allein letzte und vollkommene Gerechtigkeit verwirklichen kann. Dieses Vertrauen auf Gott wird adventlich auf Jesus, den Christus Gottes, bezogen: Er ist der ersehnte König der Gerechtigkeit. Wer sich bemüht, sein Jünger zu sein, kann wie er ein Licht der Gerechtigkeit in unserer Welt leuchten lassen.

– *Die Liebe ist das Größte:* Liebe als das Höchste, zugleich aber auch als das Schwerste, bestimmt sowohl die Partnerschaften der Menschen wie auch das Eltern-Kind-Verhältnis. Das Thema »Liebe als Grundlage der menschlichen Beziehungen« und die Ermun-terung zum Wachsen in der Liebe trifft die Situation der Familien, muss aber konkreter als im Paulusbrief dargestellt werden. Die Sehnsucht nach einer erfüllenden, den Menschen in jeder Weise bereichernden Liebe ist Grund für vielfältiges menschliches Handeln. Wo Menschen einander lieben, wird Gott in unserer Welt sichtbar, wo Liebe ist, berühren sich Himmel und Erde. Der Aspekt, dass Liebe ein Prozess des Wachsens ist (und oft genug auch des Vergehens), stellt ein weiteres Thema dar und führt zur Frage, wie man Liebe »lehren und lernen« kann.

– *Hoffnung auf Vollendung:* Die Sehnsucht des Menschen nach Gerechtigkeit und Erfüllung, nach Liebe und Geborgenheit ist letztlich die Sehnsucht nach Vollendung. Damit ist von beiden Schrifttexten ein Bogen zur Kernaussage des Evangeliums geschlagen. Christlicher Glaube ist nicht allein Lebenshilfe für den Alltag, nicht allein Ermunterung zu einem gerechten und liebevollen Leben, sondern ist immer die Ausrichtung auf Vollendung in und durch Gott, die Hoffnung also, dass sich in ihm unser Leben vollendet.

– *Gegen Endzeitpropheten alter und neuer Herkunft:* Zu jeder Zeit der Geschichte und im Blick auf die Jahrtausendwende wieder verstärkt gibt es Untergangs- und Endzeitpropheten, die gleichsam ein genaues Drehbuch der Geschehnisse am (bald erwarteten) Ende der Zeit beschreiben. Gegen alle solchen Versuche machen Christen deutlich, dass zum einen der Zeitpunkt des Endes der Welt nicht zu berechnen ist, dass zum zweiten Endzeit als Vollendung zu verstehen ist, und dass schließlich die vielfältigen endzeitlichen Bildreden sowohl der Bibel wie auch anderer Texte metaphorisch und nicht wörtlich zu verstehen sind. Christen sind somit Realisten in der Hoffnung auf Vollendung durch Gott.

– *Gegen die Oberflächlichkeit des Lebens:* Die vielfältigen »Sorgen des Alltags« versperren vielen den Blick auf den grundlegenden Sinn des Lebens und auf ein Leben aus der Hoffnungskraft des Glaubens. Die Mahnung des Evangeliums zu wachsamem und aufmerksamem Leben stellt hier ein Korrektiv dar: Es muss den Glaubenden um die Ausrichtung ihres Lebens auf Gott gehen.

(C I) 1. Advent

Gestaltungsideen für den Gottesdienst

Die vier Adventssonntage bieten die Chance, durch Themenreihen zusammenhängende und aufbauende Aussagen zu machen. Zudem darf in der Regel davon ausgegangen werden, dass die Aufnahmebereitschaft bei den Gottesdienstbesuchern während der geprägten Zeiten wie Advent und österlicher Bußzeit größer ist, so dass auch deshalb Gottesdienstreihen sinnvoll sein können. Wir geben deshalb im Folgenden Anregungen für vier Gottesdienstreihen (in den beiden Bänden der Lesejahre A und B sind es jeweils drei weitere Reihen). Danach folgen einige Anregungen für Gottesdienste, die unabhängig sind. Selbstverständlich können aber auch einzelne Gottesdienste aus den Reihen ohne Zusammenhang mit den anderen ausgewählt werden.

Reihe A: Als Christ leben. Aus den neutestamentlichen Lesungen entnehmen wir vier Grundgedanken christlicher Lebensgestaltung, die hinterfragt und weitergeführt werden sollen. Es sind dies:

1. Advent: Wachsen – an was?
2. Advent: Reich sein – an was?
3. Advent: Froh sein – über was?
4. Advent: Heilig sein – wodurch?

Stichworte zur Verkündigung: Kinder erleben ihr Wachsen und Reifen jeden Tag aufs Neue. Aber auch Erwachsene machen Reifungsprozesse durch, bleiben nicht bei dem, was sie bislang geprägt hat. Dies kann im Gespräch oder in Anspielen beispielhaft dargelegt werden (vgl. z.B. auch das Kindergartenlied:»Wir werden immer größer ...«). Schnell wird dabei sichtbar, dass es nicht allein um ein körperliches Wachsen geht, ja dass ein Wachsen an menschlichen Qualitäten viel wichtiger ist sowohl für das Individuum als auch für die menschliche Gemeinschaft.

Wenn dies deutlich wurde, kann in einem zweite Schritt die Ermunterung des Paulusbriefes folgen:»wachsen in der Liebe«. Auch hier sollte möglichst durch konkrete Beispiele aufgezeigt werden, was darunter in unserer Zeit und in den Lebenssituationen von Familien heute zu verstehen ist. Kurzgeschichten, Spiele, gemalte Bildfolgen, Fotos können dazu methodische Hilfen sein.

Darstellung: Um den Zusammenhang der vier Themen dieser Reihe (Ähnliches gilt für die folgenden Reihen) deutlich zu machen, bietet sich eine Visualisierung an: etwa an der Rückwand des Altarraumes oder an einer anderen geeigneten Stelle oder in den sonntäglichen Pfarrnachrichten oder einem eigenen Blatt, das nach dem Gottesdienst ausgeteilt wird. Zeichen für das Thema Wachsen könnte dabei ein Zollstock sein, für das Thema Liebe ist das Herz ein eingebürgertes Symbol. Beides kann auf einem Plakat zusammengebracht werden.

Reihe B: Warten. Warten prägt den Advent. Dabei geht es zum einen (vor allem bei den Kindern) um das Warten auf das Weihnachtsfest. Es geht aber vielen Christen auch um eine tiefere Sehnsucht, um das mehr erahnte, nur anfanghaft bewusste Warten auf Vollendung des Lebens und auf das Ende aller Behinderung und Not. Die zweite Themenreihe macht das Warten deshalb an verschiedenen biblischen Personen fest, versucht aber, von ihnen aus Brücken zu heutigem Leben zu schlagen.

1. Advent: Israel wartet – Hoffnung auf Gerechtigkeit.
2. Advent: Johannes wartet – Hoffnung auf Heilwerden.
3. Advent: Das Volk wartet – Hoffnung auf den Messias.
4. Advent: Maria wartet – Hoffnung auf Gottes Barmherzigkeit.

Stichworte zur Verkündigung: Erzählen von den Notsituationen Israels: vom Exil, der Zerstörung Jerusalems, der wirtschaftlichen Not des Volkes. Dennoch gibt Israel die Hoffnung nicht auf. Es vertraut darauf, dass Gott ihm beisteht. Es wartet mit Geduld auf Besserung seiner Lage. Damit wird Israel zu einem Modell des Glaubens: Auch heute dürfen sich Menschen in Notsituationen vertrauensvoll an Gott wenden, auf seine Hilfe warten. Dies entbindet nicht von eigenen Anstrengungen, geschieht aber im Bewußtsein, dass nicht alles in unserer Hand liegt. Advent ist eine Zeit des Vertrauens auf Gott.

Darstellung: Für die Reihe Warten schlagen wir als Visualisierung eine große Uhr vor, bei der der Stundenzeiger jede Woche ein Stück weitergestellt wird: An diesem Sonntag steht er auf drei Uhr, dann auf sechs, auf neun und schließlich – unmittelbar vor Weihnachten – auf zwölf. Zu den betreffenden Zahlen können jeweils die Stichworte geschrieben werden, wer wartet – am ersten Advent demnach »Israel«.

Reihe C: Adventskrippe. Ein guter, wenn auch noch seltener Brauch ist die Adventskrippe. Mit den Figuren der Weihnachtskrippe werden in den Wochen des Advent einzelne Szenen dargestellt, die zum Weihnachtsgeschehen hinführen. So kann etwa in der ersten Woche die Verkündigung dargestellt werden (Engel und Maria), in der zweiten Woche Maria bei Elisabeth und Zacharias (vielleicht Hirtenfiguren entsprechend kleiden). Zum dritten Advent machen sich dann die Heiligen Drei Könige auf den Weg oder auch die Hirten mit ihren Schafen, zum vierten Advent brechen Maria und Josef mit ihrem Esel auf, um nach Betlehem zu ziehen.

Allerdings fällt bei dieser Reihe der Zusammenhang mit den Schrifttexten relativ schwer, soll aber dennoch versucht werden.

1. Advent: Menschen im Volk Israel halten Ausschau nach dem Messias.

2. Advent: Johannes der Täufer verkündet die Ankunft des Herrn.

3. Advent: (abweichend von den Schrifttexten) Verkündigung der Geburt Jesu an Maria.

4. Advent: Maria bei Elisabeth und Zacharias.

Darstellung: Zum 1. Advent mehrere Figuren (etwa Hirten) so anordnen, dass sie in die Ferne blicken (bei beweglichen Figuren etwa eine Hand an die Augen halten). Dort kann in gewisser Entfernung von den Figuren eine Kerze oder auch bereits die leere Krippe aufgebaut werden. Dazu dann ein Gespräch über den alttestamentlichen Lesungstext und die Hoffnung Israels auf den Messias (s.o.).

Reihe D: Adventslieder. Die bekannten Adventslieder bergen eine Fülle von Bildern und Anspielungen in sich, die heute keineswegs mehr selbstverständlich verstanden werden. Deshalb ist es gut, solche Bildworte und Hinweise auf biblische Texte zu deuten und

dadurch ein bewussteres Singen in der Gemeinde zu ermöglichen. Von vielen Liedern lassen sich Verbindungen zu den Sonntagsperikopen schaffen, wir schlagen vor:

1. Advent: GL 107 Macht hoch die Tür
2. Advent: GL 105 O Heiland, reiß die Himmel auf
3. Advent: GL 115 Wir sagen euch an
4. Advent: zum Magnificat: Krenzer/ Jöcker, Ich preise den Herrn und ich freue mich; oder GL 261 Den Herren will ich loben

Stichworte zur Verkündigung: Das mit bekannteste Adventslied ist weithin mit auf alttestamentlichem Hintergrund gestaltet. Nach Ps 24,7-10 (vgl. GL 122) schildert die erste Strophe den Einzug Gottes in den Jerusalemer Tempel. Wie ein König kommt er, er erscheint in seiner Herrlichkeit in der Gemeinde. Gott kommt dem Menschen entgegen in Jesus. Die zweite Strophe führt weiter zum Einzug Jesu in Jerusalem (vgl. auch Sach 9,9 und Mt 21,5). Er ist ein barmherziger Helfer, der Heiland der Welt. Die dritte Strophe schlägt einen Bogen vom Einzug Jesu in Jerusalem damals zum Einzug Jesu in eine Stadt heute, zum Kommen des Herrn in heutiges Leben hinein. Dies wird in der vierten Strophe noch einmal konkretisiert: Jesus kommt zu jedem einzelnen Menschen, zu »euch«. Die fünfte Strophe bildet schließlich die Sinnspitze dieser immer stärkeren Konkretisierung: Jesus soll zu mir kommen, mich mit seinem Heiligen Geist erfüllen und so mein Heil schaffen.

Darstellung: Großer Notenschlüssel und vielleicht die ersten Noten des Liedes. Möglich auch ein großes, offenes Tor.

Einzelthemen:

– *Angst überwinden:* Vieles kann uns Menschen Angst machen, jeder hat Angst. Im Evangelium klingt das mit alten Vorstellungen und Bildworten an. Zugleich wird hier deutlich, wie Angst überwunden werden kann: durch die Bindung an einen Menschen, letztlich durch die Bindung an Christus.

– *Sehnsucht auf Hoffnung und Liebe:* Die Träume der Menschen werden angesprochen oder ins Bild gebracht. Dem wird die Verheißung der Bibel gegenübergestellt, dass Gott unsere Träume verwirklicht.

Weiterführung nach dem Gottesdienst

Gerade bei Predigtreihen ist es gut, den Gottesdienstbesuchern nach dem Gottesdienst etwas an die Hand zu geben, das an das Thema erinnert und den Zusammenhang der Reihe herstellen kann. Dies kann zum Beispiel für die Reihe A eine Zeichnung eines Zollstocks und eines Herzens sein, für Reihe B eine Uhr mit dem Zeiger auf der Ziffer 3 und der Aufschrift »Israel wartet«, für Reihe C ein Bild (Foto oder Fotokopie eines Fotos einer der Krippenfiguren), für Reihe D der Anfang des Liedes oder auch das ganze Lied in schön gestalteter Weise.

Wichtig ist auch, dass die Familien ermuntert werden, das Gottesdienstthema noch einmal in ihrem familiären Umfeld anzusprechen. Das Thema Wachsen etwa der Reihe A kann zu Hause dadurch weitergeführt werden, dass anhand von Fotos die einzelnen Entwicklungsschritte des Kindes (vielleicht auch der Eltern) in Erinnerung gerufen werden: So bin ich gewachsen, das habe ich gelernt und erfahren ...

Ebenso können zur Reihe B Erfahrungen mit Warten zu Hause angesprochen werden. Das Warten auf Weihnachten hin wird meist durch den Brauch der Adventskalender deutlich. Im Gespräch kann aber dann der Frage nachgegangen werden, worauf wir auch nach Weihnachten noch warten, was wir uns für unser Leben erhoffen.

Der Brauch der Adventskrippe kann auch im häuslichen Rahmen (oder auch durch Gemeindegruppen im Pfarrheim) gepflegt werden. Ebenso können die Adventslieder der Reihe D zu Hause oder in Gemeindegruppen verstärkt eingesetzt werden. Auch die Themen Angst und Sehnsucht können in den Familien immer wieder angesprochen werden.

(C 2) 2. Adventssonntag

Zu den Schrifttexten

Bar 5,1-9: *Gott führt Israel heim in Freude.* Baruch war Schüler und Sekretär des Propheten Jeremia unmittelbar vor der Exilszeit. Das kleine Buch Baruch ist allerdings viel später (ca. 2.-1. Jahrhundert vor Christus) als Teil der spätjüdischen Literatur geschrieben worden (Hintergrund vielleicht: 168 v. Chr.: Zerstörung Jerusalems durch Syrien). Ein griechisch sprechender Diasporajude sammelt in dieser Schrift Bußgebete und Klagelieder und in den letzten Kapiteln die in vielen Bildern ausgeschmückte Verheißung, dass Israel im Triumphzug nach Jerusalem zurückkehren wird. Dabei nimmt der Verfasser die Bildersprache von Deutero- und Tritojesaja auf.

Der Lesungstext besteht aus zwei Teilen: 1. Im Bild einer trauernden Frau (Witwe?) klingt die bedrückende Lage der Stadt und damit des Volkes an. Doch Gott wird die Not wenden, Frieden und Gerechtigkeit schenken. Deshalb kann Jerusalem ein neues Kleid (Brautkleid?) anziehen. 2. Die von Gott geführte Prozession des Volkes hin zu Jerusalem hat bereits begonnen. Aus dem Osten kommen sie wie ein Königszug, ihr Weg ist von Gott selbst bereitet – Grund zur Freude für Israel und den ganzen Erdkreis.

Phil 1,4-6.8-11: *Eure Liebe werde immer reicher.* Paulus schreibt aus der Gefangenschaft heraus den Brief an die Gemeinde in Philippi, die ihn unterstützt hat. Sein Brief ist geprägt von Dank und Freude (vgl. den ersten Teil der Perikope). Dabei geht es ihm nicht allein um die persönliche Unterstützung, die er von den Philippern erfahren hat. Wichtiger ist ihm ihr Einsatz für das Evangelium, für die Botschaft der Freude und der Hoffnung, damit die Menschen für »den Tag Christi« bereit werden. Diese Bereitschaft zeigt sich vor allem in der konkret im Alltag erwiesenen Liebe, an der die Philipper wachsen sollen.

Lk 3,1-6: Und alle Welt wird das Heil Gottes schauen. Für das lukanische Doppelwerk (Evangelium und Apostelgeschichte) ist kennzeichnend, dass darin ein *Weg* des Heils von Jesus über die Urgemeinde in Jerusalem bis hin zur Verkündigung des Evangeliums in aller Welt (bis nach Rom als der »Hauptstadt« der Welt) aufgezeigt wird. Dieses Thema eines in Geschichte und Raum eingebundenen Geschehens, durch das Gott allen Menschen Heil schafft, wird in dieser Perikope bereits wie eine Art Überschrift ausgesagt. Deshalb steht am Anfang die sechsfache Chronologie: Es geht um ein geschichtliches Geschehen. Somit steht hier der Umkehrruf des Johannes, der von Jesus (Lk 5,32: »Sünder zur Umkehr zu rufen«) und von seinen Jüngern (Lk 24,47) fortgeführt wird. Der Weg, der dem Herrn bereitet wird, führt dazu, dass alle Völker das Heil der Welt schauen können.

Die Gestalt des Johannes ist damit nicht allein Abschluss des Alten Bundes, letzter der Propheten, sondern zugleich der Beginn von etwas Neuem, das in Jesus bereits sichtbar wird. Johannes wird zum Wegweiser für einen Neuen Bund, für einen neuen Weg, den Gott über Israel hinaus zu allen Völkern gehen will. Die Taufe des Johannes will Menschen für diesen neuen Jesus-Weg bereitmachen – so die Sicht des Evangelisten.

(C 2) 2. Advent

Schrifttext und Familien mit Kindern

Die dem Advent theologisch entsprechende Ausrichtung der drei Schrifttexte auf Endzeit (Heimführung nach »Jerusalem«, Tag Christi, Schauen des Heils Gottes) ist heutigen Menschen fremd. Wir schauen nicht auf künftige Vollendung der Welt, sondern haben genug damit zu tun, in der alltäglichen Welt mit ihren Licht- und Schattenseiten zu bestehen. Dem Leben auf der Erde gilt unsere Mühe, nicht dem Blick auf einen fernen Himmel. Von da aus werden die Hörer diesen Texten ratlos gegenüberstehen, zumal ihnen oft der Hintergrund eines textgemäßen Verständnisses fehlt. Gestalten wie Johannes der Täufer sind in ihrer uns fernen Lebensweise auch nicht gerade ein Anreiz, sich mit ihnen näher zu beschäftigen.

Somit wird man jeweils nur einzelne Sätze und Sprachbilder den Texten entnehmen können und diese mit heutigen Lebenswelten in Verbindung zu bringen suchen. Dabei sind allerdings – sowohl im Blick auf Erwachsene wie auf Kinder – verschiedene Ansatzpunkte denkbar:

– *Sich bereiten für ein kommendes Ereignis:* Die Vorbereitung auf das Weihnachtsfest ist ein gutes Beispiel, wie Menschen sich auf Ereignisse, Feste und inhaltlich ausgerichtete Feiern vorbereiten. Im Vordergrund stehen in der Regel die äußeren Vorbereitungen, die für den bei uns gewohnten Festablauf nötig sind. Viele spüren aber auch, dass dies nicht ausreicht, um das Fest wirklich gut zu gestalten und mit Sinn zu füllen. Zum Bereiten des Äußeren muss ein inneres Bereiten hinzukommen. Es geht also nicht allein um einen »äußerlichen« Kleiderwechsel, sondern darum, zum Fest das »Kleid der Trauer« ab- und das »Kleid der Freude und Gerechtigkeit« anzulegen (Baruch). Dazu lassen sich im Gespräch und Spiel Beispiele finden und eventuell mit einem »Kleiderwechsel« gestalten.

– *In der Liebe wachsen:* Der Ermunterung des Philipperbriefes, in der Liebe reicher zu werden, wird niemand widersprechen. Allerdings bleibt ein solcher Aufruf wirkungslos, weil er blutleer erscheint und ohne Konkretion nicht nur bei Kindern irrelevant bleibt. Ohne Moralisieren müssen deshalb im Gottesdienst, am besten im gemeinsamen Tun darüber hinaus, Wege zur Verwirklichung aufgezeigt werden. Dabei sollte es um Ermunterung gehen, »das begonnene gute Werk fortzusetzen«.

– *Die gute Stadt:* Städte geben bei aller Problematik heutiger Stadtkulturen Menschen Heimat. Die Defizite städtischen Lebens fordern zum Einsatz heraus, die Lebensbedingungen zu verbessern. Viele, oft auch Gemeindemitglieder, engagieren sich in dieser Richtung. Hieran kann angesetzt werden, wenn Jerusalem biblisch als religiöses Hoffnungszeichen gedeutet wird, wie eine Stadt zum Symbol des Friedens, der Gerechtigkeit und gelingenden menschlichen Lebens werden kann. (Dies auf dem Hintergrund, dass es in der Stadt Jerusalem heute gerade nicht so zugeht.) Doch kann uns Jerusalem (vgl. auch Offb 21) zur Chiffre werden, wie die Sehnsucht des Menschen nach Heimat und Gebor-

genheit, nach Frieden und Gerechtigkeit von Gott verwirklicht wird. Jerusalem wird so zum ermutigenden Zuspruch Gottes und zugleich zum Ansporn, das eigene Handeln auf diese »gute Stadt Gottes mit den Menschen« auszurichten.

Gestaltungsideen für den Gottesdienst

Reihe A: Als Christ leben. Thema: Reich sein – an was?
Stichworte zur Verkündigung: Auch bei Kindern gibt es schon den Traum, reich zu werden, sich viel leisten zu können, berühmt zu sein, auf unterschiedliche Weise ein Star zu werden (Beispiele aufführen oder spielen). Der Begriff Reichtum kann aber auch ganz anders gedeutet werden: Ein Mensch kann »der Schatz« eines anderen sein. Jemand kann reich an guten Werken sein, ebenso aber auch reich an Geist (an »Einsicht und Verständnis«, siehe Philipperbrief) ... Dem Reichtum an materiellen Gütern steht der Reichtum an menschlichen Werten gegenüber. Ohne Ersteres abzulehnen, sollte der Gottesdienst deutlich machen, dass für gelingendes Leben das Reichwerden an Liebe, Gerechtigkeit und Frieden (vgl. auch Baruch), Freundschaft und Freude wichtiger sind.
Darstellung: Gut geeignet sind Collagen, die die unterschiedlichen Dinge aufzeigen, woran Menschen reich sein können (Geld, Besitz ..., dem gegenüberstehend Liebe, Geborgenheit ...). Auch können zwei Kontrastbilder (etwa: Geldstücke – eine »gute« Hand) als Dias projiziert werden. Soll die Reihe im Zusammenhang dargestellt werden, können (nach Zollstock und Herz) an diesem Sonntag Geldstück (Geldschein) und Hand folgen.
Reihe B: Warten. Thema: Johannes wartet – Hoffnung auf Heilwerden.
Stichworte zur Verkündigung: Das Wort Heil gehört kaum zum alltäglichen Sprachgebrauch, heilen, gesund sein dagegen schon. Im Gespräch muss deutlich werden, dass es nicht allein ein körperliches Heilwerden gibt, sondern ebenso ein inneres, gesamtmenschliches. Menschen warten darauf, dass ihr Leben gut wird und gelingt. Johannes kann als Beispiel dienen, wie Menschen diese Sehn-

sucht mit der Erwartung verknüpften, dass Gott eingreift und ihnen zu Heil und Heilung verhilft.
Darstellung: Zum Thema Warten kann wiederum die Uhr verwendet werden (vgl. C 1), diesmal wird sie auf sechs Uhr vorgestellt. Zum Thema Heilsein können Kinder (etwa einer gemeindlichen Kindergruppe) vorab eine Befragung durchführen, was sich Menschen unter gelingendem Leben vorstellen.
Reihe C: Adventskrippe. Johannes verkündet die Ankunft des Herrn.
Darstellung: Eine Krippenfigur (etwa ein Hirte, der Arm und Hand ausgestreckt hält) stellt den Johannes dar (vielleicht ein Fell als Kleidung?), mehrere andere Figuren lagern vor ihm und hören auf ihn. Dazu kann es ein Wechselgespräch zwischen Johannes und seinen Hörern geben, das die Erwartung der Menschen und den Hinweis des Johannes auf Jesus darstellt.
Reihe D: Adventslieder. GL 105 O Heiland, reiß die Himmel auf. Das alte Lied klingt uns in seiner Sprache zuerst fremd. Seine vielfältige Bilderwelt kann jedoch Stück für Stück erschlossen werden, etwa: Sehnsucht der Wüstenbewohner nach Wasser, das neues Leben schaffen kann; Wachsen von Blumen und Pflanzen im Frühjahr nach dunklem Winter; Licht der Sonne oder eines Sterns, das unser Leben hell macht; die starke Hand, die uns hält und führt ...
Darstellung: Neben dem Notenschlüssel und den Noten (vgl. C 1) kann diesmal ein Stern mit seinem Licht als Zeichen stehen. Er kann eventuell dem Tor (vgl. C 1) zugeordnet werden.
Einzelthemen:
– *Die gute Stadt:* Sehnsucht der Menschen nach einer Lebenswelt, die das Leben nicht behindert, sondern fördert, die Freude berei-

tet, weil man in Frieden und Gerechtigkeit das Leben gestalten kann, die Gemeinschaft und Heimat schenkt, in der alle ein Zuhause finden können. Solche Sehnsucht kann vorab in Gemeindegruppen formuliert werden, der Traum von einer guten, lebenswerten Stadt kann dabei nicht allein in Worten, sondern ebenso in Bildern und vielleicht auch in einer Darstellung aus Pappe, Ton oder anderen Materialien ausgeführt werden. Im Gottesdienst wird diese Hoffnung dann mit den biblischen Verheißungen von Jerusalem verbunden, der Stadt der Vollendung, in der Gott und die Menschen miteinander wohnen (vgl. Baruch und Offb 21).

– *Von Gott getragen:* Ein wenig versteckt ist im alttestamentlichen Text ein Bildwort enthalten, das zur Grundlage eines Gottesdienstes und darin einer Zeichenhandlung gemacht werden kann: »in einer königlichen Sänfte getragen«. Daran könnte sich der Gedanke anschließen: Wir sind im Leben nicht allein unterwegs, Gott ist mit uns, er trägt uns in unserem Leben (vgl. die Geschichte von den Fußspuren im Sand, in der Gott zum Menschen sagt: »Wo du nur ein Paar Spuren siehst, da habe ich dich getragen«). Erfahrungen mit solchem Gehalten- und Getragen-Werden durch Gott gibt es auf unterschiedliche Weise: Wo wir in Notsituationen neue Kraft er-

halten haben; wo sich in bedrückenden Situationen auf einmal ein Ausweg zeigte; wo nach langem Streit Versöhnung und Gemeinschaft möglich wurden ...

– *Das Kleid der Freude anziehen:* Die Bildworte im ersten Teil der alttestamentlichen Lesung können zum Anlass für eine Zeichenhandlung und ein Gespräch sein, wie die Vorbereitung auf Weihnachten geschehen kann. Neben den äußeren Vorbereitungen muss es um ein inneres Bereiten gehen, um ein Kleid der Freude, des Friedens und der Gerechtigkeit, paulinisch gesprochen: um den neuen Menschen. Eventuell kann die Zeichenhandlung so gestaltet werden, dass verschiedene Spiele solche Haltungen aufzeigen und ein Kind jeweils dazu unterschiedliche Kleidungsstücke anzieht.

– *Einen Weg bauen:* In ähnlicher Richtung, nur mit einem anderen Bild und entsprechend anderer Zeichenhandlung kann das Stichwort Weg aus alttestamentlicher Lesung und Evangelium aufgegriffen werden. Möglich ist dazu oft die Anlage eines Weges im Mittelgang der Kirche oder im Altarraum. Dazu könnten verschiedene »Steine« auf dem Weg liegen, die Hindernisse für eine gute Bereitung auf Weihnachten hin darstellen und deshalb aus dem Weg geräumt werden müssen: Macht die Straßen eben.

(C 2) 2. Advent

Weiterführung nach dem Gottesdienst

An den ersten Adventsgottesdienst anknüpfend kann den Gottesdienstbesuchern etwas an die Hand gegeben werden, das sie nach Hause mitnehmen können und das sie an das Thema dieses Gottesdienstes erinnert:

– *Reihe A:* Nach der Zeichnung eines Zollstocks das Bild eines Geldstücks (Geldschein) und einer Hand.

– *Reihe B*: Wiederum die Uhr, nunmehr mit der Stellung auf sechs Uhr und der Aufschrift: »Johannes wartet«.

– *Reihe C:* Vielleicht einige Sätze der Johannespredigt, auf einem Blatt schön gestaltet.

– *Reihe D:* Das Lied entsprechend gestaltet, vielleicht mit einem passenden Bild (Wasser, Blume, Licht der Sonne, helfende Hand ...) versehen.

Zur Weiterführung im Gespräch der Familien und Gemeindegruppen eignet sich das Thema Stadt. Wie sieht es in unserer Stadt (in unserem Wohnort, in unserem Dorf) aus? Was finden wir gut, was muss verbessert werden? Wo wird das Leben gefördert, wo wird es eingeengt und behindert? Wie sieht unsere Traumstadt aus? Wo und wie möchte ich leben? Falls eine solche Traumstadt von einer Gemeindegruppe (Kinder oder Erwachsene) gestaltet werden kann, kann sie als Bestandteil der jährlichen Weihnachtskrippe genutzt werden.

Auch das Thema »Inneres Bereitwerden für Weihnachten« stellt einen Impuls für die Weiterführung in Familien und Gemeindegruppen dar.

(C 3) 3. Adventssonntag

Zu den Schrifttexten

Zef 3,14-18: Freu dich, Tochter, denn Gott erneuert seine Liebe zu dir. Der Prophet Zefanja spricht um das Jahr 630 eine Botschaft des Unheils aus, da Israel (Juda) nicht auf Gottes Wort hörte und deshalb nun von Feinden umringt ist. An diese Unheilsbotschaft wurden nach dem Exil von anderen, unbekannten Propheten Heilsworte angehängt, die von ihrer neuen Erfahrung künden, dass Gott das Unheil überwindet und einen neuen Anfang schafft. Aus diesem Geist heraus sind die Heilsworte dieser Lesung zu verstehen.

Gottes Verhältnis zu Zion, Israel, Jerusalem wird mit dem Bild Vater-Tochter gekennzeichnet, ein Bild der fürsorglichen Liebe und des Vertrauens. Israel darf seinem Gott vertrauen, weil er für das Volk sorgt, seine Feinde zur Umkehr bringt und nun wie ein König mitten unter ihnen wohnt: Gott erneuert seine Liebe zu seinem Volk. So braucht das Volk nicht mutlos zu sein, es darf sich freuen, ein Fest mit seinem Gott feiern.

Phil 4,4-7: Freut euch im Herrn zu jeder Zeit! Aus der Gefangenschaft schreibt Paulus an die Gemeinde in Philippi einen Brief, in dem er seine Glaubenserfahrung durch Mahnung und Trost ausdrückt. Die inhaltliche Mitte des kurzen Textes liegt dabei in der Naherwartung: »Der Herr ist nahe.« Weil Paulus, und mit ihm die Christen der jungen Gemeinden, die Wiederkunft des Herrn vor Augen haben, bemühen sie sich, Folgerungen für ihre Lebensgestaltung zu ziehen. Dies geschieht in der Perikope in vier Richtungen: 1. Freude, die keine oberflächliche Fröhlichkeit meint, sondern die tiefe Freude über die Erlösung, über die Lebenswende durch den Glauben an Christus; 2. Güte zu allen Menschen, die aus der Erfahrung der Barmherzigkeit Gottes erwächst; 3. Furchtlosigkeit, die erkennt, dass die wirklichen Werte des Lebens andere sind als die alltäglichen Dinge, für die man Sorge tragen muss; 4. Friede (Schalom) als umfassendes Heil des Menschen, der von Gott geschenkt wird und der die Vollendung menschlichen Lebens bedeutet. Der Zusammenhang mit der ersten Lesung wird durch das Stichwort Freude geschaffen.

Lk 3,10-18: Was sollen wir also tun? Die Perikope zu Johannes besteht aus zwei ursprünglich unabhängigen Teilen: Zum einen wird seine Umkehrbotschaft an drei Beispielen konkretisiert, zum anderen wird mit seinem Selbstzeugnis sein Verhältnis zu Jesus aus der Sicht der christlichen Gemeinden reflektiert. Johannes verlangt von den Menschen eine grundsätzliche Umkehr, damit sie für den Herrn bereit werden. (Diese Forderung findet sich in den Versen unmittelbar vor diesem Text.) Seine Botschaft wird nun zum einen auf das ganze Volk hin konkretisiert, zum anderen auf zwei Berufsgruppen, die es besonders schwer hatten, Frömmigkeit, Liebe und Gerechtigkeit auszuüben. Von ihnen verlangt Johannes keine Änderung ihres Berufes, sondern den Einsatz gegen Ausbeutung (Zöllner) und Gewalt (Soldaten) – Gerechtigkeit und Frieden müssen im täglichen Handeln verwirklicht werden. Ähnlich die Forderung an alle zu teilen, also nach »Güte zu allen Menschen« (Paulus). Das Selbstzeugnis des Johannes zeigt ihn als Gerichtsprediger, der das Gericht Gottes – im Bild des Bauern, der Weizen und Spreu trennt – als unmittelbar bevorstehend erwartet.

Schrifttext und Familien mit Kindern

Sowohl gegen die Naherwartung im Zentrum der Philipperbrief-Lesung wie gegen die endzeitliche Erwartung des alttestamentlichen Textes wie gegen die Gerichtsrede des Johannes erhebt sich wohl bei den meisten Hörern Widerstand. Das ist nicht unsere Welt, prägt nicht unser Leben und Glauben. Leichter tun wir uns heute mit den Konsequenzen, die Paulus und Johannes für das Leben des glaubenden Menschen fordern: Freude und Güte, Vertrauen und Frieden, Teilen und Einsatz gegen Ausbeutung und Gewalt. Hier wird konkreter benannt, wie christlich gestaltetes Leben aussehen kann. Somit ergeben sich hier auch Ansatzpunkte für eine Verkündigung, die nicht nur heutige Erwachsene, sondern bereits Kinder erreichen kann:

– *Leben aus der Verantwortung füreinander:* Johannes wendet sich zum einen mit der Ermunterung zu teilen an das ganze Volk, mit der Forderung nach Verzicht auf Ausbeutung und Gewalt an bestimmte Berufsgruppen, die in diesem Punkt besonders gefährdet waren. Damit werden seine Mahnungen zu Modellen, die auf heutige Lebenssituationen angepasst werden können. Wir werden kaum eines unserer beiden Gewänder abgeben (haben wir nur so wenige?), wohl aber können wir unsere materiellen und geistigen Güter füreinander einsetzen und mit den Armen teilen, wo immer es sinnvoll und möglich ist. Wir sind nicht in der Rolle damaliger Zöllner und Soldaten, wohl aber spielt Gewalt in unseren Lebensbereichen eine Rolle, und wir können nach Kräften dagegen angehen und zu Versöhnung und Frieden beitragen.

Gestaltungsideen für den Gottesdienst

Reihe A: Als Christ leben. Thema: Froh sein – über was?
Stichworte zur Verkündigung: Den Begriff Freude werden nur wenige Christen mit christlichem Glauben verbinden. Zu wenig wird heute das Frohmachende des Glaubens erfahren, zu oft erscheint der Glauben als lebenseinengend und -behindernd. Hier muss bewusst durch die gesamte Gestaltung des Gottesdienstes gegengesteuert werden, dies gilt nicht allein für diesen Sonntag, für diesen aber in besonderer Weise. Die Gestaltung des Gottesdienstraumes, die Lieder und Musik, die Gebete und Texte, die Erfahrung von Gemeinschaft, die ganze Atmosphäre müssen Freude widerspiegeln und den Gottesdienst zum Fest werden lassen.

Zum Thema Freude können die Kinder Beispiele nennen, worüber sie sich freuen.

– *Vertrauen, Lebensmut und Fest mit Gott:* Aus der alttestamentlichen Lesung können wir drei Ansätze entnehmen, die auch für heutige Gottesdienste wichtig sind: 1. Das Stichwort Tochter (einmal nicht Sohn!) sieht Gott als fürsorglichen Vater, der sich um den Menschen kümmert. Dies korrespondiert mit dem Gottesbild Jesu, das von gleichem Vertrauen geprägt ist. 2. Solches Vertrauen führt zu Lebensmut, der Angst und Resignation, Hoffnungslosigkeit und Sorge überwindet: Gott ist bei dir. 3. Die Erfahrung der Nähe des barmherzigen und fürsorglichen, das Leben fördernden Gottes führt zur Freude, zum großen Fest Gottes mit den Menschen. Von vielfältigen Lebenssituationen her lassen sich Brücken zu diesen Stichworten schlagen.

– *Freut euch!* Beide Lesungen werden durch das Stichwort Freude verbunden, die als charakteristischer Zug glaubender Menschen dargestellt wird. Im Leben der Christen und christlicher Gemeinden, ebenso in unseren Gottesdiensten, kommt dieser Aspekt häufig zu kurz. So können diese Texte zur Korrektur anregen. Christen hören eine *Frohe* Botschaft, die ihr Leben nicht einengt, sondern bereichert und die den Einzelnen und die Gemeinschaft fördert und stärkt.

Viele Nennungen werden materielle Dinge betreffen (gut eine Woche vor Weihnachten in hohem Maß die zu erwartenden Weihnachtsgeschenke). Dennoch lässt sich in der Regel im Gespräch auch erarbeiten, wie mitmenschliches Beisammensein, Freundschaft und Liebe, Vertrauen und Güte, Teilen und gegenseitige Hilfe (vgl. den Lesungstext und die Beispiele des Johannes) zur Freude des Menschen beitragen.
Darstellung: Nach Zollstock und Herz, Geldstück und Hand ist als Zeichen ein Smiley denkbar, ein lachendes Gesicht, eventuell nur ein lachender Mund.

Reihe B: Warten. Thema: Das Volk wartet – Hoffnung auf den Messias.
Stichworte zur Verkündigung: Erwartenshaltungen von Menschen heute, dann: Vom Evangelientext ausgehend wird die Erwar-

tenshaltung der Menschen damals ausgeführt. Sie erwarten den Retter, der ihr Leben heil macht. Johannes verweist auf Jesus.

Darstellung: In der christlichen Kunst gibt es eine Reihe traditioneller und moderner Darstellungen, wie Johannes auf Jesus verweist (von Grünewald bis Zacharias). Ein solches Bild findet sich manchmal auch in Kirchenfenstern oder als Statue gestaltet. An dieser Stelle der Reihe B kann eine Bildbetrachtung erfolgen. Vielleicht kann den Gottesdienstbesuchern dieses Bild auch als kleines Geschenk mitgegeben werden. Ferner kann als Zeichen der Reihe die Uhr an der Rückwand der Kirche (vgl. C 1) auf neun Uhr vorgestellt werden.

Reihe C: Adventskrippe. Verkündigung der Geburt Jesu an Maria. Die meisten Krippen haben eine Engelsfigur. Zusammen mit der Marienfigur kann die Szene der Verkündigung nachgestellt werden. Eine schöne Kerze kann das Licht symbolisieren, das durch Jesus in unsere Welt gekommen ist.

Reihe D: Adventslieder. GL 115 Wir sagen euch an. Passend zum Philipperbrief und seiner Ermunterung zur Güte sind die Sätze der zweiten Strophe: »So nehmet euch eins um das andere an« und der dritten: »Tragt eurer Güte hellen Schein«. Im Gespräch oder im Spiel sollten dazu konkrete Beispiele zur Verwirklichung aufgezeigt werden.

Darstellung: Neben dem Notenschlüssel und den Noten (vgl. C 1) kann diesmal die helfende Hand das passende Zeichen zu diesem Lied sein.

Einzelthemen:

– *Gottesbild:* Nicht nur im Neuen Testament wird das Verhältnis Gott-Mensch mit dem Bildwort Vater-Kind wiedergegeben. Die Bezeichnung Zions als Tochter lässt dieses Thema hier wie auch an andern Stellen des Alten Testamentes anklingen. Dass zudem hier von Tochter und nicht von Sohn gesprochen wird, macht die Aussage für unsere Zeit um so sympathischer.

– *Verantwortung füreinander:* Die Mahnungen des Johannes können zum Ausgangspunkt einer Betrachtung werden, wie christliches Leben aus dem Glauben heute möglich ist. Dabei muss es um möglichst konkrete Beispiele gehen.

– *Lass die Hände nicht sinken:* Das Vertrauen auf den Gott, der dem Menschen nahe ist, steht gegen alle Lebensangst und Mutlosigkeit. Der Glaubende hat Grund zur Lebensfreude und zum Lebensmut. Dies kann durch pantomimisches Spiel dargestellt werden, bei dem ein »mutloser« Mensch einem sich vertrauensvoll »nach oben ausrichtenden« Menschen gegenübergestellt wird – vielleicht begleitet von passender Musik. Situationen der Angst und Hoffnungslosigkeit werden erzählt, dazu aber vor allem, wie solche dunklen Wegstücke des Lebens durch Vertrauen auf andere (und auf Gott?) überwunden werden konnten.

Weiterführung nach dem Gottesdienst

Wiederum lassen sich den einzelnen Gottesdienstreihen verschiedene Gegenstände zuordnen, die nach dem Gottesdienst übergeben werden:

– *Reihe A:* Nach Zollstock und Herz, Geldstück und Hand nun ein lachendes Gesicht (Smiley – gibt's auch als bei Kindern beliebten Aufkleber).

– *Reihe B:* Wiederum die Uhr, diesmal auf neun Uhr gestellt mit der Aufschrift »Das Volk wartet«. Möglich auch ein passendes Kunstbild (s.o.)

– *Reihe C:* Eine kleine Kerze (Teelicht o.ä.) oder ein Marienbild.

– *Reihe D:* Zeichnung einer ausgestreckten (helfenden) Hand.

Gesprächsthemen für Familie und Gemeindegruppen parallel zu einzelnen Gottesdiensten könnten sein:

– Wie ist unser Gottesbild – können wir uns Gott als guten Vater vorstellen?

– Wie überwinden wir Mutlosigkeit und Angst – von wem erwarten wir in solchen Situationen Hilfe?

– Wie können wir die Ermunterungen der Schrifttexte zu Güte und Teilen, zu Freude und Frieden konkret umsetzen – »was aber können wir tun«?

(C 4) 4. Adventssonntag

Zu den Schrifttexten

Mich 5,1-4: *Und er wird der Friede sein.* Der Prophet Micha kritisierte im achten Jahrhundert die herrschende, egoistische Oberschicht Israels und kündigte Unheil an. Die Heilsverheißung der Lesung wird deshalb meist als spätere Ergänzung des Michabuches gesehen, die in der Zeit unmittelbar nach dem Exil entstanden ist, als ein Teil des Volkes bereits nach Jerusalem zurückgekehrt war, andere aber noch in der Fremde lebten. In dieser Zeit ist die Sehnsucht des Volkes nach einem *zweiten* David, nach einem Herrscher, der das Volk eint und in Sicherheit leben lässt, groß. Für diesen neuen König wird das Bild des Hirten gebraucht, das im Alten Testament (vgl. etwa Ps 23) häufig auf Gott selber bezogen ist. Der erwartete Retter ist also der von Gott gesandte Hirte seines Volkes, der umfassenden Schalom (Friede und Gerechtigkeit) bringt.

Hebr 10,5-10: *Ich komme, deinen Willen zu erfüllen.* Der Hebräerbrief sieht Jesus als den wahren Hohenpriester, der die Menschen mit Gott versöhnt hat im Neuen Bund, der den Alten Bund übertrifft und vollendet. Diese Kernaussage wird im ersten Teil der Lesung durch ein Zitat aus Psalm 40,7-9 ausgeführt, das im zweiten Teil erläutert wird. Psalm 40 ist das Gebet eines Menschen, der Gottes Hilfe in der Not erfahren hat und Dank und Lob ausspricht. Die traditionellen Opfer genügen diesem Beter nicht, er weiß, dass das Erfüllen des Willens Gottes wichtiger ist, um Gemeinschaft zwischen Gott und Mensch zu schaffen.

Dies wird nun auf Christus übertragen. In seinem Kommen auf die Erde und in seiner Lebenshingabe am Kreuz erfüllt er ganz den Willen Gottes und schafft so Gemeinschaft zwischen Gott und Menschen – Heiligung derer, die an ihn glauben.

Lk 1,39-47: *Meine Seele preist die Größe des Herrn.* Im ersten Kapitel seines Evangeliums stellt Lukas die Verkündigung der Geburt des Johannes der Verkündigung der Geburt Jesu gegenüber. Beide Geschichten werden im Evangelientext des vierten Advent miteinander verknüpft und münden in das große Gotteslob Mariens: Meine Seele preist die Größe des Herrn (leider finden sich im heutigen Evangelium nur die ersten beiden Verse).

Der Evangelientext wird von verschiedenen Stichworten bestimmt: 1. Begegnung von Maria und Elisabet; 2. Verheißung und Erfüllung: Das Kind Mariens ist der Herr. 3. Johannes verweist bereits von Anfang an (noch als Ungeborener) auf diesen Jesus. 4. Die Erfüllung der Verheißungen in Jesus ist Grund zur Freude und zum dankbaren Gotteslob.

Schrifttext und Familien mit Kindern

Allein durch das Stichwort Betlehem werden die Gottesdienstbesucher den alttestamentlichen Text wenige Tage vor Weihnachten auf Jesus beziehen. Auch die Stichworte Hirte und Frieden haben Beziehungen zur Weihnachtsgeschichte und werden entsprechend eingeordnet. Zumindest die Erwachsenen werden somit den Text als Verheißungstext auf Jesus hin beziehen. Der Hebräerbrief dagegen wird sowohl vom Thema wie von seiner sprachlichen Gestalt her zu Recht auf völliges Unverständnis stoßen. Man muss schon fragen, warum ein solcher Text Aufnahme in die Leseordnung gefunden hat. Das Evangelium dagegen ist den meisten bekannt, wird aber in der Regel als geschichtlicher und nicht als theologischer Bericht missverstanden. Leider bricht das große Gotteslob des Magnificat in der vorgesehenen Leseordnung nach den ersten beiden Sätzen ab, so dass die Zielrichtung des ersten Kapitels des Lukasevangeliums nur bruchstückhaft erkennbar ist.

Verbindungen zwischen den Schrifttexten und dem Leben heutiger Familien sind:
– *Begegnung:* Das Evangelium zeigt die Begegnung zweier Frauen, die ihre Lebenssitua-

tion reflektieren, sich gegenseitig Halt geben und in Freude und Dankbarkeit vereint sind. Das Thema Begegnung gewinnt aber über diesen Gedanken hinaus dadurch Gewicht, dass es sich hier auch um eine Begegnung Gottes mit den Menschen handelt. Gott kommt als Mensch auf den Menschen zu.

– *Das Kleine, Unbedeutende ist entscheidend:* Sowohl in der ersten Lesung wie im Evangelium klingt an, dass die Maßstäbe Gottes anders sind als die der Menschen. Er wendet sich den Armen zu und erwählt das Kleine, Unbedeutende, Geringe. Solchem Handeln Gottes kann menschliches Verhalten gegenübergestellt werden, das eher nach den Kriterien Größe, Macht, Einfluss, Stärke ... urteilt und auswählt (Beispiele gibt es sowohl im Leben von Erwachsenen wie von Kindern).

– *Der Frieden Gottes:* Die Sehnsucht des Menschen nach Frieden und Geborgenheit kann im Zusammenhang mit dem Micha-Text aufgegriffen werden. Jesus ist der Bote des Friedens, er bringt uns Schalom, er ist der »Heil«and.

Gestaltungsideen für den Gottesdienst

Reihe A: Als Christ leben. Thema: Heilig sein – wodurch?
Stichworte zur Verkündigung: Die Sinnspitze des Hebräerbriefes ist im Familiengottesdienst kaum zu vermitteln. So schlagen wir vor, aus dieser Lesung den Schlusssatz in sprachlich vereinfachter Form anzusprechen: »Durch Jesus sind wir ein für allemal geheiligte Menschen.« Im Gespräch kann erarbeitet werden, was das Wort »heilig« für Christen bedeutet: auf Gott bezogen, in Gemeinschaft mit Gott. Jesus hat uns also Gemeinschaft mit Gott geschaffen (und dadurch dann auch Gemeinschaft untereinander). Diese doppelte Gemeinschaft soll vor allem im Gottesdienst einer Gemeinde gelebt und erfahren werden.
Darstellung: Zu den ersten Teilen dieser Reihe sind jeweils symbolische Bilder zugeordnet. An dieser Stelle schlagen wir von Jesus her das doppelte Bild von Krippe und Kreuz vor. Beide stellen Hinweise auf seine erlösende Tat dar.

Reihe B: Warten. Thema: Maria wartet – Hoffnung auf Gottes Barmherzigkeit.
Stichworte zur Verkündigung: Schwangerschaft und Warten auf die Geburt des ersten Kindes sind für eine Frau eine spannungsvolle Zeit. Dies kann im Gottesdienst durchaus durch Berichte von Müttern über ihr Warten auf ihr erstes Kind ausgesagt werden. Maria erfährt in ihrem Kind zutiefst die Gnade und das Erbarmen Gottes. Ihr Lied des Magnificat gibt solche Erfahrung wieder. Von ihr ausgehend kann der Frage nachgegangen werden, wo wir in unserem Leben die Barmherzigkeit Gottes erfahren können, wo Gott in unserem Leben wirkt. So kann man dann zu gemeinsamem Lob Gottes gelangen.
Darstellung: Wiederum kann die Uhr dieser Reihe weitergestellt werden, diesmal auf zwölf Uhr oder (im Blick auf das Weihnachtsfest auf kurz vor Zwölf).

Reihe C: Adventskrippe. Maria bei Elisabet und Zacharias. Aus einem Hirten für diese Adventskrippe einen Zacharias zu machen, dürfte in der Regel nicht schwer sein. Wohl aber fehlt den meisten Krippen neben der Marienfigur eine zweite Frauengestalt. Durch Umhängen von Tüchern und ein Kopftuch kann aber vielleicht ein bartloser Hirte zu Elisabet werden.

Reihe D: GL 261 Den Herren will ich loben. Passend und für Kinder leichter als das Gotteslobied ist das Lied von Krenzer/Jöcker »Ich preise den Herrn und ich freue mich«, das in vielen Sammlungen mit neuerem Liedgut enthalten ist. Hier werden die Aussagen des Magnificat in einer zeitgemäßen Sprache ausgedrückt.

Einzelthemen:
– *Leben ist Begegnung:* Geschichten oder Spiele, wie Menschen sich begegnen und ihr Leben durch Begegnung Sinn erhält. Begegnungen biblischer Menschen können erzählt werden: Maria – Elisabet, Johannes – Jesus, Jesus und seine Jünger, Begegnungen alttestamentlicher Menschen ... Dabei kann deutlich werden, wie Begegnung sowohl Zuspruch und Hilfe sein kann als auch Anspruch und Anforderung.

– *Gott erwählt das Kleine:* Dies ist ein Gedanke, der besonders den Kindern entgegenkommt, die oft genug die »Niedrigen« sind. Das Magnificat stellt nicht allein die Erfahrung Mariens dar, dass Gott sich in besonderer Weise um die Kleinen kümmert und die Mächtigen vom Thron stürzt, es ist zugleich auch die Erfahrung Israels und glaubender Menschen überhaupt.

– *Er wird der Friede sein:* Das Thema Frieden klang in den Schrifttexten des Advent bereits mehrfach an. Sofern es noch nicht angesprochen wurde, kann es nun geschehen – und dies bewusst als unmittelbare Vorberei-

tung auf Weihnachten. Wenn wir bekennen, dass mit der Geburt Jesu der Friede Gottes zu uns gekommen ist (vgl. den Gesang der Engel auf dem Hirtenfeld), dann bedeutet dies für uns, dass wir uns für diesen Frieden bereiten müssen, dass auch in unserem Leben die Gewalt zurückstehen muss, dass wir unsere Beziehungen zu anderen Menschen in Frieden und Gerechtigkeit ordnen sollten. Dieses Thema kann durch das Stichwort Schalom, durch Spiele und Geschichten zum Frieden und durch entsprechende Lieder umgesetzt werden.

Weiterführung nach dem Gottesdienst

Als Erinnerung an den Gottesdienst und als Impuls zum Gespräch könnte übergeben werden:
– *Reihe A:* eine Zeichnung mit Krippe und Kreuz und der Aufschrift. Jesus verbindet uns mit Gott (vgl. zweite Lesung).
– *Reihe B:* die Zeichnung mit der Uhr, nun auf kurz vor Zwölf, dazu der Impuls: Sind wir

wirklich fertig mit der Vorbereitung auf Weihnachten?
– *Reihe C:* ein Bild (Foto oder Kunstdarstellung) zum Thema Begegnung, dazu der Impuls: Wie begegne ich Menschen? Wie begegne ich Gott?
– *Reihe D:* das Lied »Ich preise den Herrn« oder ein anderes Magnificat-Lied.

(C 5) Heiligabend

Zu den Schrifttexten

Die Leseordnung bietet jeweils drei Texte (die allerdings in den drei Lesejahren gleich sind) für den Heiligen Abend, die Heilige Nacht, den Morgen und den Tag an. Da die Texte für den Heiligen Abend mehr vorbereitenden Charakter haben und der Erwartung der Gottesdienstbesucher an die Familienchristmette kaum entsprechen, lassen wir sie hier unberücksichtigt. Von den Texten des Morgens verbinden wir sowohl den Titusbrief wie den zweiten Teil der lukanischen »Weihnachtsgeschichte« mit den entsprechenden Texten der Nacht.

Jes 9,1-3.5-6: Das Volk, das im Dunkeln lebt, schaut ein helles Licht. Der Text dürfte in der Zeit entstanden sein, als das Nordreich Israel unterging (722 Samaria von den Assyrern er-

obert). Das Volk lebte in der Dunkelheit von Krieg und Not; seine staatliche Autorität war zerbrochen, damit aber auch seine religiöse Identität in Frage gestellt. Die Botschaft Jesajas spricht in einer eindrucksvollen Sprache von der Hoffnung auf einen neuen König, der die Natansverheißung an David zur Erfüllung bringt: Er wird ein Reich des Friedens und der Gerechtigkeit schaffen, das auf Dauer Bestand hat; er wird das Volk aus der Dunkelheit zu neuem Licht herausführen. Die ihm gegebenen Namen sind sein Programm: Weil er mit Gott verbunden ist, Stellvertreter Gottes ist (»Gottheld«), kann er dem Volk richtig raten und es einen guten Weg führen (»Wunderrat«), er schafft umfassenden, ganzheitlichen Frieden (»Friedensfürst«), er sorgt für sein Volk wie ein guter Vater (»Ewigvater«).

Tit 2,11-14: Die Gnade Gottes ist erschienen. *und Tit 3,4-7: Die Menschenliebe Gottes ist erschienen.* Die beiden Texte sind untereinander und mit Weihnachten durch den Gedanken verknüpft, dass uns in Jesus Gnade und Liebe Gottes erschienen sind. Eventuell kann eine Lesung aus Sätzen beider Texte zusammengestellt werden, die dies in den Vordergrund stellt und andere Gedanken zurücktreten lässt. Ausgangspunkt beider Perikopen ist das erbarmende Wirken Gottes in Jesus, das den glaubenden Menschen rettet (Taufe als Ausdruck dieses Erbarmens Gottes und des Glaubens der Menschen). Das Wirken Gottes soll im Leben der Glaubenden dann Auswirkungen haben. Wer sich der Gnade, Güte und Menschenfreundlichkeit Gottes öffnet, wird selber bereit zu einem erneuerten Leben, das geprägt ist von Besonnenheit und Maß im Blick auf das eigene Leben, von Gerechtigkeit, Güte und Menschenfreundlichkeit im Blick auf die Beziehung zu anderen, von Glauben und Frömmigkeit im Blick auf die Beziehung zu Gott. Ein solches christliches Leben in dieser Welt ist zudem geprägt vom Blick auf die Vollendung, von Hoffnung auf das Erscheinen des Herrn in Herrlichkeit, von Vertrauen darauf, dass Gott ewiges Leben schafft. Das paulinische Thema »Rechtfertigung durch Gnade führt zu entsprechendem Glauben und Werken des Menschen« ist hier im Titusbrief weitergeführt. Zusammen mit den beiden Timotheusbriefen wird er deshalb zu Recht als »Pastoralbrief« bezeichnet, als Ermunterung der Gemeinden der zweiten Generation zu einem christlichen Leben aus der Erfahrung heraus, dass Gott sie in Jesus mit seinem Erbarmen beschenkt hat.

Lk 2,1-14: Heute ist euch der Retter geboren. *und Lk 2,15-20: Und sie fanden das Kind in der Krippe.* Während das den Evangelien nach Matthäus und Lukas zugrunde liegende Markusevangelium mit der Taufe Jesu beginnt, haben Matthäus und Lukas ihre theologischen Aussagen, dass Jesus der Herr und Retter ist, mit den Kindheitsgeschichten nach rückwärts auf den Anfang des Lebens Jesu hin verlängert. Johannes erweitert in seinem Prolog (s.u.) diesen Ausgriff nach rückwärts durch

seine theologische Spekulation über die Beziehung zwischen Gott und Jesus, die seit allem Anfang Geltung hat. Alle drei Evangelien, die etwas von der Zeit vor der Taufe Jesu »berichten«, wollen damit keine Geschichte schreiben, sondern von ihrer Erfahrung von Ostern her ihr Glaubensbekenntnis zu Jesus, dem Christus Gottes, ausdrücken.

In der Perikopenordnung ist die »Weihnachtsgeschichte« des Lukas in zwei Teile für Nacht und Morgen zerrissen. Da so das Gesamt der lukanischen Aussage zerstört wird, sollte man den Text in jedem Fall im Zusammenhang lesen. Der Text selber wird bei vielen Hörern verdeckt von ihren Vorstellungen der Geburt Jesu (kalter Winter, Herbergssuche, große Armut, Ochs und Esel ...). So erbaulich solche Vorstellungen auch sein mögen und so sehr sie in Lieder und Texte, in Weihnachtsspiele und Krippendarstellungen eingeflossen sind, das Lukasevangelium ist ebenso wenig erbauliche Legende wie historische Protokollführung, wie die Geburt Jesu vor sich ging.

Es geht also darum, die theologischen Gedanken des Lukas zu erkunden. Es geht ihm wie in seinem ganzen Evangelium und auch in der Apostelgeschichte um die Verkündigung der christlichen Botschaft, um das Evangelium von dem Jesus, der durch Kreuz und Auferstehung der Retter ist. Diese Gedanken klingen in den Eingangskapiteln seines Evangeliums bereits an. Niedrigkeit und Erhöhung, Unscheinbarkeit und Herrlichkeit, Krippe und Kreuz gehören für Lukas zusammen. Damit dies Menschen sichtbar wird, greifen Engel, Boten Gottes, letztlich Gott selber ein: Gott zeigt, dass dieses unscheinbare Kind der Retter, der Christus, der Herr ist. Dieses Kind ist der Davidssohn, in dem die Verheißungen der Propheten in Erfüllung gegangen sind. In diesem Kind erscheint der Lichtglanz Gottes den Menschen. Die Engelserscheinung vor den Hirten ist deshalb auch der Mittelpunkt der Erzählung. Die Hirten selbst verweisen dabei auf David, den Hirten und König Israels.

Die eigentliche Geburt Jesu wird dagegen äußerst knapp und karg geschildert. Es sind ungewöhnliche Umstände, aber keineswegs so außergewöhnliche, dass Menschen von selber zur Deutung des Geschehens gelangen könnten. Erst die Erklärung des Engels und die Aufforderung, zur Krippe zu gehen, fordern die Hirten zu einer Antwort, zu einer Reaktion heraus. Diese besteht im Gang zur Krippe, im Staunen und im Lob Gottes, das gleichzeitig Verkündigung darstellt. Der Chor der Engel auf dem Hirtenfeld fasst das Ereignis zusammen: In diesem Jesus zeigt sich die Herrlichkeit Gottes, Gott wird in diesem Jesus verherrlicht. Für die Menschen, die zum Glauben bereit sind und die deshalb mit dem Wohlgefallen, der Huld Gottes beschenkt werden, bedeutet dies wirklichen Frieden.

Jes 52,7-10: Alle Enden der Erde schauen das Heil unseres Gottes. Deuterojesaja (der »zweite« Jesaja) verkündet den ins Exil nach Babylon verbannten Israeliten eine Botschaft der Rettung. In einer Vision schaut er vom (zerstörten) Jerusalem aus, wie das Volk der Verbannten zurückkommt. Ein Bote eilt den Heimkehrern voraus und bewirkt bei den wenigen Zurückgebliebenen in Jerusalem große Freude: Der Herr wendet das Schicksal seines Volkes. Dies ist ein Zeichen für alle Völker, dass er der Herr ist, der Heil und Leben schafft. Von diesem letzten Vers des Textes her ergibt sich die Einbindung dieser Perikope in den Weihnachtsgottesdienst: Die Geburt dieses Messiaskindes ist in noch viel höherem Maß ein Geschehen, durch das alle Völker das heilschaffende Wirken Gottes erkennen können.

Hebr 1,1-6: Gott hat zu uns gesprochen durch den Sohn. Die Eingangsverse des Hebräerbriefes geben – in einer für uns heute schwierigen Sprache – das Grundthema christlichen Glaubens an: In diesem Jesus gibt sich Gott zu erkennen, der Sohn schafft Heil für alle und wird so zum Herrn für alle. Gegen die Erfahrung aller Gottferne drückt der Hebräerbrief ebenso wie andere in der Bibel gesammelte Glaubenserfahrungen aus, dass Gott immer wieder zu Menschen gesprochen hat, von den Vätern Abraham, Isaak und Jakob durch die ganze Geschichte des Volkes (Propheten). Dieses Wort Gottes an die Menschen

wird durch Jesus in unübertrefflicher Weise überboten. Er kommt von Gott, ist als Sohn sein Abbild, er erlöst am Kreuz die Menschen, er kehrt zur Herrlichkeit Gottes zurück, um nunmehr der Weltenherrscher zu sein. Dieser Christushymnus (ähnlich Phil 2,6-11) fasst das christliche Bekenntnis zu Jesus, dem Christus Gottes, zusammen. (Die beiden Schlussverse der Perikope führen mit dem Schriftbeweis über die Engel dieses Bekenntnis in eine uns eher unverständliche Richtung; sie sollten besser weggelassen werden.)

Joh 1,1-18: Im Anfang war das Wort. Der Prolog (= »Vorrede«) des Johannesevangeliums gibt in einer theologisch dichten, uns heute aber nur schwer verständlichen Sprache gleichsam eine Art Überschrift über die Aussage des gesamten Johannesevangeliums. Der Text greift neben verschiedenen Einschüben (etwa die zweimalige Aussage über Johannes den Täufer) vor allem auf ein älteres Logoslied zurück (logos: griechisch = Wort). Damit verbindet sich die Kernaussage des Textes. Jesus ist das Wort Gottes an uns Menschen (vgl. auch die Perikope des Hebräerbriefes). Dieser Logos war von Anfang an, ist Gott gleich, stellt das erschaffende Wort Gottes dar (vgl. Gen 1,1ff). So wird Leben geschaffen, so kommt Licht in die Finsternis dieser Welt (vgl. Gen 1,3: Es werde Licht).

Die Erfahrung Israels, aber vor allem der ersten Christen ist aber der Unglaube: Dieser Jesus, das lebendige und lebenschaffende Wort Gottes wird von den Menschen nicht angenommen. Nur wenige, die Glaubenden der Gemeinde, erkennen ihn und erkennen in ihm die Herrlichkeit Gottes. Der Unglaube der Welt ist ihnen umso unverständlicher, als es doch mit Johannes einen Zeugen für das Wort gegeben hat.

Der Johannesprolog stellt ein ausführliches Glaubensbekenntnis der jungen Christenheit in einer theologisch dichten Reflexion dar: Es ist das Bekenntnis zu Christus, in dem Gottes Licht in unserer Welt erschienen ist: Gott ist in Jesus, seinem Wort und Christus, Mensch geworden und hat so Leben und Heil für alle geschaffen.

Schrifttext und Familien mit Kindern

Die Weihnachtsgottesdienste für Familien mit Kindern, gleich ob Familienchristmette am Heiligabend oder Gottesdienst am Morgen des ersten Tages, haben ihre eigenen Bedingungen. Die Gottesdienstbesucher setzen sich anders als sonst zusammen: Viele, die nur noch wenig Beziehung zum Glauben und zur Kirche haben, kommen, für nicht wenige ist dies der einzige Gottesdienst im Jahr. Dies gilt nicht allein für Erwachsene, sondern auch für viele Kinder, die dann erhebliche Orientierungsschwierigkeiten im Gottesdienst haben und oft nicht wissen, wie sie sich verhalten sollen. Durch viele sehr kleine Kinder und natürlich durch die Spannung des Tages und die oft überfüllte Kirche kommt mehr Unruhe als sonst auf. Dagegen steht die Erwartung der Erwachsenen, nach dem Stress der Tage vor Weihnachten eine Stunde der Ruhe zu finden, durch den Gottesdienst in »Weihnachtsstimmung« zu kommen. In vielen Gemeinden gibt es zudem gewisse Traditionen (etwa eine bestimmte Form eines Krippenspiels ...), die für die Gottesdienstgestaltung eine Festlegung bedeuten. Die Gestaltung eines weihnachtlichen Familiengottesdienstes ist aus diesen und anderen Gründen keine leichte Aufgabe.

Dies wird dadurch verstärkt, dass die Schrifttexte der Leseordnung entweder recht schwierig und in einer uns fremden Sprache geschrieben sind (etwa Joh 1) oder zu sehr bekannt und deshalb »abgenutzt« erscheinen (etwa Lk 2). Für viele gehört die Weihnachtsgeschichte der Bibel zudem nur am Rande zu ihrer Weihnachtsfeier; der Hintergrund des Bibeltextes, das Bekenntnis zu Jesus, scheint vielen unwichtig gegenüber dem, was sie mit dem Weihnachtsfest verbinden. Wo also gibt es Ansatzpunkte zwischen den Schrifttexten und dem Leben der weihnachtlichen Gottesdienstbesucher?

Weihnachten geschieht heute: Ein erster Ansatz kann darin liegen, die lukanische Weihnachtsgeschichte neu aufzuschließen und mit Lebenssituationen heutiger Menschen zu verbinden. Gegen alle idyllischen Vorstellungen sollte erkennbar sein, dass in dem »ge-wöhnlichen« Vorgang der Geburt eines Kindes das »Ungewöhnliche« der Nähe Gottes sichtbar werden kann. Idyllische Krippenspiele mit Herbergssuche und kleinen Engelchen helfen dabei kaum weiter. Wo sich ein weihnachtlicher Familiengottesdienst auf solches Spiel als Verkündigung beschränkt, wird er weder den Erwachsenen noch den Kindern gerecht. Ein weihnachtliches Krippenspiel sollte somit immer einen Bezug zu Lebenssituationen heute herstellen: Gott ist in diesem Jesus Mensch geworden, damit wir aus seinem Geist heraus zu wirklichen Menschen werden. Ferner muss ein Weihnachtsgottesdienst (gleich ob durch Spiel, Predigt oder anderes) den Zusammenhang zwischen Krippe und Kreuz sichtbar werden lassen: Wir feiern an Weihnachten nicht ein kleines Baby, sondern den beginnenden Lebensweg eines Menschen, der die Welt erlöst hat. Die Freude, die der Engel den Hirten verkündet, muss ebenfalls auf heutiges Leben hin erschlossen werden: Was ist uns heute »eine große Freude«? Die Weihnachtsgeschichte des Lukas schließt mit der Reaktion der Hirten. Sie glauben, loben Gott und verkünden somit die Herrlichkeit Gottes. Dies bedeutet für uns heute die Anforderung, selber Antwort zu geben. Wie eine solche Antwort aussehen kann, sollte durch den Gottesdienst sichtbar werden, mehr noch, der Weihnachtsgottesdienst sollte selber eine solche Antwort sein und zudem zu weiteren Antworten im Leben der Menschen ermuntern.

Was Weihnachten bedeutet: Die Sprache der Bibel und die biblischen Bildworte stoßen bei heutigen Menschen auf erhebliche Verständnisschwierigkeiten. Dennoch gibt es eine Reihe von Bildern, Symbolen, Gedanken, die sowohl bei Kindern wie Erwachsenen heute zum Glauben anregen können: Dunkelheit und Licht (vgl. Jes 9 und Joh 1) sind ein erster Ansatzpunkt. Ein anderer ist das »gute Wort« Gottes an uns (vgl. Hebr 1 und Joh 1). Auch das Stichwort »Menschenliebe« (Tit 3) lässt sich mit heutigem Leben und der Sehnsucht der Menschen nach einem gelingenden Leben verbinden. Ebenso kann das Stichwort

Frieden (Jes 9 und Lk 2) anklingen. Das Stichwort Freude (Lk 2 und Jes 52) passt zu dem, was Menschen von Weihnachten erwarten. Gelingendes, erfülltes »Leben« (vgl. Tit 3 und Joh 1) kann von den Schrifttexten her ebenfalls zu einem Gottesdienstthema und mit Beispielen aus heutigem Leben verbunden werden.

Gott schweigt – Gott spricht: Viele machen heute die Erfahrung, dass Gott schweigt, abwesend erscheint, für ihr Leben keine Rolle spielt. Gegen den schweigenden Gott kann als Thema das Sprechen Gottes im Menschen (im Menschen Jesus, aber ebenso in Menschen heute) gesetzt werden (vgl. Hebr und das Sprechen des Johannes vom »Wort«).

Da hat der Himmel die Erde geküsst: Weihnachten bedeutet die Verbindung von Gott und Mensch. In Jesus ergreift die Liebe Gottes den Menschen. Was dies konkret bedeuten kann, kann im Gottesdienst durch Predigt und Spiel, durch Lied, Zeichen und Text ausgedrückt werden: Gegen Leid und Gewalt setzt Gott Liebe und Vertrauen, gegen den Stacheldraht die Rose (s.u.).

Gestaltungsideen für den Gottesdienst

Für Weihnachtsgottesdienste mit Kindern gibt es eine Fülle von Anregungen und Modellen, viele ausgestaltete Krippenspiele, Texte und Lieder. In den drei Bänden dieser Reihe stellen wir jeweils drei Ideen vor, die durch Symbole oder Spielanregungen zum Bekenntnis des Glaubens an Jesus führen sollen und die zugleich mit dem Leben heute zu tun haben.

A: – Krippenspiel
   – Ein Licht in der Dunkelheit
   – Wenn Jesus heute käme
B: – Ein gutes Wort
   – Der Baum der Liebe
   – Gott reicht uns die Hand
C: – Was noch zur Krippe gehört
   – Da hat der Himmel die Erde geküsst
   – Der Jesus-Stern

Angesichts der Vielen, die an Weihnachten zur Kirche kommen, sich aber im Gottesdienst nicht mehr richtig auskennen, ist es in jedem Fall sinnvoll, ein kleines Heft mit gemeinsamen Texten und Liedern zu erstellen, das den Besuchern auch mitgegeben wird.

Was noch zur Krippe gehört: Über die Geburt Jesu hinaus soll der Blick geweitet werden auf das weitere Leben und die Bedeutung Jesu für Leben und Glauben der Christen. Deshalb stellt das Weihnachtsevangelium nach Lukas nur den Ausgangspunkt dar. Danach gibt es eine Zeichenhandlung, bei der Kinder Gegenstände zur Krippe bringen, die auf Wichtiges im Leben Jesu hinweisen und so darauf aufmerksam machen, dass wir an Weihnachten nicht allein das kleine Kind, sondern den beginnenden Lebensweg des Mannes feiern, der die Mitte unseres Glaubens darstellt. Solche Gegenstände, die durch entsprechende Texte gedeutet werden, könnten etwa sein:

– *Stern:* Jesus ist wie ein Licht im Leben vieler Menschen, ihnen geht ein Stern Gottes auf. Das haben die Hirten und die Weisen erfahren, das haben viele Menschen erfahren, denen Jesus Licht auf ihrem Weg war und ist.

– *Krone:* Menschen bekennen Jesus als den Herrn und König der Welt. Die Weisen bringen »königliche« Geschenke, wichtiger noch: Menschen bekennen diesen Jesus als den Messias, den Christus, den Gesalbten und Gesandten Gottes, den Gottessohn.

– *Brot:* Menschen erfahren Jesus als Brot zum Leben. Wie Brot für uns lebensnotwendig ist, so ist Jesus für viele lebensnotwendig. Er zeigt auf, was uns im Leben wirklich Kraft und Heilung gibt – die Bindung an Gott und das Vertrauen auf ihn.

– *Buch:* Jesus hat vielen Menschen ein gutes Wort gesprochen, das ihnen neues Leben gegeben hat. Viele solcher guten Worte Jesu sind in den Schriften des Neuen Testamentes gesammelt.

– *Wasser und Tuch:* In der Fußwaschung hat Jesus ein Zeichen des Dienstes gegeben. Sein ganzes Leben bis zum Kreuz stand im Dienst für die Menschen. Wer sich an ihn bindet, wird ebenso bereit zum Dienst an anderen.

– *Kreuz:* Das Kreuz ist das Zeichen Jesu und der Christen. In diesem Zeichen wird unser

Glaube zusammengefasst, dass Jesus sich uns ganz geschenkt hat, und dass er uns so neu mit Gott verbunden hat.

– *Osterkerze:* Das Kreuz Jesu sollte nie ohne die Osterkerze gesehen werden: Karfreitag und Ostern gehören zusammen. Gott erweckt seinen Jesus zu neuem Leben. Nur von da aus ist unsere Hoffnung auf Leben und Erlösung berechtigt.

Da hat der Himmel die Erde geküsst: Weihnachten ist nicht allein Familienfest, sondern vor allem das Fest der Verbindung von Gott und Mensch, von Himmel und Erde, von Oben und Unten. Zu diesem Gedanken passen als Schrifttexte besonders Jes 9 und die beiden Stellen des Titusbriefes, ferner – obwohl für Kinder schwer – der Johannesprolog. Es sollte bei diesem Thema deutlich werden, dass Gott auf die Menschen zugeht, sie mit seiner Güte und Menschenfreundlichkeit (Tit 3) beschenkt. So könnte etwa folgendes Spiel entstehen: Ein Kind erhält von mehreren anderen Spielern verschiedene Geschenke, von Mutter und Vater, von seinen Geschwistern, von seinen Freunden ... Schließlich gibt es da noch ein Geschenk in einem großen Karton, bei dem zuerst keiner weiß, von wem es ist. Als das Kind es auspackt, findet es darin eine Krippe mit dem Jesuskind. Anschließendes Gespräch der Spieler mit folgenden Stichworten: Geschenke zeigen die Liebe und Zuneigung anderer. Geschenke verbinden. Geschenke bereiten Freude und machen das Leben schöner. Es gibt oberflächliche und ganz tiefe Geschenke. Jesus als Geschenk Gottes an uns.

Der Jesus-Stern: Der Stern wird als Symbol für Situationen gewählt, in denen sich das Leben von Menschen zum Guten wendet. Menschen erfahren immer wieder, dass mitten in den vielfältigen Dunkelheiten ihres Lebens ein Licht aufleuchten kann, dass Hoffnung entsteht, ein neuer Anfang möglich wird, Versöhnung Menschen verbindet – ein Stern leuchtet am Himmel und gibt Orientierung und Mut für den Lebensweg. Entsprechend können kleine Spielszenen gestaltet werden, die »Dunkelheiten« im Leben heutiger Menschen aufzeigen und dann auch eine Wende zum Guten deutlich werden lassen. Solche Veränderungen können mit vergleichbaren Worten und Handlungen Jesu verknüpft werden. Als Zeichen kann bei jeder Spielszene ein großer, von Kindern gebastelter Stern an der Krippe aufgestellt werden. Spielbeispiel: Zwei Kinder haben erheblichen Streit und sind deshalb bedrückt. Ein anderes Kind lädt zum Spielen bei sich ein und führt sie so wieder zusammen. Versöhnung wird möglich. Dazu der Satz der Bergpredigt: »Selig, die Frieden stiften, denn sie werden Kinder Gottes genannt werden.«

Weiterführung nach dem Gottesdienst

Gerade an Weihnachten sollte den Gottesdienstbesuchern ein kleines Zeichen mit auf den Heimweg gegeben werden: ein schön gestalteter Spruch mit Weihnachtswünschen, eine Zeichnung (etwa ein Stern über der Krippe) oder ein Foto (etwa der Weihnachtskrippe der Kirche) oder auch ein kleiner Gegenstand: ein Tannenzweig, eine Kerze, ein Strohstern ...

Zu den Gottesdienstanregungen dieses Lesejahres würde etwa passen:

– Zeichnung Krippe, Kreuz und Osterkerze mit Bildunterschrift: Jesus ist geboren, Jesus wurde gekreuzigt, Jesus ist auferstanden – wir glauben an ihn.

– Zeichnung eines eingepackten Geschenkes mit Bildunterschrift: Was Gott uns an Weihnachten schenkt – Jesus.

– Gebastelter Stern (aus Stroh, Tonpapier oder anderem) oder auch Zeichnung eines Sterns mit der Bildunterschrift: Jesus – der Stern in meinem Leben.

Sinnvoll ist es auch, den Gottesdienstbesuchern eine kleine Hilfe für ihre häusliche Feier mitzugeben, ein gefaltetes A-4-Blatt mit einem Vorschlag für die Gestaltung einer kleinen häuslichen Feier: Lied und Text, erst danach Bescherung und gemeinsames Essen ... (Vgl. dazu die Anregung im Band zum Lesejahr A.)

(C 6) Fest der Heiligen Familie

Zu den Schrifttexten

Sir 3,2-6.12-14: Den Vater ehren, die Mutter achten. Gegen die auch in Israel wie im gesamten Mittelmeerraum im dritten und zweiten Jahrhundert vor Christus vorherrschende Tendenz zur Hellenisierung, zur Übernahme griechischen Denkens und griechischer Kultur, verweist der jüdische Weisheitslehrer Jesus Sirach auf die urjüdischen Traditionen. Von ihnen her will er das Zusammenleben der Menschen wie auch die Beziehung zu Gott ordnen und gelingen lassen. Der Dekalog hat deshalb für ihn herausragenden Rang. Das vierte Gebot des Dekalogs steht hinter dem Text dieser Perikope.

Das Elterngebot ist in der Geschichte christlichen Denkens häufig zu einem pädagogischen Mittel missbraucht worden, um Kinder zu disziplinieren und im Gehorsam auf die Anweisungen ihrer Eltern zu verpflichten. Weder das vierte Gebot des Dekalogs noch der Text des Jesus Sirach sprechen aber Kinder an. Sie meinen vielmehr Erwachsene und ihr Verhältnis zu den altgewordenen Eltern. »Ehren und achten« meint dabei, den Alten das ihrem Leben entsprechende Gewicht zu geben, es meint eine Fürsorgepflicht, die sich auf ganz konkrete Dinge (Nahrung, Unterkunft ...) richtet. Wo erwachsene Menschen sich in solcher Weise um die Alten kümmern, da schaffen sie eine Gesellschaft, in der auch sie selber auf ein gutes Leben im Alter hoffen dürfen. Eine solche Gesellschaft der Solidarität und des Füreinander-Eintretens entspricht dem Willen Gottes, seinem Gebot.

Kol 3,12-21: Ihr seid von Gott geliebt, darum liebt einander. Den Brief an die Gemeinde in Kolossä (im Westen Kleinasiens) schreibt Paulus am Ende seines Lebens (vielleicht auch einer seiner Schüler). Im ersten Teil des Briefes wendet sich Paulus gegen eine Irrlehre, im zweiten Teil versucht er, die Konsequenzen deutlich zu machen, die der christliche Glaube für das Leben der Menschen hat. Diesem zweiten, mehr ermahnenden Teil des Briefes ist diese Perikope entnommen.

Der Text ist eine Haustafel, die an Familien gerichtet ist und konkrete Ansprüche an ihr Leben enthält. Dennoch stellt sie keine moralisierende Liste von Forderungen dar, denn vor den Ansprüchen gibt es den Zuspruch Gottes: »Ihr seid von Gott geliebt.« Erst wer die Erfahrung der Zuwendung Gottes gemacht hat, wird bereit zum Lob Gottes, aber ebenso zur Nächstenliebe in den vielen denkbaren Formen: »Liebt einander.« Das gute Handeln Gottes mit den Menschen (erkennbar vor allem in Jesus) ermuntert zu eigenem guten Handeln (im »Namen Jesu«). Christliches Leben ist deshalb Antwort auf das gute Wort Gottes.

Die letzten Verse (18-21) stellen eine Hausordnung dar, wie sie im griechischen Umfeld der paulinischen Gemeinden gang und gäbe war. Darin spiegelt sich die patriarchalische Gesellschaftsstruktur wider, sie wird allerdings dadurch weitergeführt, dass sie dem Hauptgebot der Liebe unterstellt wird. Wo zwischenmenschliche Beziehungen in Liebe geordnet sind, ergeben sich neue Lebensmöglichkeiten für alle. (Wo diese Verse im Gottesdienst nicht eigens erklärt werden können, sollten sie besser ausgelassen werden, um Missverständnisse zu vermeiden.)

Lk 2,41-52: Im Haus des Vaters. Der Abschluss der lukanischen Kindheitsgeschichte fasst die Gedanken der beiden einleitenden Kapitel noch einmal in einer theologischen Aussage zusammen. Es geht bei diesem Text also nicht um die Beschreibung, »was damals einmal war«, sondern um das Bekenntnis, »wer dieser Jesus ist«. Dabei ist die Ausrichtung auf Gott entscheidend: Dieser Jesus, eingebettet in die menschlichen Verhältnisse seiner Familie, seiner Kultur und seiner Religion (Wallfahrt nach Jerusalem), ist dennoch so sehr auf Gott ausgerichtet, dass sein Leben von hier aus seinen Sinn erhält. Bewusst wird dies für den zwölfjährigen Jungen gedeutet, der entsprechend jüdischer Vorstellung an der Schwelle vom Kind zum Erwachsenen steht.

Hier geht es um die Grundentscheidung seines Lebensweges, hier geht es um seinen Gehorsam gegenüber Gott, der ihn seinen Weg bis zum Kreuz führen wird (»nicht mein, sondern dein Wille geschehe«). Lukas macht somit auf andere Weise als in der Verkündigungs- und in der Geburtserzählung das Gleiche deutlich: Dieser Jesus ist Gottes Sohn, er kennt und – mehr noch – erfüllt den Willen Gottes. So wird die Szene auch im Zentrum jüdischer Religion und jüdischen Glaubenslebens angesiedelt, im Jerusalemer Tempel.

Schrifttext und Familien mit Kindern

Die Gottesdienstbesucher werden am Fest der Heiligen Familie eine Beziehung der Schrifttexte zum Leben heutiger Familien erwarten: Was können diese Texte des Glaubens uns für unser Leben sagen, wie können sie uns bei der Gestaltung unseres Lebens helfen? Eine weitere Erwartung wenige Tage nach Weihnachten ist sicher die einer weihnachtlichen, friedvollen und harmonischen Stimmung im Gottesdienst. Oft wird dieser Gottesdienst auch mit der traditionellen Segnung der Kinder verbunden. Deshalb sind mehr kleinere Kinder als sonst im Gottesdienst, dies hat Auswirkungen auf Ruhe und Konzentration.

Die Schrifttexte dieses Tages sprechen für viele die Sprache einer anderen Welt: Von Ehrung der Eltern ist heute wenig zu hören, der Begriff des Sündopfers ist unbekannt (Sirach); die feierlichen Worte vom Bekleiden mit Demut und Milde gehen über die Hörer hinweg, wohl aber stoßen die Begriffe Unterordnung und Gehorsam auf Widerstand (Kolosserbrief); die Erzählungen der Evangelien (Lesejahr C: der zwölfjährige Jesus im Tempel, Lesejahr A: Flucht nach Ägypten und Rückkehr, Lesejahr B: Darstellung Jesu im Tempel) klingen eher märchenhaft, haben uns unverständliche Züge (etwa jüdische Traditionen wie Tempelwallfahrt, Reinigung und Darbringung ...) und lassen kaum ihre Kernaussagen erkennen.

Ein größeres Problem als solche Verständnisschwierigkeiten sind jedoch für viele die unterschiedlichen Familienstrukturen der biblischen und der heutigen Zeit: Wo früher Familienstrukturen und familiäre Rollen weithin (nie vollständig) festgeschrieben und genau festgelegten Traditionen unterworfen waren, da gibt es heute eine Vielfalt von Familiensituationen, nicht nur die aus Vater, Mutter und Kindern bestehende Familie, die vielleicht noch mit den Großeltern unter einem Dach wohnt, sondern eine Vielfalt von Familienformen, die sich häufig neu zusammensetzen und die je eigener und selbstverantworteter Gestaltung weithin ohne gesellschaftlichen Rückhalt bedürfen. Was können die Schrifttexte vom Fest der Heiligen Familie in solche Situationen hinein sagen?

– *Achtung und Ehrung der Alten:* Vergleichsweise leicht zu übertragen ist der Kern der alttestamentlichen Lesung – das Verhältnis von mittlerer zur alten Generation. Achtung und Ehrung verstanden als Sorge für das Wohlergehen ist auch in einer Zeit wichtig, wo die materielle Sorge für die altgewordenen Eltern von den Kindern weithin auf die Gesellschaft (Versicherungen, Staat ...) übergegangen ist. Wenn es richtig ist, dass der Mensch nicht vom Brot allein lebt, muss die »Ehrung« der Alten mehr als nur ihre Versorgung bedeuten. Dies kann im Einzelnen aufgeführt und so für unsere Zeit hin konkretisiert werden.

– *Vor allem liebt einander:* Abgesehen von den anderen, patriarchalischen Familienstrukturen zur Zeit des Paulus (die Zeitbedingtheit dieser Verse muss deutlich benannt werden) stehen die Ermahnungen der Haustafel des Kolosserbriefes unter der Überschrift der gegenseitigen Liebe, die aus der Erfahrung der Liebe Gottes zu uns herauswächst. Hier liegt ein Verbindungspunkt zu Weihnachten, wo wir die Liebe Gottes zu uns feiern. Das Fest der Heiligen Familie als das Fest unserer Familien zu sehen bedeutet demnach, aus der Botschaft der Weihnacht Konsequenzen zu ziehen für heute: Macht's wie Gott, werdet Mensch, heißt dann: Macht's wie Gott, lebt aus der Liebe. Auch dieser Gedanke sollte durch konkrete Aussagen auf unsere Zeit bezogen werden.

– Wer ist dieser Jesus für uns: Die Evangelien der drei Lesejahre stellen – jeweils auf eigene Weise – ein Glaubensbekenntnis zu Jesus, dem Messias und Heiland dar, der größer als Mose (Lesejahr A) und als Johannes (Lesejahr B) ist, den Christen als Sohn Gottes bekennen (Lesejahr C). Der Frage nach der Bedeutung Jesu für uns kann im Gottesdienst nachgegangen werden.

– Familien heute: Vor allem aber dürfte von einzelnen Stichworten ausgehend die Frage nach einer guten Gestaltung familiären Lebens heute gestellt werden. Nicht nur zu den Lesungen, auch zu den Evangelien lassen sich dabei Verbindungen schaffen, etwa: Vom Verhältnis Eltern zu ihren heranwachsenden Kindern und von der Verantwortung für den eigenen Lebensweg, die die Heranwachsenden zunehmend übernehmen müssen (Lesejahr C: der zwölfjährige Jesus im Tempel). Von der Verantwortung und der treuen Sorge der Familienmitglieder füreinander auch und gerade in Zeiten der Not und der Bedrängnis (Lesejahr A: Flucht nach Ägypten und Rückkehr). Von der Einbindung der Familien in Traditionen der Gesellschaft, der Kultur und der Religion (»Herrlichkeit für Juden«) und zugleich von der Weitung des Blicks über dies alles hinaus (»Licht für die Heiden«) und vom Licht-Sein füreinander.

Gestaltungsideen für den Gottesdienst

In den Bänden zu den drei Lesejahren geben wir Anregungen zu folgenden Gottesdiensten:

A: – Nicht nur Brot – die Alten ehren
 – Familie – wo man getragen wird
B: – Familie – Licht füreinander
 – Jesus Herrlichkeit und Licht
C: – Das Haus der Familie bauen
 – Wer gehört zur Familie Jesu?

Das Haus der Familie bauen: Die Ermunterungen zu einem Leben der Liebe werden im Kolosserbrief mit verschiedenen Begriffen dargestellt: Güte, Demut, Milde, Geduld, Sich-Ertragen, Vergebung, Friede, Ermahnung in Weisheit ... Damit diese allgemeinen Begriffe deutlicher werden, kann im Gottesdienst ein »Haus der Familie« gebaut werden:

– Die Kinder zählen auf, wie ein Haus gebaut wird, was dazu gehört: Fundament, Mauern, Decke, Dach, Fenster und Türen ...
– Die Kinder werden vor der Lesung des Kolosserbriefes ermuntert, wichtige Begriffe des Textes aufmerksam wahrzunehmen und anschließend zu benennen.
– Aus diesen Begriffen und ihrer Deutung auf heutiges Verhalten hin wird dann ein Haus der Familie gebaut, etwa: Vertrauen als Fundament, auf dem alles ruht; Güte und Hilfe als Mauern, die jeden in der Familie schützen und bergen; die Liebe als Dach, das alles unter sich birgt; Fenster der Geduld, die den anderen neu sehen lassen; Türen der Versöhnung, durch die man wieder neu Zugang zu anderen erhalten kann; Friede als Decke, über die man zu anderen gehen kann ... Dieses Haus sollte nicht nur durch Worte erläutert, sondern konkret dargestellt werden: Man kann aus Kartons ... ein Haus bauen, auf einer Tageslichtfolie oder einem Plakat Stück für Stück ein Haus zeichnen oder durch pantomimisches Spiel der Kinder darstellen lassen ...

Wer gehört zur Familie Jesu? Bei der Wallfahrt zum Jerusalemer Tempel setzt sich Jesus bewusst von Maria und Josef ab, um »im Haus seines Vaters« zu sein. Diese Linie einer Distanz zu seiner Mutter finden wir auch sonst in den Evangelien, gedeutet wird das etwa Lk 8,19-21 (vgl. Mt 12,46-50): Von den wahren Verwandten Jesu – »meine Mutter und meine Brüder sind die, die das Wort Gottes hören und danach handeln«. Jesus »gründet« eine neue Familie, seine Jüngergemeinschaft, die unter den glaubenden Menschen eine neue Verbindung schafft.

Dieser Gedanke lässt sich darstellen: Eine erste Spielszene (ein erstes Bild) zeigt Maria, Josef, weitere Verwandte (Brüder?) und Jesus in der Mitte. Von dort aus wird zu einer zweiten Szene (einem zweiten Bild) übergeleitet, das Jesus inmitten seiner Jüngergemeinde (von Frauen (!) und Männern) zeigt: »Dies ist meine Familie – wer glaubt und den Willen meines Vaters tut.« Damit ist die Einladung verbunden, sich selber an Jesus zu binden, zu seiner Familie gehören zu wollen.

Weiterführung nach dem Gottesdienst

Um den Gottesdienst mit dem Leben heutiger Familien zu verbinden, können Anregungen zum Gespräch helfen, die den Familien mit auf den Weg gegeben werden. Dabei kann an die Gottesdienstgestaltung angeknüpft werden: Die Familien können dazu ermuntert werden, selber ein »Haus« ihrer Familie zu bauen und mit den ihnen wichtigen Begriffen zu füllen. Für den zweiten Gottesdienstvorschlag lässt sich das Thema Familie und Gemeinde thematisieren: Wie steht unsere Familie zur Gemeinde, was verbindet uns? Was verbindet uns mit Jesus, verstehen wir uns als zu »seiner Familie« gehörend?

Als Erinnerung kann den Familien zum ersten Vorschlag die Zeichnung eines Hauses mitgegeben werden, in die sie dann selber entsprechende, für sie wichtige Begriffe schreiben können. Die Kinder können die Personen des Haushalts samt Haustieren ... in die Zimmer dieses Familienhauses malen. Zum zweiten Vorschlag kann ein Blatt mitgegeben werden, das ein Jesusbild in der Mitte zeigt, darum sind im Kreis verschiedene Menschen abgebildet. Der Kreis ist an einer Stelle noch offen, dorthin kann sich die betreffende Familie malen, um so zu zeigen, dass sie zur Familie Jesu gehören will.

Einen Vorschlag zur Kindersegnung findet sich im Band zum Lesejahr A, ein Vorschlag zur Segnung von Kindern in den Familien im Band zum Lesejahr B. Letzterer kann den Familien in gedruckter Form als kleines Geschenk überreicht werden.

(C 7) Neujahr

Zu den Schrifttexten

Num 6,22-27: Der Herr segne dich. Der sogenannte »aaronitische Segen« wird vom Verfasser der Priesterschrift an die Stelle gesetzt, als sich das Volk Israel am Sinai bereitmacht, in das verheißene Land aufzubrechen. Der Segen Gottes an Israel ist somit gleichsam die Bestätigung und die Konkretisierung des Bundes zwischen Gott und dem Volk. Dabei ist Gott die Quelle des Segens, nur aus der Beziehung zu Gott und aus der Einbindung in seinen Bund heraus gewinnt der Segen Kraft, er ist kein magisches oder rituell-äußeres Tun.

Drei Aussagen werden zu diesem Segen Gottes gemacht: Durch den Segen behütet Gott den Menschen vor allem Schaden. Wo der Mensch Gott vertraut, da erfährt er von ihm das Geschenk des natürlichen Segens: materielle Güter, Kindersegen, gute Ernte ... Die zweite Segensformel bezieht sich mehr auf das innere Verhältnis Gottes zu den Menschen. Gott schaut den Menschen in Liebe an, er zeigt ihm seine Gnade und nimmt ihn an. Die dritte Segensformel nennt den Begriff »schalom«, der umfassendes Heil und Frieden bedeutet und damit den individuellen Bereich guten Lebens in den sozialen Bereich ausweitet. Harmonisches, gelingendes, geborgenes Leben – das ist das Geschenk des guten Gottes an den Menschen.

Gal 4,4-7: Gott sandte seinen Sohn in der Fülle der Zeit. Wenn der Text auch wegen des Stichwortes »geboren von einer Frau« zum Hochfest Mariens ausgewählt wurde, so macht er dennoch keine Aussagen über Maria, sondern zielt auf ein Bekenntnis zu Christus und auf das Verhältnis der Glaubenden zu Gott und seinem menschgewordenen Sohn. Die Menschwerdung des Gottessohnes wird durch die Formel von der Geburt durch eine Frau ebenso betont wie die konkrete Einbindung dieses Menschen in eine bestimmte geschichtliche, soziale und religiöse Situation: in das Judentum (»unter das Gesetz«).

Hier schließt Paulus eine Reflexion über die doppelte Bedeutung der Menschwerdung an: Der Sohn ist zum einen gekommen, um die Menschen von den Gesetzen und Zwängen, von der Not und dem Leid dieser Welt loszukaufen, wie man einen Sklaven freikaufte. Zum anderen nimmt Gott die Menschen durch seinen Sohn wie in einer Adoption als seine Söhne (Kinder) an. Er erfüllt sie mit seinem Geist, damit sie aus dem Vertrauen heraus zu ihm beten: Abba – Vater.

Ein letzter Gedanke betrifft die einleitenden Worte von der Fülle der Zeit. Sie sind sprachlich der jüdischen Apokalyptik entnommen, der Erwartung eines baldigen Endes der jetzigen und des Beginns einer neuen Welt. Von Paulus wird diese endzeitliche Erwartung mit dem Kommen Jesu in Verbindung gebracht. In ihm hat eine neue Zeit begonnen, das Alte ist vorbei. Gott erweist sich als Herr über alle Zeit, er führt die »alten Zeiten« in die neue Heilszeit über.

Lk 2,16-21: Nach acht Tagen gab man ihm den Namen Jesus. (Zum ersten Teil der Perikope vgl. die Auslegung in C 5.) Das Ende der lukanischen Geburtserzählung (vgl. den Weihnachtsgottesdienst) wird am Oktavtag von Weihnachten noch einmal erzählt und durch einen Vers über die Beschneidung und Namensgebung Jesu acht Tage nach seiner Geburt ergänzt.

Die Erwähnung der Beschneidung (entsprechend jüdischem Brauch am achten Tag nach der Geburt) macht darauf aufmerksam, dass Jesus in den normalen Alltag jüdischer Familien und ihren Glauben eingegliedert ist (Galaterbrief: »unter das Gesetz gestellt«). Die Namensgebung ist hier nicht weiter gedeutet, es sollte die Wortbedeutung von Jesus (Jeschua) in Erinnerung gerufen werden: Gott rettet, Gott schenkt Heil. Jesus ist demnach der Heilsbringer Gottes, in ihm schenkt Gott den Menschen umfassendes, ganzheitliches Heil. Der Name Jesu ist deshalb Programm seines Lebens.

Schrifttext und Familien mit Kindern

Die von der Kirche angestrebte Sinngebung des Neujahrstages als Hochfest der Gottesmutter Maria geht in jeder Weise an der Erwartung der Menschen vorbei, die Sylvester und Neujahr als den Übergang in ein neues Jahr und als bürgerlichen Feiertag feiern. Von den Perikopen des Galaterbriefes und des Lukasevangeliums her Aussagen über Maria zu machen, ist zudem theologisch falsch, es sind Texte über Christus, in denen Maria nur am Rande erwähnt wird. Der alttestamentliche Text kennt noch nicht einmal diesen Bezug zu Maria.

Es ist deshalb nicht nur vom Leben der Menschen heute her, sondern ebenso vom theologischen Gehalt der Schrifttexte her sinnvoll, den Gottesdienst inhaltlich auf Neubeginn, Jahreswechsel, Frieden (1. Januar auch Weltfriedenstag) auszurichten. Hier erwarten die Gottesdienstbesucher zu Recht Besinnung, Impuls, Anstöße zu christlichem Leben und Handeln.

Hinzu kommt, dass der Besuch der Gottesdienste am Jahreswechsel anders als an normalen Wochenenden verläuft: In der Regel sind die Jahresschlussgottesdienste am Sylvesterabend sehr gut besucht (darunter auch viele Kinder). Am Neujahrsmorgen herrscht oft gähnende Leere, Kinder sind meist gar nicht da. Von da aus ist zu überlegen, ob nicht der Jahresschlussgottesdienst als Familiengottesdienst gestaltet werden sollte.

Gestaltungsideen für den Gottesdienst

In den Bänden zu den drei Lesejahren geben wir Anregungen zu folgenden Gottesdiensten:
A: – Das Geschenk auspacken
 – Was wir uns wünschen
B: – Was uns die Uhr schlägt
 – Jesus – Gott rettet
C: – Wie ein offenes Buch

 – Segen – Gott schaut uns an
Wie ein offenes Buch: Als Zeichen für das neue Jahr wird ein Buch mit leeren Seiten gewählt (im Schreibwarenhandel erhältlich oder von einem Buchbinder aufbinden lassen). Dieses Buch wird in einen Zusammenhang mit anderen Büchern der Gemeinde gestellt,

(C 7) Neujahr

die einen Rückblick auf das vergangene Jahr erlauben. Dabei kann jeweils ein gleicher Ablauf gewählt werden: Das Buch wird vorgestellt, die betreffenden Namen oder Gedanken werden verlesen, danach folgt eine ausführliche Fürbitte, ein Lied schafft den Übergang zum nächsten Buch.

– *Taufbuch:* Das Taufbuch der Gemeinde wird gebracht. In nicht zu großen Gemeinden können die Täuflinge des letzten Jahres noch einmal namentlich genannt werden. Das Buch wird auf einen Tisch in der Nähe des Altares gestellt, eventuell eine Kerze dazu angezündet. Es folgt eine Fürbitte für die Getauften des letzten Jahres und für die Kinder (und Erwachsenen), die im kommenden Jahr getauft werden. Ein Liedruf oder ein Lied schließt diesen Abschnitt.

– *Totenbuch:* In ähnlicher Weise werden mit dem Totenbuch der Gemeinde die Verstorbenen des letzten Jahres erwähnt, es wird für sie und für die gebetet, die im kommenden Jahr sterben werden.

– *Erstkommunionbuch:* Die Kommunionkinder des letzten Jahres (vielleicht können sie zu dem Gottesdienst besonders eingeladen werden) werden erwähnt, für sie und für die Kinder des laufenden Kommunionkurses wird gebetet.

– *Firmbuch:* Falls eine Firmung stattgefunden hat oder ein Firmkurs läuft, geschieht Gleiches für die Firmlinge.

– *Trauungsbuch:* Ähnliches folgt für die Brautpaare des letzten Jahres und für die Menschen, die sich im kommenden Jahr das Jawort geben werden.

– *Das offene Buch:* Als letztes Buch wird das leere Buch gebracht, das nun aufgeschlagen wird. Es soll das Buch des Lebens für jeden einzelnen Anwesenden darstellen. Das kommende Jahr ist wie ein neues, noch leeres Buch. Was werden wir in unser Buch schreiben? Was werden andere Menschen in unser Buch schreiben? Was werden unsere Gesellschaft, unsere Zeit, die äußeren Lebensumstände hineinschreiben?

Segen – Gott schaut uns an: Das Wort Segen ist uns heute nicht mehr so vertraut wie früher. Von der Übertragung her »Gott schaut uns an« soll es neu gedeutet werden (vgl. die alttestamentliche Lesung).

– *Pantomimen:* Menschen schauen sich mit unterschiedlichem Gesichtsausdruck an: freudig, wütend, fragend, verärgert ... Gesichter können sprechen. Eventuell zur Visualisierung ein großes Smiley und ein Anti-Smiley (Mund nicht lachend, sondern nach unten verzogen) aufhängen.

– *Wie schaut Gott uns an:* Voll Liebe, Güte und Erbarmen. Er will unser Glück, er will für uns umfassendes Heil (Schalom). Dies wird deutlich in Jesus, seinem Sohn.

– *Aaronitischer Segen:* Die Lesung wird vorgetragen und gedeutet. Der Text kann auch als Schlusssegen gewählt werden. In nicht zu großen Gemeinden kann der Segen auch einzeln ausgeteilt werden (vielleicht ist an dieser Stelle die traditionelle Kindersegnung).

Weiterführung nach dem Gottesdienst

Zum Jahresbeginn gibt es viele anregende und inhaltsreiche Texte und Segenswünsche. Ein solcher Text kann schön gestaltet den Gottesdienstbesuchern mit auf den Weg gegeben werden.

Sinnvoll erscheint auch die Anregung, am Sylvesterabend die Feier der Familie für ein Gespräch am »runden Tisch« zu unterbrechen: Was war im letzten Jahr für jeden Einzelnen und für uns alle bedeutsam, was hat uns das abgelaufene Jahr gebracht? Was können wir jetzt schon vom neuen Jahr wissen? Was wird es uns bringen? Was erhoffen wir uns von ihm? Durch ein gutes Gespräch soll das Leben an einem solchen Tag aufmerksamer als sonst wahrgenommen werden. Zugleich wird die Gemeinschaft einer Familie deutlicher.

Vom ersten Gottesdienstvorschlag her kann dazu ermuntert werden, ein Familientagebuch für das kommende Jahr anzulegen, in dem stichwortartig wichtige Ereignisse notiert werden. Fotos und andere Erinnerungen können das Buch schmücken. So kann es am nächsten Jahreswechsel die Grundlage des Rückblicks und später eine gute Erinnerung sein.

(C 8) 2. Sonntag nach Weihnachten

Zu den Schrifttexten

Sir 24,1-2.8-12: Die Weisheit wohnt in Israel. Zu Beginn des zweiten Jahrhunderts vor Christus versucht der jüdische Weisheitslehrer Jesus Sirach gegen alle hellenistischen Tendenzen und die Übernahme der griechischen Kultur auch in Israel den Wert der jüdischen Überlieferung, des jüdischen Glaubens und Gesetzes neu zu betonen. Diesem Bemühen dient sein Weisheitsbuch, besonders auch das große Selbstlob der Weisheit in Kapitel 24.

Die Weisheit wird dabei als von Gott geschaffen, geleitet und beauftragt dargestellt. Sie ist als Weisheit Gottes grundlegend für die ganze Schöpfung, hat universellen Charakter (vgl. die in der Perikope nicht enthaltenen Verse 3-7). Darüber hinaus erfüllt der Schöpfergott Israel aber in besonderem Maß mit Weisheit, er macht sich erfahrbar in der Bundeslade und später im Tempelkult in Jerusalem. Der durch das Gesetz (die Tora) geregelte Kult stellt die Einwurzelung der Weisheit Gottes in Israel dar. Dies hebt das Volk heraus, ist seine besondere Gabe und Aufgabe. Gesetz und Kult sind für den Verfasser dabei keine Einengung, sondern bedeuten Freiheit und Erfüllung des Lebens. Hier lässt sich der Schöpfergott konkret im Bundesvolk erfahren, hier findet das Leben der Glaubenden seine rechte Ausrichtung.

Eph 1,3-6.15-18: Gott hat uns mit allem Segen seines Geistes gesegnet. Die Perikope ist den Eingangsversen des Epheserbriefes entnommen, der ein Rundschreiben in feierlicher, predigthafter Sprache an die Gemeinden Kleinasiens darstellt und wohl von einem Paulusschüler verfasst wurde. Der Text gliedert sich in einen Lobpreis Gottes und eine Fürbitte um den Geist. In einer Sprache, die wir heute nur schwer nachvollziehen können, werden dennoch wichtige theologische Aussagen gemacht:

1. Gott ist den Menschen zugewandt, er erfüllt sie mit Segen und Heil, er beruft sie zur künftigen Vollendung (Vers 18). 2. Dieser Segen Gottes trifft die Menschen durch Jesus, er begleitet sie in der Gemeinschaft der Kirche durch den Geist. Diese Verse stellen somit ein Bekenntnis zum dreifaltigen Gott dar, der als Schöpfer im Sohn den Menschen zugewandt ist und sie im Geist erhält. 3. Der Segen Gottes bedeutet auf Seiten der Menschen den Anspruch auf Glaube und geschwisterliche Liebe (in der Gemeinde). Dafür sind die Glaubenden auf die Gabe des Geistes angewiesen. 3. Lob, Dank und Bitte sind Ausdruck des Glaubens der Christen an den dreifaltigen Gott.

Joh 1,1-18: Im Anfang war das Wort. (Vgl. die Auslegung in C 5.) Der Johannesprolog versucht in einer theologisch dichten Reflexion den Glauben der Christen auszudrücken und als Bekenntnis auszusagen. Dies geschieht von Begriffen her, die sowohl als allgemeines Symbol wie auch in der Geschichte jüdisch-christlichen Glaubens herausragende Bedeutung haben: Wort, Leben, Licht ... Jesus ist Gottes gutes Wort an uns Menschen. Er bedeutet Leben in Fülle und über die Grenze des Todes hinaus. In der Dunkelheit der Welt ist er das wahre Licht, das das Leben der Menschen hell macht. Dieses auf Symbolen gründende Bekenntnis zu Christus ist das theologische Programm des ganzen Johannesevangeliums und seiner Verkündigung.

Schrifttext und Familien mit Kindern

Alle drei Schrifttexte sind durch ihre Sprache, vor allem aber durch die Dichte ihrer theologischen Aussagen für heutige Familien kaum nachvollziehbar, für Kinder sind sie denkbar ungeeignet. Es wimmelt in ihnen geradezu von theologischen Fachbegriffen, zu denen wir heute weithin keinen Zugang mehr haben. Dennoch gibt es in ihnen, wenn auch verborgen, einige Ansatzpunkte für die Gestaltung heutiger Gottesdienste:

– *Stichwort Weisheit (Sirach):* Was bedeutet Weisheit in unserer Zeit? Wo ist Weisheit zu finden? Viele vertrauen ausschließlich auf die Ergebnisse der Naturwissenschaften, der Geschichtswissenschaft, der Psychologie ... Muss solche Weltsicht nicht durch eine größere Weisheit ergänzt werden, die die Grundfragen des Menschen aufgreift und von einer tieferen Dimension als dem rein Messbaren und Sichtbaren verstehen lässt? Weisheit also nicht als Gegensatz von Glauben gegen Welt (oder Naturwissenschaft), sondern als tiefere und umfassendere Ebene des Verstehens von Welt und Menschen, letztlich als Zugang zu Gott.

– *Stichwort Segen (Epheserbrief):* Gott segnet uns mit allem Segen seines Geistes. An welchen Stellen in unserem Leben können wir vom Segen Gottes sprechen, wo erfahren wir im Segen Gott selbst (vgl. auch Sirach)? Was sind Gaben des Geistes in unserem Leben, und wie können wir damit umgehen?

– *Stichwort Wort und Leben (Johannes):* So viele Worte werden in unserem Leben gesprochen, was sind uns gute Worte, die dem Leben aufhelfen, die Leben spenden, die das Leben gut werden lassen? Im Wort begegnet uns der andere, in Jesus als dem guten Wort Gottes an uns Menschen begegnet uns der gute Gott selber. Wie stehen wir zu Jesus, wie stehen wir zum Wort Gottes in der Bibel? Können uns Sätze der Bibel Licht für unser Leben sein?

Gestaltungsideen für den Gottesdienst

In den Bänden zu den drei Lesejahren geben wir Anregungen zu folgenden Gottesdiensten:

A: – Die größte Weisheit
B: – Von Gott gesegnet ein Segen sein
C: – Worte, die Leben schenken

Worte, die Leben schenken: Ausgehend vom Text des Johannesevangeliums wird die Bedeutung Jesu als das gute Wort an uns Menschen reflektiert:

– *Worte wie Licht auf unserem Weg:* Die Kinder überlegen Worte, die Menschen gut tun. Solche Worte werden über Tageslichtfolie oder Plakat gesammelt, etwa: »Ich bin für dich da. Du kannst dich auf mich verlassen. Ich liebe dich. Du kannst jederzeit zu mir kommen. Wie kann ich dir helfen? Ich will dein Freund sein. Ich verrate dich nicht ...« Zu jedem der guten Worte wird eine Kerze angezündet. Eventuell können die Kerzen so angeordnet werden, dass sich ein Weg ergibt (zum Altar, zum Ambo, zu einem Ständer mit der Bibel). Solchen guten Worten können in einem zweiten Schritt als Kontrast Worte gegenübergestellt werden, die Menschen verletzen und traurig machen.

Vom Evangelientext her wird Jesus als das gute Wort Gottes an uns gedeutet. Jesus meint dann, dass Gott zu uns sagt: »Ich habe euch lieb. Ich bin bei euch. Ich begleite euch mit meinem Segen. Ich schenke euch Freude und Hoffnung, Leben und Heil ...« Solche guten Worte Gottes werden als Textstreifen an Altar und Ambo geklebt: Hier erfahren wir sein gutes Wort an uns. Eventuell kann auch die Bibel besonders herausgestellt, vielleicht von den Kindern geschmückt werden.

– *Worte können Türen öffnen:* Ein anderer Ansatzpunkt ist das richtige Wort, das Türen öffnen und Neues möglich machen kann (vgl. viele Märchen, in denen bestimmte Worte etwas eröffnen). Solche Worte werden von den Kindern genannt, eventuell auf eine große Tür geschrieben: »Ich bitte dich ... Ich mag dich ... Ich danke dir ... Bitte, verzeih mir ...«

In einem zweiten Schritt wird Jesus als das gute Wort gedeutet, das uns Menschen die Tür zu Gott öffnet. Wo Menschen sich an Jesus binden, gewinnen sie einen Zugang zu Gott und auch zueinander. Jesus schafft Gemeinschaft in doppelter Weise: mit Gott und den Menschen. So schenkt er Leben und Licht.

– *Gute Worte bauen auf:* In ähnlicher Weise können gute Worte als das Leben aufbauend gedeutet werden. Solche guten Worte sind auf Kartons geschrieben, die im Gottesdienst zu einem Turm gebaut werden. Oben auf den Turm, gleichsam als krönenden Abschluss wird die Bibel gelegt oder ein Kreuz als Zeichen für Jesus. Er ist das gute Wort Gottes, das die Gemeinschaft der Glaubenden aufbaut und das auch unser Leben aufbaut und uns weiterhilft.

Weiterführung nach dem Gottesdienst

Den Gottesdienstbesuchern kann die Ermunterung zu guten Worten mit auf den Weg gegeben werden. Ein Familiengespräch ist denkbar: Wo habe ich von anderen gute Worte erfahren, die mir Mut gemacht, Freude geschenkt und Hoffnung geweckt haben? Wo warten Menschen auf ein gutes Wort von mir?

Als weitere Überlegung kann für die Familien angeregt werden: Wie stehen wir zum guten Wort Gottes? Gibt es in unserer Familie eine Bibel? Nutzen wir sie auch? Welche Sätze der Bibel sind uns gute Worte? Gibt es einen Trauspruch, Taufsprüche, die gute Worte auf unserem Weg sein können?

(C 9) Erscheinung des Herrn

Zu den Schrifttexten

Jes 60,1-6: Auf, werde Licht, denn es kommt dein Licht. Nach dem Exil in Babylon kehrten Teile des Volkes nach Jerusalem zurück, beflügelt von den Verheißungen des Deuterojesaja (vgl. etwa Jes 40,1-11 in B 2). Doch die Begeisterung wich bald der Ernüchterung: Der Neubau des zerstörten Tempels und der am Boden liegenden Stadt kam nicht voran, wirtschaftliche, aber auch religiöse Not bedrückten das Volk (»Warum hilft uns unser Gott nicht so, wie es vorhergesagt wurde?«). In diese Situation hinein spricht ein dritter Prophet (»Trito«jesaja), dessen Worte im Buch Jesaja gesammelt sind, dem Volk neuen Mut zu und verweist auf die Zukunft.

Zion (Jerusalem) wird vom Licht und der Herrlichkeit Gottes erfüllt: Frieden und Gerechtigkeit, Heil und Glück, Wohlergehen und gelingendes Leben werden durch diese beiden Begriffe ausgedrückt. Gott erscheint auf dem Zion, und sein Licht strahlt in die Dunkelheit der Welt so sehr aus, dass sich die Völker der Welt auf den Weg machen, um ihm zu huldigen. Dies bedeutet für Jerusalem und das Volk die Wende: Wo vorher Jerusalem von fremden Heeren zerstört wurde, wird es jetzt zum Ziel ihrer Wallfahrt, wo vorher die Stadt entvölkert und ihre Bewohnung in die Verbannung geführt wurde, wird sie jetzt im Licht Gottes zum »Mittelpunkt« der Welt, zu einer Stätte der Freude und der Hoffnung. Die Völker der Erde können hier Gott ehren und ihn verherrlichen. Dieser Gedanke schafft eine Verbindung zum Evangelientext.

Eph 3,2-3.5-6: Die Heiden sind Miterben. Der gegen Ende des ersten Jahrhunderts wahrscheinlich von einem Paulusschüler geschriebene Epheserbrief setzt sich als Hauptthema die Einheit der Gemeinde (der Kirche), die durch Auseinandersetzungen zwischen Judenchristen und Heidenchristen bedroht ist. Weil es nur einen Christus und eine Verkündigung von ihm (ein Evangelium) gibt, sind die Heiden ebenso in die Kirche eingegliedert, in das neue Gottesvolk, genau so wie die Juden. Wo Menschen sich zu Christus bekennen, werden die Unterschiede völkischer und rassischer Herkunft ebenso durch eine größere Einheit überwunden wie unterschiedliche Mentalitäten und geistige Traditionen. Alle haben ihren Platz in der Kirche. Dieser Gedanke hat durchaus eine Beziehung zur Völkerwallfahrt nach Jerusalem (vgl. Jesaja); nur dass jetzt nicht Zion das Ziel ist, sondern Christus die Mitte der Gemeinschaft, der universales Heil und eine gemeinsame Zukunftsverheißung für alle bedeutet.

Mt 2,1-12: Wir haben seinen Stern aufgehen sehen. Die Erzählung von den Magiern aus dem Osten lebt vom Kontrast zwischen der Haltung des (halb-)jüdischen Königs Herodes zum neugeborenen König und der Haltung der heidnischen Magier. Es geht bei dieser Erzählung nicht um einen historischen Bericht, sondern darum, das Verhalten von Menschen gegenüber Jesus zu schildern und zu einer eigenen Entscheidung aufzurufen:

Wie begegnen wir diesem Kind – verfolgend und gewalttätig wie Herodes oder anbetend und ihm huldigend wie die Magier?

Mit den Magiern kommen Sternkundige aus dem Osten (den Ländern der Weisheit) nach Betlehem, das nicht allein die Stadt Davids war, sondern nach der Verheißung des Micha auch Geburtsstadt des Messias ist (Mich 5,1, vgl. C 4). Die Erzählung von Herodes ist der Mose-Tradition nachempfunden: Wie dort der Pharao das von Gott gesandte Kind verfolgen lässt, so hier Herodes. Wie dort das Kind Mose durch das Eingreifen

Gottes gerettet wird, so hier das Kind Jesus. Wie dort der von Gott gerettete Mose das Volk herausführen konnte, so wird Jesus das Volk zur Erlösung führen. Jesus also als der zweite Mose, der den ersten überbietet. Dies wird dadurch deutlich, dass Mose das Volk Israel in die Freiheit ruft. Zu Jesus aber kommen die Heiden, sie bekennen ihn als den Retter aller Menschen. Der Gedanke der Universalität des Heils, der in beiden Lesungstexten anklang, wird hier – in erzählerisch anderer Weise – neu ausgesagt und mit Jesus verbunden: Er ist der König aller Welt.

Schrifttext und Familien mit Kindern

Die Erzählung von den Magiern aus dem Osten ist in der Volksfrömmigkeit durch mancherlei Legenden, Bräuche und Traditionen ausgeschmückt: Nunmehr sind es die Heiligen Drei Könige, Kaspar, Melchior und Balthasar, unter ihnen auch ein Schwarzer, die die drei Israel umgebenden Kontinente Asien, Afrika und Europa repräsentieren. Das Sternsingerbrauchtum ist in den letzten Jahrzehnten vierlerorts zu neuem Leben erweckt worden. Dabei gewann der Gedanke der Universalität des Heils und damit auch der der internationalen Solidarität (»Kinder helfen Kindern überall auf der Welt«) Bedeutung, der mit der Aussage der drei Schrifttexte durchaus übereinstimmt.

Die Erweiterungen, teilweise Veränderungen, die im Volksbrauchtum und im Bewusstsein vieler gegenüber dem biblischen Text entstanden sind, sollten nur vorsichtig korrigiert werden. Es geht ja bei diesem Text gerade nicht um historisch präzise Aussagen, sondern um Grundverhalten von Menschen, die sich so (wie die Magier) oder so (wie Herodes) gegenüber Jesus verhalten können. Von da aus können einige erzählerische Erweiterungen diesen Kontrast und die Aufforderung zu eigenem Handeln (vgl. etwa die Erzählung vom vierten König) durchaus verstärken: Wie folge ich diesem Kind?

In den drei Schrifttexten gibt es einige wichtige Ansatzpunkte, die mit heutigem Leben, aber auch mit dem Leben der Gemeinde (Sternsingeraktion) zu verbinden sind:

– *Wende zum Guten:* Was in der Jesaja-Lesung über Zion (Jerusalem, Israel) ausgesagt wird, betrifft auch Menschen zu anderen Zeiten: Es gibt Situationen der Not, der Dunkelheit, der Verzweiflung. Es gibt aber ebenso immer wieder die Erfahrung der Wende, dass sich die Dinge zum Guten wenden, dass es vom Krieg zum Frieden kommt, von der Ausbeutung zur Gerechtigkeit, von der Enttäuschung zur Hoffnung, von der Angst zum Mut, kurzum: von der Dunkelheit zum Licht. Glaubende Menschen damals in Israel wie heute in der Kirche verbinden solche Wenden mit Gottes rettendem Eingreifen. Christen verstehen auch das Kommen Jesu in genau diesem Sinn: Gott wendet unsere Zeit zum Guten hin. Für den Familiengottesdienst gilt es, vergleichbaren Erfahrungen einer Wende im heutigen Leben nachzuspüren.

– *Mut haben:* Gegen alle Bedrängnis und Angst setzen glaubende Menschen ihre Hoffnung auf Gott. Von ihm erhalten sie Kraft für ihren Lebensweg. So kann sowohl von der alttestamentlichen Lesung wie auch vom Evangelium her bedacht werden, was uns aufhilft, Mut macht, neue Wege wagen lässt, die wir unter dem Stern Gottes gehen können.

– *Die Völker kommen zu Jesus:* Der Gedanke der Universalität des in Jesus gekommenen Heils durchzieht alle drei Schrifttexte. Wie die Völker in der Vision des Jesaja zum Zion ziehen, um Licht und Herrlichkeit Gottes zu erfahren und ihm zu huldigen, so ziehen die Magier dem Licht des Sterns nach, um Jesus, dem Licht der Welt, zu huldigen. Für Paulus, seine Schüler und Gemeinden gehören alle – gleich aus welchem Volk – zur Gemeinschaft der Kirche und sind in ihr gleichberechtigt. Unterschiedliche Traditionen und Meinungen müssen ihren Platz in der Kirche haben, es geht in ihr um Einheit und Vielfalt zugleich. Dies kann im Gottesdienst verdeutlicht werden, nicht allein im Blick auf unterschiedliche Völker, sondern ebenso im Blick auf unterschiedliche Gruppen in der Gemeinde, die trotz aller Verschiedenheit gemeinsam Eucharistie feiern.

Gestaltungsideen für den Gottesdienst

In den Bänden zu den drei Lesejahren geben wir Anregungen zu folgenden Gottesdiensten:
A: – Mut fassen
– Sternsingeraktion
B: – Die Wende zum Guten
– Alle finden Platz
C: – Stern auf meinem Weg
– Die Völker kommen zum Licht

Stern auf meinem Weg: Vorbereitet werden Sterne, die durch Bild oder Aufschrift auf wichtige Ereignisse im Leben hinweisen (etwa: Geburt, Taufe, Freundschaft, Erstkommunion ...). Der Mittelgang wird als Weg dargestellt, an dem, beginnend beim Eingang der Kirche, nun die einzelnen Sterne aufgehängt (an Bänken angebracht) werden. Es gibt im Leben aller Menschen verschiedene »Sterne«, die dem Lebensweg Orientierung geben und ihn hell machen.

Ein großer Stern wird nun am Altar aufgehängt, der Jesusstern. (Eventuell kann der Weg auch so angelegt werden, dass er an der Krippe endet – dort ist meist über dem Stall ein Stern angebracht.) Wir erhalten von Jesus her Licht für unseren Weg. Bei nicht zu großen Kindergruppen kann der Sternenweg mit den Kindern gemeinsam gegangen werden. Im Gespräch werden die einzelnen Sternstationen bedacht und mit eigenen Sternerfahrungen verknüpft. An der Krippe erhalten alle Kinder dann einen Stern (vielleicht mit einem Kreuz als Jesuszeichen darauf).

Die Völker kommen zum Licht: Unterschiedliche Menschen kommen zu Jesus und

– *Wie nehmen wir Jesus auf:* Der Kontrast von Herodes und den Magiern wird auf heutige Zeit gedeutet: Menschen begegnen Jesus in unterschiedlicher Weise, ihn ablehnend oder sich zu ihm bekennend. Wir sind also nach unserem Standort gefragt.
– *Stern auf dem Weg:* Gegen Astrologie und Sternengläubigkeit bekennen Christen, dass Jesus das Licht ist, das ihren Lebensweg erhellt, gleichsam der Stern, dem sie folgen. Wie kann Jesus uns heute Weisung für unser Leben sein, wie kann er uns Richtung und Orientierung geben?

huldigen ihm. Dadurch werden sie zu einer Gemeinschaft:
– Zuerst kommt eine traditionelle »Drei-Königs-Gruppe« und bringt Gold, Weihrauch und Myrrhe zur Krippe und legt ihre Gaben vor dem Kind nieder. Dies kann mit den deutenden Sprüchen der Sternsingeraktion verbunden werden.
– Verschiedene Kinder oder Kindergruppen (eventuell ausgehend von den Sternsingergruppen) werden als verschiedene Völker gekleidet. Sie symbolisieren die unterschiedlichen Menschen, die alle zu Jesus kommen können. Nacheinander ziehen sie zur Krippe (zum Altar ...), stellen sich in einem kurzen Spruch vor (»Wir kommen aus China, aus Kolumbien, aus Uganda, aus Holland ...«). Dabei können die Kinder Gaben mitbringen, die für ihr Land typisch sind (China = Reis, Kolumbien = Kaffee, Uganda = Bananen, Niederlande = Käse ...). Sie legen diese Gaben ebenfalls an der Krippe ab.
– Alle so dargestellten Völker versammeln sich nun um den Altar, um die Gemeinschaft der Menschen im Volk Gottes sichtbar zu machen. Vertreter einzelner Völker können in den Fürbitten besonders die Anliegen ihres Volkes zum Ausdruck bringen. Ebenso können sie anstelle der Messdiener die Gaben zum Altar bringen und auch die anderen Messdienerdienste übernehmen. Friedensgruß und gemeinsamer Kommunionempfang können vom Thema her gedeutet und besonders herausgestellt werden.

Weiterführung nach dem Gottesdienst

Viele Gemeinden laden im Zusammenhang mit dem Fest Erscheinung des Herrn (Dreikönigstag) zu einem Neujahrsempfang oder zu einem Abschluss der Sternsingeraktion ein. Vielleicht steht dies so im Zusammenhang mit dem Familiengottesdienst, dass die Kinder in ihren Kostümen (Sternsinger oder auch verschiedene Völker) daran teilnehmen können. Eventuell kann bei einem solchen Empfang auch das Thema Stern aufgegriffen werden.

Als Erinnerung an den Gottesdienst des ersten Gestaltungsvorschlages kann allen Besuchern ein Stern übergeben werden. Zum zweiten Vorschlag passt gut eine Zeichnung, die verschiedene Menschen aus verschiedenen Völkern rund um eine Erdkugel zeigt. Die Kinder können diese Zeichnung dann zu Hause ergänzen und bunt ausmalen, eventuell am nächsten Sonntag wieder mit zur Kirche bringen.

(C 10) Taufe des Herrn (1. Sonntag im Jahreskreis)

Zu den Schrifttexten

Jes 42,1-4.6-7: *Seht, mein Knecht.* Der im babylonischen Exil lebende Prophet Deuterojesaja (»zweiter Jesaja«) stellt in vier »Gottesknechtliedern« eine messianische Gestalt vor, die das Recht und die Ordnung Gottes zu Israel (und den Heiden) bringen soll. Dies bedeutet für das Volk die Rettung aus dem Kerker und dem Dunkel des Exils. Für den christlichen Gottesdienst ist diese Lesung im Blick auf die Taufe Jesu gewählt worden. Christen bekennen, dass Jesus der Gottesknecht ist, der Israel und die Heiden zum Licht führt.

Der Begriff »Knecht« meint im religiösen Kontext jemanden, der sich im Auftrag Gottes für andere abmüht. Dies kann, wie die folgenden Gottesknechtlieder zeigen, bis zur Hingabe des Lebens führen. Die Gestalt des alttestamentlichen Gottesknechtes eignete sich somit besonders für die Christusdeutung und das Christusbekenntnis der jungen Gemeinden. Dies gilt umso mehr, als die Beschreibung des Gottesknechtes mit Erfahrungen zusammentreffen, die Menschen auch mit Jesus machten: gütiges Handeln, Eingehen auf die Menschen, Wiederherstellen des ursprünglichen Gottesrechts, Bund mit Israel und Licht der Heiden ...

Apg 10,34-38: *Dieser ist der Herr aller – gesalbt mit Heiligem Geist.* In den Kapiteln 10 und 11 der Apostelgeschichte erzählt Lukas in breiter Weise von der Bekehrung des heidnischen Hauptmanns Kornelius und seiner Taufe durch Petrus. Die Rede des Petrus, von der die Lesung einen Ausschnitt wiedergibt, macht die Bedeutung dieses Ereignisses sichtbar: Die junge Kirche beschränkt sich nicht auf den jüdischen Raum, sondern ist nach dem Willen Gottes offen für alle, für Juden wie für Heiden (vgl. Jesaja: »Bund mit Israel und Licht der Heiden«). Gott nimmt alle Menschen an, unabhängig von ihrer Person und Nationalität, von ihrem sozialen und religiösen Hintergrund. Diese Einheit der Menschen ist begründet im Glauben an Jesus, der »der Herr aller« ist.

Der zweite Teil der Lesung stellt eine Kurzformel des Glaubens dar. Jesus wird als geisterfüllt gezeichnet (durch die Taufe, deshalb die Auswahl dieses Textes für diesen Tag). So gestärkt kann er Gutes tun, zum Diener werden (vgl. Jesaja). Jesus ist der Immanuel, der Gott-mit-uns. In ihm ist Gottes Liebe und Erbarmen erfahrbar.

Lk 3,15-16.21-22: *Du bist mein geliebter Sohn, dich habe ich erwählt.* Die Perikope besteht aus zwei Teilen: das Christuszeugnis des Johannes und die Erwählung, Beauftragung und Geisterfüllung Jesu durch Gott. Für Lukas ist Johannes nur Vorläufer, der als Zeuge auf den Größeren verweist und von ihm überboten wird. Die Johannestaufe dient also der Vorbereitung, dem Bereitmachen für den erwarteten Messias. Die Jesustaufe dagegen erfüllt den Menschen mit dem Geist Gottes, somit wird Jesus in ganz anderer Weise zum Vermittler der Nähe Gottes.

Die Taufe Jesu im zweiten Teil der Perikope wird nur beiläufig erwähnt. Wichtiger ist Lukas das nun folgende, unmittelbar von Gott ausgehende Geschehen. Gott erwählt und beruft diesen Jesus vergleichbar Berufungen alttestamentlicher Propheten. Gott nimmt Jesus ganz an (gleichsam adoptiert er ihn mit der Formel: »Du bist mein geliebter Sohn«), und er nimmt ihn in der Folge ganz in Anspruch: Gestärkt mit Gottes Geist soll er zum Gottesknecht werden, der sich für die Menschen einsetzt, (vgl. Jesaja) und der Heilung und Nähe Gottes bringt (vgl. Apostelgeschichte).

Entsprechend lukanischem Stil und seiner Vorliebe für handgreifliches und demonstratives Geschehen wird der Vorgang beschrieben: Die Taube schwebt von Gott auf Jesus herab.

Schrifttext und Familien mit Kindern

Von den drei Schrifttexten steht bei den Hörern die – so plastisch erzählte – Taufe Jesu im Vordergrund. Dies nicht allein deshalb, weil ein solcher erzählender Bericht verständlicher erscheint als Prophetenwort und Petruspredigt der Lesungen. Bei dem Stichwort Taufe schwingen ebenfalls Vorstellungen christlicher Taufe mit, die sich für die Gottesdienstbesucher (selbst für Kinder) leichter einordnen lassen. Wohl aber entstehen vom Evangelientext aller Lesejahre her Fragen nach der Art und Weise des Vorgangs: Das Aufreißen des Himmel, die Taube (ähnlich an Pfingsten), die Stimme aus der Höhe ... dies alles wird leicht als märchenhaft und »unrealistisch« angesehen. Hier müssen im Gottesdienst Verständnishilfen gegeben werden, um die eigentliche, die theologische Aussage des Textes aufscheinen und für heutigen Glauben fruchtbar werden zu lassen.

Es ergeben sich somit verschiedene Ansatzpunkte für die Verbindung der Schrifttexte mit heutigem Leben:
– *Taufe:* Das Fest Taufe des Herrn und die entsprechende Perikope können Anlass sein, die eigene Taufe und ihre Bedeutung zu erinnern. In Analogie zur – anders gearteten – Taufe Jesu, bei der Himmel und Erde durch ihn verbunden wurden, stellt auch die Taufe der Christen eine Anbindung des Menschen an Gott, eine Verbindung von Himmel und Erde dar: »Wir stehen mit beiden Beinen auf der Erde, aber unser Blick ist nach oben zum Himmel gerichtet.« Das Thema Taufe kann unterschiedlich behandelt werden (s.u.).

– *Jesus als Brücke zwischen Gott und Menschen:* Der Evangelientext ist in erster Linie als Deutung der Person Jesu und als christliches Bekenntnis zu ihm zu verstehen. Dabei wird sowohl seine Solidarität mit den Menschen (er lässt sich wie die anderen taufen) wie auch seine besondere Beziehung und Nähe zu Gott sichtbar. Jesus stellt somit den »Weg zum Vater« (vgl. Joh 14,6) dar, er verbindet Gott und die Menschen neu, schafft einen neuen Bund. In ihm berührt der Himmel die Erde. Über ihm reißt der Himmel auf, wer Gott erkennen will, muss auf Jesus schauen. Das Bekenntnis der Christen zu Jesus als Mensch und Gottes Sohn lässt sich von diesem Evangelientext her aufschlüsseln.
– *Der dienende Gottesknecht:* Eine weitere Deutung Jesu, die seine Aufgabe für die Menschen betont, geht von der alttestamentlichen Lesung aus, die von der Verheißung des Gottesknechtes spricht. Dieser wird – von Gott gestärkt – zum Dienst für die Menschen bereitet und gesandt. Christen deuten diese Verheißung auf Jesus: Jesus ist dieser dienende und leidende Gottesknecht, von Gott für die Menschen gesandt und von ihm für seinen Dienst mit dem Geist gestärkt. Das Thema Dienst der Christen kann daran anschließen.
– *Jesus bekennen:* Ausgehend von der Predigt des Petrus kann die Frage aufgeworfen werden, wie wir heute Jesus als den Christus, den von Gott Gesandten und mit seinem Geist Gesalbten bekennen. Ein Glaubensbekenntnis zu Jesus in heutiger Sprache könnte das Ziel dieser Gottesdienstgestaltung sein.

Gestaltungsideen für den Gottesdienst

In den Bänden zu den drei Lesejahren geben wir Anregungen zu folgenden Gottesdiensten:
A: – Jesus – Verbindung zu Gott
B: – Wir gehören zu Jesus
C: – Taufe

Taufe: Ausgehend von der Taufe Jesu kann das Thema Taufe angesprochen werden. Dies kann auf unterschiedliche Weise geschehen:
– *Taufe als Zugehörigkeit zur Gemeinschaft der Christen:* Taufe schafft eine doppelte Gemeinschaft: mit Gott und den Christen. Dies kann durch den Taufbrunnen verdeutlicht werden. Wo der Taufbrunnen einer Kirche gut zugänglich ist, bilden die Kinder einen Kreis darum. Sie werden zu einer Gemeinschaft, deren Mitte der Brunnen mit dem Wasser ist – Hinweis auf Gott, der Leben spendet und erhält und der Menschen zu sich ruft.
– *Wasser als Symbol der Taufe:* Die Tauffeier ist reich an Symbolen und Zeichenhandlungen, deren Wichtigstes das Wasser ist. Wasser ist sowohl Zeichen des Lebens wie des Todes (Überschwemmung ...). In der Taufe wird das Geschenk des Lebens von Gott in den Vordergrund gestellt. Die Kinder (eventuell um den Taufbrunnen stehend) bedenken im Gespräch die Bedeutung des Wassers für alle Lebewesen. Wenn wir bei der Taufe Wasser nehmen, erinnern wir uns damit an Gott, den Spender allen Lebens. Die Kinder (vielleicht auch alle Gottesdienstbesucher) können sich danach mit Wasser aus dem Taufbrunnen bekreuzigen – Wir rufen unsere Taufe ins Bewusstsein.
– *Die Zeichen der Taufe:* Neben dem Wasser können auch die anderen Riten der Tauf-feier aufgeschlossen werden: Bezeichnung mit dem Kreuz, Salbung, Taufkleid und Taufkerze ... Jedes dieser Zeichen lässt sich mit Aussagen des Glaubens verbinden: Kreuzzeichen als Zeichen für Jesus und für die Christen; Salbung als Zeichen für den »Gesalbten«, den Christus, und die Verbindung mit ihm; weißes Taufkleid als Zeichen für den Neubeginn; Taufkerze als Zeichen für Jesus, das Licht der Welt, und für den Auftrag, selber zum Licht für andere zu werden.
– *Das Taufbuch unserer Gemeinde:* Im Mittelpunkt steht das Taufbuch der Gemeinde. Die Namen einiger Kinder werden gesucht und vorgelesen. Danach wird deutlich gemacht, dass die Taufe Menschen zur Gemeinschaft der Kirche zusammenführt.
– *Tauffeier:* Wo immer möglich sollte von Zeit zu Zeit eine Taufe im Familiengottesdienst gefeiert werden. Dabei können die anwesenden Kinder dadurch integriert werden, dass sie einzelne Aufgaben übernehmen: die Taufgeräte bringen, mit brennenden kleinen Kerzen einen Kreis um das Taufkind bilden, um so die Gemeinschaft der Getauften auszudrücken, Fürbitten formulieren und sprechen, gute Wünsche bedenken und auf kleine Kärtchen schreiben ...
– *Tauferneuerungsfeier:* Wo keine Taufe möglich ist, sollte hin und wieder auf andere Weise an die Taufe erinnert werden: durch einen Weihwasserritus am Anfang der Messe (Besprengung mit Weihwasser), durch ein Taufbekenntnis (eventuell verbunden mit einem Gang zum Taufbrunnen), durch Lieder und Texte ...

Weiterführung nach dem Gottesdienst

Eine Gesprächsanregung an die Familien kann nach diesem Gottesdienst sein: Erinnerungen an die Taufen der Familienmitglieder (Fotos, Urkunden, Taufkerzen, Taufkleid der Familie ...) heraussuchen und miteinander anschauen.

Wichtig ist, dass die Tauffeiern einer Gemeinde nicht als private Familienfeiern missverstanden werden, sondern als Feiern der Gemeinschaft erlebt werden können. Deshalb ist die Einladung der Gemeinde zu Tauffeiern immer wieder sinnvoll und kann mit diesem Gottesdienst verbunden werden. In regelmäßigen Abständen sollte auch eine Tauffeier im Familiengottesdienst stattfinden.

Das Stichwort Namenspatron und Namenstag kann sich ebenfalls aus diesem Gottesdienst ergeben.

(C 11) 2. Sonntag im Jahreskreis

Zu den Schrifttexten

Jes 62,1-5: Wie der Bräutigam sich über die Braut freut, so freut sich über dich dein Gott. Der nachexilische Prophet (Tritojesaja = der dritte Jesaja) steht vor der Aufgabe, das Heil in einer Zeit zu verkünden, in der die großen Erwartungen der Rückkehrer nach Jerusalem enttäuscht wurden: Mit dem Wiederaufbau von Stadt und Tempel geht es nicht voran. Der Prophet macht dem Volk Hoffnung. Er weiß vom Heil Gottes und kann kaum erwarten, dass die Zusage Gottes erfüllt wird. Er weiß von der Treue Gottes und ist sicher, dass Jerusalem und das Volk von Gott erwählt bleiben. Er weiß von der Nähe Gottes und blickt nach der Herrlichkeit Gottes aus, die die Stadt erfüllen und zum Guten verändern wird (»eine prächtige Krone, ein königliches Diadem«).

Die Stadt erhält einen neuen Namen. Die Namensgebung bedeutet Neuschaffung. Zugleich steht der Name für das Wesen des Benannten: Volk und Stadt sind von Gott Geliebte. Das bei Hosea und Jeremia wichtige Bild von Bräutigam und Braut wird hier auch von Jesaja auf das Verhältnis von Gott und Menschen angewandt. Der Mensch darf auf Gottes Erbarmen, seine Zuneigung und Liebe hoffen. Dies schafft sein Leben neu.

1 Kor 12,4-11: Es gibt verschiedene Gnadengaben. In den letzten Kapiteln seines ersten Briefes an die Gemeinde in Korinth behandelt Paulus einzelne Fragen, die für die konkrete Situation der Gemeinde wichtig sind. Dabei will er unter anderem die in Korinth als wichtig empfundene ekstatische Zungenrede richtig einordnen, um eine Spiritualisierung und Individualisierung christlichen Glaubens zu verhindern. So macht er in einem ersten Schritt deutlich, dass alle Begabungen und Fähigkeiten des Christen (in Kirche und Welt) ihren Ausgangspunkt im dreifaltigen Gott haben (Geist, Herrn = Jesus, Vater). Alle Gaben sind Geschenk Gottes.

Alle Gaben dienen, so eine zweite Aussage, nicht dem eigenen Ruhm, sondern dem Wohl aller. Nur dann sind es gute Gaben des Geistes, wenn sie auf die ganze Gemeinde ausgerichtet sind und nicht allein auf die private Frömmigkeit des Einzelnen. In einem dritten Schritt nennt Paulus Beispiele für solche, die Gemeinde aufbauenden Gnadengaben, die Zungenrede und ihre Auslegung stehen dabei am Ende. Vorrangig sind Gaben, die den Glauben verkünden und den Menschen helfen, aus dem Glauben Kraft für ihr Leben zu erhalten. Ferner sind die Gaben wichtig, in denen Menschen Hilfe und Heil zuteil wird.

Joh 2,1-12: Hochzeit in Kana – so offenbarte er seine Herrlichkeit. Die Perikope am Anfang des Johannesevangeliums (gleichsam eine Art Überschrift, die das Kommende bereits angibt) ist zwar als Wundererzählung angelegt, aber das Wunder ist keineswegs das Wichtige (nur in einem Nebensatz erwähnt). Entscheidend ist die Aussage am Schluss: »So offenbarte er seine Herrlichkeit«. Es geht bei diesem ersten wie bei den folgenden »Zeichen« um die Person Jesu. Nicht was er auf welche Weise auch immer getan hat, ist hier wichtig, sondern wer er ist, wer er für die Menschen ist.

Äußerlich wird in einem ersten Schritt ausgesagt, dass Jesus sich ganz in menschliche Verhältnisse einbindet. Feier und Fest sind ihm nicht fremd, er ist kein Asket. Doch hinter dem Menschen Jesus scheint Tieferes durch, die Herrlichkeit Gottes erfüllt ihn. Dies wird endgültig erst in Kreuz und Auferstehung sichtbar; in den unterschiedlichen Zeichen, die Johannes überliefert, klingt es aber bereits an. Bei seinem Kommen zu den Menschen geht es um die Fülle, um überfließende Gaben, um Vollendung, es geht um das Heil des Menschen in allen Dimensionen. Durch sein Handeln (in diesem Zeichen ebenso wie in den Krankenheilungen, in der großen Speisung ...) erscheint Gott selbst den Menschen: Jesus ist der Gott-mit-uns. Wo Menschen an ihn glauben, wo sie tun, was er sagt, erfahren sie bereits den Anfang kommender Herrlichkeit.

(C 11) 2. So im Jahr

Schrifttext und Familien mit Kindern

Von den drei Schriftstellen wird das Evangelium für Familiengottesdienste im Vordergrund stehen, die darin enthaltenen Stichworte Hochzeit, Jesus, Wunder (Zeichen) ... sind heutigen Hörern wichtig, wenn auch aus unterschiedlichen Gründen. Allerdings bieten auch beide Lesungen gute Ansatzpunkte für eine Behandlung in unserer Zeit.

– *Hochzeit:* Obwohl die Hochzeit nur Anlass, Auslöser des Zeichens ist und keineswegs im Vordergrund der johanneischen Aussagen steht, kann sie von diesem Text her für die Gestaltung des Familiengottesdienstes gewählt werden (vielleicht im Rahmen einer Reihe über Sakramente, vgl. den vorhergehenden Sonntag zum Thema Taufe). Dabei kann neben den Gedanken der Bindung zweier Menschen aneinander, der Freude und des Festes vor allem wichtig sein, dass der Bund zweier Menschen von Gott getragen, von ihm begleitet ist. Die Nähe Jesu und sein helfendes Eingreifen machen dies deutlich.

– *Jesus offenbart seine Herrlichkeit:* Die Perikope ist christologisch ausgerichtet, es geht um die Deutung der Person Jesu. In ihm erscheint die Herrlichkeit Gottes, sein Licht, sein Erbarmen und seine Liebe. Jesus ist wie ein Licht, das von Gott auf die Menschen trifft. In diesem und den folgenden Zeichen erweist er, dass sein Name für ihn Programm ist: Jesus = Gott rettet.

– *Der Anfang seiner Zeichen:* Für viele, besonders für Kinder steht das Zeichen (Wasser in Wein verwandeln) im Vordergrund. Ist Jesus also der große Zauberer, der alles kann, oder ist der Bericht nur ein Märchen, das man nicht ernst nehmen braucht? Gegen die Vordergründigkeit von wunderbarem Geschehen muss deutlich werden, dass es nicht um das Wunder geht, sondern darum, dass in Jesus die Fülle der Herrlichkeit Gottes aufscheint. Wo er ist und handelt, da wird etwas von kommender Vollendung deutlich.

– *Das Fest Gottes mit den Menschen:* Diese kommende Herrlichkeit wird hier, ebenso in einigen Gleichnissen Jesu als Fest beschrieben: Wo Gott den Menschen berührt, da gibt es ein großes Fest, ein Hochzeitsfest (das damals oft eine Woche dauerte und damit das größte [private] Fest darstellte, das man sich vorstellen konnte). Freude und Fest gehören für den Christen zu seinem Glauben.

– *Gott liebt den Menschen:* Das Bild Bräutigam-Braut der alttestamentlichen Lesung kann ebenso wie das Evangelium eine Ermunterung zum Glauben daran sein, dass Gott den Menschen in Liebe begegnet, dass er ein »Ich bin da für euch« ist.

– *Sich einen Namen machen:* Ein anderer Ansatzpunkt des Jesaja-Textes ist das Stichwort Name: Menschen wollen sich einen großen Namen machen, der möglichst auch ihr Leben überdauert. Den Versuchen, aus eigener menschlicher Kraft etwas zu schaffen, stellt der Glaube das Geschenk Gottes gegenüber: Gott gibt dem Menschen einen Namen, und dies bedeutet sein Heil.

– *Verschiedene Gaben:* Der Korintherbrief verweist auf die unterschiedlichen Gaben, Befähigungen, Talente (vgl. das Gleichnis Jesu), die Menschen haben. Da alle Gaben Geschenk Gottes sind, besteht kein Anlass zur Überheblichkeit. Vielmehr muss jeder überlegen, wie er seine Gaben zum Wohl aller einsetzen kann. Auf die Verschiedenheit und das Zusammenspiel unterschiedlicher Gaben in einer Gemeinde kann in diesem Zusammenhang hingewiesen werden.

Gestaltungsideen für den Gottesdienst

Aus den Verbindungspunkten zwischen den Schrifttexten und dem Leben heutiger Familien ergeben sich unterschiedliche Gestaltungsmöglichkeiten:

– *Hochzeit von Kana:* Der Evangelientext kann von Kindern als Spiel gestaltet werden mit: feierlicher Einzug des »Brautpaares«, Festtafel, Ernüchterung, als kein Wein da ist, helfendes Eingreifen Jesu ... Dieses Spiel muss aber gedeutet werden, damit es nicht beim reinen Nachspielen und bei der Vordergründigkeit des Wunders bleibt. So bietet sich ein Erzähler an, der Akzente setzen kann und der vor allem auf den Beginn der Herrlichkeit Jesu aufmerksam macht, die in seinen Zeichen sichtbar wird.

– *Hochzeit heute:* Passend zum Sakrament Taufe (vgl. vorangegangenen Sonntag, C 10) kann das Sakrament der Trauung und Ehe angesprochen werden. Dazu gehören neben grundlegenden Gedanken zum Sinn und zur Bedeutung des Bundes zweier Menschen das Bedenken, dass Gott diesen Bund begleiten und schützen will, ferner die Riten und Bräuche, die sich heute um die kirchliche wie weltliche Feier der Trauung ranken.

– *Jesus ist wie ein Scheinwerfer der Liebe Gottes:* Vom Evangelientext her kann Jesus als der gedeutet werden, in dem die Liebe und Zuwendung Gottes aufscheint. Ein Scheinwerfer kann dies zeichenhaft ausdrücken: In Jesus erscheint die Herrlichkeit Gottes. Wohin dieser Scheinwerfer strahlt, ist die Dunkelheit überwunden, hat die Not ein Ende, gibt es Vollendung und Fülle.

– *Sich einen Namen machen:* Groß sein und berühmt werden, einen bekannten Namen haben – der Traum aller Kinder (und Erwach-senen). Doch was macht einen großen Namen aus? Unterschied: Sich einen guten Namen bei den Menschen machen – sich einen guten Namen bei Gott machen ... Beispiele dafür.

– *Verschiedene Gaben:* Unterschiedliche Kinder zeigen unterschiedliche Begabungen, etwa Instrumentalspiel, Turnen, Malen ... Gespräch: Menschen sind verschieden, haben unterschiedliche Fähigkeiten. Wofür werden solche Gaben eingesetzt? Für eigenes Wohlergehen oder zum Wohl anderer?

– *Gaben in der Gemeinde:* Die unterschiedlichen Aufgaben und Gaben von Gemeindemitgliedern (hauptamtlich und ehrenamtlich) werden vorgestellt und benannt. Dabei wird deutlich, dass nur aus dem Zusammenspiel aller eine gute und lebendige Gemeinde erwachsen kann. Nur wo alle Gaben als Geschenk des einen Geistes verstanden werden, kann der Aufbau der Gemeinde gelingen. Dies kann durch unterschiedliche Zeichen dargestellt werden: das Rad eines Fahrrades – (viele Speichen (Gaben) sind nötig, um den Reifen (Gemeinde) zu halten, die Nabe (Christus als Mitte) hält alle zusammen. Ebenso ist ein Mobile oder ein Mosaik als Zeichen möglich.

(C 12) 3. So im Jahr

Weiterführung nach dem Gottesdienst

Ähnlich wie beim Thema Taufe kann in den Familien an die Trauung der Eltern durch Fotos, Trauspruch und anderes erinnert werden. Die Eltern können ihren Kindern von der Vorbereitung und Gestaltung ihrer Trauung und ihres Hochzeitsfestes erzählen. Ein an die Gottesdienstbesucher verteilter Text aus einem Trauungsbuch kann daran erinnern, dass alle menschliche Liebe eingebettet ist in die Liebe Gottes zu den Menschen.

Zum Thema Gaben in der Gemeinde kann ein Informationsheft über die Gruppen und Aktivitäten, das es in vielen Gemeinden gibt, ausgeteilt werden. Möglich ist auch, ein Blatt zu gestalten, auf dem das Zeichen des Rades aufgegriffen ist und die Speichen des Rades mit den unterschiedlichen Gemeindegruppen und Mitarbeitern bezeichnet sind (ähnlich bei Mobile oder Mosaik). Eine Speiche sollte dabei frei bleiben für die eigene Begabung.

(C 12) 3. Sonntag im Jahreskreis

Zu den Schrifttexten

Neh 8,2-4a.5-6.8-10: Heute ist ein heiliger Tag zu Ehren des Herrn. Die Rückkehr aus dem Exil bedeutete für Israel einen radikalen Neubeginn. Doch dieser Neuanfang baut auf den Glaubenserfahrungen der Vergangenheit; das Gesetz (besser: die Weisung und das Wort) Gottes, das bereits die Vergangenheit Israels geprägt hatte, bildet die Grundlage, auf der das Volk sein Leben und seinen Glauben erneut baut. Der Schreiber (Priester) Esra und – ihm in diesem Text eher nachgeordnet – der Statthalter Nehemia sind die herausragenden Personen dieses neuen Anfangs. In einem feierlichen Gottesdienst im siebten Monat (dem Festmonat, in dem auch Salomo die Bundestafeln in den Tempel bringen ließ) wird das Gesetz des Mose, also die Grundlage des Bundes zwischen Gott und Israel verlesen. Gebet und Anbetung stimmen auf diese Verkündigung des Wortes Gottes ein, eine Auslegung folgt. Somit zeigt diese Feier auch die Grundstruktur eines Wortgottesdienstes, wie er die Gottesdienste der Synagoge, aber später auch der christlichen Kirchen prägte und prägt. Das Volk bestätigt das Wort Gottes mit seinem »Amen«, es sagt erneut Ja zum Bundesschluss. So kann dieser Tag zum Fest für alle werden.

1 Kor 12,12-30: Ihr aber seid der Leib Christi. Ein besonderes Anliegen des Apostel Paulus ist die Einheit der Gemeinde in Christus. In seinem Brief an die Gemeinde in Korinth benutzt er das in der Antike häufig gebrauchte Bild vom Leib und den Gliedern, um Einheit und Verschiedenheit einander zuzuordnen. Dabei setzt er allerdings deutliche Akzente: Es geht nicht um Einheitlichkeit, Uniformität, sondern um die grundlegende Einheit der Gemeindeglieder in Christus – gewirkt vom Geist. Diese Einheit überwindet alle religiösen (Juden – Griechen), sozialen (Sklaven – Freie) und geschlechtlichen (Mann – Frau, vgl. Gal 3,28) Schranken: Alle sind aufeinander angewiesen und sollen in Solidarität einander zur Seite stehen. Vom Bild des Leibes her lässt sich dieser Gedanke einzeln auffächern. In den Schlussversen nennt Paulus dann einzelne Charismen, Gaben in der Gemeinde: Die Apostel als die von Christus unmittelbar Gesandten sind die Erstgenannten.Die Propheten folgen, sie sorgen für geistgewirktes Leben in der Gemeinde. Danach kommen die Lehrer (die Schriftkundigen), dann die, die sich um das Heil der Menschen kümmern, und auffallenderweise erst danach diejenigen, die den Dienst der Leitung in der Gemeinde übernommen haben.

Lk 1,1-4; 4,14-21: Der Geist des Herrn ruht auf mir. Die Perikope fasst die Einleitung des Lukasevangeliums und den Beginn des öffentlichen Auftretens Jesu zusammen. (Die dazwischenliegende Kindheitsgeschichte und der Bericht über die Taufe Jesu werden in der Weihnachtszeit verlesen, vgl. C 5 und C 10, die Versuchungsgeschichte in der Fastenzeit, vgl. C 18.) Die beiden Teile der Perikope werden zwar durch das Stichwort Anfang zusammengebunden, gehören aber nicht unbedingt zusammen (eventuell kann deshalb auf den ersten Teil verzichtet werden).

Der Auftritt Jesu in der Synagoge seines Heimatortes hat in zweifacher Weise programmatischen Charakter. Zum einen macht Jesus durch das (leicht veränderte) Zitat von Jes 61,1-2 deutlich, dass mit ihm die verheißene Zeit des Heils begonnen hat. Er ist der von Gott Gesandte und durch den Geist Gestärkte (vgl. C 11: Taufe), der die Zuwendung Gottes zu den Menschen in seinem Leben sichtbar werden lässt. So wird nicht allein das von ihm Verkündete, sondern er selber zur Heilsbotschaft für die Menschen. In einer zweiten grundsätzlichen Aussage dieses Textes (bzw. der folgenden Verse, vgl. in C 13) macht Lukas deutlich, dass die Juden ihn ablehnen. Somit wird der Weg zur Mission der Heiden frei. Der Weg des Evangeliums von Jerusalem nach Rom beginnt.

Schrifttext und Familien mit Kindern

Die Berichte von der Liturgie Israels nach der Rückkehr aus dem Exil und dem programmatischen Auftritt Jesu in der Synagoge seiner Heimatstadt sind für heutige Gottesdienstbesucher wie aus einer fernen Welt stammend, mit der man nichts zu tun hat. Ähnliches gilt durchaus auch von der Paulus-Lesung: Wenn auch das Bild eingängig ist, so erscheint es doch sehr weitschweifig ausgeführt. Die Anwendung auf die Gemeinde wird für uns heute ebenso erschwert, dass wir die angeführten Dienste so nicht mehr kennen.

Welche Ansatzpunkte ergeben sich demnach für die Gottesdienstgestaltung? Von den Grundgedanken der Schrifttexte her kann der Gottesdienst in drei Richtungen gestaltet werden:

– *Freude am lebendigen Gottesdienst:* Die Liturgie des Esra lässt das Grundschema auch heutigen Gottesdienstes erkennen: Lob, Gebet, Verlesung der Schrift und Auslegung. Ähnliches gilt von dem Synagogengottesdienst, bei dem Jesus Lesung und Auslegung übernimmt (die einleitenden Gebetsteile sind – weil für die Hörer des Lukas selbstverständlich – nicht erwähnt). Durch Lesung und Auslegung werden Glauben und Leben verknüpft, dies führt beim Volk zur Freude und zum Dank für Wort und Weisung Gottes. Dieser Gedanke kann bewusst gemacht und auf heutige Gottesdienste angewandt werden: Gottesdienst heute soll zur Freude und zum Dank führen.

– *Von der Zusammenarbeit der Christen und von der weltumspannenden Kirche:* Das Bild vom Leib und den Gliedern kann in doppelter Weise für die Beschreibung heutiger Kirche genutzt werden: Zum einen können die vielen Dienste in der Gemeinde auf diese Weise einander zugeordnet werden – ähnlich wie Paulus es mit den Diensten zu seiner Zeit tut. Zum anderen kann vom Stichwort »Juden und Griechen« her die Kirche als weltumspannende Gemeinschaft von Menschen aus allen Kulturen gezeichnet werden, als das eine Volk Gottes in vielen Völkern.

– *Vom Programm Jesu zur Umgestaltung der Welt:* Der Evangelientext ist christologisches Bekenntnis, deutet also Gestalt und Aufgabe Jesu für die Menschen. Mit seinem »Lebensprogramm« wird aber ebenso das »Lebensprogramm« derer deutlich, die sich als Christen zu ihm bekennen: »Armen die Heilsbotschaft zu bringen, Gefangenen die Befreiung zu verkünden, Blinden das Augenlicht zu schenken ...« Es kann im Gottesdienst parallel aufgezeigt werden, wie Jesus dieses Lebensprogramm umsetzte und wie Christen es heute tun können.

Gestaltungsideen für den Gottesdienst

– *Unser Gottesdienst:* Die grundlegende Struktur eines Wortgottesdienstes kann nach dem Schema »Wort – Antwort« bewusst gemacht werden: Gott spricht uns an (Bibel) – wir antworten im Lob, im Dank und in der Fürbitte. Ein Plakat mit einem Pfeil von oben nach unten und einem von unten nach oben kann dies verdeutlichen. Um diese Mitte des Wortgottesdienstes ranken sich einleitende Teile (etwa Begrüßung, Lied ...) und abschließende Teile (etwa Segen, Entlassung ...). Es ist nicht nur im Blick auf die Kinder gut, wenn diese Struktur sichtbar wird. In einem solchen Gottesdienst sollte somit nicht nur auf die einzelnen Teile hingewiesen werden, die Gottesdienstbesucher sollten die unterschiedlichen Teile übernehmen, etwa: Kinder lesen den Schrifttext, eine Firmgruppe spricht die Auslegung und Anwendung auf heute, Eltern übernehmen Begrüßung und Segensgebet ...

– *Unsere Gemeinde:* Ausgehend vom Bild des Paulus wird ein Mensch in Umrissen gezeichnet. In den Leib wird ein Christusbild geklebt oder ein Christuszeichen (Kreuz, Chi-Rho ...) gemalt. Beine und Arme werden nun mit den Namen von Gemeindegruppen und von Einzelnen, die für die Gemeinde Verantwortung tragen, gefüllt. Dabei gibt es Erklärungen zu den einzelnen Diensten. Zum Schluß wird das Ganze überschrieben: »Unsere Gemeinde«.

– *Weltkirche:* In ähnlicher Weise kann die Zusammengehörigkeit von Christen überall auf der Welt verdeutlicht werden: Die Kinder werden eingeladen, zu diesem Gottesdienst aus Zeitschriften ausgeschnittene Köpfe von unterschiedlichen Menschen mitzubringen, möglichst aus vielen Völkern. Auf einem großen Plakat mit den Umrissen eines Menschen werden diese Köpfe dann aufgeklebt. In der Mitte gibt es wieder ein Christuszeichen.

– *Das Programm Jesu:* In einer Gegenüberstellung werden einzelne Aussagen des Jesaja-Zitats sowohl mit dem Leben und Wirken Jesu verbunden wie mit dem Leben der Christen heute, etwa: »Blinden das Augenlicht zu verkünden ...« – Jesus heilt Blinde, aber vor allem öffnet er den Menschen neu die Augen

(C 12) 3. So im Jahr

für Gott und die Menschen. Ebenso können Christen sowohl heilend und helfend wirken als auch heutigen Menschen die Augen für Gott und die Menschen öffnen. Solche Aussagen können leicht auch als kleine Spiele gestaltet werden. Die dem Leben aufhelfende Bedeutung christlichen Glaubens für Menschen heute wird so sichtbar.

Weiterführung nach dem Gottesdienst

Zum Thema Gottesdienst kann den Besuchern eine Skizze mit dem Grundaufbau eines Wortgottesdienstes mitgegeben werden. Zudem kann auf die entsprechenden Abschnitte des Gotteslobs (Nr. 352 und 353-358, darunter etwa das Gloria und das Große Glaubensbekenntnis) verwiesen werden. Es ist gut, wenn die Kinder den Umgang mit dem Gotteslob trainieren. Das Thema kann auch Anlass sein, für die Mitarbeit an Gottesdienstgruppen der Gemeinde, auch des Familiengottesdienstkreises, zu werben.

Zum Thema Kirche kann den Kindern ein Blatt mit dem Umriss eines Menschen mitgegeben werden. Sie können zu Hause Personen und Gruppen der Gemeinde darauf eintragen oder malen und so den Gottesdienstablauf nachvollziehen. Ähnliches ist mit der Alternative Weltkirche möglich.

Zum Thema Programm Jesu kann der Text des Jesaja (entsprechend der lukanischen Fassung) mitgegeben und dabei die Überlegung in den Familien angeregt werden, wie diese Sätze heute umgesetzt werden können.

(C 13) 4. Sonntag im Jahreskreis

Zu den Schrifttexten

Jer 1,4-5.17-19: Zum Propheten habe ich dich bestimmt. Die Perikope ist ein Ausschnitt aus der Berufungsgeschichte des Jeremia. In der Zeit des Untergangs Judas (etwa von 628 bis zur Zerstörung Jerusalems durch Babylon 586) verkündete Jeremia eine Botschaft des Gerichts und die Aufforderung zur Umkehr. Jeremia hat seine Aufgabe immer wieder reflektiert und beschreibt, wie seine prophetische Aufgabe sein ganzes Leben prägt.

Der Text macht über die Person des Propheten hinaus jedoch allgemeine Aussagen über die Berufung von Menschen durch Gott (vgl. dazu auch die Berufung des Jesaja in C 14): 1. Gott spricht den Menschen für seine Aufgabe an, niemand kann sich seine besondere Berufung selber aussuchen. 2. Gott lässt dem Menschen dennoch die Freiheit, sich zu entscheiden. 3. Der Auftrag Gottes prägt den Menschen in all seinen Lebensbereichen; nicht allein sein Reden, auch sein Handeln steht unter diesem Auftrag. 4. Für den oft schweren Weg, der Berufung Gottes nachzukommen, spricht Gott dem Berufenen seine Nähe und Hilfe zu. Von diesen vier Gedanken her lassen sich Linien ziehen zum Leben und Auftrag der Christen heute.

1 Kor 12,31-13,13: Am größten ist die Liebe. Das »Hohelied der Liebe« aus dem Korintherbrief ist eines der bekanntesten und schönsten Stücke des Neuen Testaments – oft gelesen bei Trauungen, aber auch bei anderen Gottesdiensten. Für diese Zeit im Jahreskreis wurden einzelne Teile des Korintherbriefes in Folge ausgewählt (vgl. C 12 und C 14). Im Anschluss an Kapitel 12 (vgl. C 12) mit seiner Aussage über die Gnadengaben versucht Paulus hier einen neuen Ansatz, um die Gaben des Geistes zu ordnen. Gegen die bei den Korinthern so hoch geschätzte prophetische Zungenrede, gegen verstandesmäßiges Bemühen um den Glauben, ja selbst gegen unbedingten persönlichen Einsatz setzt er die Bedeutung der Liebe, die als innere Gesinnung die Grundlage aller Gnadengaben des Geistes sein muss. Nur wo sich der Mensch in Liebe dem Wirken des Geistes und anderen Menschen öffnet, kommen auch Glaube und Hoffnung an ihr Ziel. Hinzu kommt in der Sicht des Paulus ein anderer Gedanke: Wo die verschiedenen Gnadengaben für die Gestaltung dieser Weltzeit wichtig sind (für Welt und Gemeinde), da führt die Liebe über diese Zeit hinaus in die künftige Vollendung: Die Liebe endet nie.

Lk 4,21-30: Kein Prophet wird in seiner Vaterstadt anerkannt. Die Perikope setzt den Auftritt Jesu in der Synagoge (vgl. C 12) fort und berichtet von der Reaktion der Menschen auf ihn. Zuerst prägt sie Staunen und Verwunderung. Das schlägt aber schnell in Empörung und Ablehnung um, als sie durch die Worte Jesu seinen Anspruch als Prophet erkennen: Keiner kann sich selber zum Propheten machen – darauf steht die Todesstrafe. Lukas setzt bewusst bereits an den Anfang des Wirkens Jesu Ablehnung und Verfolgung. So ergibt sich eine Linie der Passion und des Kreuzes von Anfang bis Ende, von Nazaret bis Jerusalem. Das Leiden wird eine durchgehende Linie im Leben Jesu, erleidet damit Prophetenschicksal (vgl. Jeremia und andere).

Ebenfalls wird der für Lukas typische Weggedanke in diesem Text sichtbar: Jesus geht unbeirrt seinen Weg. Es ist ein Weg von den »ungläubigen« Juden zu den Fremden, in seiner Nachfolge wird die Kirche diesen Weg zu den Heiden in allen Völkern gehen (vgl. Apostelgeschichte). Nicht Verwandtschaft und Herkunft macht Menschen zu seinen Jüngern, sondern der Glaube an seine Botschaft und damit an ihn selbst.

Schrifttext und Familien mit Kindern

Die drei Schrifttexte bieten verschiedene Gedanken, die Brücken zu heutigem Leben und Glauben schlagen können:
– *Liebe als Grundlage von allem:* Das Hohe Lied der Liebe aus Korinther 13 wird in seiner Grundaussage von den Hörern gern aufgenommen und bejaht. Einzelheiten aber (etwa die verschiedenen Gaben, die der Liebe untergeordnet sind: Sprache der Engel, den Leib dem Feuer übergeben ...) werden kaum verstanden. Es ist deshalb zu überlegen, ob der Text ganz oder nur in Auszügen gelesen wird. Die einzelnen positiven Aussagen über die Liebe müssen im Gottesdienst konkreter mit Beispielen gefüllt werden, damit sie für Kinder wie Erwachsene relevant werden.
– *Propheten sprechen für Gott:* Immer wieder finden sich in den Gottesdiensten prophetische Texte. Die Berufungsgeschichte des Jeremia (ähnlich auch in C 14 des Jesaja) kann zum Anlass genommen werden, die Bedeutung von Propheten grundsätzlich zu bedenken. Es geht bei ihnen – anders als es oft angenommen wird – nicht unmittelbar um die Vorhersage der Zukunft, Propheten sind keine Wahrsager. Es geht vielmehr darum, dass Propheten Gott in besonders intensiver Form erfahren haben und dadurch seinen Willen gegenüber dem Volk und seinen Verantwort-

lichen ausdrücken können. Propheten sprechen für Gott, weil sie seine Botschaft weitergeben. Propheten sprechen für Gott, weil sie Menschen zur Umkehr (etwa Jeremia) und je neuer Bindung an Gott (etwa Jesaja) und an die Menschen (etwa Amos) ermuntern wollen. Es ist angebracht, nach prophetischen Menschen auch heute Ausschau zu halten.
– *Berufung heute:* Das Evangelium macht deutlich, dass nicht Verwandtschaft oder Herkunft, sondern Berufung und eigene Entscheidung Menschen zu Jüngern Jesu machen. Dieser Gedanke kann ebenso wie die Berufung des Jeremia Anlass sein, die Berufung der Christen heute ins Bewusstsein zu rufen. Durch Taufe und Firmung sind wir Berufene; es liegt nun an der Entscheidung jedes Einzelnen, diese Berufung wahrzunehmen und in sein Leben umzusetzen. Dies kann im Gottesdienst deutlich gemacht werden.
– *Der Weg Jesu:* Der Auftritt Jesu in der Synagoge von Nazaret ist der Beginn seines Weges, der ihn schließlich nach Jerusalem bringen wird. Dieser Weg mit unterschiedlichen Stationen kann im Gottesdienst aufgezeigt werden. Dabei sollte der Gedanke des Leidens Jesu ebenso angesprochen werden wie die unterschiedliche Reaktion der Menschen auf ihn.

(C 13) 4. So im Jahr

Gestaltungsideen für den Gottesdienst

– *Liebe ist nicht nur ein Wort:* Unzählige Schlager singen von der Liebe (Beispiele aufzählen, vielleicht als Hinführung einen Schlager einer bekannten Gruppe einspielen), unzählige Gedichte und Geschichten erzählen davon. Doch Liebe ist mehr als nur Worte, sie erweist sich in konkreten Handlungen der Menschen. Solche Konkretionen können aufgrund einzelner Sätze der Lesung in Spielen gestaltet werden, etwa: Die Liebe ist nicht eifersüchtig ... trägt das Böse nicht nach ... lässt sich nicht herausfordern ... Nach jedem dieser Spiele wird ein rotes Herz als Symbol (aus Tonpapier geschnitten) an den Altar geheftet.

– *Propheten:* Um die Bedeutung der Propheten deutlicher werden zu lassen, kann ein fiktives Gespräch zwischen mehreren Propheten unterschiedliche Schwerpunkte prophetischer Botschaft deutlich machen: Jeremia etwa verkündet Unheil und ruft zur Umkehr auf; (Deutero-)Jesaja sagt Gottes Hilfe zu, Amos ruft zu sozialer Gerechtigkeit auf, Micha verheißt den Frieden Gottes ... Aus dem Buch eines jeden Propheten können einige charakteristische Verse ausgesucht werden.

Diesem ersten Schritt mehr im Blick auf die Bedeutung der Propheten damals sollte ein zweiter folgen: Was würden solche Propheten uns heute sagen? Wozu würden sie uns heute auffordern? Solche prophetischen Worte für heute sollten möglichst konkret auf die Lebenssituation der Kinder und Erwachsenen bezogen sein, etwa: Was heißt soziale Gerechtigkeit und Teilen heute (Amos)? Was heißt Frieden heute (Micha)? Wo können wir die Nähe Gottes und seine Hilfe heute spüren (Jesaja)? Wo müssen wir uns verändern und das Gute neu beginnen (Jeremia)?

– *Gerufen werden:* Kinder kennen die Erfahrung, zu irgendeiner Aufgabe gerufen zu werden, eigene Interessen zurückstellen zu müssen und für andere etwas zu übernehmen. Dies kann in kleinen Spielen dargestellt werden. Solchen Spielen wird die Berufung des Jeremia gegenübergestellt: Jeremia hört die Stimme Gottes (Sprecher nicht sichtbar), hat Bedenken, entscheidet sich aber, dem Ruf Gottes zu folgen. In einem dritten Schritt folgt ein Beispiel (oder mehrere), wie an Menschen heute der Ruf Gottes ergeht und wie sie ihm folgen.

– *Der Weg Jesu:* Der Weg Jesu wird mit mehreren Stationen in der Kirche nachgestellt (ähnlich einem Kreuzweg). Geburt in Betlehem, Heranwachsen in Nazaret, Beginn des öffentlichen Wirkens in Kafarnaum am See Gennesaret (etwa Heilung des Gelähmten), dann Berg der Seligpreisungen, Jericho (Zachäus) ..., schließlich am Ende (vielleicht am Altar angekommen) Jerusalem mit Kreuz und Auferstehung.

Weiterführung nach dem Gottesdienst

Zum ersten Thema kann den Gottesdienstbesuchern ein aus rotem Tonpapier ausgeschnittenes kleines Herz mitgegeben werden. Dies wird mit der Aufforderung verbunden, dieses Herz weiterzuschenken an einen lieben Menschen. Ebenfalls können einzelne Sätze der Lesung mitgegeben werden, die dann zum Gespräch in den Familien anregen.

Wenn im Spiel »prophetische« Aussagen für Menschen von heute formuliert wurden, können solche Sätze ebenfalls kopiert und den Gottesdienstbesuchern an die Hand gegeben werden. Ferner kann dazu ermuntert werden, nach prophetischen Menschen in unserer Zeit Ausschau zu halten: Bei Sprechen und Handeln von welchen Menschen in unserer direkten Umgebung oder auch bei welchen Großen unserer Welt kann man etwas von Gott und seinem Willen spüren?

Vom dritten Vorschlag her kann die Frage eingebracht werden: Welche Berufung habe ich von Gott für mein Leben? Was kann meinem Leben Sinn geben?

Eine Zeichnung des Weges Jesu (eventuell auf einer Karte Israels) kann als Erinnerung an den vierten Gottesdienstvorschlag mitgegeben werden. Eine solche Karte können die Kinder dann zu Hause ausmalen.

(C 14) 5. Sonntag im Jahreskreis

Zu den Schrifttexten

Jes 6,1-2a.3-8: *Hier bin ich, sende mich.*
Zwischen der Berufung des Jeremia (vgl. C
13) und der des Jesaja gibt es einen wesentlichen Unterschied: Während das Geschehen
bei Jeremia sich in einem Wortwechsel vollzieht, in der direkten Anrede Gottes an Jeremia, dann auch in seinem Widerspruch, erfährt Jesaja eine großartige Vision: Vor seinem inneren Auge sieht er die Herrlichkeit
Gottes. Wie ein König thront der Herr, umgeben von Dienern (Serafim), die ihn lobprei-
send ehren. Dieser Lobpreis des dreifachen
Heilig ist in die christliche Liturgie übernommen worden.

Durch seine Vision wird Jesaja die Distanz
zwischen ihm und Gott bewusst: Er, das Geschöpf, sieht den Schöpfer. Jesaja kann sich
somit nur als unrein verstehen, als nicht würdig, Gott gegenüberzustehen. Doch ein Reinigungsritus, im Bild von der glühenden Kohle
gefasst, folgt, und erst danach ergibt sich ein
Wechselgespräch: Zuerst die Frage Gottes und
dann die Bereitschaftserklärung des Jesaja –
für ihn gibt es gegen die Anfrage des großen
Gottes keine Widerrede. Eine solche Berufung
ist naturgemäß ein inneres, ein zutiefst persönliches Geschehen, von dem das bildhafte
Erzählen nur stückhaft künden kann. Dennoch
bleibt, dass Jesaja die Erfahrung des großen
Gottes machte und aus dieser Erfahrung heraus sein Leben unter diesen Auftrag stellte.

1 Kor 15,1-11: *Christus wurde auferweckt und
ist uns erschienen.* Im Kern dieser Perikope
(von »Christus starb ...« bis »er erschien allen Aposteln«) steht ein urchristliches Glaubensbekenntnis, das das Zentrum christlichen
Glaubens bildet und das Paulus in den ersten
christlichen Gemeinden bereits vorgefunden
hat. Er übernimmt dieses Bekenntnis in den

Korintherbrief, weil die dortige Gemeinde
Schwierigkeiten mit dem Glauben an die Auferstehung hatte. Gerade Paulus, der »Spät-
berufene« im Glauben an den Herrn, hat immer wieder den Glauben an die Auferweckung
Jesu als innere Mitte des ganzen Glaubens
herausgestellt. Diese Botschaft verändert seine ganze Existenz, und sie soll auch das Leben aller Christen verändern: Ein Christusglaube ohne Glaube an die Auferstehung ist
kein Christusglaube. Dieser Glaube ist allerdings nicht beweisbar, sondern gründet auf
Zeugen, denen der Auferstandene erschienen
ist und die in der Reihenfolge ihrer Wichtigkeit aufgeführt werden: Petrus, die Zwölf, die
Mitglieder der Urgemeinde, schließlich –
gleichsam als Schlusslicht – Paulus selbst.
Ihm dürfen die Korinther vertrauen.

Lk 5,1-11: *Von jetzt an wirst du Menschen
fangen.* Die Bezeichnung dieser Perikope mit
»Der große Fischfang« geht in die Irre, denn
der Wunderbericht dient ausschließlich der
Illustration der Kernaussage: Entsprechend
dem Vorbild Jesu ist die Kirche, an der Spitze
Petrus, zur Verkündigung und zur Mission da.
Es geht Lukas also um eine Aussage über die
Kirche, nicht über die Wundertätigkeit Jesu.

Die Verkündigung der Kirche wird in den
ersten Versen am Beispiel Jesu festgemacht:
Um ihn drängt sich das Volk, das sein Wort
hören will. Jesus sitzt im Boot wie ein Lehrer, dem Volk gegenüber. Danach kommt es
mit dem Auftrag an Petrus (Singular: »Fahr«)
und über ihn an die anderen (Plural: »Werft«)
zu einer Handlung, die ihren künftigen Auftrag zeichenhaft deutlich macht: Sie sollen
Menschen für den Glauben fischen. Dieser
Auftrag verändert ihr Leben, sie lassen alles
Bisherige zurück und folgen ihm nach.

(C 14) 5. So im Jahr

Schrifttext und Familien mit Kindern

Der alttestamentliche Text erscheint heutigen
Hörern wie aus einer völlig fremden Welt,
Kinder werden ihm ratlos gegenüberstehen.

Der Paulustext ist in seiner zentralen Aussage klar, dennoch werden viele Schwierigkeiten sowohl mit der Sprache als auch mit dem

theologischen Inhalt haben. Einzig das Evangelium scheint auf den ersten Blick verständlich, doch werden oft die falschen Akzente (Wunder) betont. Die Brücke von den Texten zu heutigem Leben kann durch folgende Themen geschlagen werden:

– *Gott begegnen – damals und heute:* Gottes Stimme hören (wie Jeremia) oder Gott in einer Vision sehen (wie Jesaja) stellt nicht die Erfahrung heutiger Menschen dar. Gott erscheint uns eher als der Verborgene, der Geheimnisvolle, der Fremde. Doch auch bei den biblischen Gestalten darf nicht übersehen werden, dass ihr Glaube an Gott ebenso einen lebenslangen Kampf darstellte, ein Bemühen, die Erfahrungen mit Glück und Leid im eigenen Leben mit dem überlieferten Glauben an Gott in Übereinstimmung zu bringen. Für heutige Hörer kann der Text deshalb ein Anstoß sein, eigene Gotteserfahrungen und ihr Verhältnis zu Gott zu reflektieren.

– *An die Auferstehung glauben:* Umfragen zufolge glauben mehr als die Hälfte der Getauften nicht an die Auferstehung. Die Situation der korinthischen Gemeinde, wo dieser Glaube ebenfalls auf Ablehnung stieß, ist uns deshalb nicht so fremd. So ist es gut, wenn von diesem Text ausgehend die Botschaft der Auferstehung als die Mitte christlichen Glaubens aufgezeigt wird. Die Gemeindemitglieder sollen ermuntert werden, diese zentrale Glaubensbotschaft auch zur Mitte ihres persönlichen Glaubens zu machen.

– *Menschenfischer für Jesus sein:* Vom Evangelientext her kann das Thema Kirche und ihre Verkündigung aufgegriffen werden. Menschen für Jesus zu fischen bezieht sich dabei nicht allein auf die Mission, sondern bedeutet ebenso ein kirchliches Bemühen bei uns, das versucht, den Glauben an die nachwachsende Generation weiter zu geben und zugleich den Glauben der Christen je neu zu vertiefen. Die Erzählung vom eigentlichen Wunder sollte dagegen zurückstehen und eher als bildhafte Illustration der Kernaussage verstanden werden.

Gestaltungsideen für den Gottesdienst

– *Gott erfahren:* Eine Kinder-, Messdiener- oder Firmgruppe macht vor dem Gottesdienst eine kleine Umfrage (bei Messbesuchern, aber ebenso bei anderen Leuten): Wie stellen Sie sich Gott vor? Mit welchem Bild würden Sie ihn malen? Diese Umfrage kann zur Grundlage eines Gottesdienstes gemacht werden. Die Vision des Jesaja von Gott auf einem Thron, umgeben von einem himmlischen Hofstaat, wird sicher bei manchen Befragten in vergleichbarer Weise wiederkehren: Gott auf einem Thron, vielleicht auf einer Wolke schwebend ... So kann sich hier ein erster Einstieg in den Gottesdienst ergeben. (Wo eine solche Umfrage nicht möglich ist, kann man auch aus dem Gottesdienstkreis heraus verschiedene Gottesbilder zusammentragen.)

Bei ausreichend Zeit im Gottesdienst können die Kinder nun ihre Vorstellung von Gott malen. Sie können solche Bilder aber auch bereits mitbringen, wenn sie am Sonntag vorher dazu eingeladen wurden. Aus all diesen Gottesvorstellungen wird nun ein Gottesmosaik gefertigt, ein Zusammentragen der unterschiedlichen Gottesbilder. Dabei darf nicht allein der nahe, den Menschen zugewandte Gott benannt werden, sondern ebenso der fremde, unnahbare, ganz andere Gott, der Heilige jenseits unserer Welt (vgl. das Gebet des Heilig, das in diesem Zusammenhang vorgestellt und erläutert werden kann).

– *Zum Leben auferweckt werden:* (Vgl. zu diesem Thema auch C 26 und 27 Osternacht und Ostersonntag.) Was ist die Mitte am christlichen Glauben? Der Glaube an Gott sicher – aber den kennen auch andere Religionen (etwa Islam oder Judentum) sehr intensiv, ohne dass sie etwas mit Christus zu tun haben. Der Glaube an Christus unterscheidet, und dabei ergibt sich als Zentrum das Bekenntnis zu Leiden, Sterben und Auferstehen (besser: von Gott auferweckt werden) Jesu. Hierin liegt die Mitte christlichen Glaubens, weil nur von hier aus die Hoffnung auf Vollendung auch des eigenen Lebens möglich ist. Diese innere Mitte kann im Gottesdienst durch konzentrische Kreise verdeutlicht werden, in die unterschiedliche Aussagen des Glaubens geschrieben werden: In die Mitte, in den inneren Kreis kommen neben dem Christuszeichen die Worte »Tod am Kreuz, Auferstehung (Auferweckung)«. In die äußeren Kreise werden je nach der Wichtigkeit andere Begriffe wie Kirche, Sakramente, Taufe, Eucharistie, Leben aus dem Glauben ... geschrieben. So kann sichtbar werden, dass das Bekenntnis zum auferstandenen Christus die innere Mitte von allem anderen ist.

– *Menschenfischer sein:* Das Thema kann auf verschiedene Weise angegangen werden. Als Zeichen kann ein Fischnetz dienen, daran kann vom Evangelium her der Auftrag Jesu an die ersten Jünger, aber auch an die Kirche heute verdeutlicht werden. Weiter ausgearbeitet kann die zentrale Aussage des Evangelientextes nachgespielt werden: Jesu Predigt vor den Menschen, der Dialog mit Petrus, die Ausfahrt (das Wunder kann dabei im Hintergrund bleiben), der abschließende Dialog zwischen Jesus und Petrus, das Nachfolgen der Jünger hinter Jesus – und schließlich als Weiterführung ihr Bemühen, selber Menschen durch die Verkündigung zu Jesus zu führen.

Eine andere Möglichkeit ist das Bedenken, wo und wie heute Menschen für Jesus gefischt werden. Dies kann zum einen im Blick auf die eigene Gemeinde geschehen: Taufe, Kommunionkurs, Firmkurs, Kinder-, Jugend- und Erwachsenengruppen, Predigt und Gottesdienst in verschiedenen Formen ... Solche Bemühungen der Gemeinde können um ein Rad herum aufgezeigt werden: Die Mitte ist Christus, viele Speichen (Verkündigungsformen) führen zu den Menschen (Reifen). Zum anderen kann der Blick auf die Weltkirche geweitet werden: In ein großes Fischernetz werden Fotos von Menschen aus aller Welt eingebracht. Das Netz wird gehalten von einem Punkt, der mit dem Christuszeichen gekennzeichnet ist.

Weiterführung nach dem Gottesdienst

Zum Thema Gottesbild kann ein schöner Text mitgegeben werden, ein Gebet etwa. Zum Thema Auferstehung und neues Leben nach dem Tod passt vielleicht ein erstes Schneeglöckchen, das es in dieser Jahreszeit möglicherweise schon gibt. Mit dem letzten Thema kann eine Werbung für das Werk Missio verbunden werden: Christen sind verantwortlich für die Weitergabe des Glaubens. Alle drei Themen können auch durch das Gespräch in der Familie weitergeführt werden: Wie stellen wir uns Gott vor? Was halten wir vom Glauben an die Auferstehung? Wie bezeugen wir unseren Glauben vor anderen Menschen?

(C 15) 6. Sonntag im Jahreskreis

Zu den Schrifttexten

Jer 17,5-8: Gesegnet, der dem Herrn vertraut. Jeremia schreibt in einer Zeit, als Judas König zwischen den Großmächten schwankend das Volk und Jerusalem in den Untergang führt. Die Verantwortlichen im Volk werden ihrer Aufgabe zur religiösen Führung nicht mehr gerecht und vertrauen allein fremden Mächten (bei König Zidkija Ägypten gegen Babylon). Jeremia warnt beständig vor solchem Tun und fordert die Rückkehr zu Gottes Willen und zum Vertrauen auf seine Hilfe, nicht auf die Hilfe fremder Heere. Aus dieser geschichtlichen Situation wird die Gegenüberstellung dieser Lesung verstehbar.

Über diese konkrete geschichtliche Situation hinaus aber wird mit den beiden geschilderten Verhaltensweisen mögliches Handeln von Menschen auch allgemein charakterisiert. Wer sich ganz und gar auf Menschen verlässt, der ist verlassen, weil Menschen immer wieder an ihre Grenzen stoßen. Wer dagegen auf Gott vertraut, der darf seiner unbedingten Treue vertrauen. In den Bildern vom Strauch und Baum wird dies ausgedrückt.

1 Kor 15,12.16-20: Wenn Christus nicht auferweckt wurde, ist unser Glaube umsonst. Nach der Verkündigung der Auferstehungsbotschaft an die Korinther (vgl. C 14) bedenkt Paulus die Konsequenzen, die sich daraus für den Glauben der Christen ergeben. In Korinth akzeptierte man damals wohl die Auferweckung Jesu, glaubte aber nicht an die allgemeine Auferweckung der Toten. Paulus macht deutlich, dass gerade daran aber der christliche Glaube überhaupt hängt: Erst der Glaube an die Auferweckung der Toten durch Gott gibt Glauben und Leben Sinn und kann Hoffnung schenken. Nur im Blick auf die eschatologische, endzeitliche Vollendung, nur im Vertrauen darauf, dass der Schöpfergott das im Tod zerstörte Leben wieder neu schafft – und dies nicht allein bei Jesus, sondern bei allen Glaubenden –, ist der Glaube nicht sinnlos. Christen rechnen also mit der lebenschaffenden Kraft Gottes – gleich wie dies im Einzelnen geschehen wird. Diese Überzeugung, die auf der Zeugenschaft der Apostel und der ersten Christen gründet, lässt den Christen anders mit dem Tod umgehen als Menschen, die ihr Vertrauen nicht auf den Herrn setzen (vgl. die alttestamentliche Lesung).

Lk 6,17.20-26: Selig, ihr Armen, denn euch gehört das Reich Gottes. Bekannter als die lukanischen Seligpreisungen (die zudem durch Wehrufe ergänzt sind) sind die vergleichbaren Seligpreisungen im Matthäusevangelium (Mt 5,1-12, vgl. B 13). Beide Texte gehen auf eine frühere Quelle zurück, die Lukas allerdings genauer übernommen hat. Matthäus hat die einzelnen Sätze entsprechend seiner Gemeindesituation geformt und ergänzt. Viele Menschen (auch aus den Küstenstädten – dem Gebiet der Heiden) sind zu Jesus gekommen, um sein Wort zu hören und von ihm Heilung ihres Lebens zu erlangen. Diese Heilung wird in den Seligpreisungen zugesprochen: Das in Jesus gekommene Reich Gottes bedeutet ein Ende aller Not. Wie bei einem Festmahl werden alle überreich gesättigt werden. Den Trauernden wird Freude zuteil werden. Die (aus der jüdischen Synagoge ausgeschlossenen und verfolgten) Christen dürfen trotz aller Bedrängnis tanzen und jubeln. Entsprechend der Doppelgestalt prophetischer Rede (Verheißung und Drohrede, vgl. Jeremia) folgen Wehrufe, die zur Umkehr aufrufen wollen. Jesus warnt vor einem verfehlten Leben, das allein auf eigene Kraft setzt.

Schrifttext und Familien mit Kindern

Sowohl der Lobpreis des glaubenden Menschen bei Jeremia wie auch die Seligpreisungen werden bei heutigen Hörern durchaus auf offene Ohren stoßen (mit Ausnahme vielleicht der letzten Seligpreisung der Verfolgten: Wo gibt es heute bei uns vergleichbare Situationen?). Dagegen erregen das Fluchwort Jeremias ebenso wie die Wehrufe Jesu eher Anstoß. In Fragen des Glaubens sind heutige Menschen sehr empfindlich bei allem, was nach Drohung, Zwang und Einschränkung der eigenen Entscheidungsfreiheit aussieht. Bei einer Behandlung dieser Texte muss deshalb deutlich werden, dass es bei den prophetischen Wehrufen nicht um Verfluchung im heutigen Sinn geht, sondern um Warnung und Mahnung zur Umkehr, ebenso wie bei den Segensworten also um Anstöße zu einem vor Gott und den Menschen gelingenden Leben.

Beide Texte werfen die Frage nach dem Vertrauen auf: Wem kann der Mensch letztlich und unbedingt vertrauen: allein menschlicher Kraft und Fähigkeit oder der treuen Zuwendung Gottes? In einer Zeit, in der Technik- und Wissenschaftsgläubigkeit in Frage gestellt werden, gewinnt dieses Thema neue Brisanz.

Die Paulus-Lesung stellt sich dem Thema Auferstehung. Anders als damals die Korinther ist bei uns nicht allein die allgemeine Auferstehung der Toten angefragt, viele glauben ebenso wenig an die Auferstehung Jesu. Hier ist es nötig, die Botschaft der Auferstehung in doppelter Weise als zentrale Botschaft christlichen Glaubens auszudrücken: Die Hoffnung auf Auferstehung gibt dem Leben Sinn und dem Glauben eine Grundlage, die auch in Notzeiten trägt.

Gestaltungsideen für den Gottesdienst

– *Wie ein Baum am Wasser:* Das doppelte Bild der alttestamentlichen Lesung (vgl. in ähnlicher Weise auch Psalm 1) kann aufgegriffen werden: Ein trockener und ein grüner Zweig (vielleicht gibt es zu dieser Zeit bereits erste Knospen und Blüten, sonst können Gärtnereien Zweige besorgen) werden gegenübergestellt. Wo dies nicht möglich ist, lässt sich Gleiches auch durch entsprechende Dias erarbeiten. Die Kinder äußern sich zu den Zweigen.

Nach dem Schrifttext wird miteinander überlegt, wie dieses prophetische Bildwort auf das Verhalten von Menschen bezogen sein kann: Wo vertrauen Menschen allein auf eigenes Können und eigene Kraft, wo scheitern sie mit ihrem selbstbezogenen Lebensentwurf? Wo umgekehrt schenkt die Ausrichtung eines Menschen auf Gott ihm Hoffnung und Zuversicht, Mut und Lebenssinn? Stichworte dazu können auf kleine Papptäfelchen geschrieben und an die jeweiligen Zweige gehängt werden.

– *Jesu und unsere Auferstehung:* Um den Zusammenhang zwischen dem Glauben an die Auferstehung Jesu und dem Glauben an die eigene Auferstehung aufzuzeigen, kann mit Symbolen gearbeitet werden: »Wir werden Christus gleich im Sterben.« Ein kleines Kreuz wird auf den Altar gestellt. Die Kinder bringen kleine schwarze Pappkreuze (Tonpapier) nach vorn. Vielleicht schreiben sie sogar, um das Zeichen noch eindrucksvoller zu machen, ihre Namen darauf.

Danach wird die Lesung vorgetragen, vielleicht ein wenig sprachlich vereinfacht. Der Bezug zwischen der Auferstehung Jesu und unserer eigenen Auferstehung wird dadurch sichtbar gemacht, dass neben das Kreuz Jesu auf dem Altar eine kleine Osterkerze (gibt es in der Sakristei meist noch vom letzten Jahr) gestellt wird – Zeichen der Auferstehung Jesu. Anschließend kommen die Kinder wieder nach vorn und empfangen eine kleine Kerze (Teelicht ...), die sie an der Osterkerze anzünden: »Wir werden Christus gleich in der Auferstehung.«

– *Selig seid ihr:* Entsprechend der lukanischen Fassung werden die Seligpreisungen in ihrer einfachen und konkreten Form aufgegriffen (also: »selig, ihr Armen«, nicht nach Matthäus: »selig, die arm sind vor Gott«). Wer sind heute die Armen, die Hungernden, die Weinenden? Dieser Frage kann durch Spiele, Erzählungen oder auch im Gespräch nachgegangen werden. Möglich ist aber auch, aus den Tageszeitungen der letzten Woche Berichte und Bilder auszuwählen und daran die Armen, Hungernden und Weinenden unserer Gesellschaft und in der Welt festzumachen. Dabei sollte im lukanischen Sinn von konkreter materieller und geistiger Not (also Obdachlose, von Gewalt bedrohte Kinder ...) ausgegangen werden. Erst danach kann Not auch im übertragenen Sinn gedeutet werden: Worauf können wir im Blick auf ein sinnvolles Leben Hunger haben? Was fehlt Menschen heute? Wo eine Gruppe von Familien oder Kindern das Thema vorbereiten kann, kann der Schritt des Auswählens aus Zeitschriften auch vor dem Gottesdienst geschehen. Die Ergebnisse werden als Collagen gestaltet.

(C 15) 6. So im Jahr

Weiterführung nach dem Gottesdienst

Zum Thema der alttestamentlichen Lesung passt gut das Lied von Krenzer/Jöcker »Wer sich auf Gott verlässt, der ist wie ein Baum am Wasser gepflanzt«. In diesem Lied gibt es eine Reihe weiterer Sprachbilder, die aufgegriffen werden können: eine Blume, die erblüht, ein Korn, das aufgeht und wächst ... Oder man gibt den Besuchern das Lied am Ende des Gottesdienstes mit.

Kreuz und Kerze des zweiten Vorschlags können nach dem Gottesdienst wieder ausgeteilt werden. Wenn die Kinder diese Gegenstände mit nach Hause nehmen, kann das zu einem Gespräch in der Familie über das Thema Auferstehung anregen.

Zum dritten Vorschlag eignet sich als kleine Gabe ein schön gestalteter Druck der Seligpreisungen.

(C 16) 7. Sonntag im Jahreskreis

Zu den Schrifttexten

Jes 6,1-2a.3-8: Der Herr belohnt den Recht-schaffenen. In der Geschichte vom Fall Sauls und vom Aufstieg des Hirtenjungen Davids ist dies die letzte Begegnung zwischen dem König und dem, der ihm folgen wird. Saul verfolgt David, weil er Angst hat, von ihm gestürzt zu werden. Damit wird er nicht allein gegen David schuldig, sondern auch gegen Gott, der die Geschichte lenkt und David erwählt hat. Doch durch die Führung Gottes wird David auch in der Not beschützt (sichtbar etwa am Tiefschlaf der Soldaten des Saul). Der Zielpunkt der Perikope ist jedoch ein anderer: David soll als rechtschaffener Mann gezeichnet werden, der den Willen Gottes erfüllt und nicht aus Rache tötet. So wird David zum Typus des alttestamentlichen Königs, zum wirklichen »Gesalbten«, der der negativen Figur des Saul als Kontrast gegenübersteht. Diese Haltung des David korrespondiert in gewisser Weise mit dem Gebot zur Feindesliebe im Evangelium und wurde wohl deshalb passend zum neutestamentlichen Text ausgewählt.

1 Kor 15,45-49: Irdisches und Himmlisches– Adam und Christus. Im fünfzehnten Kapitel seines ersten Briefes an die Korinther setzt sich Paulus gegen die Zweifel der Korinther an der Auferstehung der Toten mit der Hoffnung christlichen Glaubens auseinander: Der Tod ist nicht das Letzte, dies gilt nicht allein für Jesus, sondern auch für die, die sich an ihn binden. Ihnen wird wie Christus Auferweckung als Geschenk Gottes, neues Leben in der Vollendung des Reiches Gottes (im »Himmel«) zuteil. In dieser Perikope (vgl. die beiden vorangegangenen in C 14 und C 15) wird diese grundlegende Botschaft durch einen typologischen Kontrast zwischen Adam und Christus verdeutlicht. Adam (der »erste Mensch«, damit stellvertretend für die ganze Menschheit) steht – der Erde entnommen – für das Irdische, damit für das Vergängliche, letztlich für den Tod. Christus, der »zweite«Adam, dagegen steht für das Leben, das –

vom Himmel kommend und geistgewirkt – den Tod überwindet. Da für Paulus der Glaube an die Auferstehung Jesu durch die Zeugen und durch die eigene Erfahrung des Auferstandenen unverbrüchlich feststeht, macht er daran die Hoffnung auf die allgemeine Auferstehung fest. Dabei erhalten die Auferstandenen einen neuen, neugeschaffenen Auferstehungsleib (für Paulus gibt es entsprechend hebräischem und nicht griechischem Denken keine Trennung von Leib und Seele – beides zusammen ergibt die ganze Person). Wie man sich dies vorzustellen hat, ist nicht das Thema des Paulus, ihm geht es um das »Dass«, nicht um das »Wie«.

Lk 6,27-38: Tut Gutes denen, die euch hassen. Die lukanische »Feldrede« (in Entsprechung zur Bergpredigt des Matthäus) stellt verschiedene Aussagen zusammen, die unter der Überschrift gesammelt sind: »Liebe alle Menschen ohne Grenze, weil Gott alle ohne Grenze liebt.« Nur aus der Erfahrung heraus, dass man selber mit dem Erbarmen und der Liebe Gottes Beschenkter ist, können Christen als Antwort darauf versuchen, den Kreislauf des Bösen zu durchbrechen und die Liebe gegen Unrecht, Hass und Gewalt in unserer Welt zu setzen.

Dieses Bemühen wird zum einen mit einer allgemein menschlichen Weisheit begründet (Goldene Regel, vgl. unser Sprichwort: »Was du nicht willst, das man dir tu, das füg auch keinem andern zu«). In Beispielen macht Jesus zugespitzt deutlich, was es bedeutet, neu aus seinem Geist zu leben und das Alte zu überwinden. Solche Beispiele sind keine sklavische Richtschnur für heutiges Leben, wohl aber sind sie Wegweiser und Ermunterungen, Aufforderung und Anspruch, sich gemäß dem Beispiel Jesu um ein Leben der Proexistenz, des Da-Seins für andere zu bemühen. Christen richten sich in ihrer Lebensgestaltung nach dem höchsten denkbaren Maßstab aus: Das Erbarmen Gottes wird ihnen zum Maß eigenen Erbarmens.

Schrifttext und Familien mit Kindern

In der alttestamentlichen Lesung und dann – deutlicher noch – im Evangelium wird der Gedanke der *Feindesliebe* aufgegriffen. Das Verhalten des David wird vielleicht nur Kopfschütteln hervorrufen (»Hätte er Saul getötet, wäre ihm viel erspart geblieben ...«), die Forderungen Jesu in der Feldrede dagegen führen zu offenem Widerspruch bereits bei Kindern: Wie kann man bei einem Streit auch noch die andere Wange hinhalten? Wie kann man dem Räuber freiwillig etwas dazu geben? Wie kann man die segnen, die einen hassen? Ist all das nicht nur übermenschlich, sondern auch gegen alle Erfahrung: Muss dem Bösen nicht eine Grenze gesetzt werden? Kann man einfach alles ohne Widerstand ertragen? Zusammengefasst gefragt: Kann man nach der Bergpredigt (hier Feldpredigt) leben?

Der Goldenen Regel (Wie ihr von den Menschen behandelt werden wollt ...) werden die meisten noch zustimmen können, weil hier ein üblicher Tun-Lohn-Zusammenhang sichtbar wird. Das überreiche Maß des Erbarmens aber ist aus alltäglicher Lebenserfahrung nicht ableitbar. Erbarmen und Liebe auch dem Feind gegenüber kann deshalb nur aus dem Glauben an den erbarmenden und liebenden Gott erwachsen, aus dem Vertrauen darauf, dass das Maßnehmen an ihm das Leben zu einem wirklichen Sinn und Ziel führt.

Somit ergibt sich als Ansatzpunkt zu heutigem Leben weniger ein unmittelbares Übertragen der Beispiele Jesu in unsere Zeit, sondern die Überlegung, wo wir kleine Schritte machen können, in denen aus unserem Glauben heraus die Liebe Gottes sichtbar wird. Es geht um den Versuch und das ständige Bemühen, nach dem Maßstab Gottes zu Erbarmen, Versöhnungsbereitschaft, selbstloser Hilfe und zum Teilen bereit zu werden. Die Feldpredigt kann im Gottesdienst in ihrer allgemeinen Forderung nach Feindesliebe angesprochen werden. Ebenso können aber auch einzelne Sätze daraus aufgegriffen und erläutert werden.

Das Thema *Auferstehung*, das bereits in den neutestamentlichen Lesungen der beiden vorangegangenen Sonntage behandelt wurde, kann erneut aufgegriffen werden. Der Kontrast zwischen Adam und Christus ist den Hörern fremd, wohl aber lässt sich an das Thema Auferstehungshoffnung anknüpfen. Viele Menschen auch in unserer Zeit sehnen sich nach der Zuversicht, dass mit dem Tod nicht alles aus ist, dass es Hoffnung gibt, die über den Tod hinaus trägt. Davon ausgehend kann diese Sehnsucht mit der Botschaft verknüpft werden, dass die Auferstehung Jesu auch für uns und unseren Weg wichtig ist: wie er sterben – wie er auferstehen.

(C 16) 7. So im Jahr

Gestaltungsideen für den Gottesdienst

– *Auf Gewalt verzichten:* Das Verhalten des David Saul gegenüber kann in kleinen Spielszenen gestaltet werden (eventuell auch andere Teile der David-Saul-Geschichte hinzunehmen), die die Aussage machen: David verzichtet gegenüber Saul auf Gewalt. Er kann dies, weil er sich selbst in Zeiten der Verfolgung durch Saul von Gott geschützt weiß. Diesem Spiel kann als Gegenüberstellung ein Spiel folgen, wie Menschen heute auf Gewalt verzichten können, weil auch sie Gott und seinem Schutz vertrauen.
– *Den Feind lieben:* In Form einer Zeichenpredigt kann deutlich gemacht werden, dass Christen aufgetragen ist, das Böse durch das Gute, den Hass durch die Liebe, Feindschaft durch Freundschaft zu überwinden. An verschiedenen Stellen im Altarraum oder in der Kirche werden Stücke Stacheldraht befestigt. Dazu wird jeweils ein erläuternder Text gesprochen (oder im Spiel dargestellt), wie Böses, Gewalt, Hass und Zerstörung das Leben von Menschen beeinträchtigen. Danach bringen Kinder Rosen (oder andere Blumen) und befestigen sie an die Stacheldrahtstücke. Dabei werden Kontrasttexte (-spiele) vorgetragen, die von Liebe, Teilen, Freundschaft ... künden.

Als Zeichen kann auch die Dunkelheit-Licht-Symbolik gewählt werden: An mehreren Stellen brennen Kerzen. Nach dem Nennen oder Spiel »böser« Situationen werden sie ausgeblasen. Entsprechend werden sie passend zu den »guten« Situationen wieder angezündet.

Ähnlich kann auch mit Bausteinen vorgegangen werden: Vor dem Altar sind mehrere Gebäude (Brücken ...) aus Legosteinen etc. gebaut. Bei der Erwähnung von Bösem wird jeweils ein Teil des Gebauten zerstört. Der Evangelientext wird verlesen. Danach wird bei den Szenen zum Guten jeweils ein Stück wiederaufgebaut: Liebe baut unsere Welt auf.

Ebenso bietet sich die Symbolik Herz aus Stein, Herz aus Fleisch an (vgl. Ezechiel 36,26). Zu den Szenen für Böses werden schwarze Herzen an eine Wand geklebt. Danach folgen die Szenen zu Gutem. Rote Herzen werden jeweils über die schwarzen geheftet: Das Gute überwindet das Böse.

– *Wie Jesus unsere Welt will:* Die Gesamtaussage der Feldpredigt und einzelne Sätze können dadurch vermittelt werden, dass die einzelnen Gedanken an Papierblumen geheftet und kurz vorgestellt werden: sich versöhnen, teilen, nicht über andere urteilen, leihen ... Aus diesen verschiedenen Blumen wird ein Kranz gesteckt, mit dem ein Kreuz geschmückt wird.

– *Das Maß der Liebe:* Verschiedene kleine Maßbänder (ca. 1 Meter) werden genutzt, um das Verhältnis von Menschen wiederzugeben: »Du tust mir so viel Gutes, dann tu ich dir genauso viel. Du schenkst mir so viel, dann schenke ich dir etwas von gleichem Wert. Du setzt so viel Zeit für mich ein, dann tu ich das auch ...« Danach wird ein möglichst langes Maßband (verschiedene zusammenkleben oder aus Papier schneiden) vom Altar aus durch den Mittelgang gelegt: Gegenüber unserer oft so kleinen menschlichen Liebe ist die Liebe Gottes zu uns unendlich. Dies ist uns Ansporn, an Gott und nicht am Verhalten anderer eigenes Maß zu nehmen.

– *Auferstehung:* (Vgl. auch die Vorschläge in C 14 und C 15.) Das beginnende Frühjahr kann Anlass sein, dieses Thema mit dem Erwachen der Natur und mit dem aufbrechenden Leben bei Pflanzen und Tieren zu verbinden. Besonders die im Winter »toten« Pflanzen, die nun knospen und blühen, helfen zum Verständnis. Entsprechend kann auf den Altar in die Mitte ein Kreuz, links daneben ein trockener Zweig und rechts daneben ein blühender Zweig gestellt werden: durch den Tod hindurch zu neuem Leben gelangen. Das Kreuz verweist dabei zum einen auf Jesus und zugleich auf die an ihn Glaubenden.

Weiterführung nach dem Gottesdienst

Die in den Gottesdiensten zum Thema »Gutes überwindet das Böse« genutzten Zeichen und Gegenstände (Stacheldraht und Blume, Kerze, rote Herzen ...) können den Gottesdienstbesuchern mitgegeben werden. Damit kann die Ermunterung verknüpft sein, das Thema Versöhnung und Feindesliebe in der Familie noch einmal anzuschneiden. Welche konkreten Schritte können wir heute unternehmen, um nach dem Maß Gottes Erbarmen und Liebe umzusetzen? Der Text der Feldpredigt kann ebenso Anlass für Familien und Gemeindegruppen sein, miteinander zu bedenken, was

Jesus wirklich gewollt hat, was sein »Programm« für die Lebensgestaltung der Menschen ist: aus der Erfahrung der Liebe Gottes selber zur Liebe bereit zu werden.

Das Thema aufbrechendes Leben in der Natur als Deutung der Auferstehungshoffnung kann von den Familien dadurch vertieft werden, dass bei einem Spaziergang aufmerksam das aufbrechende Leben wahrgenommen und gedeutet wird. Daran kann sich ein Gespräch anschließen: Was wir hier bemerken, ist Hinweis auf Größeres – auf von Gott geschenktes Leben nach dem Tod.

Einführung Fastenzeit und Ostern

Obwohl das Weihnachtsfest von vielen als das zentrale christliche Fest angesehen und gefeiert wird, hat die Feier von Ostern die herausragende Bedeutung unter allen christlichen Festen. Von der Osterfeier leiten sich alle christlichen Feste und vor allem die Feier jeden Sonntags ab.

Der Osterfestkreis ist somit die wichtigste Festzeit im Kirchenjahr. Dies wird bereits durch die Länge und Struktur dieses Festkreises sichtbar: eine siebenwöchige Vorbereitungszeit (Österliche Bußzeit/ Fastenzeit), das eigentliche Fest(Karwoche bzw. Heilige Woche/Ostern), dann weitere sieben Wochen Ausbreitung des Festgedankens (Osterzeit mit Himmelfahrt und Pfingsten). Entsprechend dieser Gliederung teilen wir die einführenden Gedanken zum Osterfestkreis in den drei Bänden unserer Reihe wie folgt auf:
– Lesejahr A: Heilige Woche/Ostern
– Lesejahr B: Osterzeit bis Pfingsten
– Lesejahr C: Österliche Bußzeit

Die Österliche Bußzeit (Fastenzeit) erstreckt sich vom Aschermittwoch bis zur Heiligen Woche. Sie ist geprägt vom Aspekt der Vorbereitung auf Ostern, die gesehen wird in einem Bereitmachen für das Fest im Sinn christlicher Buße. Dies muss näher erklärt werden.

Buße hat im alltäglichen Sprachgebrauch einen eher negativen Charakter; der Begriff klingt einschränkend und bedrückend, erscheint mit Zwang verbunden. Von der Botschaft des Evangeliums her gesehen hat Buße eine andere Ausrichtung: Hier ist es die neue Lebenschance, die Menschen gegeben wird und die sie aus einer oftmals bedrückenden Lebensgeschichte (vgl. etwa Zachäus) herausführt. Durch Buße werden Versöhnung und neue Gemeinschaft geschenkt. Buße bedeutet Hinwendung zum Guten, Neubeginn im Guten. Buße ist also im Neuen Testament positiv ausgerichtet. Das klingt noch im deutschen Wort »Buße« an, das von der Sprachgeschichte her mit »sich bessern« zu tun hat.

So ist auch die Österliche Bußzeit keine Zeit der Einengung des Lebens, sondern eine Zeit der Neuorientierung und der neuen Lebenschance. Dieser Aspekt ist in der kirchlichen Verkündigung über lange Zeit hinweg zu kurz gekommen.

Dies liegt unter anderem an der Benennung dieser Zeit mit dem Begriff »Fastenzeit«. Hier wird eine mögliche Gestaltungsweise einseitig herausgegriffen. Gewiss kann Fasten sinnvoll sein – etwa wenn es zum Einsatz von Mitteln für andere führt (vgl. die »Fasten«kollekte Misereor) oder auch wenn es zu größerer Freiheit des Einzelnen von Konsum und materiellen Dingen führt.

Dennoch meint die Österliche Bußzeit mehr als nur diesen Aspekt. Hier geht es um ein neues Hinhören auf die Botschaft des Evangeliums und ein neues Übertragen dieser Botschaft in das eigene Leben. Diese Gedanken müssen bei den Gottesdiensten der Österlichen Bußzeit eine Rolle spielen, besonders bei Familiengottesdiensten. Der Themenbereich »Wie kann ich als Christ mein Leben gestalten« ist in diesen Wochen besonders wichtig und wird auch bei unseren Vorschlägen berücksichtigt.

Die Österliche Bußzeit beginnt mit dem Aschermittwoch. Nur selten kann dieser Gottesdienst als Familiengottesdienst gestaltet werden, wir geben aber dennoch Ideen und Anregungen zur Gestaltung vor (C/A/B 17), die je nach pfarrlicher Situation auch am darauf folgenden Wochenende verwandt werden können. Der Aschermittwoch hat dabei nicht nur die Funktion eines Einstiegs in die Zeit, sondern durch seine Besinnung auf Lebensweg, Tod und Auferstehungshoffnung einen eigenen Charakter.

In den Gestaltungsanregungen der drei Lesejahre geben wir ähnlich wie für den Advent verschiedene Reihen vor, die im Zusammenhang mit den Schrifttexten stehen, dazu auch einzelne Gestaltungsideen, die davon unabhängig sind. Die zu den Reihen gehörenden Gottesdienste können selbstverständlich auch einzeln ausgewählt werden, so dass sich aus den unterschiedlichen Vorschlägen Bausteine ergeben, aus denen je nach Gemeindesituation ausgewählt werden kann.

Osterfestkreis

(C 17) Aschermittwoch

Zu den Schrifttexten

Joël 2,12-18: Kehrt um zu mir von ganzem Herzen. Der Prophet Joël (= »Jahwe ist Gott«) erlebte im 5. oder 4. Jahrhundert vor Christus eine Heuschreckenplage, die die Ernte vernichtete und eine Hungersnot im ganzen Land bewirkte. Joël sieht dieses Ereignis als Strafurteil Gottes und als Vorzeichen künftigen Gerichts. Er ruft das Volk deshalb zu einer wirklichen und aus dem Herzen kommenden Umkehr auf. Diese Umkehr und Neuorientierung des Lebens darf sich nicht auf äußere Formen beschränken (wie das damals übliche Zerreißen der Kleider), sondern muss eine wirkliche Veränderung der Lebenshaltung bewirken. Ebenso ist diese Umkehr nicht allein Sache des Einzelnen, sondern der ganzen glaubenden Gemeinschaft, des ganzen Volkes. Wo wirkliche Umkehr und Buße geschehen, da darf das Volk auf das Erbarmen Gottes hoffen, da geschehen Vergebung und Neubeginn.

2 Kor 5,20-6,2: Lasst euch mit Gott versöhnen! Gegenüber der von ihm gegründeten Gemeinde Korinth betont Paulus in seinem Brief seine Autorität: Weil er direkt von Christus berufen ist, kann er auch an Christi Statt das Gnadenhandeln Gottes verkünden. Paulus ist Gesandter Christi und deshalb Mitarbeiter am Heilswerk Gottes. Seine Botschaft ist die der Versöhnung mit und durch Gott.

Gott kommt auf den Menschen in Jesus Christus zu, sein Tod am Kreuz bringt Erlösung und Heil. So erlangen die Menschen in Jesus Rettung und Versöhnung. Diese Botschaft des Paulus ist eine Botschaft der Befreiung und der Hoffnung: Gott wendet die Not in unserem Leben und schenkt uns Heil.

Mt 6,1-6.16-18: Der Vater wird es dir vergelten. Die Perikope ist der Teil der Bergpredigt, der sich mit konkreten Handlungsanweisungen an die Jünger beschäftigt. Dabei werden die drei guten Werke aufgegriffen, die von gläubigen Juden über das »normale« Glaubensleben hinaus gefordert wurden: Almosen, Gebet und Fasten. Diese guten Werke wurden im Judentum oft in herausragender Weise getan, doch oft – so die Kritik Jesu, aber ebenso bereits der Propheten – geschah dies aus äußeren Motiven, nicht aus der inneren Umkehr des Herzens: aus Geltungssucht und Zur-Schau-Stellung ... Für Jesus gilt bei diesen guten Werken als einziges Motiv aber die totale Ausrichtung auf Gott und seinen Willen. Gott allein gibt den Lohn für das Handeln des Menschen, aller innerweltliche Lohn und Ruhm reicht nicht daran. Was für diese drei aus der jüdischen Tradition gewählten Beispiele gilt, gilt selbstverständlich auch für die veränderten Lebensbezüge einer Gesellschaft im anderen kulturellen Kontext.

Schrifttext und Familien mit Kindern

Der Aschermittwoch und die Österliche Bußzeit haben in unseren Gemeinden an Bedeutung verloren. Das Thema Buße ist aufgrund der Problematik der Beichte bereits grundsätzlich schwierig geworden. Darüber hinaus aber wird der Sinn der »Fastenzeit« und der Riten am Aschermittwoch immer weniger verstanden und deshalb auch immer weniger vollzogen. Die Beteiligung der Gemeinde an den Gottesdiensten am Aschermittwoch lässt immer mehr nach, so dass die Bedeutung dieses Tages neu herausgehoben werden muss.

Der Aschermittwoch ist nicht allein das Tor zur Österlichen Bußzeit, sondern darüber hinaus der Einstieg in den Osterfestkreis überhaupt, in die wichtigste Zeit des Kirchenjahres. Hier werden deshalb Weichen für die kommende Zeit gestellt. So sollte am Aschermittwoch über das Thema Buße hinaus das Gesamtthema des Osterfestkreises anklingen, die Botschaft der Erlösung durch die Auferstehung Jesu, die Überwindung des Todes durch neues Leben, der Schuld durch Versöhnung, des Hasses durch Liebe ...

Aschermittwoch und Österliche Bußzeit betonen also richtig verstanden nicht die Einschränkung menschlichen Handlungsspielraums und die Einengung des Lebens durch irgendwelche, geschichtlich in der Kirche gewachsenen Vorschriften, sondern stellen Neuorientierung des Lebens, Neubeginn im Guten, neue Ausrichtung auf Gott und die Menschen in den Vordergrund. Aschermittwoch und Österliche Bußzeit bieten also Ermunterung und Hilfe zu einem Leben aus christlichem Geist, sie geben Impulse für eine Neugestaltung des Lebens in der Nachfolge Jesu und im Dienst an den Menschen. Dies muss in der Gottesdienstgestaltung zum Ausdruck kommen.

Der Ritus der Bezeichnung mit Asche als Zeichen für Umkehr und Neubeginn ist nach wie vor ein eindrucksvolles Zeichen, das auch Kinder bei entsprechender Einführung verstehen können. Das Symbol der Asche darf aber nicht ohne das Symbol des Kreuzes genutzt werden: Die Besinnung auf Vergänglichkeit, Sterben und Tod bedeutet für den glaubenden Menschen immer auch eine Besinnung auf Christus, auf sein Kreuz, aber auch auf seine Auferstehung. Gerade in Gottesdiensten mit Kindern muss deutlich werden: Der Aschermittwoch hat letztlich keine belastende und bedrückende Atmosphäre, sondern ist ein Tag froher Hoffnung und tiefen Glaubens.

Gestaltungsideen für den Gottesdienst

Am Aschermittwoch gibt es in vielen Gemeinden Schul- und Abendgottesdienste, nur selten einen eigenen Gottesdienst für Familien. Dennoch führen wir in diesem Band und in den Bänden der anderen Lesejahre Gottesdienstvorschläge auf, die sowohl in Gemeindegottesdienste am Aschermittwoch integriert wie auch in den Gottesdiensten am folgenden Wochenende Berücksichtigung finden können. Dabei schlagen wir folgende Themen vor:
– Lesejahr A: Leben statt Tod
– Lesejahr B: Neuorientierung
– Lesejahr C: Feuer reinigt
Feuer reinigt: Die Kinder bedenken, was ihr Leben belastet und dunkel macht, was wie »tot« ist in ihrem Leben. Sie schreiben entsprechende Stichworte auf kleine Zettel. Da-

bei können Stichworte zum Thema Schuld genannt werden, andere Themen sollten aber hinzu kommen. Im Gespräch wird die unterschiedliche Bedeutung des Feuers erarbeitet: Es leuchtet und wärmt, um ein Feuer sitzen ist angenehm. Es kann auch zerstören und Leben bedrohen und zerstören. Ferner kann das Feuer reinigen; Edelmetalle werden im Feuer von anderen Materialien gereinigt. Ein Feuer wird angezündet. Es soll das Zeichen dafür sein, dass Gott uns von allem Belastenden befreien und von Schuld reinigen will. Die Kinder bringen nun ihre Zettel nach vorn und werfen sie ins Feuer. Wenn möglich, wird die so entstandene Asche für das Aschenkreuz genutzt. Als Formel bei der Austeilung kann gewählt werden: »Gott reinige dein Leben von allem Dunkel, er führe dich zum Licht Jesu.«

Weiterführung nach dem Gottesdienst

Das Aschenkreuz selber ist bereits ein Zeichen, das über den Gottesdienst hinaus wirken kann. Allerdings wird es in einer zunehmend entchristlichten Gesellschaft immer weniger über den Gottesdienst hinaus auf der Stirn gelassen.

So ist es gut, wenn zumindest in den Familien das Thema weiter angesprochen wird: Was ist für uns belastend und dunkel, was

sollten wir in den kommenden Wochen der Vorbereitung auf Ostern verändern und zurücklassen? Wie können wir für Ostern bereit werden, uns bereit machen?

Vom Symbol des Feuers her kann vom Aschermittwoch ein Bogen zum Feuer der Osternacht geschlagen werden: Feuer ist in beiden Gottesdiensten das Symbol des von Gott geschenkten Lebens.

(C 18) 1. Fastensonntag

Zu den Schrifttexten

Dtn 26,4-10: *Der Herr führte uns mit starker Hand.* Das Buch Deuteronomium versucht, das Leben des Volkes im Land Kanaan vom gemeinsamen Glauben an Gott her zu ordnen. So wird Gott als der eigentliche Herr des Landes verstanden, ihm, dem »Landbesitzer« bringen die Israeliten mit den Erstlingsgaben der Ernte ihre Verehrung und Dankbarkeit. Der Dank der Israeliten jedoch ist weiter gefasst, er blickt zurück auf die Geschichte Israels, auf seinen Weg von den Anfängen (der Väter, Patriarchen) über die Zeit der Volkswerdung und Unterdrückung in Ägypten und die Befreiung aus der Sklaverei bis zur Landnahme. Dies alles ist in dieser Form in Art eines kleinen Glaubensbekenntnisses, einer Kurzformel des Glaubens (»kleines geschichtliches Credo«) zusammengefasst. Ein solcher Text stellt allerdings nicht allein einen erinnernden Rückblick auf vergangenes Geschehen dar, sondern will zur eigenen, glaubenden Stellungnahme der Hörer ermuntern: Sie sollen Gott ebenso wie die Israeliten damals als Herrn des Landes bekennen und ihm für die Gaben der Erde danken. Sie sollen Gott ebenso wie die Israeliten damals als den bekennen, der das Volk durch die Zeiten führt, aus der Unterdrückung befreit und ihm Heil schenkt. So erhält der Text aktuelle Bedeutung auch über Israel und die damalige Zeit hinaus.

Röm 10,8-13: *Wenn du bekennst: »Herr ist Jesus«.* Im Römerbrief geht es Paulus um die Frage, wie der Mensch gerecht wird. Für ihn ist allein der Glaube entscheidend, die Bindung an das Gesetz der Juden hat wegen der Gefahr der Veräußerlichung und der Selbstgerechtigkeit ihre Bedeutung verloren. Entsprechend macht Paulus in dieser Perikope folgende Aussagen: 1. Das Heil ist für jeden Menschen unmittelbar zugänglich (»das Wort ist dir nahe«). 2. Für das Heil braucht der Mensch allein den Glauben. 3. Der Glaube konzentriert sich in den beiden Bekenntnissätzen: »Herr ist Jesus« und »Gott hat ihn von den Toten auferweckt«. Diese beiden Sätze stellen die innere Mitte christlichen Glaubens dar. 4. Dieses Bekenntnis zum auferstandenen Christus führt Menschen zur Gemeinschaft der Kirche zusammen (»alle haben ein und denselben Herrn«).

Lk 4,1-13: *Die Versuchung Jesu.* Lukas ordnet die Versuchung Jesu zwischen der Taufe und dem Beginn des öffentlichen Wirkens ein. Durch diese Stellung wird die programmatische und theologische Aussage des Textes bereits sichtbar. Es geht nicht um ein historisches Geschehen in dieser oder jener Form, es geht auch nicht darum, Jesus als das ethische Vorbild zu zeichnen, das den Versuchungen des Bösen nicht erliegt, es geht ebenso wenig um ein inneres Geschehen Jesu, in das wir Einblick nehmen können. Vielmehr ist der Text ausgerichtet auf die Deutung Jesu als Sohnes Gottes und als Messias. In allen drei Versuchungen hält sich Jesus an seine Berufung: Er erfüllt den Willen des Vaters und ist so mit ihm verbunden. Die einzelnen Versuchungen nach Besitz (Brot), Macht (alle Reiche der Erde) und Ruhm (Engel tragen ihn) sind von Lukas anders als im parallelen Matthäustext angeordnet. Dennoch wird deutlich, dass in Jesus etwas Neues beginnt: Er, der Sohn Gottes, lebt so sehr aus seine Beziehung zu Gott heraus, dass er seinen Weg gehen kann, ohne von seinem Auftrag abzuweichen. Jesus greift dabei mit Zitaten auf das Alte Testament zurück (Dtn 8,3b, Dtn 6,13 und Dtn 6,10). Er ist eingebettet in den Glauben seines Volkes (vgl. die alttestamentliche Lesung). Von diesem Glauben und seiner unmittelbaren Beziehung zum Vater her erhält er die Kraft, seinen Auftrag zu erfüllen. So führt sein Weg aus der Wüste heraus nach Jerusalem, aus der Einsamkeit in die Gemeinschaft und zum Beginn seines öffentlichen Wirkens in Galiläa (Lk 4,14). Die Auseinandersetzung mit dem Bösen, so deutet Lukas im Schlussvers an, geht aber weiter: In der Passion Jesu wird sie erneut zum Thema.

Schrifttext und Familien mit Kindern

Anders als die Adventszeit hat die Österliche Bußzeit (Fastenzeit) für die meisten Christen an Bedeutung verloren. Mit dem Begriff »Fasten«zeit verbinden sich zudem oft unsachgemäße Vorstellungen. Somit ist es notwendig, dass diese Zeit und die Gottesdienste darin besondere Impulse setzen, die Wochen vor Ostern als Vorbereitung auf das Fest und zugleich als Zeit der Erneuerung und des Neubeginns zu gestalten. Die Schrifttexte dieser Wochen bieten dazu durchaus Chancen, wenn die Kluft zwischen der Textgestalt und dem heutigen Leben überwunden wird.

Diese Aufgabe gilt auch für die Schrifttexte dieses Sonntags. Der alttestamentliche Text ist zwar vergleichsweise (etwa verglichen mit dem Römerbrief) einfach zu verstehen, aber die Frage ist berechtigt, was die Volks- und Glaubensgeschichte Israels mit dem Leben und Glauben heute zu tun hat. Die Aussagen des kleinen Glaubensbekenntnisses scheinen sehr weit von unserer Situation entfernt zu sein. Doch gibt es in ihnen zwei wesentliche Ansätze, die zu einem Neulesen des Textes im Blick auf unsere Verhältnisse führen können: Israel bringt Erntegaben, um damit aufzuzeigen, dass Gott der Herr des Landes und allen Lebens ist, und um ihm zu danken. Dies hat auch für uns Bedeutung: Nicht nur am Erntedankfest (vgl. C 68), sondern immer wieder im Jahresablauf sollte dieser Gedanke Kindern und Erwachsenen im Gottesdienst vor Augen gestellt werden.

Zum anderen beinhaltet die Kurzformel des Glaubens im Deuteronomium, dass Gott in der Geschichte der Menschen wirkt und darin erfahrbar ist. So gilt es, auch die Geschichte der Menschen heute (individuell wie sozial) darauf zu prüfen, wie Gott darin wirkt und erfahrbar wird. Der Glaube Israels ist demnach ein Modell für unseren Glauben.

Das Stichwort des Glaubensbekenntnisses (einer Kurzformel mit der zentralen Aussage, der Mitte christlichen Glaubens) wird auch im Römerbrief aufgegriffen im Bekenntnis zu Christus, dem auferstandenen Herrn. Dies kann zur Frage führen, was wir als die Mitte unseres Glaubens verstehen. Ist dies auch das Bekenntnis zu Christus?

Ein anderer Ansatzpunkt der Römerbriefperikope liegt im Stichwort Verkündigung: Das Wort Gottes ist uns nahe. Wo erfahren wir heute Verkündigung, lebendiges Wort Gottes? In unseren Gottesdiensten, im alltäglichen Leben, in unseren Familien ...?

Der Evangelientext schließlich führt zum einen zur Frage nach Jesus, dem Messias (hebräisch = griechisch: Christus = der Gesalbte, Gesandte Gottes). Zum anderen klingt in diesem Text an, dass die Berufung des Messias darin liegt, die Menschen aus aller Unterdrückung und Sklaverei zu befreien (vgl. auch das Thema der Befreiung aus Ägypten in der alttestamentlichen Lesung). In seinem Wirken, vor allem aber in Passion und Auferstehung überwindet Jesus das Böse in unserer Welt und öffnet so einen Weg zum Guten. Die Frage nach dem Teufel als dem personifizierten Bösen bewegt heute manchen, kann aber in einem Familiengottesdienst nur gestreift werden, etwa wie folgt: Es gibt die Kraft des Bösen in unserer Welt. Dies wird auf vielfältige Weise durch Gier, Machtstreben, Sucht nach Ehre ... deutlich. Durch die Personifizierung des Bösen (Gestalt des Teufels) wurde versucht, diese Kraft des Bösen in der Welt prägnanter auszusagen. Gegen diese Kraft des Bösen aber stehen Jesus und sein Wirken.

Gestaltungsideen für den Gottesdienst

Die fünf Fastensonntage bieten die Chance, durch Themenreihen zusammenhängende und aufbauende Aussagen zu machen. Zudem darf man davon ausgehen, dass die Aufmerksamkeit bei den Gottesdienstbesuchern, insbesondere etwa bei den Kommunionkindern, in dieser Zeit größer ist als sonst. Wir geben deshalb in den Bänden zu den drei Lesejahren Anregungen für jeweils zwei Gottesdienstreihen, zusätzlich auch Anregungen zu einzelnen voneinander unabhängigen Gottesdiensten:

Lesejahr A:	– Gestalten der Bibel
	– Was uns Jesus bedeutet
Lesejahr B:	– Die Fastenleiter
	– Hungertuch
Lesejahr C:	– Türen öffnen
	– Der Weg der Buße

Selbstverständlich können auch einzelne Gottesdienste aus diesen Reihen ohne Zusammenhang mit den anderen ausgewählt werden.

Reihe A: Türen öffnen. Die Neuorientierung der Österlichen Bußzeit soll durch das Öffnen von Türen verdeutlicht werden, die auf folgende Weise bezeichnet werden:

1. Fastensonntag:	Mund öffnen
2. Fastensonntag:	Augen öffnen
3. Fastensonntag:	Ohren öffnen
4. Fastensonntag:	Hände öffnen
5. Fastensonntag:	Herz öffnen

Stichworte zur Verkündigung: In beiden Lesungen des Sonntags geht es um das Bekenntnis glaubender Menschen: Wir tun unseren Mund auf, um anderen von unserem Glauben zu künden, uns zu Gott und zu Jesus zu bekennen und so auch anderen Mut zum Glauben zu machen. Dieses Thema kann von einer oder auch von beiden Lesungen erarbeitet werden. 1. Als Einstieg sollten Szenen gewählt werden, wie Menschen etwas ihnen Wichtiges anderen weitersagen. Vielleicht kann dies sogar in einer Kette verschiedener Spieler gezeigt werden, eine Art laute »Stille Post«. 2. Dieses Weitersagen gilt bereits für viele alltägliche Dinge, für den Glauben sollte es in besonderer Weise gelten. Dies wird am Beispiel des Lesungstextes aufgezeigt. 3. Ein eigenes Glaubensbekenntnis wird von einigen Spielern weitergesagt. 4. Den Abschluss bildet das gemeinsame Glaubensbekenntnis der Gemeinde (Apostolicum oder ein selbstformulierter Text).

Darstellung: In Art eines Adventskalenders ist ein möglichst großes Plakat mit fünf Türen für alle gut sichtbar angebracht. Jede der Türen ist mit einem groß gemalten Symbol (vgl. oben) gekennzeichnet. An jedem der fünf Fastensonntage wird nun eine Tür geöffnet. Dahinter kann Stück für Stück ein Gesamtbild (etwa ein Jesusbild) sichtbar werden oder jeweils ein passender Spruch (etwa der Satz des Römerbriefes: »Herr ist Jesus«).

Reihe B: Der Weg der Buße. Buße bedeutet, richtig verstanden, Neuorientierung, Neubeginn im Tun des Guten. Das setzt eine Reihe von Grundhaltungen des Christen voraus, die in dieser Reihe dargestellt werden sollen. Dabei wird jeweils auf einen Schrifttext Bezug genommen.

1. Fastensonntag:	Erkennen, Gott liebt uns
2. Fastensonntag:	Hoffen, Gott führt uns
3. Fastensonntag:	Anfangen, Gutes zu tun
4. Fastensonntag:	Vertrauen auf Gott
5. Fastensonntag:	Neue Gemeinschaft

Stichworte zur Verkündigung: Die Glaubensbekenntnisse beider Lesungen zeigen auf, dass Gott den Weg der Menschen begleitet und zum Guten führt (etwa: Befreiung aus Ägypten, Überwindung des Todes). Im Glaubensbekenntnis damals wie auch heute drücken Menschen aus, dass Gott sich den Menschen zuwendet und sie führt. Sie sprechen aufgrund ihrer Erfahrungen: Gott ist gut zu uns. Christliche Buße führt dies weiter: Weil Gott zu uns gut ist, deshalb bemühen wir uns, einander gut zu sein. Buße bedeutet also: Gott wendet sich uns Menschen zu. Dadurch erhalten wir die Kraft zum Guten.

Darstellung: Diese Aussagen können mit dem Symbol des Herzens versinnbildlicht werden. Ein großes Herz (etwa aus rotem Tonpapier) wird gut sichtbar angeheftet und daran die Liebe Gottes zu uns benannt. Um dieses Herz herum werden viele kleine Herzen geklebt. Unsere menschliche Liebe folgt aus der Liebe Gottes zu uns. Die kleinen Herzen können mit konkreten Beispielen benannt werden, wie Liebe heute gelebt werden kann.

Einzelthemen:

– *Gott schenkt uns das Land und seine Gaben:* Verschiedene Dinge, die wir zum Leben brauchen, werden auf einem Tisch aufgebaut (nicht allein Feldfrüchte, sondern auch vieles andere). Gott schenkt uns die Erde, unser Land, die vielen guten Dinge, die wir ernten oder auch aus Rohstoffen selber erarbeiten können.

– *Wir bekennen unseren Glauben:* Eine oder mehrere Vorbereitungsgruppen haben Kurzformeln des Glaubens vorbereitet, die in den Gottesdienst eingebracht werden. Sie können im Zusammenhang mit einer der beiden Lesungen oder auch mit dem Apostolischen oder dem Großen Glaubensbekenntnis angesprochen werden.

– *Böses und Gutes:* Ausgehend vom Evangelium wird Böses in unserer Welt benannt, eventuell geordnet nach den drei Begriffen Gier, Machtstreben, Ehrsucht. Dagegen wird Leben, Lehren und Wirken Jesu gestellt, ein Leben der Hinordnung auf Gott und der Zuwendung zu den Menschen. Beispiele für heutige Lebensgestaltung konkretisieren diese Gegenüberstellung.

Weiterführung nach dem Gottesdienst

Zur Reihe A kann den Kindern oder auch allen Gottesdienstbesuchern ein Blatt mit fünf aufgezeichneten Türen mitgegeben werden. Die Kinder können dann an jedem Sonntag die erarbeiteten Symbole auf die Türen malen und sich so den Inhalt der Gottesdienste noch einmal vor Augen stellen.

Zur Reihe B kann in ähnlicher Weise verfahren werden: Auf einem Blatt ist ein Weg gezeichnet, auf den die verschiedenen Symbole der Reihe (an diesem Sonntag Herz) eingezeichnet oder aufgeklebt werden können.

Auch zu den Einzelthemen können Anstöße zur weiteren Besinnung gegeben werden:
– Wofür haben wir als Familie zu danken?
– Wir würden wir unseren Glauben an Gott und an Jesus mit ein oder zwei Sätzen ausdrücken?
– Wo erleben wir Gut und Böse in unserem alltäglichen Leben?

(C 19) 2. Fastensonntag

Zu den Schrifttexten

Gen 15,5-12.17-18: Der Herr schloss mit Abraham einen Bund. Die Perikope besteht aus zwei Teilen: der Verheißung von Nachkommenschaft und der feierlichen und rituellen Zusage Gottes, dass Abraham das Land besitzen wird. Der erste Teil mündet in die Aussage, dass Abrahm glaubt – und dies in seiner persönlichen Lage, in der er als alter Mann keine Hoffnung auf Veränderung haben kann. Abraham glaubt gegen alle Erfahrung und wird so zum Modell des glaubenden Menschen, zum Vater des Glaubens. So steht er im »richtigen« Verhältnis zu Gott, er ist gerecht. Die feierliche Verpflichtung Gottes, Abraham das Land zu geben, wird durch einen Schwurritus bekräftigt, der in Israel üblich war: Man ging durch ein geteiltes Tier hindurch, verpflichtete sich auf etwas mit dem Hinweis, dass es einem wie diesem Tier ergehen solle, wenn man seine Verpflichtung nicht einhalten würde. Somit stellt diese Szene eine feierliche Selbstverpflichtung Gottes dar: Gott kommt auf diesen gerechten Menschen zu und gibt ihm eine Verheißung.

Phil 3,17-4,1: Unsere Heimat aber ist der Himmel. In diesem Abschnitt seines Briefes wendet sich Paulus in scharfer Form gegen Auffassungen in der Gemeinde, dass die Vollendung bereits erlangt sei und man deshalb sich sittlich nicht länger anstrengen müsse. Paulus stellt der Gemeinde den Kontrast zwischen zwei Lebensweisen vor Augen: Je nachdem, wo ein Mensch verwurzelt ist, ist sein Verhalten anders: Wer nur auf Irdisches bedacht ist, verfehlt sein Lebensziel. Wer dagegen wie er selber (Vers 17) auf Christus blickt, im Herrn feststeht, der hat »seine Heimat im Himmel«. Dies meint nicht irgendeinen Ort, sondern einen Zustand, die Einbindung eines Menschen in Gott. Solchen Menschen gilt die Zusage Gottes, dass sie durch Christus zur Herrlichkeit verwandelt werden.

Lk 9,28-36: Dies ist mein auserwählter Sohn. Die Erzählung von der Verklärung ist eine Offenbarungsgeschichte, die in engem Zusammenhang mit der Ostererfahrung der Jünger steht: Es ist gleichsam eine vorgezogene

Ostergeschichte, in der die Herrlichkeit des Auferstandenen kurz aufleuchtet, aber nicht beständig bleibt (es werden keine »Hütten gebaut«, in denen man sich dauerhaft einrichten kann). Jesus wird in diesem Text als der auserwählte Sohn Gottes bezeichnet, in ihm offenbart sich die Herrlichkeit Gottes. Diese Offenbarung bedeutet auf die Jünger hin, aber dann ebenso auf die Hörer des Lukasevangeliums, die Aufforderung, »auf ihn zu hören«, sich also mit Leben und Glauben auf ihn auszurichten. Unabhängig von dem konkreten Hintergrund dessen, was damals Jünger mit Jesus erfahren haben, stellt dieser Text also eine Aufforderung zum Glauben und zum Bekenntnis an Jesus dar. Dies wird mit einer Fülle von Verweisen auf alttestamentliche Glaubenserfahrungen gestützt: Der Berg ist der Ort der Offenbarung Gottes, die Verbindung von Himmel und Erde. Die Wolke verhüllt die nahe Gegenwart Gottes; er ist den Menschen zugewandt und doch der Verborgene. Die Veränderung des Gesichtes Jesu und das Leuchten seines Gewandes verweisen auf die andere Wirklichkeit, die mit der Auferstehung beginnt und in der sich die Herrlichkeit Gottes zeigt. Mose und Elija sind endzeitliche Gestalten; hier geht es also um mehr als um rein menschliche Geschichte, hier geht es um etwas Grundsätzliches, das alle Menschen zutiefst betrifft.

Schrifttext und Familien mit Kindern

Alle drei Schrifttexte wirken auf heutige Menschen, als ob sie aus einer fernen Welt stammen. Gewiss, die Gestalt des Abraham ist bekannt, doch der Opfer- und Schwurritus ist uns mehr als fremd. Die Ausrichtung des Lebens auf Gott (Himmel, Jenseits ...) wird zwar mit christlichem Glauben verbunden, der Alltag unserer Gesellschaft und auch der Christen darin hat mehr mit Konsum von Gütern, Medien ... zu tun, mit Paulus spitz gesagt: »Ihr Gott ist der Bauch«. Auch die Verklärungsgeschichte mit ihrer alttestamentlichen Symbolik erscheint uns unwirklich; ihre Textsorte als Offenbarungsbericht und Auferstehungserfahrung, nicht als Augenzeugenbericht eines historischen Geschehens, ist uns weithin unverständlich. So also müssen von diesen Schrifttexten her mühsam Ansatzpunkte gesucht werden, die eine Verbindung zu heutigem Leben schaffen.

Die alttestamentliche Lesung thematisiert den unbedingten Glauben eines Menschen, der sich auf die Zuwendung und die Begleitung Gottes verlässt. Von hier aus kann ein Bogen geschlagen werden zu heutigem Glaubensleben: Wie glauben wir, wie zeigt sich unser Vertrauen auf Gott? Wie erfahren wir in einer völlig anderen Situation als Abraham dennoch Gott als den, auf den wir unser Leben bauen können? Dies kann dadurch präzisiert werden, dass die Frage nach dem gestellt wird, was das Fundament, die Grundlage unseres Lebens sein kann: Ist es der Glaube, dass Gott auch in ausweglosen Situationen alles zum Guten wenden kann? Abraham ist uns in diesem Punkt Vorbild und Modell auch unseres Glaubens.

In eine ähnliche Richtung geht die Kernaussage des Philipperbriefes: Was ist unser Gott? Was ist uns der Himmel? Worauf richten wir uns aus, was prägt unser Leben? Es geht also darum, dass der glaubende Mensch weiter sieht, dass er seinen Blick über die vielen alltäglichen Dinge, über die kleinen Sorgen und Freuden hinaus auf die große Ausrichtung seines Lebens richtet, die uns in Jesus Christus verkündet wird.

Somit wird Christus zum »Eckstein« unseres Glaubens und Lebens. Er, der Auferstandene, verbindet uns mit Gott, er zeigt uns Gottes Herrlichkeit. Der Evangelientext dieses Sonntags richtet an uns die Frage, ob Jesus auch für uns der Weg zu Gott ist, zu dem verborgenen Gott, der uns oft wie in einer undurchdringlichen Wolke erscheint. Die Perikope macht zudem darauf aufmerksam, dass diese Herrlichkeit Gottes uns in Jesus nur punktuell aufscheint, wir können sie nicht festhalten. Vielleicht erhalten wir hin und wieder einen Lichtstrahl, der in unser Leben scheint, die endgültige Vollendung aber steht noch aus: »Unsere Heimat ist im Himmel.«

Gestaltungsideen für den Gottesdienst

Reihe A: Türen öffnen. Thema: Augen öffnen.

Stichworte zur Verkündigung: Im Evangelium geht es um ein neues Sehen der Jünger. Sie sehen Jesus mit anderen Augen, sie sehen tiefer, sie sehen mit dem Herzen, mit den Augen des Glaubens. Das verändert ihr Verhältnis zu Jesus. Er wird für sie zum Verbindungspunkt zu Gott, zum Sohn Gottes, zum Weg zum Vater. Das Beispiel der Jünger wird zur Anregung für Lukas und seine Gemeinde, aber ebenso auch für uns als glaubende Menschen heute. Auch wir können und sollen Jesus je neu sehen lernen und dadurch zu tieferem Glauben geführt werden. 1. Als Einstieg können ein Gespräch oder kleine Spielszenen gewählt werden, wie Menschen jemanden mit verschiedenen Augen betrachten, etwa: Da ist ein Junge für seine Mutter ein »Schatz«, für den Vater »der Große«, für den älteren Bruder »der Kleine«, für die Oma »der Liebe«, für den Nachbarn »der Freche« ... All diese und viele andere Erfahrungen können den Jungen dennoch nie ganz wiedergeben. Jeder muss je neue Erfahrungen mit ihm machen, ihn neu kennenlernen, ihn neu sehen lernen. 2. Was für jeden Menschen gilt, gilt auch für Jesus. Auch die Jünger damals und wir Christen heute müssen ihn je neu sehen lernen und können so unsere Beziehung zu ihm vertiefen. 3. Beispiele können aufgezählt und vielleicht durch Darstellungen visualisiert werden, wie Menschen Jesus sehen.

Darstellung: Zu der Tür mit dem Mund (1. Fastensonntag) kommt jetzt eine Tür mit Augen. Die Kinder können zu Hause auf dem Blatt, das sie am Beginn der Reihe erhalten haben, ebenfalls eine Tür entsprechend mit Augen gestalten.

Reihe B: Der Weg der Buße. Thema: Hoffen, Gott führt uns.

Stichworte zur Verkündigung: Ausgangspunkt ist die alttestamentliche Lesung mit Abraham als Modell und Vorbild menschlichen Glaubens und Vertrauens. 1. Situationen werden dargestellt, wo Menschen keine Hoffnung mehr haben, wo »der Zug abgefahren« ist. 2. Die Situation des Abraham (als alter Mensch

kinderlos in der Fremde) wird diesen Situationen zugeordnet, zugleich aber wird sein Vertrauen aufgezeigt, dass Gott für ihn einen Weg aus dieser Situation findet. 3. Dies führt zur Ermunterung auch für uns: Gott ist uns zugewandt in guten, aber auch in schweren Stunden. Glaubende Menschen haben dies immer wieder erfahren, sie haben ihren Blick auf Gott gerichtet.

Darstellung: Auch für diese Reihe kann das Symbol des Auges gewählt werden: Ich sehe weiter, blicke auf Gott und nicht allein auf meine Not.

Einzelthemen:

– *Das Fundament unseres Lebens:* Worauf bauen wir unser Leben? Was ist unsere Grundlage? 1. Ein gezeichneter Schnitt eines Hauses (vom Fundament bis zum Dach) wird besprochen und die Bedeutung des Fundaments für das ganze Haus aufgezeigt. 2. Was für den Hausbau gilt, gilt auch für das Leben der Menschen. Was ist uns Fundament unseres Lebens? (Vertrauen, Liebe, Geborgenheit, Hoffnung ..., evtl. mit Beispielen füllen.) 3. Das Beispiel des Abraham wird eingeführt. Es ist uns ein Modell, wie auch wir auf Gott bauen dürfen, gleich wie unser Lebensweg verläuft. Auf ihn können wir in jeder Situation des Lebens bauen.

– *Reicht uns das?* Die Lebensgestaltung der meisten Menschen ist vom Alltag und von alltäglichen Dingen bestimmt, vielen fehlt eine weitergehende und sinnstiftende Perspektive. Durch eine Collage aus Werbungsbildern wird diese Haltung vor Augen gestellt. Daran schließt sich die Frage an, was wirklich im Leben wichtig ist, was uns leben lässt. Die Philipperbrieflesung kann in einfacher Form das Thema zusammenfassen.

– *Jesus zeigt die Herrlichkeit Gottes:* 1. Ein Fernglas wird gezeigt und besprochen: Mit ihm kann man weit entfernte Dinge klein, aber dennoch klar und deutlich sehen. 2. Jesus ist wie ein Fernglas, das uns die Herrlichkeit Gottes erkennen lässt. 3. Die Erzählung von der Verklärung macht dies deutlich, sie ist zugleich ein Blick auf die Herrlichkeit der Auferstehung.

(C 19) 2. Fastensonntag

Weiterführung nach dem Gottesdienst

Zu den beiden Reihen wird auf die Anregungen zum 1. Fastensonntag verwiesen. Sowohl in die Tür wie als Element des Weges kann das Symbol des Auges übernommen werden.

Für die Einzelthemen bieten sich folgende Weiterführungen an:

– *Hausbau:* In den Familien Skizzen, Pläne und Fotos von Häusern und vom Bau eines Hauses besprechen, Interview mit einem Architekten, Polier, Maurer über die Bedeutung des Fundaments. Danach Gespräch: Was ist das Fundament unserer Familie?

– *Reicht uns das:* Gesprächsimpuls: Was ist uns in unserem alltäglichen Leben wichtig? Wonach richten wir uns aus?

– *Jesus zeigt die Herrlichkeit Gottes:* Die Kinder zu Interviews anregen: Was bedeutet Jesus für Sie?

(C 20) 3. Fastensonntag

Zu den Schrifttexten

Ex 3,1-8.13-15: Der brennende Dornbusch – Mose am Horeb. Der Lesungstext des Buches Exodus ist einer der grundlegenden Texte der ganzen Bibel. Hier geht es nicht allein um die Berufung des Mose und seine Gotteserfahrung, die zur Grundlage der Gotteserfahrung Israels wurde, sondern hier wird ein Gottesbild gezeichnet, das durch die Zeiten hindurch Gott als den Menschen zugewandt und in besonderer Weise als Gott der Armen und Bedrängten zeichnet. So durchziehen den Text verschiedene Aussagen. Zum einen stellt er die Berufung des Mose in Form einer Prophetenberufung dar: Mose verweist auf Gott, wird zu seinem Boten. Zum zweiten bindet der Text zurück an die Glaubenserfahrungen der Väter: Der Gott, der sich hier offenbart, ist der Gott Abrahams (vgl. die Lesung zum 2. Fastensonntag). Vor allem aber ist dieser Text eine Konzentration der Glaubenserfahrung Israels und ein Bekenntnis zu dem Gott, der helfend und rettend da ist und die Bedrängten im Exodus aus ihrer Not herausholt. Somit gibt der Name Gottes sein Wesen und sein Wirken kund. Er ist ein Gott für die Menschen.

1 Kor 10,1-6.10-12: Alle zogen durch das Meer, doch nicht alle wurden gerettet. Die Gemeinde in Korinth bestand zum Teil aus Leuten, die sich aufgrund der Taufe und der Eucharistie in Heilssicherheit glaubten: Wir können tun, was wir wollen, uns kann nichts passieren. Gegen eine solche Einstellung spricht Paulus durch einen typologischen Rückgriff auf die Exodustradition eine Warnung aus. Für die Israeliten waren der Schutz Gottes (Wolke), der Durchzug durch das Meer und die Bindung an die von Mose geführte Gemeinschaft wie eine Taufe, die sie in eine grundlegende Beziehung zu Jahwe brachte. Die Speisung mit Manna und das Wasser aus dem Felsen sind dann typologisch mit der Eucharistie verbunden. So also von Gott sakramental geführt und gestärkt konnten sich die Israeliten dennoch nicht darauf verlassen, dass ihnen die Rettung sicher war: Nur wenige wurden gerettet und erreichten das Ziel. Durch diesen Rückgriff auf die Heilsgeschichte Israels mahnt Paulus seine Gemeinde: Verlasst euch nicht darauf, dass ihr das Heil schon sicher habt.

Lk 13,1-9: Wenn ihr euch nicht bekehrt – das Gleichnis vom Feigenbaum. Die beiden Teile des Evangeliums werden durch das Stichwort »Umkehr« verbunden. In dem einleitenden Lehrgespräch wendet sich Jesus gegen die vorhandene Meinung, aus Schicksalsschlägen auf persönliche Schuld rückschließen zu können: Alle ohne Unterschied bedürfen der Umkehr und des Neubeginns. Es gibt ein Zu-Spät. Der Mensch ist auf die Vergebung Gottes angewiesen. Das Gleichnis vom unfruchtbaren

Feigenbaum führt diesen Gedanken weiter: Die Umkehr des Menschen muss auch entsprechende Früchte bringen. Es besteht eine »Gnadenfrist«, in der man solche Früchte der Umkehr bringen kann, durch die man gerettet wird.

Schrifttext und Familien mit Kindern

Die alttestamentliche Perikope wird den meisten Gottesdienstbesuchern, auch vielen Kindern, bekannt sein, da sie zu den zentralen biblischen Texten gehört. Dies bedeutet allerdings noch nicht, dass ihre Relevanz auch für den heutigen Glauben und sein Gottesbild erkannt wird. Die typologisch aufgebaute Mahnung des Paulus ist unserem Denken und unserer Argumentationsführung fremd. Dies gilt weithin auch für die Lehrrede Jesu. Verglichen mit anderen Gleichnissen ist das Gleichnis vom unfruchtbaren Feigenbaum ebenfalls weithin unbekannt.

Die Frage nach Gott erscheint in unserer Gesellschaft und überhaupt in Europa als die entscheidende Frage des Glaubens und der Glaubensweitergabe überhaupt. Gegenüber der Frage, ob Menschen zum Glauben an den Gott Jesu Christi finden, sind alle Fragen der Kirchenstruktur und der Ausgestaltung des religiösen Lebens zweitrangig. Somit stellt die Perikope einen Schlüsseltext dar, dessen Bedeutung nicht überschätzt werden kann. Hier wird Gott nämlich als den Menschen zugewandt und als ihr Befreier aus Not und Unterdrückung erfahren. So werden entscheidende Aussagen über das Gottesbild gemacht: ein persönlicher Gott, der anspricht und der angesprochen werden kann, der auf den Menschen bezogen ist, ihn in den Höhen und Tiefen seines Lebens wahrnimmt und ihm helfend und rettend zur Seite steht. Die Verkündigung dieses Gottesbildes ist für Christen heute unerlässlich und sollte einen zentralen Platz im Gottesdienst haben.

Die neutestamentliche Lesung ist uns nicht allein von ihrer Argumentationskette fremd, sondern auch vom Grundgedanken der Heilsgewissheit der Korinther. Heute kümmert es die wenigsten, ob sie ein künftiges Heil erreichen – aus schwindendem Glauben an Auferstehung heraus ebenso wie aus dem diffusen Gefühl, dass schon alles gut gehen wird, auch ohne eigene Anstrengung. Ist dieses Thema kaum und Kindern erst recht nicht zu vermitteln, so bleibt als ein möglicher, wenn auch schwierig umzusetzender Ansatzpunkt das Thema Sakramente, besonders Taufe und Eucharistie.

Der Anlass zur Lehrrede Jesu findet heute durchaus eine Entsprechung im Denken vieler, dass Menschen an ihrem Unheil Schuld tragen. Vom Spruch »Kleine Sünden straft der liebe Gott sofort« bis zur Verurteilung von Aids-Kranken (»Aids als Strafe Gottes«) gibt es eine durchgehende Linie auch unter glaubenden Menschen. Der Einspruch Jesu und sein Bild von Gott, der den umkehrenden Menschen ganz annimmt, ist deshalb aktuell. Dennoch dürfte dieser Gedanke in der Regel im Blick auf die Kinder zu schwer sein. Dagegen lässt sich bei der Kernaussage des Gleichnisses durchaus ansetzen: Umkehr bedarf der Früchte, soll durch entsprechendes Handeln Frucht bringen. Hier sind konkrete Beispiele gefragt, wie dies heute möglich ist.

Gestaltungsideen für den Gottesdienst

Reihe A: Türen öffnen. Thema: Ohren öffnen.
Stichworte zur Verkündigung: Öffnung auf Gott hin bedeutet für den glaubenden Menschen ein Hinhören auf Gottes Wort und ein Ausrichten auf seinen Willen. Das Ohr kann für diese Haltung ein Symbol der Offenheit, der Hörbereitschaft und des Sich-Einstellens sein: Mose hört auf Gottes Wort. Die Jünger hören auf Jesu Lehrreden und Gleichnisse. Wir Christen sind dazu aufgerufen, ebenso auf Gott und auf Jesus zu hören, sein Wort aufzunehmen und in unser Leben umzusetzen.
Darstellung: Dies kann wie folgt durch ein großes Plakat umgesetzt werden: Aus einem brennenden Dornbusch kommt eine Sprech-

blase »Ich bin da für euch«. Davor wird eine Ohrmuschel befestigt mit der Aufschrift: Mose. Weitere kleinere Ohrmuscheln können dazugeklebt werden, eventuell von jedem der anwesenden Kinder eine: Auch uns spricht Gott an, auch wir sind berufen, auf ihn zu hören.

Im Türkalender (in der Kirche und auch zu Hause) wird nun die dritte Tür entsprechend der beiden vorangegangenen Sonntage mit einem Ohr geschmückt.

Reihe B: Der Weg der Buße: Thema Anfangen, Gutes zu tun.

Stichworte zur Verkündigung: Das Gleichnis vom Feigenbaum mit seinem Aufruf, gute Frucht zu bringen, wird zur Grundlage des Gottesdienstes gewählt (die Lehrrede Jesu sollte im Blick auf die Kinder besser entfallen). Buße, Umkehren und Neubeginnen heißt, aus dem Geist Gottes heraus Gutes zu tun. Dabei sollten konkrete Beispiele benannt werden, die dem Leben der anwesenden Kinder und Erwachsenen entsprechen und die als Vorsatz für eigenes Tun dienen können.

Darstellung: Auf dem Weg der Buße (vgl. die vorangegangenen Fastensonntage) können nunmehr Füße gezeichnet werden: zum anderen gehen, ihm helfen, ihm Gutes tun. Ebenso kann das Bild des Gleichnisses zur Verdeutlichung genutzt werden: An einen gezeichneten (oder auch realen) Baum werden Früchte gehängt, Bilder von guten Werken oder Stichworte dazu.

Weiterführung nach dem Gottesdienst

Zu den beiden Reihen wird auf die Anregungen zum 1. Fastensonntag verwiesen. Sowohl in die Tür wie als Element des Weges kann das Symbol Ohr übernommen werden.

Für die Einzelthemen bietet sich an:
– *Gottesbild:* Die Kinder gestalten die Mose-Geschichte als Bildgeschichte (etwa in einer Kindergruppe oder auch in Absprache mehrerer Familien: Jeder übernimmt einen Abschnitt der Mosetradition). Die Bilder werden dann am folgenden Sonntag zu einer Bildgeschichte an einer Wand der Kirche zusammengeklebt.

Einzelthemen:
– *Gott mit uns:* Das Grundthema der Exoduserzählung wird aufgegriffen: Gott ist ein Gott für uns Menschen – Jahwe. Der Gottesname wird, groß geschrieben, an den Altar geheftet. Danach werden im Gespräch verschiedene Deutungen des Gottesnamens gesucht, die sich aus den Glaubenserfahrungen des Mose und Israels sowie aus den Glaubenserfahrungen von Menschen unserer Zeit ergeben.
– *Symbol Feuer:* Das Symbol Feuer (brennender Dornbusch) wird erarbeitet und auf seine doppelte Bedeutung hin erklärt: Feuer wärmt und erhellt, Feuer bedroht aber auch und kann zerstören. So bleibt das Feuer geheimnisvoll, es kann als Symbol für Gott stehen, für seine Wärme und Fürsorge, aber ebenso für seine Unbegreiflichkeit. Bei diesem Thema ist es sinnvoll, in der Kirche ein Feuer anzuzünden (etwa in einer Metallschale, vgl. die Weise, wie in manchen Kirchen das Osterfeuer aufgebaut wird), So kann das Feuer mit allen Sinnen wahrgenommen werden.
– *Taufe und Eucharistie als Grundsakramente:* Von der zweiten Lesung her können die beiden Grundsakramente der Kirche als Thema gewählt werden. Sie bedeuten Geschenk Gottes an uns Menschen, sind Zuspruch Gottes, stellen aber zugleich den Anspruch an uns dar, die durch Taufe und Eucharistie gewirkte Gemeinschaft mit Jesus und untereinander lebendig zu halten. Eine Tauferneuerung ist in diesem Gottesdienst sinnvoll.

– *Feuer:* Die Kinder sammeln Bilder und Berichte von Feuer in seiner doppelten Bedeutung. Diese Bilder werden zu Collagen zusammengeklebt, die Grundlage eines Gespräches sein können. Ebenfalls kann von diesem Symbol eine Gruppe von Familien das Osterfeuer der Gemeinde vorbereiten (im Rahmen der Osternachtsliturgie oder als großes Osterfeuer)
– *Taufe:* Die Kinder spüren ihrer eigenen Taufe nach (Familienbuch, Taufbuch in der Gemeinde, Fotos und andere Erinnerungsstücke ...).

(C 21) 4. Fastensonntag

Zu den Schrifttexten

Jos 5,9-12: Israel feiert Pascha in Kanaan.
Josua (= »Jahwe schafft Heil«) setzt das Werk
des Mose fort und führt es zum Abschluss:
Während Mose das Volk beim Auszug führt
(konzentriert im Durchzug durch das Schilf-
meer), so führt Josua beim Einzug in das
verheißene Land (konzentriert im Durchzug
durch den Jordan). Der heilige Ort Gilgal
(zwischen Jordan und Jericho, der ersten Stadt
in Kanaan) wird damit zum Gedenkort des
ganzen Weges; hier versammelte sich das Volk
jährlich zur Feier des Pascha. Pascha und das
darauf folgende Fest der ungesäuerten Brote
(Mazzen) gewinnen damit eine mehrschich-
tige Bedeutung: 1. Pascha wird zur Erinnerung an die Unterdrückung und Sklaverei in
Ägypten (Mazzen als Brot des Elends). 2.
Pascha wird zur Erinnerung an die Befreiung
durch Jahwe und damit zum Bekenntnis des
Volkes zu diesem Gott (das Brot des Bundes).
3. Pascha erinnert an den langen Weg, den das
Volk zurückzulegen hat, und an die Führung
und Stärkung des Volkes dabei (Brot als Weg-
zehrung). 4. Pascha wird zum Neubeginn (ungesäuerte Brote als Erstlingsbrote einer neu-
en Ernte). Diese vielschichtige Deutung des
Pascha spielt ebenso für die christliche Deutung von Ostern und Eucharistie eine Rolle.

*2 Kor 5,17-21: Wenn jemand in Christus ist,
dann ist er eine Neuschöpfung.* Die Autorität
des Paulus als Apostel wurde in Korinth durch
Wanderprediger bestritten. Paulus antwortet
darauf mit diesem Brief, in dem er seinen
Auftrag deutlich macht, darüber hinaus aber
grundsätzliche Aussagen zur Bedeutung der
christlichen Botschaft macht. Darum geht es
in dieser Perikope. Die Bindung an Christus
und an die von ihm gewirkte Gemeinschaft
(Leib Christi) bedeutet eine Neuschöpfung,
einen Neubeginn. Dies ist nicht Ergebnis
menschlichen Handelns, sondern des dem
Menschen zuvorkommenden Handelns Gottes. Er schlägt in Christus von sich aus Brücken zum Menschen und versöhnt sich mit
ihm. Am Menschen nun liegt es, diese Versöhnung im Glauben geschehen zu lassen,
offen zu werden für die Bindung an Gott. Im
Bild gesprochen: Gott streckt dem Menschen
die Hand der Versöhnung hin, an ihm liegt es
nun, sie im Glauben zu ergreifen.

*Lk 15,1-3.11-32: Das Gleichnis vom guten
Vater.* Eines der schönsten und bereits Kindern bekanntesten Gleichnisse Jesu ist das
Gleichnis vom verlorenen Sohn (besser das
Gleichnis vom guten Vater), lukanisches
Sondergut. Im 15. Kapitel des Lukasevangeliums sind drei Gleichnisse gesammelt, die
alle die Freude über etwas Wiedergefundenes
thematisieren und so die Bedeutung von
Umkehr, Vergebung und Versöhnung aufscheinen lassen: verlorenes Schaf, verlorene
Drachme, verlorener Sohn. Das letzte Gleichnis stellt den Höhepunkt durch eine zweifa-
che Sinnspitze dar: Vater und älterer Sohn
reagieren unterschiedlich auf die Rückkehr
des jüngeren Sohnes. Während der Vater von
Liebe, Barmherzigkeit und grenzenloser Versöhnungsbereitschaft geprägt ist und seinen
Sohn voll und ganz annimmt und in das Verhältnis Vater-Sohn wieder einsetzt, pocht der
Ältere auf Recht und rechtes Leben, das von
Anstrengung, nicht von Barmherzigkeit geprägt ist. So wird das Gleichnis nicht allein
zu einer Aussage über Gott, sondern zugleich
zur Anfrage, wie wir mit Menschen umgehen.
Versuchen wir, die Barmherzigkeit Gottes in
unserem Leben umzusetzen? Sind wir selber
zur Versöhnung bereit?

Schrifttext und Familien mit Kindern

Die Erzählungen vom Auszug Israels aus
Ägypten sind in unseren Gemeinden mehr
verwurzelt als die korrespondierenden Berichte vom Einzug ins Gelobte Land. Insofern
bietet der – allerdings durch die Kürzung recht
verstümmelte – Lesungstext den meisten

Gottesdienstbesuchern etwas Neues. Allerdings wird dieser Aspekt durch die Fremdheit der angesprochenen Vorgänge (Pascha, ungesäuerte Brote, Manna ...) beeinträchtigt, so dass die meisten dem Text wohl ratlos gegenüberstehen.

Dennoch gibt es zwei Ansatzpunkte, die für Gottesdienste in unserer Zeit fruchtbar gemacht werden können. Dies ist zum einen die Bedeutung des Brotes, das über das reine Nahrungsmittel hinaus zum Brot des Bundes zwischen Gott und den Menschen wird und religiöse Bedeutung annimmt. In der Zeit der letzten Vorbereitung der Kommunionkinder auf die Erstkommunion kann dieser Gedanke aufgegriffen werden. Zum anderen ist es der Verweis auf das Paschafest, der zu einem Verweis auf Ostern und auf die Vorbereitung auf das Osterfest werden kann. Von beiden Gedanken her lassen sich Gottesdienste mit Kindern und Familien gestalten.

Der neutestamentliche Lesungstext nennt ebenfalls zwei Stichworte, die für heutige Gemeinden und ihren Gottesdienst fruchtbar gemacht werden. Zum einen ist dies der Gedanke der Neuschöpfung. Durch Christus ist etwas Neues geworden. Diese Aussage steht weithin gegen die Erfahrung der Christen heute: Was mit dem Glauben zu tun hat, erscheint nicht als neu, sondern eher als alt, überkommen und überholt. Kirche und christlicher Glaube ist vielen eher Museumsstück als ein Impuls, der zu neuem, befreitem Leben führt. Hier gilt es im Gottesdienst aufzuzeigen, wie die Bindung an Christus wirklich zu einer neuen Lebenschance führen kann.

Das andere Stichwort der Lesung, das mit dem Evangelium korrespondiert, ist Versöhnung. Gott reicht uns die Hand, wir dürfen sie ergreifen. Das Bild weitergeführt, lässt sich von Paulus her sagen: Jesus ist die Hand Gottes (der Weg, das Licht, das Leben, die Tür ...), die uns hält und stärkt und aufrichtet.

Das Gleichnis des Evangeliums zielt in zwei Richtungen, die für Christen heute bedeutsam sind: Zum einen wird hier ein Gottesbild gezeichnet, das die meisten zwar kognitiv begreifen (Gott der Liebe und des Erbarmens), das sie aber keineswegs verinnerlicht haben. Vielfältige Vorstellungen vom strafenden, drohenden, den Menschen unterdrückenden Gott bestimmen nach wie vor den Glauben vieler. Hier ist das Gleichnis Jesu ein notwendiges Korrektiv.

Zum anderen wird – besonders durch den zweiten Teil des Gleichnisses mit der Gestalt des älteren Bruders – die Frage aufgeworfen, wie wir mit Menschen umgehen, ob uns das Verhalten des guten Vaters (also die Barmherzigkeit und Liebe Gottes) zum Vorbild wird oder das Verhalten des Bruders mit seinem Pochen auf Recht und Rechtsordnungen. Dies bedeutet sehr konkrete Anfragen an unser Verhalten im Alltag.

Gestaltungsideen für den Gottesdienst

Reihe A: Türen öffnen. Thema: Hände öffnen.
Stichworte zur Verkündigung: Versöhnung, wie in der zweiten Lesung und im Evangelium angesprochen, bedeutet, mit offenen Händen auf den anderen zu zu gehen, ihm die Hand zur Versöhnung zu reichen, so wie Gott uns in Christus die Hand zur Versöhnung reicht. Dies kann in folgenden Schritten aufgezeigt werden: 1. Mit unseren Händen können wir Verschiedenes tun, Gutes und Böses (Beispiele nennen, besser zeigen und spielen lassen). 2. Jesus, die gute Hand Gottes. Gott reicht uns in Jesus die Hand. Gleich was in unserem Leben geschieht, Gott ist zur Versöhnung bereit. 3. Die gute Hand Gottes ermuntert uns, selber zur guten Hand für andere zu werden, Versöhnung auch in unserem Leben zu ermöglichen und zu fördern.
Darstellung: Als Einstieg können zwei Handbilder durch Plakat oder Dia gezeigt werden: Faust und offene Hand. Ebenso sind Schattenspiele mit den Händen und Ratespiele möglich (was zeigt meine Hand jetzt?). Als Visualisierung des zweiten Schrittes kann eine große Hand gezeichnet und im Altarraum sichtbar werden, die auf unterschiedliche Menschen zeigt. Von diesen Menschen weg werden im dritten Schritt weitere Hände gezeichnet oder aufgeklebt. Im Türkalender die-

ser Reihe wird die vierte Tür mit einer Hand bezeichnet.

Reihe B: Der Weg der Buße. Thema: Vertrauen auf Gott.

Stichworte zur Verkündigung: Sowohl vom Evangelium her wie von der zweiten Lesung kann das Gottesbild thematisiert werden. Das Gottesbild eines Menschen nämlich hat Konsequenzen in seiner Beziehung zu Gott. Einem »strafenden« Gott wird man mit Distanz und Angst begegnen, zu einem »erbarmenden« Gott kann man Vertrauen und Zuneigung entwickeln. Insofern hat die Frage des Gottesbildes eine herausragende Bedeutung für die religiöse Sozialisation und für Leben und Glauben der Christen. Im Gottesdienst steht das Gleichnis im Vordergrund. Dabei sollte der Kontrast zwischen dem Verhalten des Vaters und dem des älteren Bruders aufgezeigt werden. Ungeschuldete Liebe, Barmherzigkeit und Versöhnungsbereitschaft kennzeichnen den Vater: So ist Gott zu uns.

Darstellung: Das Gleichnis eignet sich gut für vorbereitete Rollenspiele. Dabei ist es denkbar, die Einleitung der Geschichte spielen zu lassen (das Verhalten des jüngeren Sohns) und dann unterschiedliche Reaktionen des Vaters auf seine Rückkehr in Spielszenen aufzuzeigen: Er kann ihn zurückschicken, ihn bestrafen, ihn – wie gewünscht – als Knecht arbeiten lassen ... Bei solchen Spielen werden deutlich auch unterschiedliche Vaterbilder der Kinder zum Ausdruck kommen. Den Abschluss bildet Text oder Spiel des Endes des Gleichnisses. Diesem biblischen Spiel können weitere Spielszenen gegenübergestellt werden, wie heute Erbarmen, Versöhnung und Annahme auch eines Schuldigen möglich ist.

Auf den Weg der Buße (vgl. die vorangegangenen Sonntage) wird als Symbol die gute Hand Gottes gezeichnet.

Einzelthemen:

– *Brot für uns:* Vom in der alttestamentlichen Lesung erwähnten Brot des Volkes Israel aus wird die Bedeutung des Brotes für uns heute erläutert: Brot ist mehr als Nahrungsmittel, es ist menschliches und religiöses Symbol, Zeichen des Bundes zwischen Gott (Jesus) und den Menschen, Stärkung für unseren Weg und Verheißung der Vollendung, des durch Jesus gewirkten Neubeginns für alle. Zum Thema Brot ist eine Zusammenarbeit mit dem Kommunionkurs der Gemeinde sinnvoll, da das Brot und seine Symbolik dort durch vielfältige Geschichten und Deutungen aufgearbeitet wird. Eventuell kann man einen Teil des Kommunionkurses inhaltlich mit dem Gottesdienst verbinden.

– *Wir feiern Pascha:* Die Verbindung von jüdischem Pascha und christlichem Ostern kann als Teil der Vorbereitung auf das Osterfest aufgezeigt werden. Somit werden die Kinder und ihre Familien auf einen Aspekt der Osternachtsliturgie vorbereitet. Es ist denkbar, den Pascharitus im Gottesdienst nachzuempfinden: ungesäuertes Brot, Kräuter, erzählende Erinnerung an die Befreiung aus Ägypten ...

– *Jesus ist die gute Hand Gottes:* Verschiedene Jesusbilder (Licht, Weg, Wasser, Tür ...) werden – möglichst durch Bilder – aufgezeigt. Alle Bildworte werden durch das Bild der Hand zusammengefasst. Jesus ist die gute Hand, die Gott uns reicht.

– *Jeder hat eine Chance:* Gottes Barmherzigkeit gilt allen, gleich was ihr Leben belastet. Bei ihm hat jeder eine Chance. Das soll Christen Richtschnur ihres Handelns sein. In der christlichen Gemeinde muss jeder eine Chance haben. Versöhnung ist dazu unbedingte Voraussetzung. Der Friedensgruß wird in diesem Gottesdienst besonders herausgestellt.

(C 21) 4. Fastensonntag

Weiterführung nach dem Gottesdienst

Zu den beiden Reihen wird auf die Anregungen zum 1. Fastensonntag verwiesen. Das Symbol Hand kann sowohl in die Tür wie als Element in den Weg übernommen werden.

Zu den Einzelthemen: Die Familien können ermuntert werden, ein Brot miteinander zu backen und zu essen. Das Gleiche kann auch in einzelnen Gemeindegruppen, etwa in Kommunionkursgruppen geschehen. In diesem Zusammenhang passt auch ein nachempfundenes Paschafest mit den Kindern, das in Gemeinderäumen organisiert wird.

(C 22) 5. Fastensonntag

Zu den Schrifttexten

Jes 43,16-21: *Denkt nicht mehr an das Frühere.* Der Prophet Jesaja (hier Deuterojesaja = der zweite Prophet, dessen Texte im Buch Jesaja gesammelt sind) verkündet dem Volk Israel im Exil in Babylon Befreiung und Heil an. Wie Gott damals am Beginn der Geschichte Israels sein Volk aus der Unterdrückung Ägyptens herausführte, so wird er dies auch aus der Verbannung in Babylon tun. Wie er damals einen Weg durch die Wasser des Schilfmeers bahnte, so wird er jetzt einen Weg durch die Wüste bahnen. So zeigt er sich als Gott des Lebens, der selbst mitten in der Wüste Wasser spendet und Leben in vielfältiger Form erhält. So können die Glaubenden Hoffnung haben, dass das Elend der Vergangenheit bald vorbei ist (»denkt nicht mehr an das Frühere«); Gott schafft Neues. Jesaja zeichnet – ähnlich den Aussagen im Buch Exodus – Gott als den, der uns Menschen voraus ist, der unsere Zukunft schafft und auf den wir uns deshalb voll Vertrauen ausrichten können.

Phil 3,8-14: *Christus will ich erkennen.* Paulus steht in Philippi (ähnlich aber auch in Korinth) in der Auseinandersetzung mit Gegnern, die zum einen seine Vollmacht bestreiten, zum anderen argumentieren, dass der Christ durch die Taufe bereits die Vollendung erlange. Paulus betont gegenüber diesen Gegnern, dass auch er als gesetzestreuer Jude gelebt habe, dass sich aber durch die Begegnung mit Christus (Erkenntnis Christi) für ihn alles verändert habe. Mit Christus ist er bereits im Kreuz (im Tod) vereint. Auf die Auferstehung aber könne er jetzt nur hoffen, da er noch auf dem Weg ist. Auferstehung und Vollendung sind das Ziel, das noch keineswegs erreicht ist. Seine Vergangenheit als gläubiger Jude lässt Paulus hinter sich; wer Jesus begegnet, für den spielt die Vergangenheit keine Rolle, es gibt keine Vorbedingungen für das Heil in Christus. Paulus verweist also auf die Spannung zwischen der Zusage des Heils in Christus und dem Noch-Nicht der Vollendung.

Joh 8,1-11: *Jesus und die Ehebrecherin.* Die unbedingte Versöhnungsbereitschaft, die Jesus im Gleichnis vom guten Vater aufzeigte (vgl C 21), wird von ihm in dieser Perikope eindrucksvoll durch sein eigenes Verhalten bezeugt. Dieser Abschnitt, der erst im dritten Jahrhundert aus judenchristlichen Quellen in das Johannesevangelium eingefügt wurde, stellt dem »gesetzestreuen« Anspruch auf Tötung der schuldigen Frau das Verhalten Jesu gegenüber, der die Schuld nicht bestreitet, aber einen anderen Ausweg sucht als Tötung und Vernichtung: Er wendet sich zu der Frau, spricht ihr die Vergebung Gottes zu und ermahnt sie zu neuer Lebensgestaltung. So entgeht Jesus auch der von seinen Gegnern gestellten Falle: entweder dem Gesetz und der jüdichen Tradition treu zu bleiben oder seinem Anspruch, Heiland der Armen, der Sünder und Ausgestoßenen zu sein.

Schrifttext und Familien mit Kindern

Die Situation der ersten Lesung (Exil und Verheißung eines Neubeginns) hat mit unserer Lebenssituation wenig zu tun. Ihr Thema jedoch ist für Menschen heute, besonders für Kinder, wichtig: Hab Mut, schau nach vorn, hab die Hoffnung, dass etwas Neues beginnt, hab Vertrauen, dass es einen Weg gibt, und setz dein Vertrauen auf Gott, der dir nahe ist und der dich begleitet – auch in ausweglosen Situationen schafft er einen Weg. Die Stärkung des Vertrauens ist ein Thema, das dauerhaft für die Gottesdienstgestaltung fruchtbar gemacht werden kann.

Ebenso ist es mit dem Blick nach vorn, der in der zweiten Lesung von Paulus als Grundlage seines Glaubens genannt wird: Er jagt dem Ziel nach, er lässt das Vergangene (auch seine unheilvolle Vergangenheit unter dem

Gesetz und als Verfolger der Christen) zurück und gewinnt so eine neue Grundlage seines Lebens.

Dieser Gedanke klingt auch im Evangelium an: Die Schuld der Vergangenheit soll zurückbleiben, Jesus schenkt Vergebung und Neuausrichtung auf eine bessere Zukunft. Dies bindet die drei Texte zusammen: Denkt nicht mehr an das Vergangene mit seinen Belastungen, seiner Schuld und seinem Unheil, sondern schaut aus dem Vertrauen auf den erbarmenden Gott heraus auf das Neue, das Gott mitten unter euch schafft.

Das Evangelium bringt als zusätzlichen Ansatzpunkt das Thema Richten ein, das in der Bergpredigt wie folgt benannt wird: »Richtet nicht, damit ihr nicht gerichtet wer-det« (Mt 7,1). Vor Gott stehen wir alle als Schuldige und der Vergebung Bedürfende da: Wer sich dies bewusst macht, verliert jeden Anspruch, über andere zu richten und sie zu verurteilen. Wenn auch das Beispiel des Evangeliums Kinder nicht trifft, so lässt sich von diesem Beispiel dennoch schnell zu Lebenssituationen der Kinder eine Brücke schlagen, so dass sie diesen Aspekt für ihr Leben bedenken können.

Schließlich verweist das Evangelium noch auf die Bedeutung Jesu für glaubende Menschen: Er bringt nicht Gericht und Strafe, sondern Liebe und Vergebung. Das Vertrauen, das glaubende Menschen Gott entgegenbringen, ist auf Jesus hin, dem guten Wort Gottes an uns, ebenso angebracht.

Gestaltungsideen für den Gottesdienst

Reihe A: Türen öffnen. Thema: Herzen öffnen.
Stichworte zur Verkündigung: Die Vorbereitung auf Ostern bedeutet einen Neubeginn, den Blick nach vorn, Vergangenes, auch Schuld, soll zurückbleiben – so der Tenor aller drei Schrifttexte. Dies bedeutet eine neue Lebenseinstellung, bildlich gesprochen: ein neues Herz. Mit diesem Bild wird der letzte Schritt der Reihe ausgedrückt: Wer sich in der Österlichen Bußzeit neu auf Gott und die Menschen ausrichten will, der braucht ein neues Herz, einen Neubeginn im Guten. Dieses Thema kann im Familiengottesdienst sowohl mit der alttestamentlichen Lesung wie mit dem Evangelium verbunden werden. Die neutestamentliche Lesung ist im Blick auf Kinder schwerer einzusetzen. Im Gespräch muss deutlich werden, dass sowohl für das Volk Israel in der Exilsituation wie für die vom Tod bedrohte Frau ein Neubeginn möglich wurde: Gott hat ein Herz für sein Volk; Jesus hat ein Herz für die Armen und die Sünder.
Darstellung: Das Herz als Symbol für die Liebe Jesu (und Gottes) wirkt auf uns durch minderwertige Herz-Jesu-Bilder, -Texte und -Figuren der Vergangenheit leicht kitschig und fremd. Dennoch klingt in diesem Bild eine theologisch richtige und wichtige Aussage an: Gott (Jesus) liebt uns Menschen, er blickt versöhnend nicht auf unsere Vergangenheit, sondern schafft uns Zukunft und Heil. Dies kann durch drei Zeichnungen anschaulich werden: ein Mensch gebeugt, vielleicht mit einer schweren Last auf den Schultern, in dunklen Farben – ein Herz in Rot, der Farbe der Liebe – ein aufgerichteter Mensch, der ausschreitend seinen Weg geht, in hellen Farben.

Reihe B: Der Weg der Buße. Thema: Neue Gemeinschaft.
Stichworte zur Verkündigung: In allen Schrifttexten kommt das Thema »neue Gemeinschaft« vor: Israel findet als Volk Gottes einen neuen Weg. Paulus verweist auf die Gemeinschaft in Christus, die dem Leben eine neue Perspektive gibt. Jesus schenkt der Frau neue Gemeinschaft. Somit lässt sich Weg der Buße, der durch die Österliche Bußzeit hindurchführte, an diesem Sonntag zusammenfassen: Buße bedeutet Neubeginn und neue Gemeinschaft mit Gott und den Menschen.
Darstellung: Dies kann am Ende des Weges durch einen Kreis symbolisiert werden. Wer Buße tut, kehrt in die Gemeinschaft mit Gott und den Menschen zurück. Im Gottesdienst kann dies in folgenden Schritten verdeutlicht werden: 1. Gemeinschaft von Menschen – Kreis. 2. Durch Schuld wird diese Gemein-

schaft zerstört – der Kreis zerbricht. 3. Vergebung und Versöhnung schaffen neue Gemeinschaft – ein neuer Kreis.

Einzelthemen:

– *Gott bahnt einen neuen Weg:* Die Wegthematik der Jesaja-Lesung kann aufgegriffen werden. Bildmeditation zum Thema Weg mit einem Foto (Dia) eines Weges: Wie verläuft mein Weg? Wo hat mein Lebensweg leichte, gerade Stücke, wo gibt es dunkle, unübersichtliche Stellen? Hat es in meinem Leben Situationen gegeben, wo ich den weiteren Weg nicht sehen konnte, die »auswegslos« waren? Was hat dann weitergeholfen? Die Kinder können die Wegthematik auch spielerisch aufgreifen: Ein Spieler geht einen Weg und stößt auf ein »unüberwindliches« Hindernis. Resignierend bleibt er davor sitzen. Danach wird von einem »Propheten« die Lesung vorgetragen. Das Hindernis wird weggeräumt, der Weg (etwa zum Altar hin) wird frei.

– *Nicht richten:* Beispielszenen aus dem Leben von Kindern und Erwachsenen zeigen auf, wie schnell Menschen mit ihren Urteilen über andere sind. Die Mahnung Jesu aus dem Evangelium (»Wer ohne Schuld ist ...«) wird vorgetragen, danach ist Zeit zur stillen Besinnung auf eigenes Verhalten: Wo muss ich in meinem Urteilen anders werden?

– *Misereor:* Der fünfte Fastensonntag ist der Sonntag der Misereoraktion. Dieses Hilfswerk gibt in jedem Jahr liturgische Hilfen heraus, die auch einen voll ausgestalteten Familiengottesdienst (in der Regel in Beziehung zu den Schrifttexten) beinhalten (Bezug über Pfarramt oder direkt über Misereor, Postfach 1450, 52015 Aachen).

Weiterführung nach dem Gottesdienst

Zu den beiden Reihen wird auf die Anregungen zum 1. Fastensonntag verwiesen. In die letzte Tür kann das Symbol Herz übernommen werden, für den Weg das Symbol des Kreises.

Zu den Einzelthemen: Die Familien können ermuntert werden, der *Wegthematik* im eigenen Leben nachzuspüren: Wie verläuft der Weg unserer Familie? Wo gibt es darin besonders gute Wegstücke, wo belastende und dunkle? Wie können wir unseren Weg miteinander besser gehen? Wo brauchen wir Umkehr und Neubeginn, eine neue Ausrichtung auf das Ziel? Welchen Vorsatz können

wir für die restlichen beiden Wochen bis Ostern fassen?

Misereor gibt vielfältiges Material heraus, das der Vorbereitung der Aktion dient. Dazu zählt in der Regel ein Blatt mit einer Geschichte und Erläuterungen für die Kinder und ein passendes Spendenkästchen, die in der Regel bereits am Beginn der Österlichen Bußzeit ausgeteilt werden. Denkbar ist es allerdings auch, dass sie erst nach diesem Gottesdienst ausgeteilt werden, wenn er eine entsprechende Erklärung dieser Aktion bringt. Dann können die Spenden in den folgenden Wochen abgegeben werden.

(C 23) Palmsonntag

Zu den Schrifttexten

Lk 19,28-40: Gepriesen sei der König, er kommt im Namen des Herrn. Das dem Wortgottesdienst vorgeschaltete Evangelium zur Prozession vom Einzug Jesu in Jerusalem zeichnet Jesus als Herrn, der in seine Königsstadt einzieht. Jerusalem ist nicht nur Hauptstadt, sondern die innere Mitte Israels, auch der zentrale Ort jüdischen Glaubens. Dies gilt nicht allein im Blick auf den Jerusalemer Tempel, der von Jesus ja in seiner Bedeutung relativiert wird. Es gilt vielmehr im Blick darauf, dass sich mit Jerusalem die Erwartung des endzeitlichen Heils verbindet. Wenn Jesus mit hoheitlichen Zeichen (Reiten,

Schmücken der Straße, Huldigungsruf ...) in Jerusalem einzieht, dann ist in ihm, dem Messiaskönig, die Verheißung erfüllt. Allerdings zeigt die danach beginnende Leidensgeschichte, dass er ein anderer König ist, als ihn sich die meisten Menschen in Israel damals vorstellen konnten. Der Gang nach Jerusalem also zeigt seine Herrlichkeit, aber diese Herrlichkeit ist die Herrlichkeit des Gekreuzigten und am Kreuz Erhöhten.

Jes 50,4-7: Der Knecht Gottes. In der Situation des Exils verkündet (Deutero-) Jesaja dem Volk eine Botschaft der Hoffnung. Dabei tritt an vier Stellen ein »Gottesknecht« auf, die Gestalt eines Gesandten, der das neue Heil verkündet, ja bringt, der aber mit seiner Botschaft auf Widerstand stößt und deshalb verfolgt und geschmäht wird. Doch das Vertrauen dieses Gottesknechtes auf Gott ist so groß, dass er seiner Sendung durch alle Not hindurch treu bleibt. Das dritte Gottesknechtlied ist in der Lesung dieses Sonntags teilweise wiedergegeben. Es schildert die Beauftragung des Gesandten – er lebt ganz aus dem Hören auf Gottes Wort, seine Verfolgung durch die Menschen, die sich seiner Botschaft verschließen, und drittens sein Vertrauen auf die Hilfe und den Beistand Gottes. Die Gestalt des Gottesknechtes lässt sich nicht genau deuten. Ein Bezug auf das ganze Volk Israel, also eine kollektive Deutung ist unwahrscheinlich. es geht um eine Einzelperson, die dem Volk gegenüber steht, so wie Mose dem Volk gegenüber gestanden hat. Es geht um einen Mittler, der im Auftrag Gottes kommt und das Heil bringt. Christen lesen die Gottesknechtlieder (vgl. auch Karfreitag C 25) deshalb im Blick auf Jesus.

Schrifttext und Familien mit Kindern

Der Palmsonntagsgottesdienst besitzt zwei inhaltliche Schwerpunkte. Zum einen ist dies das Gedenken an den Einzug Jesu in Jerusalem und damit verbunden das Bekenntnis der glaubenden Gemeinschaft zum erhöhten Herrn (vgl. auch die Philipperbrief-Lesung). Zum anderen ist der Palmsonntag der Einstieg in die Heilige Woche, in der Leiden, Sterben

Phil 2,6-11: Erniedrigung und Erhöhung. Mit der vorliegenden Perikope hat Paulus einen urchristlichen Hymnus übernommen, der im Gottesdienst als Bekenntnis (»Herr ist Jesus Christus«) gesprochen (gesungen?) wurde. In drei Stufen fasst dieses urchristliche Gemeindelied die Bedeutung Jesu zusammen: 1. Jesus ist der präexistente Gottessohn, der die gleiche Würde wie Gott besaß. 2. Doch – vergleichbar dem Gottesknecht des Jesaja – verzichtet Jesus auf die ihm zustehende Würde, um den Menschen das Heil zu bringen. Er erniedrigt sich und wird in frei übernommener Verantwortung zum Diener aller. Dieser Dienst findet seinen tiefsten Punkt im Tod am Kreuz. 3. Der Tiefpunkt ist aber zugleich der Beginn seiner Erhöhung: Gott nimmt Jesus in seine Herrlichkeit auf. Allerdings bedeutet dies nicht allein ein Einsetzen in die Würde, die er vor seiner Erniedrigung besaß. Vielmehr hat sich durch die Erniedrigung ein neues Verhältnis zu den Menschen ergeben, die durch ihn gerettet wurden und ihn nunmehr als Herrn (alttestamentlich: Name für Gott) bekennen. Dieser Christushymnus fasst die ganze Botschaft von Jesus in eindrucksvoller Weise zusammen.

Lk 22,14-23,56: Das Leiden unseres Herrn Jesus Christus. Die einzelnen Teile der Leidensgeschichte können hier nicht kommentiert werden. Lukas folgt weithin der markinischen Vorgabe. Allerdings setzt er einige Akzente anders in der Gesamtlinie seines Evangeliums. Jesus wird auch in seinem Kreuzweg gezeichnet als Diener aller, als der, der die Liebe und Barmherzigkeit Gottes zeigt und der sich selbst im Sterben noch um andere (die Frauen, den Schächer) sorgt.

und Auferstehen Jesu im Vordergrund stehen. Die Leidensgeschichte, die in den drei Lesejahren nach den drei synoptischen Evangelien – am Karfreitag nach Johannes – verlesen wird, führt in dieses Geschehen ein. Beide Schwerpunkte sind so intensiv, dass in der Regel in den Gemeinden nur wenig Raum für andere Gestaltungsmöglichkeiten bleibt.

Wohl aber wird in vielen Gemeinden ein Symbol oder Zeichen als Roter Faden für alle Gottesdienste der Heiligen Woche ausgewählt, das bestimmte Gestaltungselemente in sich birgt (etwa Weg, Kreuz, Wasser, Licht ...). Von solchen Symbolen her können auch im Palmsonntagsgottesdienst eigene Akzente gesetzt werden.

Die Evangelientexte vom Einzug und vom Leiden Jesu sind den Gottesdienstbesuchern bekannt. Die Erwachsenen werden sich vielleicht auch an den Christushymnus des Philipperbriefes erinnern. Das dritte Gottesknechtlied dagegen erscheint fremd und kann besonders von Kindern kaum aufgenommen werden.

Für die Besucher des Gottesdienstes steht wahrscheinlich als Erwartung im Vordergrund, dass Palmzweige gesegnet werden, die man anschließend mit nach Hause nehmen kann. Hieran kann man in jedem Fall bei der Gestaltung ansetzen und dabei auch die Kinder einbeziehen. Der Brauch des Palmsteckenbindens ist inzwischen nicht mehr nur im süddeutschen Raum beheimatet. Besonders Kindergruppen (wie Kommunionkurs) können diesen Brauch weiter pflegen und so einen Akzent für den Gemeindegottesdienst setzen.

Gestaltungsideen für den Gottesdienst

In vielen Gemeinden findet kein eigener Gottesdienst für Familien mit Kindern am Palmsonntag statt. Hier kann man versuchen, in den Gemeindegottesdienst zumindest einige Elemente zu integrieren, die Kinder aktiv beteiligen (etwa Prozession, Fürbitten, Gabenbereitung ...). Auch bei der Auswahl der Lieder und Texte sollte auf Kinder Rücksicht genommen werden. Wenn viele Kinder anwesend sind, ist es kaum ratsam, die Langfassung der Leidensgeschichte zu lesen, die Kurzfassung oder eine eigene Auswahl aus der Langfassung ist besser.

Manche Gemeinden gestalten die Gottesdienste der Heiligen Woche mit einem Symbol (vgl. dazu Hermann-Josef Frisch, Deine Auferstehung preisen wir. Heilige Woche mit Symbolen feiern, Mainz 1995). Für jedes Lesejahr verweisen wir in dieser Reihe auf eines dieser Symbole:

Lesejahr A: Licht
Lesejahr B: Stein
Lesejahr C: Kreuz

Reihe Kreuz: Im Mittelpunkt des Palmsonntagsgottesdienstes steht ein besonders schön geschmücktes Kreuz. Eventuell können die Kinder das Kreuz auch bei der Palmweihe schmücken (Bindedraht bereits vorher am Kreuz befestigen, so dass die Kinder ihre Zweige und bunte Bänder nur einstecken brauchen). Der Schmuck des Kreuzes bedeutet: Wir binden uns an Christus, der für uns seinen Kreuzweg gegangen ist. Die Kinder gehen dann während der Prozession mit ihren geschmückten Palmstecken neben dem Kreuz her und begleiten es zum Altar. Dort wird es vor den Altar gestellt, die Kinder stellen sich mit ihren auf Stöcken gebundenen Palmzweigen rund um Kreuz und Altar.

Am Ende des Gottesdienstes erhalten alle kleine aus grauem Tonpapier geschnittene Kreuze (etwa 5 x 5 cm) mit der Aufforderung zu überlegen, was das persönliche Kreuz und Leid eines jeden ist. Diese kleinen Kreuze sollen am Karfreitag zum Kinderkreuzweg (oder zur Liturgie am Nachmittag) wieder mitgebracht werden.

Palmzweig oder Dornenzweig: Für eine Kurzkatechese werden zwei – möglichst große – Zweige bereitgehalten, ein Palmzweig (oder anderer grüner Zweig) und ein Zweig mit Dornen. Am Palmsonntag winkten die Menschen in Jerusalem Jesus mit Palmzweigen zu, sie priesen ihn als den von Gott Gesandten, als König, der in seine Stadt einzieht. Am Karfreitag gibt es für Jesus die Dornenkrone, ihm wird Leid zugefügt, er wird getötet. Palmzweige und Dornenkrone symbolisieren zwei Weisen, wie Menschen auf Jesus reagieren: Glaube und Verehrung – Unglaube und Verfolgung. Diesen beiden Zeichen können auch zwei Rufe zugeordnet werden, die ebenfalls von diesen beiden Haltungen künden: »Halleluja – lobt Gott« und »Kreuzige ihn«. Zeichen wie Rufe eignen sich auch für Spiele der Kinder.

Weiterführung nach dem Gottesdienst

Der Brauch, aus dem Palmsonntagsgottesdienst geweihte Palm- (Buchsbaum-) zweige nach Hause zu nehmen und dort hinter die Kreuze zu stecken, muss den Kindern erläutert werden. Dieser Brauch stellt ein Zeichen der Verehrung von Christus dar, ihn bekennen wir damit nicht allein als gekreuzigten, sondern als lebenden Herrn.

Je nach Gestaltung der Heiligen Woche ergeben sich von einem Leitthema oder Symbol her unterschiedliche Anregungen. Für unsere Reihe sind es die kleinen grauen Kreuze und die Überlegung, was das persönliche Leid, das eigene Kreuz ist, das uns mit Jesus und seinem Leiden verbindet.

(C 24) Gründonnerstag

Zu den Schrifttexten

Ex 12,1-8.11-14: Das Paschamahl. Das Paschafest verbindet sich für Israel mit einer vierfachen geschichtlichen Situation. 1. Nomadischer Ursprung: Zum Frühlingsbeginn brachen die Hirten mit ihren Herden aus den Winterweiden auf zu den Sommerweiden. Dies wurde mit einem in der Familie (Sippe) angesiedelten Ritus begangen, der aus gemeinsamem Mahl (Lammfleisch, ungesäuertes Brot ... wie auch sonst beim nomadischen Mahl) und einem Blutritus (Bestreichen der Zeltpfosten mit dem Blut des Opfertieres) bestand. So sollte Schutz und Segen erbeten werden. 2. Nach der Landnahme und Sesshaftwerdung Israels wurde dieses nomadische Fest mit der religiösen Tradition vom Auszug aus Ägypten verbunden, der Gründungserzählung Israels. Nach wie vor wurde Pascha in den Familien gefeiert, erhielt aber nun eine andere Sinngebung: Gedenken an die rettende Tat Gottes. 3. Nach dem Exil wurde im Rahmen der deuteronomistischen Kultreform versucht, alle wesentlichen Feste Israels am Tempel in Jerusalem anzusiedeln. Das familiäre Paschafest wurde zu einem Tempelfest, zu dem allerdings die Familien und Sippen (oft in kleinen Gruppen) zusammenkamen. Das Abendmahl Jesu ist in der Darstellung der Synoptiker ein solches Pascha. 4. Nach der Zerstörung des Tempels überlebte im Judentum das Pascha bis heute in den einzelnen Familien. Es kündet von der Rettung Gottes aus Not und Unterdrückung, dem Glauben Israels und dem vertrauenden Aufbruch in je neue Lebenssituationen.

1 Kor 11,23-28: Das Abendmahl. Im Neuen Testament sind vier Abendmahlsberichte überliefert (Mk und Mt, Lk und Paulus). Paulus gliedert den Bericht in seinen ersten Brief an die Korinther ein, wo er auf Missstände in der Gemeinde zu sprechen kommt, die auch die Feier der Eucharistie betreffen. Bevor er seine Gemeinde zu einer würdigen Feier ermahnt, fügt er den Abschnitt dieser Perikope ein. Darin verweist er auf die Tradition der Eucharistie, die auf Jesus selbst zurückgeht. Was er, Paulus, also zu sagen hat, gründet in der Autorität des Herrn selbst. Wie Jesus damals im Abendmahlssaal der »Hausherr« war, der seine Jünger zum Mahl der Gemeinschaft versammelte, so tut er es heute ebenso mit der Gemeinde. Er selbst ist in der Gemeinde gegenwärtig, durch die Feier der Eucharistie hat die Gemeinde an ihm Anteil, gliedert sich in seinen Leib ein. Ist schon beim alltäglichen jüdischen Mahl das Austeilen des Brotes Zeichen für die Gemeinschaft mit dem Hausherrn, so gilt dies noch mehr für die Feier der Eucharistie: Jesus schenkt im Brot seinen Leib, das bedeutet: Er schenkt seine ganze Existenz, sich als ganzen Menschen. Entsprechend bedeutet das Schenken des Blutes, dass er sein Leben für die Menschen gibt. Der Gerechte also gibt sich entsprechend den alttestamentlichen Weissagungen für alle hin

(»für euch« – »für die vielen«). So steht das Mahl der Eucharistie unter dem Leidenshorizont, es ist das Realsymbol des Leidens und Sterbens Jesu für uns. Wer dieses Mahl feiert, das Brot bricht und den Wein trinkt, verkündet den Tod des Herrn und erlangt Gemeinschaft mit ihm und den anderen Glaubenden.

Joh 13,1-15: *Die Fußwaschung.* Nach dem öffentlichen Wirken Jesu beginnt mit der Erzählung von der Fußwaschung der zweite Teil des Johannesevangeliums. Für Johannes beinhaltet das Mahl am Abend vor dem Tod Jesu keine Einsetzung der Eucharistie, es ist auch kein Paschamahl. Wohl aber zeigt Johannes in tiefer Weise die Gemeinschaft der Jünger und darüber hinaus auch die der glaubenden Christen späterer Zeiten mit dem Herrn und untereinander. Diese doppelte Gemeinschaft wird in der doppelten Begründung sichtbar, die Jesus seiner Fußwaschung gibt: Die Fußwaschung schafft Gemeinschaft mit ihm. Sie ist aber zugleich auch Modell des Umgangs der Christen miteinander – sie schafft so Gemeinschaft mit und durch den Herrn. Jesus, der Herr, übernimmt den tiefsten Dienst des Sklaven, er erniedrigt sich und zeigt so Gottes Liebe. Die Fußwaschung bedeutet Selbsthingabe Jesu und stimmt somit inhaltlich mit dem bei den Synoptikern erzählten Abendmahl überein.

Schrifttext und Familien mit Kindern

Die Feier des Gründonnerstags hat bei den meisten Gemeindemitgliedern keinen hohen Stellenrang. Das liegt nicht allein daran, dass der Gründonnerstag ein Arbeitstag ist. Der Bezug zum Tagesgedanken ist vergleichsweise gering. So kommt meist nur ein kleiner Kreis zum Gottesdienst und zu den in vielen Gemeinden anschließenden Anbetungsstunden.

Von seinen beiden Grundgedanken her ist der Gründonnerstag allerdings für christlichen Glauben wichtig: Mit diesem Abend beginnt das Gedenken an das Leiden und Sterben Jesu, die Erinnerung an seinen Leidensweg für uns. Gründonnerstag ist zudem der Tag, an dem nach den drei synoptischen Berichten die Feier der Eucharistie von Jesus eingesetzt wurde, die Feier also, die das Herzstück jeder Gemeinde bildet. Es ist zudem nötig, den inneren Zusammenhang von Gründonnerstag, Karfreitag und Ostern (Osternacht) zu betonen – die Feier der Grundlage unseres Glaubens, die innere Mitte des ganzen Kirchenjahres: Tod und Auferstehung Jesu.

Für diese Aufgabe bieten die drei Schrifttexte einige Ansatzpunkte. Die alttestamentliche Lesung stellt den Gedanken des Bundes vor Augen – Gott bindet sich an die Menschen. Dieser Bund konkretisiert sich in der rettenden Tat des Auszugs aus Ägypten, er wird liturgisch vergegenwärtigt in der Feier des Pascha. Das Pascha ist somit die »Eucharistie«, die Danksagungsfeier des Alten Bundes und damit für Jesus das Modell seiner Bundesfeier. Bei der Paschafeier wird die doppelte Gemeinschaft sichtbar, die auch für die Eucharistie der Christen typisch ist: Gott mit den Menschen und die Menschen untereinander. Zudem bedeutet Pascha einen Neubeginn, einen Aufbruch unter der Führung Gottes. Es ist zu überlegen, wie die Gedanken Gemeinschaft, Aufbruch, Schutz Gottes, Mahl für heutige Menschen in der Feier der Eucharistie sichtbar werden können.

Die neutestamentliche Lesung stellt das Abendmahl Jesu als Gründung der christlichen Eucharistie vor Augen. Für die Gottesdienstbesucher ist es wichtig, dass die von Jesus herkommende Linie christlichen Gottesdienstes in ihrer Bedeutung sichtbar wird. Nach seinem Willen und aufgrund seines Auftrags feiern wir immer wieder Eucharistie.

Die Fußwaschung betont das Dienen als Haltung Jesu, durch die die Liebe und das Erbarmen Gottes sichtbar wird. Damit wird die Fußwaschung zum Modell auch christlichen Handelns heute. Christen sollen Diener aller sein, christliches Leben bedeutet Leben füreinander. Im Gottesdienst sollte dieses Thema anklingen. Das kann auch geschehen, ohne dass die heute oft befremdliche Fußwaschung nachgespielt wird.

Gestaltungsideen für den Gottesdienst

In einigen Gemeinden findet zusätzlich zum Abendmahlsgottesdienst ein eigener Gottesdienst für Familien mit Kindern am Nachmittag statt, bei dem die Kinder aktiv beteiligt sein können. In der Regel steht in solchen Gottesdiensten weniger der Beginn des Leidens Jesu als Thema im Vordergrund als die Einsetzung der Eucharistie. Die neutestamentliche Lesung mit dem Bericht des Paulus scheint als Schrifttext geeignet. Wo die Fußwaschung nicht Thema ist und besonders gestaltet wird, lässt sich aber auch statt dessen ein Abendmahlsbericht eines der drei synoptischen Evangelien auswählen.

In der Regel halten wir es allerdings für sinnvoller, am Gründonnerstag nur *eine* Eucharistie der Gemeinde zu feiern, an der alle Altersgruppen teilnehmen und so die Einheit der Gemeinde betonen. Allerdings muss diese Feier dann so ausgerichtet sein, dass sich auch alle Altersgruppen, also auch Kinder, darin wiederfinden und entsprechend ihren Fähigkeiten mittun können.

Reihe Kreuz: Der Gründonnerstag steht bereits unter dem Zeichen des Kreuzes, im Leidenshorizont. Doch gerade das Kreuz schafft Erlösung und Verbindung: Gott bindet sich durch das Kreuz Jesu neu an die Menschen – neuer Bund. Dieser Gedanke kann – auch in Gottesdiensten der ganzen Gemeinde – durch eine Zeichenhandlung der Kinder deutlich werden: Die Kinder befestigen ein Kreuz aus dunklem Tonpapier am Altar. In den oberen Teil dieses Kreuzes kleben sie ein Gottessymbol (Hand, Wolke, Sonne ...). In den unteren Teil bringt jedes Kind ein kleines Kärtchen mit seinem Namen (oder seinem Bild) an. Zwischen Gottessymbol und Kindernamen werden Kelch und Brotschale aus gelbem Tonpapier geklebt: Die Eucharistie verbindet uns mit Gott und untereinander. Dies geschieht auf dem Hintergrund des Kreuzes Jesu, seines Leidens und Sterbens für uns.

Fußwaschung heute: Da das liturgische Spiel der Fußwaschung nicht allein von Kindern, sondern auch von vielen Erwachsenen als komisch und für unsere Zeit unpassend empfunden wird, sollte der wichtige Sinn dieser Beispielhandlung Jesu auf andere Weise ausgedrückt werden. Es geht ja nicht darum, das nachzuahmen, was Jesus damals in seiner Zeit und Kultur getan hat, sondern aus der gleichen Liebe heraus wie er heute in unserer Zeit zu handeln. Möglich ist deshalb eine veränderte Zeichenhandlung: Nicht die Füße einiger Auserwählter werden gewaschen, sondern alle kommen nach vorn, die Priester (oder Gottesdienstleiter) schüttet jedem Wasser über die Hände. Wir dienen einander, indem wir uns helfen, für die Gemeinschaft mit Jesus bereit zu werden.

Weiterführung nach dem Gottesdienst

Der Brauch mancher Gemeinden, nicht nur in der Osternacht, sondern auch am Gründonnerstag im Anschluss an den Gottesdienst zu einer Agapefeier einzuladen, sollte unterstützt werden. Auch Familien mit Kindern sollten an dieser Gemeindefeier teilnehmen, selbst wenn es für die Kinder etwas spät wird. Gerade an diesem Abend – und ebenso in der Osternacht – sollte die Gemeinde zusammen sein, den Abend, die Nacht miteinander begehen.

Ähnliches gilt für die Anbetungsstunden, die in vielen Gemeinden dem Abendmahlsgottesdienst folgen. Es ist kaum zu erwarten, dass Kinder nach dem oft langen Abendmahlsgottesdienst noch ein oder mehrere Stunden in stillem Gebet verharren oder gestaltete Gebetsstunden mitvollziehen können. So bietet sich an, für Kinder einen kleinen Impuls zu setzen. Eine Gemeinde etwa lud die Kommunionkinder und ihre Familien nach dem Abendmahlsgottesdienst zu einem gemeinsamen Essen ins Pfarrheim, die Tischgemeinschaft der Eucharistie wurde fortgesetzt. Danach ging man zu einem gemeinsamen Abendgebt vor ausgesetzter Eucharistie in die Kirche zurück und schloss die Feier mit dem eucharistischen Segen.

(C 25) Karfreitag

Zu den Schrifttexten

Jes 52,13-53,12: *Der leidende Gottesknecht.* Das vierte Gottesknechtlied im Buch (Deutero-) Jesaja stellt den Höhepunkt der Aussagen über den leidenden, aber dann von Gott erhöhten Gottesknecht dar. Der lange Text ist in drei Stücke gegliedert: 1. Gott spricht und kündigt die Erhöhung seines Knechtes an, er wird erhoben – auf den Platz, der Gott zukommt. 2. Angeregt durch diese Gottesrede bedenkt einer (der Prophet) stellvertretend für die Gemeinde rückblickend das Leiden dieses Gottesknechtes und erkennt seine Heilsbedeutung: Dieser Gottesknecht, der von klein an geschlagen, abgesondert, gebeugt war, hat sein Leiden aus freien Stücken auf sich genommen, um stellvertretend für alle zu sühnen. Für »die vielen« nahm er Leid und Schuld auf sich bis zum Tod und zum Grab. 3. Gott verheißt seinem Knecht Rechtfertigung vor allen und Wiederherstellung seines Lebens. Was darunter genau zu verstehen ist, lässt sich aus dem Text nicht erkennen. Wer ist nun mit diesem Gottesknecht gemeint? Während Deuterojesaja an anderen Stellen damit das Volk Israel meint, blickt die Darstellung der vier Gottesknechtlieder auf eine individuelle Gestalt, die aber alle geschichtliche Erfahrung übersteigt. Nicht eine bestimmte Person aus vergangener oder künftiger Geschichte ist es, sondern eine Person, in der sich die idealen Züge eines Propheten und Königs vereinen. Es ist deshalb legitim, dass Christen diesen Text auf Jesus beziehen.

Hebr 4,14-16; 5,7-9: *Der erhabene Hohepriester.* Die Aussagen des Hebräerbriefes sind für heutige Hörer nur schwer einzuordnen, da sie auf einer typologischen Deutungsweise des Alten Testamentes beruhen, die wir kaum nachvollziehen können. Die Stichworte vom (Hohen-)Priestertum in diesem Text etwa beziehen sich auf die kultische Gesetzgebung des Mose. Der Hohepriester ist dabei Mittler zwischen Gott und dem Volk. Jesus nun ist größer als der Typus des alttestamentlichen Hohepriesters, er ist der »Urheber des ewigen Heils« für alle. Die Mittlerschaft Jesu bedeutet eine doppelte Anbindung: Er ist ganz auf Seiten des Menschen, hat mit den Menschen bis ins Tiefste gelitten und ist versucht worden. Er ist aber ebenso ganz auf Seiten Gottes, durchschreitet als Weltenherr die Himmel, ist Sohn und Hohepriester. In dieser doppelten Ausrichtung ist Jesus der Mittler, der durch sein Leiden am Kreuz den Menschen Heil gebracht hat, er ist der leidende Gottesknecht (vgl. die erste Lesung), der für alle eintritt. Er geht den Weg mit den Menschen.

Joh 18,1-19,42: *Das Leiden unseres Herrn Jesus Christus.* Die Leidensgeschichte nach Johannes hat einen anderen Charakter als die drei synoptischen Leidensgeschichten. Steht dort das Leiden Jesu, seine Erniedrigung und Gottverlassenheit, seine Schmerzen und seine Ohnmacht im Vordergrund, so erscheint Jesus in der Johannespassion als der Erhabene, der freiwillig seinen Leidensweg zum Kreuz geht, um entsprechend der Schrift Gottes Willen zu erfüllen. Hinter seinem Leiden und Sterben am Kreuz ist bei Johannes immer seine Erhöhung und Herrlichkeit zu erkennen. Dies wird besonders deutlich im Thema »Jesus, der König«. Während des Prozesses vor Pilatus erscheint Jesus als gottgesandter König, nicht als politischer Machthaber, sondern als Messiaskönig, der die Menschen zur Entscheidung, zum Glauben oder zum Unglauben auffordert. Jetzt nämlich ist die vom Vater vorgesehene Stunde, in der das Heil die Menschen erreicht, in der aber auch das Gericht erfolgt – die Scheidung der Glaubenden (der Kirche) und der sich dem Glauben Verweigernden. Deutlicher also als bei den Synoptikern gehören Karfreitag und Ostern, Tod und Auferstehung Jesu zusammen. Die Erniedrigung am Kreuz bedeutet die Erhöhung zur Herrlichkeit Gottes. Die Leidensgeschichte stimmt in diesen Aussagen mit den beiden Lesungstexten des Tages gut überein.

Schrifttext und Familien mit Kindern

Der Karfreitag stellt für Christen einen besonderen Tag dar. Er ist geprägt von dem Dunkel des Leides und des Todes, ein Tag mit bedrückender Stimmung. Während der Karfreitag für evangelische Christen der höchste Feiertag im Jahreskreis ist, hat er bei katholischen Christen – verglichen mit Ostern – einen geringeren Stellenwert. Das zeigt sich auch im Gottesdienstbesuch. In den Gottesdiensten (sowohl der Karfreitagsliturgie am Nachmittag wie auch eines Kreuzweges für Kinder am Vormittag) muss deshalb die Sinngebung dieses Tages, aber auch sein Zusammenhang mit Ostern zur Sprache kommen. Dabei bieten die Schrifttexte gewisse Hilfen.

Beide Lesungstexte sind in Sprache und theologischem Gehalt selbst für Erwachsene schwierig, für Kinder fast unmöglich zu verstehen. Die Leidensgeschichte des Evangeliums ist zwar theologisch auch äußerst konzentriert, kann aber von Kindern verfolgt und aufgenommen werden. Allerdings muss dabei die Frage nach der Länge des Textes beziehungsweise des ganzen Gottesdienstes gestellt werden (vgl. unten).

Von der geheimnisvollen Gestalt des Gottesknechtes her wird ein Blick auf Jesus und das Geheimnis seines Leidens, Sterbens und Auferstehens ermöglicht. Er ist der leidende Gottesknecht, der sein Leben für die vielen gibt, der durch das Leid hindurch zur Erhöhung und Herrlichkeit gelangt – Themen, die auch in der Johannespassion anklingen.

Von den Schrifttexten her darf die Aussage der Gottesdienste am Karfreitag aber nicht allein beim Leiden und Sterben Jesu stehen bleiben. Es geht – entsprechend der Absicht des Johannes – immer um ein Zeugnis für heutige Menschen, damit sie zum Glauben gelangen. Es geht also für uns um die Entscheidung zum Glauben und darum, diesen Glauben an den gekreuzigten Herrn auszudrücken. Das in den Schrifttexten gehörte Wort Gottes bedarf der gläubigen Antwort in Wort und Tat.

Ein Karfreitagsgottesdienst braucht demnach die Kreuzverehrung als Antwort der Gemeinde. Auch das gemeinsame Mahl der Kommunion stellt eine Antwort auf das Geschehen dar: Der gekreuzigte und am Kreuz erhöhte Herr ist in unserer Mitte. Von ihm her und entsprechend seinem Vorbild erhalten wir die Kraft zu einem Leben aus dem Glauben und in der Liebe zu den Menschen.

Gestaltungsideen für den Gottesdienst

Die Karfreitagsliturgie der Gemeinde ist in der Regel für Kinder nicht nur zu lang, sondern auch zu empfindlich gegenüber dem Bewegungsdrang und der Unruhe der Kinder. Um an diesem Tag Störungen durch Kinder zu vermeiden, die sonst eher zu akzeptieren sind, wird in vielen Gemeinden am Vormittag des Karfreitag ein Kinderkreuzweg durchgeführt, der das Thema dieses Tages kindgemäß aufbereitet. Hier können die Anregungen sowohl der drei Reihen (für die drei Lesejahre) wie auch einzelner Gestaltungsideen übernommen werden.

Wo dies nicht möglich ist, können auch in der Karfreitagsliturgie der Gemeinde einzelne Elemente so gestaltet werden, dass sich Kinder daran beteiligen (Kreuzverehrung ...). Allerdings muss überlegt werden, ob der Wortgottesdienst nicht gekürzt und vereinfacht wird, um die Aufnahmemöglichkeit der Kinder nicht zu überfordern.

Reihe Kreuz: Der Karfreitag stellt uns das Kreuz Jesu vor Augen. Das Kreuz bewirkt unser Heil und unsere Erlösung. Im Blick auf das Kreuz Jesu bedenken wir aber auch unser eigenes Leid, unser persönliches Kreuz. Das kann durch eine Zeichenhandlung dargestellt werden. Die Gottesdienstbesucher haben bereits am Palmsonntag kleine Kreuze aus grauem Tonpapier erhalten (oder erhalten sie jetzt am Eingang) mit der Aufforderung zu überlegen, was ihr persönliches Kreuz und Leid ist (eventuell darauf in Stichworten zu notieren.). Diese kleinen Kreuz werden zur Kreuzverehrung nach vorn gebracht und rund um das Kreuz Jesu gelegt. Wir verbinden unser

Kreuz mit seinem. Er nimmt stellvertretend für alle Menschen das Kreuz auf sich und schafft Versöhnung und Heil.

Der Kreuzweg in unserer Kirche: In den meisten Kirchen befindet sich an den Wänden ein Kreuzweg mit vierzehn, manchmal auch weniger Stationen. Oft sind während der Österlichen Bußzeit Kreuzwegandachten, die aber von Kindern selten besucht werden. So bietet es sich an, am Karfreitag mit den Kindern den Kreuzweg zu gehen und sie mit den Darstellungen der Kreuzwegstationen und

darüber mit dem Leiden Jesu vertraut zu machen. So können sie zu einer Antwort des Glaubens ermuntert werden, sie können im zweiten Teil des Gottesdienstes zu einer Verehrung des Kreuzes und damit zu einem Bekenntnis ihres Glaubens gelangen. Die Kreuzverehrung kann herkömmlich durch Kniebeuge, eventuell auch durch Berührung des Kreuzes mit der Hand (Kreuz erfahrbar machen) geschehen. Sie kann aber auch durch das Schmücken des Kreuzes mit Blumen oder anderem erfolgen.

Weiterführung nach dem Gottesdienst

In manchen Gemeinden besteht der Brauch, am Karsamstag ein »Heiliges Grab« in der Kirche aufzubauen und die Gemeinde zum stillen Gebet einzuladen. Vielleicht ist es möglich, innerhalb dieses Brauchtums eine Zeit für Familien mit Kindern zu bestimmen, zu der man dann für ein kurzes Gebet zusammenkommt.

Die Kinder können eingeladen werden, entsprechend der Kreuzverehrung in der Kirche ein Kreuz im häuslichen Bereich ebenfalls zu schmücken und so besonders herauszustellen. An Ostern kann dann zu diesem Kreuz eine Osterkerze gestellt werden, um so die Einheit von Tod und Auferstehung, Karfreitag und Ostern auszudrücken.

(C 26) Osternacht

Zu den Schrifttexten

In den Bänden zu den drei Lesejahren sind die Anmerkungen zu den Schriftstellen wie folgt aufgeteilt:

Lesejahr A: 2. Lesung (Gen 22,1-18)
                7. Lesung (Ez 36,16-28)
                Evangelium (Mt 28,1-10)
Lesejahr B: 3. Lesung (Ex 14,15-15,1)
                8. Lesung (Röm 6,3-11)
                Evangelium (Mk 16,1-8)
Lesejahr C: 1. Lesung (Gen 1,1-2,2)
                4. Lesung (Jes 54,5-14)
                Evangelium (Lk 24,1-12)

Gen 1,1-2,2: *Der Bericht von der Schöpfung.* Der priesterschriftliche Bericht von der Schöpfung ist anders als der ältere Bericht in Genesis 2 zur Zeit des Exils geschrieben. Er möchte dem Volk im Exil Mut und Hoffnung machen, dass Gott nicht nur am Anfang, sondern auch danach immer wieder in die Geschichte eingreift und durch sein Wort eine

Neuschöpfung bewirkt. So stellt dieser Bericht Gott als Souverän hin, der allein durch sein Wort die Welt schafft und alles in Bewegung bringt. Dieses hoheitliche Wort schafft Leben, es bringt Ordnung ins Chaos, es bewirkt einen Neubeginn – alles hoffnungsvolle Verheißungen für den erhofften Neubeginn nach der Verbannung ins Exil. Der Bericht zielt schließlich auf die Ruhe Gottes am siebten Tag und damit auf die Ruhe des Sabbats. Auch darin ist der Mensch Ebenbild Gottes, dass er nach der Arbeit einer Woche zur Ruhe und Freude des siebten Tages findet. Wenn er dies tut, dann spielt er sich auf die Ordnung Gottes ein, er wird Bewahrer und Hüter, er wirkt mit an der Schöpfung. Dieser Text macht wie alle Texte der biblischen Urgeschichte keine historischen Aussagen über die ersten Menschen, sondern benennt theologische Grundlinien, die für alle Menschen, für die ganze Menschheit gelten: Wir sind Gottes Geschöpfe, wir sind hineingenommen in seine Ordnung, wir sind berufen, in Arbeit und Ruhe zu Hütern und Bewahrern, zu wahren Herren unserer Welt zu werden.

Jes 54,5-14: *Mit großem Erbarmen hole ich dich heim.* Die Kapitel 40-55 des Buches Jesaja werden einem uns unbekannten Propheten im Exil (»Deuterojesaja = der zweite Jesaja«) zugeschrieben und stellen ein Buch des Trostes und der unbegreiflichen Hoffnung angesichts der bedrückenden Situation des Volkes im Exil dar. Diese Botschaft der Hoffnung wird in unserem Text durch zwei Bildworte dargestellt. Israel wird als Frau bezeichnet, der sich Gott vermählt. Selbst als verlassene und verhärmte Frau vergisst Gott seine Jugendliebe nicht, er wendet sich ihr voll Erbarmen zu und nimmt sie neu an. Das zweite Bild stellt Jerusalem dar als kostbaren Tempel, in dem Gott seinen Platz mitten unter den Menschen nimmt. Kerngedanken dieses Textes, die in Bezug zu Ostern stehen, sind: Neubeginn, erbarmendes Handeln Gottes, Neuschöpfung und Gegenwart des Herrn.

Schrifttext und Familien mit Kindern

Die Feier der Osternacht, das Zentrum christlicher Liturgie, ist so reich an liturgischen Riten, an Symbolen und Zeichen, dass die Schrifttexte von den Besuchern eher am Rand wahrgenommen werden. Dies gilt vor allem, wenn sie nicht eingebettet sind in einen »Roten Faden«, der der Gemeinde durch ein Zeichen und durch verbindende Texte deutlich wird. Durch die Fülle der möglichen Texte (insgesamt bis zu neun, die allerdings wohl kaum irgendwo alle gelesen werden) droht zudem eine Überforderung heutiger Hörer. Hinzu kommt als anderer Aspekt, dass einige dieser Texte (etwa Schöpfungsbericht und Durchzug durch das Meer) so bekannt sind, dass ihre Kernaussagen nur dann vernommen werden, wenn entsprechende Hörhilfen gegeben werden.

Wir halten deshalb eine Gestaltung der Liturgie für unerlässlich, die nicht nur eine Auswahl der Texte vornimmt und passende

Lk 24,1-12: *Die Frauen am Grab.* In den neutestamentlichen Schriften wird von der Auferstehung Jesu sowohl in Bekenntnisformeln gesprochen, die aus der (Tauf-) Liturgie der ersten Gemeinden stammen, als auch in erzählenden Texten, den Ostererzählungen der Evangelien. Aber auch die letztere Sprachform bedeutet keinen historischen Bericht über das Geschehen an Ostern, sondern spiegelt narrativ die Erfahrungen, die die Jünger(innen) mit dem Auferstandenen machten und die sie aus Resignation und Angst herausführten zu einem befreienden Glauben. So dürfen wir an Texte wie diese Perikope nicht mit den Fragen unserer Zeit herangehen (Was ist da geschehen? Wie ist Auferstehung naturwissenschaftlich denkbar? ...). Vielmehr gilt es, die Kerngedanken dieses Textes für unseren Glauben fruchtbar zu machen: Wer Jesus suchen will, darf nicht zum Ort des Todes, zum Grab gehen – Jesus ist der Lebende. Wer sich an Jesus bindet, kann alle Sinnlosigkeit und Resignation zurücklassen und froh seinen Weg gehen – Jesus ist uns vorausgegangen. Wer an Jesus glaubt, der findet selbst Leben und Auferstehung.

Lieder auswählt, sondern die dem ganzen Gottesdienst eine verbindende Linie gibt, die auch in den einzelnen Jahren wechselt (vgl. dazu: Hermann-Josef Frisch, Deine Auferstehung preisen wir. Heilige Woche mit Symbolen feiern, Mainz 1995). In den Gestaltungsreihen der drei Lesejahre (Licht, Stein, Kreuz) legen wir dazu drei Beispiele vor.

Zu den einzelnen Texten:
– 1. Der erste Schöpfungsbericht (Gen 1) ist einer der großen Beispiele jüdischen Glaubens. Von seiner Gesamtgestalt und Sprachform her sollte der Text nicht in der Kurzfassung gelesen werden (nur »Erschaffung des Menschen«), sondern im Volltext, vielleicht an einigen Stellen um einzelne Verse gekürzt und vereinfacht. Einführende Worte sollten darauf hinweisen, dass dieser Text ein Loblied auf den Schöpfergott, somit ein theologischer Text, ist. Naturwissenschaftliche Fragestellungen gehen an seiner Aussageabsicht

vorbei (etwa die Frage nach dem Zeitraum von sechs Tagen). Auf die Beziehung des Menschen zu Gott und seine Aufgabe in der Welt sollte einführend ebenfalls hingewiesen werden.

– 2. Die Abraham-Isaakerzählung (Gen 22) ruft bei unseren Gottesdienstbesuchern in der Regel erhebliche Verständnisschwierigkeiten hervor: Wie kann Gott so etwas von Abraham fordern? Wenn es möglich ist, die verschiedenen Schichten dieses Textes zu erläutern (vgl. B 19: vorisraelitische Ortserklärung, Verbindung mit der Abrahamsgeschichte, Anfrage an den Glauben der Hörer), kann die Perikope auch für uns zu sprechen beginnen. Dies wird jedoch kaum in einer Osternacht zu leisten sein, so dass dieser Text in der Regel nicht gelesen werden sollte.

– 3. Anders ist es dagegen mit der Erzählung vom Durchzug durch das Meer (Ex 14). Dieser Text ist einer der Grundtexte jüdischen, aber auch christlichen Glaubens. Glaubende Menschen beider Religionen erfahren Gott als helfend und befreiend. Diese Glaubenserfahrung wird in dem Lesungstext in einer dramatischen Weise ausgedrückt. Auch hier sollten vor dem Lesen kurze Verständnishilfen gegeben werden: Es geht nicht um die Frage, was da beim Wegzug Israels aus Ägypten wirklich passiert ist, sondern um ein Bekenntnis zu Gott, der sich unterdrückten Menschen zuwendet, sie als sein Volk erwählt und ihnen auf ihrem Weg hilfreich zur Seite steht. Zu diesem vertrauensvollen Bekenntnis sollen Menschen auch heute durch diese alten Texte geführt werden.

– 4. Der erste Jesajatext (Jes 54) greift das Thema Neuschöpfung, Neubeginn in einer anderen Weise auf als Genesis 1. Dennoch klingt in diesem Text das Grundthema auch der christlichen Feier von Ostern an: Gott wendet den Tod, er schafft neues Leben, ermöglicht einen Neubeginn. Ihm dürfen sich Menschen zu allen Zeiten vertrauensvoll zuwenden. In der Osternacht werden Gottesdienstbesucher offen für diese Botschaft sein. Allerdings muss ihnen die fremde Sprachform der bildhaften Prophetenrede (Israel als Frau, Gott als Gemahl) durch eine entsprechende Einführung zugänglich gemacht werden.

– 5. Der zweite Jesajatext (Jes 55) mit seiner prophetischen Gottesrede drückt die freudige Hoffnung aus, dass Gott sein Volk nicht verlässt, sondern mit ihm einen neuen Bund schließt. Diese Zuwendung Gottes gilt in der Sicht des Propheten zuerst dem Volk im Exil, aus christlicher Sicht lesen wir diesen Text im Blick auf unsere Situation: Gott wendet sich auch uns zu. Er ist uns in den Dunkelheiten unseres Lebens nahe und holt auch uns aus der Not heraus. Dieser Gedankengang passt zu Ostern. Weil allerdings Ostern und die Neuschaffung des Lebens nicht ausdrücklich thematisiert werden, wird diese Lesung selten vorgetragen.

– 6. Für die Umkehrpredigt des Baruch (Bar 3-4) gilt Ähnliches. Hier ist zwar ein Bezug zur Schöpfung, es wird darauf verwiesen, dass die Herrlichkeit Gottes in der Schöpfung erkannt werden kann. Dennoch haben wir keinen direkten Bezug zu diesem Text. Wohl aber kann das Bild vom Leben und Tod genutzt werden, das sich aus dem Verhältnis der Menschen zur göttlichen Weisheit ergibt. Übertragen gesprochen: Wer sich an Gott bindet, der findet in jeder Situation zum Leben.

– 7. Bei der Ezechiel-Lesung (Ez 36) macht vor allem die zweite Hälfte entscheidende Aussagen. Sie beziehen sich auf das Volk Gottes und sein Verhältnis zu den anderen Völkern (Zeichen für Gottes Macht und Herrlichkeit), auf das Symbol des Wassers als Reinigung und Bereitmachen für Gott (Verbindung zur christlichen Taufe), auf die Umkehr zu einem neuen Leben aus göttlichem Geist. Von diesen Stichworten her gibt es Ansatzpunkte für eine Verbindung dieses Textes zum Leben von Christen heute.

– 8. Der Abschnitt aus dem Römerbrief (Röm 6) steht in unmittelbarer Beziehung zur Tauffeier der Osternacht, beziehungsweise zur Tauferneuerung. Wenn auch das Bild des Begrabenwerdens und Auferstehens auf die Taufe hin erläutert werden muss, so verstehen die Gottesdienstbesucher diesen Text vergleichsweise schnell. In der Regel wird diese Lesung deshalb in der Osternacht vorgetragen.

– 9. Die Evangelien (Lk 24; in A: Mt 28; B: Mk 16) gehören zum zentralen Bestand christlicher Osternachtsliturgie.

Gestaltungsideen für den Gottesdienst

Die Feier der Osternacht ist der zentrale Gottesdienst des ganzen Kirchenjahres. An diesem Gottesdienst sollte die ganze Gemeinde teilnehmen und möglichst aktiv beteiligt sein. Dies gilt auch und besonders für die Kinder der Gemeinde. Die späte Uhrzeit (in der Regel nach 21,30 Uhr) muss kein Hindernis sein, an Sylvester etwa gehen Kinder auch spät zu Bett. (Vergleichbares gilt, wenn die Osternachtfeier am frühen Morgen stattfindet.)

Ebensowenig ist die Länge des Gottesdienstes dann ein Problem, wenn die Gestaltung die einzelnen Gruppen der Gemeinde einbezieht und auf sie Rücksicht nimmt. Da die Osternachtfeier reich an Symbolen und Zeichenhandlungen ist, die Kinder ansprechen (Feuer, Kerzenlicht, Wasser ...), finden sie an vielen Stellen Hilfen zum Verständnis des Geschehens. Auch der (längere) Wortgottesdienst muss Kinder nicht überfordern, wenn entsprechende Einführungen in die Texte vorkommen und Lieder und Gebete so ausgewählt und gestaltet sind, dass Kinder sie mitvollziehen können.

In spezieller Weise wird man in diesem Gottesdienst kaum auf Kinder eingehen können. Dennoch können Gestaltungselemente so eingearbeitet werden, dass Kinder damit etwas anfangen können. Dies gilt besonders für die Kommunionkinder eines Jahres. Im Kommunionkurs sollte besonders auf die Feier der Heiligen Woche und auf die Osternacht eingegangen werden. Vielleicht können die Kinder auch vorbereitende Aufgaben übernehmen (etwa Gestaltung der großen Osterkerze oder mehrerer kleiner Kerzen), Sprechen von Texten (etwa die Einführung in Lesungstexte entsprechend dem jüdischen Paschabrauch als

Wechselgespräch zwischen einem Erwachsenen und einem Kind gestalten) ...

Reihe Kreuz: Das Kreuz ist für Christen nicht allein Zeichen für Leiden und Tod, sondern es gewinnt durch die Auferstehung Jesu auch die Bedeutung des Sieges über den Tod, es wird zum Zeichen der Bundestreue Gottes: Wir verkündigen Christus als Gekreuzigten und Auferstandenen. Dies soll durch eine Zeichenhandlung deutlich werden. Am Eingang erhält jeder Gottesdienstbesucher eine Blume (Tulpe, Osterglocke ...). Vom Karfreitag her liegt das große Kreuz der Kirche vor dem Altar, umgeben von den kleinen Pappkreuzen, die die Gemeindemitglieder in der Karfreitagsliturgie darum gelegt haben und die heutiges Leid symbolisieren. Die Kinder nehmen diese kleinen Kreuze zum Osterfeuer mit und werfen sie in das Feuer: Unser Leid vergeht durch die Auferstehung. Im Wortgottesdienst deuten verschiedene Texte das Kreuz. Anschließend erfolgt ein Bekenntnisgang zum Kreuz, das vor dem Altar liegt. Alle schmücken dieses Kreuz mit den Blumen. So wird das Kreuz als Zeichen der Auferstehung gefeiert.

– *Auferstehung – die Welt erblüht:* Um die Auferstehung sinnhaft zu verkünden, bringen die Kinder im Gottesdienst blühende Zweige (dieses Bringen als Prozession oder auch bei entsprechender Musik als Tanz möglich). Sie stecken diese Zweige rund um die Osterkerze zu einem blühenden »Wald« zusammen (Schaumstoffwürfel bereits vorher um die Osterkerze stellen, so dass die Kinder die Zweige nur einstecken brauchen). Passend dazu Texte und Lieder, die vom Neubeginn künden (etwa: »Alle Knospen springen auf«).

Weiterführung nach dem Gottesdienst

Die Feier der Osternacht ist so wichtig, dass sie nicht mit dem Schlusslied der Liturgie beendet werden sollte. Der Brauch einer anschließenden Agapefeier (bei morgendlichen Osterliturgien eines gemeinsamen Osterfrühstücks der Gemeinde) ist sehr zu fördern. Auch Kinder sollten daran – mit all ihrer Le-

bendigkeit – teilnehmen. Die Osterfreude führt uns zu gemeinsamem Tun, zu Essen und Trinken, zu Spiel und Gesang, zu »österlicher Ausgelassenheit«. An vielen Orten übernimmt der Pfarrgemeinderat die Ausrichtung der Agapefeier. Aber auch andere Gruppen der Gemeinde lassen sich dafür ansprechen.

(C 27) Ostersonntag

Zu den Schrifttexten

Apg 10,34.37-43: Wir sind Zeugen für alles. Die Predigt des Petrus ist die Mitte der Erzählung von der Bekehrung und Taufe des Heiden Kornelius. Vier Hauptgedanken prägen diesen Text: 1. Die Mitte der christlichen Verkündigung ist die Botschaft von der Auferstehung Jesu. Diese Botschaft schafft Heil und Leben, Vergebung der Schuld und Hoffnung. Die Auferstehung Jesu ist allerdings nicht beweisbar, auch das leere Grab stellt keinen Beweis dar. Die Botschaft von der Auferweckung beruht vielmehr auf dem Bekenntnis von Zeugen. 2. Damit wird die Aufgabe der Apostel angesprochen: Sie sollen Zeugen sein für den Herrn, den sie als lebend erfahren haben. Aus der Begegnung mit dem Auferstandenen gewinnen sie die Kraft zum Bekenntnis. 3. Dies gilt in besonderer Weise für Petrus, den »Fels« der apostolischen Verkündigung. Auf ihm ruht das Zeugnis der Kirche, er gibt auch durch die Taufe des Heiden Kornelius einen entscheidenden Impuls für die Weitergabe des Glaubens und das Wachstum der jungen Kirche. 4. Das Heil gilt für alle Menschen – auch über die Grenzen des jüdischen Volkes hinweg. Mit dieser Perikope beginnt die Heidenmission, mit diesem Schritt des Petrus wird die Kirche zur Weltkirche.

Kol 3,1-4: Ihr seid mit Christus auferweckt. Der (nachpaulinische) Kolosserbrief kämpft gegen eine in der Gemeinde Kolossä vertretene falsche Lehre an, dass Engelmächte für das Heil der Menschen eine besondere Rolle spielen. Dem wird in dieser Perikope, die an zentraler Stelle im Brief steht, die Bedeutung Jesu, des Auferstandenen, gegenübergestellt. Er ist das neue Leben für die Menschen, nichts sonst, alles andere ist ihm untergeordnet. Wer an ihn glaubt, kommt zu einer Lebensgemeinschaft, zu einer inneren Verbindung, die Erlösung und Heil bedeutet. Nur von ihm, von der Teilhabe an seinem Schicksal, kann der Mensch seinen Weg zu dem finden, was droben ist, zu Gott selbst. Die Gemeinschaft mit Jesus bedeutet deshalb für den Glaubenden auch eine Aufforderung zum Handeln, zum Streben nach dem, was droben ist. Der Kolosserbrief hat eine sehr stark räumlich geprägte Vorstellung: Das Himmlische ist oben, das Irdische unten. Unabhängig von dieser Vorstellungsweise geht es um die Ermunterung der Glaubenden, sich auf Gott hin auszurichten.

1 Kor 5,6-8: Christus ist unser Paschalamm. Paulus wendet sich in seinem Brief an seine Gemeinde in Korinth, um ihr die Bedeutung ihres Glaubens an Christus und die daraus sich für ihr Leben ergebenden Konsequenzen deutlich zu machen. in dieser Perikope greift er in Bildworten auf Deutungen der jüdischen Paschafeier zurück, um daraus Imperative an die Gemeinde zu formulieren. Weil Christus mit den an ihn Glaubenden in besonderer Weise Gemeinschaft hat, ist ihr Leben von Grund auf verändert worden. So muss alles Alte aus ihrem Leben fortgeschafft werden, alles gottwidrige Leben muss geändert werden, »der alte Sauerteig«, Sinnbild für Fäulnis und Verderben, muss entfernt werden. können die Korinther als »ungesäuertes Brot«, also in aller Reinheit, leben. Der Glaube an den Auferstandenen schafft befreites, neues Leben.

Joh 20,1-9: Die Jünger am Grab. Die Perikope ist in zwei Teile gegliedert: Maria von Magdala kommt (allein, die bei den Synoptikern erwähnten Frauen sind hier nicht dabei) zum Grab und findet es leer. Sie kann dies nicht einordnen und geht davon aus, dass der Leichnam Jesu weggeschafft wurde. Danach ergibt sich ein konkurrierender Lauf der zwei im Johannesevangelium wichtigsten Jünger zum Grab: Petrus und »der andere Jünger«, den Jesus liebte. Sie entdecken im leeren Grab die Leinenbinden säuberlich zusammengelegt, was gegen die Vermutung von einem Leichenraub spricht. Diese Binden und das leere Grab werden zu Hinweiszeichen, die für den anderen Jünger ausreichend sind, zum

Glauben an die Auferstehung zu kommen: »Er sah und glaubte.« Mit diesem Satz wird das entscheidende Thema des ganzen Johannesevangeliums nicht nur aufgegriffen, sondern zu seinem Höhepunkt geführt: Es geht bei allen Texten darum, den Hörer zum gleichen Glauben zu führen, der die ersten Jünger als Zeugen des Auferstandenen geprägt hat.

Schrifttext und Familien mit Kindern

Der Osterglaube, der Glaube an die Auferstehung Jesu, damit aber auch an unsere eigene Auferstehung, ist in unserer Zeit vielen fragwürdig geworden. Nur noch ein Teil der Getauften glaubt an die Auferstehung von den Toten. Selbst Christen, die sich an die Gemeinde und ihren Gottesdienst gebunden wissen, haben Schwierigkeiten mit dem Inhalt der Osterbotschaft. Hinzu kommt die Aufgabe, diese Botschaft Kindern verständlich zu machen. Die Gottesdienste an Ostern und in der folgenden Osterzeit können hierzu Hilfen geben. Auch die Perikopen des Ostersonntags bieten Ansatzpunkte für eine Verkündigung in unserer Zeit.

So klingt in den Schrifttexten an, dass es keinen »Beweis« für die Auferstehung Jesu gibt, wohl Hinweiszeichen, vor allem aber das Zeugnis und Bekenntnis der Jünger. Hinter ihre Erfahrung können wir historisch nicht auf irgendein Geschehen am Ostermorgen zurückfragen – es gibt keine Augenzeugen der Auferstehung, die uns darüber ein Protokoll anfertigten. Die Auferstehung Jesu sprengt alle Vorstellungen und Denkstrukturen der Menschen. Wohl aber können wir das vielstimmige Zeugnis der Jünger, allen voran des Petrus, vernehmen und zur Grundlage des eigenen Glaubens machen.

Dabei gibt es in den verschiedenen Schrifttexten des Sonntags unterschiedliche Ansatzpunkte: In der ersten Lesung aus der Apostelgeschichte klingt zum einen das Zeugnis des ganzen Jüngerkreises an, für den Petrus stellvertretend spricht. Zum anderen ist in diesem Text die Rolle des Petrus als des Führers der ersten Christen wichtig. Schließlich führt der Text über die ersten – judenchristlichen – Gemeindemitglieder hinaus zur Mission auch der Heiden, ein Weg also zur Weltkirche. Jedes dieser Themen kann in einem Gottesdienst angesprochen werden.

Die beiden Lesungen aus den Paulusbriefen machen die Veränderungen sichtbar, die sich durch den Glauben an die Auferstehung für die Christen ergeben: Der Glaube an den Auferstandenen verbindet zu einer Lebensgemeinschaft mit Christus, schenkt also auch Hoffnung auf die eigene Auferstehung und richtet so den Blick des Christen neu auf den Gott, der »droben« ist, der also das Ziel des menschlichen Lebensweges darstellt. So wird das Alte (der »alte Sauerteig«) zurückgelassen, Neues beginnt durch Christus und soll von den Christen in seiner Nachfolge begonnen werden.

Das Evangelium verweist auf die neue Sehweise, die durch die Begegnung mit Christus möglich wird. Man sieht nicht allein die äußeren Dinge, sondern man sieht mit dem Herzen, mit den Augen des Glaubens und deshalb tiefer. Im Gottesdienst gilt es, Beispiele für dieses tiefere Sehen auch in heutiger Zeit aufzuzeigen.

Gestaltungsideen für den Gottesdienst

Wenn die Feier der Osternacht für eine Gemeinde als zentraler Gottesdienst wichtig ist, werden daran auch die Familien mit Kindern teilnehmen. So erübrigt sich ein eigener Gottesdienst am Ostersonntagmorgen. Wo allerdings die Mitfeier der Osternacht auf Schwierigkeiten stößt, sollte ein Gottesdienst am Sonntagmorgen die Themen der Osternacht aufgreifen (vgl. dazu A–C 26). In den Bänden zu den drei Lesejahren geben wir zusätzlich jeweils drei verschiedene Anregungen zur Gottesdienstgestaltung am Ostersonntag.

– *Alle sollen glauben können:* Das Thema der Heidenmission, also der Weltkirche, wird durch eine Zeichenhandlung aufgegriffen. Das Auferstehungsevangelium wird vorgetragen und danach feierlich die vor dem Altar stehende Osterkerze angezündet. Von der Osterkerze ausgehend werden dann – wo vorhanden – die zwölf Apostelleuchter der Kirche angezündet, sonst zwölf Kerzen, die rund um die Osterkerze stehen. Danach wird die Apostelgeschichtslesung eingeleitet und darauf verwiesen, dass Petrus diese Predigt vor der Taufe des Heiden Kornelius hält. Nach der Lesung werden von den Apostelleuchtern ausgehend die kleinen Osterkerzen der Gottesdienstbesucher (oder nur der Kinder ...) angezündet: Wir haben unseren Glauben von den Aposteln und ihren Nachfolgern.

– *Herzauge:* Ausgangspunkt ist das bekannte Bild von HAP Grieshaber »Herzauge«. Dieses Bild ist leicht nachzuzeichnen: ein blaues Strichmännchen, das mitten im Körper eine helle Fläche und darin ein rotes Auge hat. Passend dazu der Spruch von St. Exupéry

(»aus »Der kleine Prinz«): »Man sieht nur mit dem Herzen gut.« Die Jünger kommen am leeren Grab zu einem neuen Sehen, sie sehen nicht mehr nur Äußeres (etwa die zusammengefalteten Binden), sondern sie erkennen in diesem Geschehen Tieferes: Jesus ist auferstanden. So sollen auch wir in ihrer Nachfolge zu einem Sehen mit den Augen des Glaubens kommen: Jesus, der Auferstandene, ist uns nahe und begleitet uns.

– *Das Kreuz ist »aufgehoben«:* Ein Kreuz wird mit Stacheldraht umwunden. Darin werden im Gottesdienst bunte Blumen gesteckt. Das Kreuz ist durch die Auferstehung Jesu aus dem Leben der Menschen nicht einfach weggenommen. Aber es ist »aufgehoben«, zu einer neuen Bedeutung erhoben worden – es ist nun Zeichen für Leben und einen Neubeginn nicht allein für Jesus damals, sondern auch für uns heute.

Weiterführung nach dem Gottesdienst

Den Gottesdienstbesuchern sollten kleine Osterkerzen mitgegeben werden. Dies gilt besonders, wenn die erste Gestaltungsidee gewählt wird. Dies kann verbunden sein mit der Aufforderung, am Ostersonntag und den folgenden Tagen diese Kerze brennen zu lassen und dazu vielleicht einen Ostertext der Bibel oder eine andere Ostergeschichte zu lesen.

Zum zweiten Vorschlag kann das Bild von Grieshaber (notfalls auch in einer schwarz-

weiß-Kopie) mitgegeben werden. Dadurch angestoßen können Familien darüber sprechen, an welchen Stellen wir im Leben mit dem Herzen sehen müssen, um tiefere Wirklichkeiten wahrnehmen zu können.

Wo das Kreuz im Ostergottesdienst mit Blumen geschmückt worden ist, können die Familien aufgefordert werden, ein Kreuz in ihrer Wohnung ebenso zu schmücken und dieses Tun als Bekenntnis zur Auferstehung zu verstehen.

(C 28) 2. Sonntag der Osterzeit (Weißer Sonntag)

Zu den Schrifttexten

Apg 5,12-16: Durch die Apostel geschahen viele Zeichen. Der Sammelbericht über das Leben der Urgemeinde in Jerusalem verallgemeinert und typisiert gemeindliches Leben. Damit stellt er diese Gemeinschaft als Vorbild auch späterer Gemeinden hin, sie ist ein Idealbild für Gemeinschaften von Christen zu anderen Zeiten und in anderen Situationen. Dargestellt wird dieses Ideal vor allem an

charismatischen Heilungen, die uns heute weithin fremd, ja befremdlich sind. Aber auch unabhängig von diesen »Zeichen und Wundern«, mit denen die Apostel in der Nachfolge Jesu wirkten, gibt es Grundzüge der Urgemeinde, die diesen Text auch in heutige Zeit hinein sprechen lassen: 1. Die Gemeinde kommt einmütig zusammen. Es gibt also eine Gemeinschaft im Glauben, die unterschiedlichste Menschen zusammenführt und zu gemeinsamem Tun befähigt. 2. Die Gemeinde wirkt zum Heil der Menschen (in Heilungen, Dämonenbefreiungen ...). Menschen suchten damals nach Heil und Sinn ihres Lebens und fanden eine Antwort in der Gemeinde Jesu. 3. Dies macht die Attraktivität dieser ersten Gemeinde aus, Menschen werden durch sie zum Glauben an den Herrn geführt. Die Gemeinde wird in ihrem Zusammenhalt und in ihrer Ausrichtung auf das Heil der Menschen zum Anziehungspunkt, durch den Menschen zum Glauben an Christus finden.

Offb 1,9-13.17-19: Ich bin der Erste und der Letzte. Am Ende des ersten Jahrhunderts während der Zeit der Verfolgung unter Kaiser Domitian geschrieben, möchte die Offenbarung die bedrängten Christen in Kleinasien zum »standhaften Ausharren« in der Zeit der Not ermutigen. Der uns sonst unbekannte Verfasser (nicht identisch mit dem Verfasser des Johannesevangeliums) dieses einzigen apokalyptischen (= »enthüllenden«) Buches des Neuen Testaments nutzt die bildhafte Sprache der Apokalyptik zu einem vielfältigen Bekenntnis zum auferstandenen Christus, der der Herr der Kirche in allen Zeiten ist, auch durch Verfolgungszeiten hindurch. Die Perikope dieses Sonntags (vgl. auch die folgenden) stellt die Berufungsvision des Johannes dar. Er sieht Christus am Herrentag (= Sonntag) inmitten von sieben (= Vollkommenheitszahl) goldenen Leuchtern (= sieben

Gemeinden als Repräsentanten der ganzen Kirche) als Menschensohn, gekleidet wie ein alttestamentlicher Priester und König. Er ist der Erste und Letzte, »Alpha und Omega« (vgl. Osterkerze), Herr über Leben und Tod wie Gott selbst. Von ihm erhalten die Gemeinden, in deren Mitte er ist, Kraft und Hoffnung.

Joh 20,19-31: Der Auferstandene erscheint den Jüngern und Thomas. In dieser Perikope sind drei unterschiedliche Stücke zusammengefasst, die verschiedenen Schichten des Johannesevangeliums zuzuordnen sind: 1. Die Erscheinung Jesu vor den Jüngern und seine Sendung der Jünger. Der Osterglaube der Jünger (und damit der Christen durch alle Zeiten hindurch) beruht auf einem »Sehen des Herrn«, auf einer nicht näher zu beschreibenden Erfahrung am Anfang. Diese Erfahrung verändert die Jünger, sie bilden im Auftrag des Herrn vom Geist erfüllte Kirche, die zu den Menschen gesandt ist. 2. Gegen ein Verständnis des Auferstandenen als Geistwesen mit einem Scheinleib setzt die Erzählung von Thomas den Gekreuzigten mit dem Auferstandenen gleich. Der, den die Jünger auf ganz andere Weise erfahren, ist mit dem identisch, den sie vorösterlich erfahren haben. 3. Diese Erfahrung stellt für Thomas, aber auch für alle Christen nach ihm die Aufforderung zum Glauben dar, ein Glaube, der nicht unangefochten ist, der aber zum Bekenntnis gelangen soll: »Mein Herr und mein Gott«. Wer dies bekennt, der gewinnt das Leben.

Schrifttext und Familien mit Kindern

Glaube in unserer Zeit ist immer angefochtener, nicht selbstverständlicher Glaube. Er muss je neu erworben werden, oft gegen Widerstände, die von außen oder innen auf den Menschen treffen. Zweifel und Glaubensschwierigkeiten, Fragen und Probleme nicht allein mit einzelnen Glaubenssätzen, sondern auch mit den Grundthemen des Glaubens (wie etwa Auferstehung) gehören zum heutigen Leben (und gehörten in anderer Form sicher auch zum Leben anderer Zeiten).

Damit sprechen alle drei Schrifttexte dieses Sonntags trotz ihrer kulturellen und zeit-

lichen Differenz und ihrer bildhaften Sprache (etwa in der Offenbarung) dennoch in die Situation heutiger Menschen hinein. Hier liegen gute Ansatzpunkte für eine Behandlung im Gottesdienst.

Die Lesung der Apostelgeschichte greift das Thema christlicher Gemeinde auf. Heute erleben wir, dass die Gemeinden schrumpfen statt zu wachsen. Oft sind sie überaltert, verlieren in unserer Gesellschaft, vor allem in der jüngeren Generation, an Boden. Viele Menschen suchen nach Heil und gelingendem Leben außerhalb der Kirche und ihrer Gemeinden. So kann in dieser Situation die Lesung zu einer Besinnung führen, was die Christen damals ausgezeichnet hat und sie für Menschen aus nah und fern attraktiv werden ließ. Es war zum einen ihre Einmütigkeit und ihr Zusammenhalt, zum anderen ihr Einsatz für das Heil der Menschen, ihr Dasein für andere in der Nachfolge Jesu. Damit sind zwei Stichworte für eine Überprüfung heutiger Gemeindesituationen gegeben.

Wenn auch die Bedrängnis der kleinasiatischen Gemeinden zur Zeit der Entstehung der Offenbarung anders und stärker war als die Bedrängnis heutiger Gemeinden, so lässt sich dem Text der Offenbarung ein Grundgedanke entnehmen, der Christen zu allen Zeiten und in allen Situationen zu trösten vermag und der ihnen Kraft zum Ausharren und zu einem beständigen Glauben geben kann: Es ist die Bindung an Christus, den Herrn über Leben und Tod, der die »Schlüssel des Todes und des Lebens« in der Hand hält. Wer sich an ihn bindet, gewinnt das Leben (vgl. den Schlussvers des Johannesevangeliums).

Der zweite Abschnitt des Evangeliums thematisiert den Glaubenszweifel eines einzelnen Menschen, der durch die Begegnung mit Christus zum neuen Bekenntnis zum Herrn geführt wird. Nach dem Motto »Was dem Thomas recht ist, kann uns nur billig sein« können die vielfältigen Glaubenszweifel der Christen heute aufgegriffen und als verständliche Reaktion von Menschen angesprochen werden.

Zu diesen Gedanken kommt ein weiterer: In vielen Gemeinden findet an diesem, dem »Weißen« Sonntag die Feierliche Kommunion (Erstkommunion) der Kinder statt. In der Regel bedingt dies eine besondere, vom Kommunionkurs getragene Gottesdienstgestaltung. Die Themen der drei Perikopen, besonders das Thema des Evangeliums (für Thomas eine »Schule des Glaubens«) können durchaus in eine Beziehung zur Erstkommunion gebracht werden. Auch bei dieser Feier geht es ja um die Beziehung von Menschen zum auferstandenen Herrn, durch den sie Leben und Heil finden sollen.

Gestaltungsideen für den Gottesdienst

In den Gemeinden, die an diesem Sonntag Erstkommunion feiern, ergibt sich wahrscheinlich vom Kommunionkurs her eine eigene Gestaltung des Gottesdienstes. Von den Schrifttexten her lassen sich außerdem unterschiedliche Themen erarbeiten:
– *Wie eine christliche Gemeinde aussehen muss:* Die Einmütigkeit und die Bereitschaft, sich zum Heil der Menschen einzusetzen, sind wesentliche Kriterien von Gemeinden aus dem Geist Jesu. Dies kann spielerisch durch einen Kreis dargestellt werden (vgl. auch unten das Wagenrad), den mehrere Kinder um den Altar bilden. Dieser Kreis symbolisiert Gemeinschaft. Danach gehen die Kinder aus dem Kreis heraus zu anderen, helfen ihnen auf und führen sie in ihre Gemeinschaft.
– *Unsere Gemeinde:* Einzelne Gruppen und Dienste der Gemeinde, eventuell auch Einzelpersonen mit kirchlichem Beruf oder mit besonderem ehrenamtlichen Einsatz in der Gemeinde können von ihrer Arbeit berichten. Dabei kommt es vor allem auf die Motivation

an, die diese Menschen antreibt. Sie tun ihren Dienst aus der Bindung an Christus heraus und in seiner Nachfolge. Eventuell kann aus diesem Vorstellen von Gemeindegruppen eine Gottesdienstreihe werden, die die ganze österliche Zeit bis Pfingsten umfasst. Die Schrifttexte der folgenden Sonntage haben durchaus Beziehungen zu diesem Leitthema.
– *Christus hat die Schlüssel über Leben und Tod:* Schlüssel bedeuten Macht, Verfügungsgewalt ... Wenn im Sprachbild der Offenbarung Christus die Schlüssel des Todes hat (und im Gesamtduktus des Textes dann auch die Schlüssel des Lebens), dann wird er als der Herr über Leben und Tod gezeichnet. Er ist der Erste und der Letzte, Alpha und Omega, Anfang und Ende der Welt und jeden menschlichen Lebens. Dies kann von der Osterkerze her gedeutet werden: Kreuz als Zeichen für Jesus, die beiden griechischen Buchstaben als Zeichen für Anfang und Ende, für Leben und Tod, das Licht der Kerze als Hinweis auf Auferstehung ...

– *Das Wagenrad:* In der Lesung aus der Offenbarung ist Christus inmitten der Gemeinden (dargestellt an den sieben Leuchtern). Das gleiche Thema klingt auch in der ersten Lesung und im Evangelium an. Christen haben als ihre innere, verbindende Mitte den Herrn selbst. Mit dem Zeichen eines Wagenrades (am besten ein altes Rad als Holz, möglich auch das leicht abzunehmende Vorderrad eines Fahrrades) kann das veranschaulicht werden: Christus ist die Nabe, die innere Mitte, um die sich alles dreht. Die einzelnen Speichen stellen die verschiedenen Gruppen der Gemeinde dar, die Menschen mit Christus verbinden können. Der Reifen symbolisiert alle Mitglieder der Gemeinde, sie alle bilden eine Gemeinschaft rund um Christus. Sie sind aber auch eine Gemeinschaft untereinander.

Weiterführung nach dem Gottesdienst

Das Thema Gemeinde kann über den Gottesdienst hinaus anklingen. Kinder wie Erwachsene können zu einzelnen Gemeindegruppen und ihren Aktivitäten und Treffen eingeladen werden (»Schnupperbesuche«). Ein Informationsheft kann zu einem besseren Wissen über die Gemeinde, ihre Dienste und Gruppen beitragen. Die kirchlichen Gebäude und Einrichtungen können durch Besuche (»Tage der offenen Tür«) kennengelernt werden (von der Bücherei über den Kindergarten bis zum Altenheim). Haupt- und ehrenamtliche Mitarbeiter können nach der Messe zu Interviews bereitstehen. Eine Pfarrversammlung kann in methodisch vielfältiger Form Informationen über die Gemeinde weitergeben.

Zum Thema »Bindung an Christus« kann den Gottesdienstbesuchern ein gezeichnetes Rad mitgegeben werden, in dessen Mitte ein Christussymbol (etwa Kreuz, Chi-Rho, Fisch, Brot ...) gezeichnet ist. In den Reifen können dann die Namen verschiedener Menschen aus der jeweiligen Familie, aus Nachbarschaft und Freundeskreis eingetragen werden.

(C 29) 3. Sonntag der Osterzeit

Zu den Schrifttexten

Apg 5,27-32.40-41: Man muss Gott mehr gehorchen als den Menschen. Der Blick des Lukas in den ersten sieben Kapiteln der Apostelgeschichte auf die Urgemeinde in Jerusalem zeigt zum einen die Geschichte des Wachsens der Gemeinde, zum anderen aber auch eine zunehmende Verfolgung, die schließlich in der Ermordung des Stephanus gipfelt. Die heutige Perikope steht genau in der Mitte dieser Entwicklung: Nach dem ersten Schritt, in dem nur Petrus und Johannes bedroht werden (Kapitel 3), stehen nun alle Apostel vor dem Gericht der höchsten Autoritäten im Volk. Sie lassen sich jedoch nicht einschüchtern und verweisen auf den eigentlich Handelnden des ganzen Geschehens, auf Gott selbst. Er ist in Jesus und seiner Erweckung tätig geworden, er bietet Israel die Umkehr an, er beauftragt durch seinen Geist die Apostel zum Zeugnis. So können sie sich diesem Zeugnis auch dann nicht verweigern, wenn sie deshalb verfolgt werden. In ihrem Zeugnis steht das Bekenntnis zu Christus, dem auferstandenen Herrn in der Mitte. Er ist der Heiland der Welt.

Offb 5,11-14: Würdig ist das Lamm. Das ganze Kapitel 5, dessen Höhepunkt in dieser Perikope vorliegt, stellt eine Inthronisationserzählung dar, die einen Einblick in die Herrlichkeit des zu Gott Erhöhten gibt. In der apokalyptischen Bildersprache ist Jesus dabei das »Lamm«, das geschlachtet wurde, das am Kreuz sein Leben hingab. Doch dieses Lamm empfängt Macht: Der auferweckte, erhöhte und verherrlichte Herr wird zum Weltenherrn, dem der ganze Kosmos zu Füßen liegt. Entsprechend geschieht ein mehrstufiger Lobpreis dieses erhöhten Königs. Zuerst preisen ihn die Engelchöre, die Mächte des Himmels, dann die ganze Schöpfung in vierfacher Gliederung. Der Schlusssatz führt Bekenntnis (»Amen – ich glaube daran«) und Anbetung als angemessene Antwort auf die Herrlichkeit des Auferstandenen an. In der bildhaften Sprache der Apokalyptik wird die Osterbotschaft vom auferstandenen und erhöhten Herrn ebenso treffend – wenn auch uns heute weithin fremd – ausgedrückt, wie es die Ostererzählungen der Evangelien oder die Bekenntnisse der Paulusbriefe sind.

Joh 21,1-19: der Auferstandene offenbart sich. Das Nachtragskapitel 21 des Johannesevangeliums stammt von späterer Hand, als die Zeugen der ersten Generation bereits gestorben waren. Es schildert in den beiden hier vorliegenden Abschnitten (und in den folgenden Schlussworten, die nicht mehr zur Peri-

kope gehören) das Thema Kirche und ihre Beziehung zum auferstandenen Herrn. So steht folgerichtig die Person des Petrus als des Ersten der Apostel im Mittelpunkt des Textes, ebenso aber der Jünger, »den Jesus liebte«. Der erste Abschnitt ist ein Erscheinungsbericht, der aufzeigt, wie die Jünger auf das Wort des auferstandenen Herrn hin handeln und wie sie von seinem Brot leben. So kann Kirche wachsen: Wo sich die Jünger ganz auf den Herrn verlassen, gelingt das »Menschenfischen« im Übermaß. Der zweite Abschnitt beschreibt die Aufgabe des Petrus im Bild vom guten Hirten (vgl. Joh 10,11ff). Er gewinnt durch das Wort des Herrn und seine Beauftragung besondere Autorität in der Kirche, eine Autorität, die dem Heil aller dienen soll. Diese Autorität muss aus der Liebe zum Herrn erwachsen: Wer mit Jesus verbunden ist, kann in der Kirche auch Menschen untereinander verbinden.

Schrifttext und Familien mit Kindern

Das Grundthema der ersten Lesung und des Evangeliums ist die Verkündigung des auferstandenen Herrn in der und durch die Kirche. Dazu passt auch der Text der Offenbarung, geht es dabei ja auch um den Lobpreis des erhöhten Lammes. Die Schrifttexte dieses Sonntags zielen somit über die Berichte der nachösterlichen Zeit hinaus auf christliche Gemeinden, die sich in dieses Bekenntnis zum Auferstandenen eingliedern, es zielt auf die Weitergabe des Glaubens und auf das Bekenntnis der Christen.

Die Stellung zum Glauben und zur Kirche als Gemeinschaft der Glaubenden ist heute bei vielen Getauften gebrochen. Dabei gibt vielen das kirchliche Amt, besonders das Amt des Papstes, Anlass zum Anstoß. Wo der Auftrag Jesu an Petrus ein Auftrag zur Einheit und zum Dienst war, ist dieses Amt im Verhältnis christlicher Kirchen zueinander oft trennend und behindernd. Was für das höchste Amt in

der Kirche gilt, gilt entsprechend abgestuft auch für andere Ämter in der Kirche.

So kann die Perikope zum Anlass genommen werden, die Aufgabe des kirchlichen Amtes in der Weitergabe des Glaubens und der kirchlichen Verkündigung zu thematisieren. Dazu passt dann auch die erste Lesung mit ihrem Bericht, wie die Apostel – gefragt oder nicht – die Botschaft vom Auferstandenen weitergegeben haben.

Selbst der schwierige Text der Offenbarung kann einen Ansatzpunkt in heutigen Gottesdiensten finden: Es geht in ihm ja um den Lobpreis des Herrn, der mit dem Bildwort des Lammes bezeichnet wird. Dieser Begriff klingt in der Messe etwa im Gebet des Lamm Gottes unmittelbar vor der Kommunion an. Der Lobpreis der Engel und aller Geschöpfe findet sich in der Schlussdoxologie des Vaterunsers und in einer vergleichbaren Weise auch in anderen Gebeten.

Gestaltungsideen für den Gottesdienst

– *Menschen für Jesus fischen:* Die Aufgabe der Kirche zu allen Zeiten ist, Menschen zu

Jesus zu führen und durch Verkündigung, Gottesdienst, Nächstendienst und Sakramente

Gemeinschaft mit ihm zu ermöglichen. Die Perikope vom reichen Fischfang kann in diesem übertragenen Sinn gedeutet werden: Die Jünger, allen voran Petrus, werden beauftragt, Menschen für Jesus zu fischen. Dies kann in einem Spiel dargestellt werden. Ein Spieler als Jesusfigur beauftragt einige andere, ein Fischernetz (Dekorationsnetz ...) auszuwerfen. Sie »fangen« einige andere Spieler und führen sie zu Jesus, bilden zusammen um ihn herum eine Gemeinschaft. Im anschließenden Gespräch wird aufgezeigt, wie heute Menschen für Jesus gefischt werden können: Dies kann nur durch überzeugte und einsatzbereite Christen geschehen (vgl. die erste Lesung).

– *Hirt und Herde:* Das Bildwort vom guten Hirten, der sich für seine Herde einsetzt, ist in erster Linie auf Jesus selbst und seinen Weg bis zum Kreuz anzuwenden (vgl. Joh 10,11ff). Es gilt aber in abgeleiteter Weise auch von Petrus und den anderen Jüngern. Auch sie sollen in der Nachfolge Jesu wie gute Hirten sein, die zum Heil der ihnen in der Kirche Anvertrauten wirken. Weiter abgeleitet gilt dieses Wort von jedem Christen auch heute: Christen sollen einander in Glauben und Leben wie gute Hirten sein, sie sollen auf das Wohl der anderen bedacht sein, einander auf gute Weide führen. Dieses Bildwort kann als Einstieg in den Gottesdienst gewählt werden: Was heißt »gute Weide«, gelingendes Leben heute? Wie können wir einander dabei helfen? Ebenfalls kann als Einstieg das Bild eines Hirten mit einem Schaf gewählt werden. Vielleicht gibt es (etwa in ländlichen Gemeinden) einen Bauern, der mit einem Schaf (oder Lamm) zum Gottesdienst kommen und von seiner Sorge für die Tiere erzählen kann. In vielen Kunstbildern, Kirchenfenstern und Figuren im kirchlichen Raum ist Jesus zudem als guter Hirte dargestellt. Auch solche Bilder und Figuren können mit dem Thema verbunden werden.

– *Jesus loben:* Das Lob Jesu sprechen Menschen heute wahrscheinlich mit anderen Worten aus, als es in der Offenbarung des Johannes geschieht. Dennoch stimmen wir auf unsere Weise ein in den Lobpreis aller Geschöpfe. In diesem Gottesdienst könnten verschiedene Loblieder des neueren Liedguts eingebracht werden, der ganze Gottesdienst einmal einen starken musikalischen Akzent erhalten. Dabei können auch einfach zu spielende Instrumente eingesetzt werden: Handtrommel, Triangel, Klangstäbe ...

– *Jesus verkünden:* Die Apostel verkündigen Jesus als den Gekreuzigten und Auferstandenen, Christen haben Gleiches durch alle Zeiten hindurch getan. Die Lesung der Apostelgeschichte kann leicht nachgespielt werden. Dabei sollten die Kernsätze der Apostelantwort deutlich gesprochen werden, etwa: »Ihr habt Jesus gekreuzigt. Gott hat ihn auferweckt. Dafür sind wir Zeugen.«

(C 29) 3. So Osterzeit

Weiterführung nach dem Gottesdienst

Das Thema Verkündigung spielt in vielen Gemeindegruppen eine besondere Rolle, besonders etwa beim Kommunionkurs oder Firmkurs. Der Gottesdienst fällt in die Abschlussphase des Kommunionkurses (etwa in der folgenden Woche Abschlussfest des Kommunionkurses). So könnte vom Gottesdienst aus darauf verwiesen werden: Christen geben ihren Glauben an die Kinder weiter. Dies geschieht in unterschiedlichen Gruppen der Gemeinde.

Sinnvoll ist es auch, wenn die Eltern für ihre ureigenste Aufgabe der religiösen Erziehung Hilfen erhalten. Dies können Gespräche in Gemeindegruppen sein, hilfreiche Literatur in der Pfarrbücherei, Beratung oder Weitervermittlung zur Beratung in schwierigen Familien- und Erziehungssituationen, Hinweise auf mögliche Hilfen für Familien und vieles andere mehr. Hierzu können auch gemeindliche Einrichtungen und Gruppen beitragen, etwa Kindergarten, Mutter-Kind-Gruppen, Jugendverbände ...

Die Themen »Menschen fischen« und »Hirte sein« können durch passende kleine Bilder von Fischer und Hirten in Erinnerung gerufen werden, die den Gottesdienstbesuchern mitgegeben werden.

(C 30) 4. Sonntag der Osterzeit

Zu den Schrifttexten

Apg 13,14.43-52: *Wir wenden uns jetzt an die Heiden.* Die Perikope ist die Rahmengeschichte rund um eine große Predigt des Paulus, in der er eine Wende in der Geschichte der jungen Kirche deutlich macht. Von Gott geführt, hatte sich die Verkündigung der jungen Kirche zuerst den Juden in Jerusalem zugewandt. Die Steinigung des Stephanus bedeutet einen Einschnitt für diese Verkündigung und führte Missionare über Jerusalem hinaus. Die grundsätzliche Frage, ob Heiden unmittelbar Christen werden können oder den Umweg über die Bindung an das Judentum suchen müssen, wird mit der Erzählung von Petrus und Kornelius beantwortet. Erst durch Paulus und seine Reisen aber geschieht die zielgerichtete Hinwendung christlicher Verkündigung zu den Heiden. Als Konsequenz zeichnet sich – auch in dieser Lesung – der Bruch mit dem Judentum und seinen Einrichtungen (etwa Synagoge) ab. Die junge Kirche sucht einen neuen Weg, der sie für alle Völker öffnet und so zur Weltkirche macht. Für Lukas in seiner Darstellung der Apostelgeschichte ist dieser Weg durch die Vorsehung Gottes vorgesehen: Gott führt seine Kirche zu allen Menschen.

Offb 7,9.14-17: *Eine große Schar aus allen Nationen, Völkern und Sprachen.* Die Offenbarung des Johannes ist inmitten einer Verfolgungszeit der Kirche geschrieben. Sie stellt eine Trostschrift dar, mit der die bedrängten Christen durch den Blick auf die künftige Vollendung durch Gott zum Ausharren und zum beständigen Glauben ermuntert werden sollen. Dies klingt auch in der heutigen Lesung an: Die Verfolgung und Not verbindet Menschen mit Jesus, dem »Lamm, das sein Blut für alle gab«. Zugleich aber werden die Christen auch mit dem erhöhten Herrn durch die kommende Herrlichkeit verbunden. Gott selbst wird jede Not beenden, »die Tränen trocknen«, sie stehen unter Gottes Schutz, sein Zelt ist über sie aufgerichtet. Zu dieser Gemeinschaft der an Jesus Glaubenden und Geretteten gehören Menschen aus allen Völkern. Die Aussage der ersten Lesung, dass das Evangelium allen Menschen gilt, ist hier auf eine andere, bildhaft-apokalyptische Weise wiedergegeben. Gegen alle Not also dürfen Christen darauf vertrauen, dass Gott sie rettet und ihnen Heil schafft.

Joh 10,27-30: *Ich gebe ihnen ewiges Leben.* Die verschiedenen Bildreden zu Hirte und Herde im zehnten Kapitel des Johannesevangeliums greifen das für Johannes zentrale Thema des Glaubens und Unglaubens auf. Jesus wendet sich den Menschen zu wie ein guter Hirt. An den Menschen nun liegt es, auf seine Stimme zu hören, sich an ihn zu halten. Dabei ist für Johannes (und seine Gemeinde) eindeutig, dass nur über die Bindung an Jesus das Heil erlangt werden kann, das »ewige Leben«. Christus ist »der Weg, die Wahrheit und das Leben«. Diese Bedeutung Jesu für das Heil der Menschen liegt darin begründet, dass er eins ist mit dem Vater, dass also in ihm Gott selbst handelt und zum Wohl der Menschen wirkt. Wer sich an Jesus, den guten Hirten, bindet, der erhält Gemeinschaft mit Gott, der erhält auch Gemeinschaft mit den anderen, die glauben.

Schrifttext und Familien mit Kindern

Durch die kirchliche, aber auch gesellschaftliche Entwicklung der letzten Jahrzehnte ist den meisten Christen deutlicher bewusst geworden, dass Kirche Weltkirche aus allen Völkern geworden ist. Zu dieser Bewusstseinsänderung haben besonders das Zweite Vatikanische Konzil und die Arbeit der großen Hilfswerke beigetragen. Auch gibt es inzwischen von vielen Pfarrgemeinden aus direkte Kontakte zu Gemeinden und kirchlichen Einrichtungen in anderen Ländern. Die Thematik der ersten Lesung trifft also heute in eine andere Situation. Für uns ist die Fragestellung nicht mehr, ob man Christ nur über den Weg über das Judentum werden kann. Eher wird bei uns die Frage diskutiert, ob die Zukunft der Kirche nicht bei den Christen der außereuropäischen Länder liegt, ob wir in unserer Gesellschaft den Zugang zum Glauben nicht in einer vergleichbaren Weise verweigern wie damals die Juden, die Paulus in seinem Brief meint. Neben dem Stichwort Weltkirche geht es also in der Lesung auch um die Gefahr, das Heil zu verfehlen.

Aushalten in der Bedrängnis, Stehen zum Glauben auch in schwierigen Zeiten, selbst in Verfolgungssituationen – das gilt natürlich von Christen in vielen Ländern der Welt in stärkerem Maß als bei uns. Dennoch ist uns der Text der Offenbarung auch eine Mahnung und eine Ermutigung zum Glauben: Wer im Glauben standhaft bleibt, der gewinnt das Heil, der erhält von Christus das Wasser des Lebens.

Die Bindung an Christus klingt auch im Evangelium an. Das Verhältnis Christus-Christen wird mit dem bereits aus dem Alten Testament für Gott und sein Volk bekannten Bild des Hirten und der Herde ausgesagt. Wenn dieses Bild auch nicht mehr aus unseren Lebenssituationen stammt, so kann es auch heutigen Menschen von Fürsorge, Führung, Schutz und Hilfe künden. Auch die Kinder können die Aussagekraft dieses Bildes aufnehmen. Dieses Bildwort bietet sich für eine Gestaltung des Familiengottesdienstes am sogenannten »Sonntag des Guten Hirten« in besonderer Weise an.

Gestaltungsideen für den Gottesdienst

– *Menschen aus allen Völkern:* Die Verkündigung des Evangeliums richtet sich nicht an auserwählte Menschen, die Kirche besteht nicht nur aus einem Volk. Menschen aus allen Völkern sollen zur Gemeinschaft der Kirche gehören. Dies kann von den Kindern bei entsprechender Vorankündigung oder bei einer Vorbereitung in kleinen Gruppen dargestellt werden: Verschiedene Kinder kommen in unterschiedlichen Kostümen verschiedener Völker zum Gottesdienst und verteilen sich über die ganze Kirche. Sie symbolisieren Menschen aus den verschiedenen Völkern der Erde. Einige Kinder spielen die Apostel. Vom Altar (= Christus) ausgehend gehen sie in die verschiedenen Teile der Kirche und holen alle zu einer Gemeinschaft rund um den Altar zusammen. In diesem Kreis bleiben sie bis zum Schluss des Gottesdienstes.

– *Wasser des Lebens:* Die Offenbarung nennt das auch im Johannesevangelium vorkommende Bildwort vom Wasser des Lebens. Dieses Symbol kann im Gottesdienst auf Christus bezogen und mit einer Tauferinnerung verbunden werden. Wo möglich wird ein kleiner Zimmerspringbrunnen (lebendiges Wasser) aufgebaut, das Plätschern darf man ruhig hören. Die Bedeutung des Wassers für das Leben von Menschen, Tieren und Pflanzen wird im Gespräch erarbeitet. Danach wird ein Bezug zum Wasser der Taufe hergestellt. In einem Tauferneuerungsgang nimmt jeder von dem Wasser und bezeichnet sich damit mit dem Zeichen des Kreuzes.

Im Evangelium bieten sich drei Bildworte zur Umsetzung in eine gottesdienstliche Gestaltung an:
– *Auf meine Stimme hören:* Ein Kind ruft andere Kinder. Ihre Reaktionen sind unterschiedlich: Einige beachten den Ruf gar nicht; andere hören ihn zwar, bleiben aber, wo sie sind; wieder andere hören den Ruf und kommen zu dem Rufer. Diese Reaktionen kann man mit den Reaktionen von Menschen auf den Ruf des Glaubens vergleichen. Manche achten gar nicht darauf. Andere hören die Botschaft vom Glauben zwar, es ändert sich aber nichts in ihrem Leben. Wieder andere versuchen, dem Ruf Jesu zu folgen und ihr Leben auf ihn hin auszurichten.
– *Aus der Hand reißen:* Etwas in der Hand halten bedeutet, es besitzen, auch es beschützen. So ist dieses Wort Jesu im Blick auf das Bildwort vom Hirten zu verstehen: Jesus wendet sich wie ein guter Hirte den Menschen zu, er trägt in Verantwortung Sorge für sie. Seine Sorge geht so weit, dass er die ihm Anvertrauten gegen falsche Hirten beschützen will.

Wer sich an Jesus bindet, der ist in Gottes guter Hand. Die Kinder können zur Verdeutlichung Szenen spielen, in denen jemand seine Hand auf (oder über) etwas hält und in denen andere es ihm zu entreißen suchen.

– *Der gute Hirt:* (Vgl. auch A 30 und B 30.) Denkbar ist zu diesem Thema eine Bildbetrachtung (etwa die Bilder von Thomas Zacharias, Sieger Köder oder andere Bilder der Kunstgeschichte). Denkbar sind auch Spiele, wie jemand als guter Hirte für andere sorgt und sie auf gute Weide und zu lebendigem Wasser (vgl. Offenbarung) führt. Dazu passt besonders Psalm 23.

Weiterführung nach dem Gottesdienst

Das Thema Weltkirche kann durch verschiedene Materialien (über die großen kirchlichen Hilfswerke zu beziehen) vertieft werden. Ebenso kann ein pfarreigenes Projekt (Partnerschaft, Hilfswerk ...) nach dem Gottesdienst vorgestellt werden. Möglich ist auch, dass im Eingangsbereich der Kirche eine große Weltkugel in Umrissen auf ein Plakat gezeichnet wird und die Kinder zum nächsten Gottesdienst Bilder von Menschen aus aller Welt mitbringen und darauf aufkleben. Eine ähnliche Arbeit kann auch in den einzelnen Familien durchgeführt werden.

Die Kinder können – passend zum zweiten Thema – zu einer Tauffeier eingeladen werden. Ebenso können sie sich nach dem Gottesdienst den Taufbrunnen und die Taufgeräte anschauen.

Das Thema Hirte kann ebenfalls in den Familien fortgeführt werden. Vielleicht gibt es die Gelegenheit, auf einem Sonntagsspaziergang einen Hirten mit Herde zu finden, mit ihm über seine Sorge für die Tiere zu sprechen, die Lämmer der Herde zu bewundern ...So gewinnt das Bildwort Jesu vom guten Hirten an Gestalt.

(C 31) 5. Sonntag der Osterzeit

Zu den Schrifttexten

Apg 14,21-27: Den Heiden die Tür zum Glauben geöffnet. Das Ergebnis der ersten großen Missionsreise des Paulus liegt weniger in den Einzelerfolgen bei der Gründung neuer Gemeinden als vielmehr in der Grundsatzentscheidung, die im letzten Satz anklingt: »Den Heiden ist die Tür zum Glauben geöffnet«. Über den Bereich der judenchristlichen Gemeinden hinaus wird nun das Evangelium verkündet, der Weg zur Weltkirche ist frei. Für Lukas ist dieser entscheidende Schritt unter der Führung Gottes erfolgt. Er sieht die ganze Entwicklung der jungen Kirche, die er in der Apostelgeschichte beschreibt, als Fügung des Heiligen Geistes. Für Lukas ist ferner wichtig, dass die jungen Gemeinden eine Organisationsstruktur brauchen. Entgegen dem, was in den paulinischen Briefen über die eher monarchische Verfassung der Gemeinden (ein »Bischof« als Leiter der Gemeinde) ausgesagt wird, zeichnet Lukas hier das Bild einer presbyterialen Gemeindeordnung: Älteste werden bestimmt und tragen gemeinsam Verantwortung für die Gemeinde. Beide Leitungsformen hat es in der jungen Kirche gegeben.

Offb 21,1-5: Ein neuer Himmel und eine neue Erde. Das Schlusskapitel der Offenbarung ist eine großartige Vision, dass die Menschen durch Gott von allem Leid befreit und zur Vollendung berufen werden. Diese Vision geschieht im Bild der neuen Stadt, des himmlischen Jerusalems, die von Gott zu den Menschen kommt. Jerusalem als Stadt Gottes steht dabei als Gegenbild zu Babel, der Stadt des menschlichen Widerstandes gegen Gott. Um den Menschen das Heil zu schenken, schafft Gott Himmel und Erde neu (vgl. auch die vergleichbare Formulierung in Jesaja 65,11). Der

Mensch kann nunmehr ganz in Gottes Nähe kommen, denn Gott hat sein Zelt unter den Menschen aufgeschlagen (vgl. die alttestamentliche Vorstellung vom Bundeszelt, in dem Gott in seinem Volk anwesend ist). Anders aber als diese alttestamentliche Vorstellung gilt Gottes Heil nun allen Menschen. Aus allen Völkern werden Menschen zu dem einen Volk Gottes (vgl. auch C 30). Das Abschlusskapitel fasst die Ermutigung der verfolgten Gemeinde und die Mahnung zum Ausharren auch in Bedrängnis in einem eindrucksvollen Bild zusammen: Gott wird alle Not wenden, er macht alles neu.

Joh 13,31-35: Liebt einander, wie ich euch geliebt habe. Mit diesem Abschnitt beginnen die johanneischen Abschiedsreden. Nach dem Weggang des Judas zum Verrat gibt Jesus in diesen (fiktiven) Reden seinem Jüngerkreis eine intensive Belehrung über die Grundlinien seiner Verkündigung. Dabei erscheint er als über der Zeit stehend, als bereits der erhöhte und verherrlichte Herr: Mit dem Verrat des Judas nämlich beginnt in der Darstellung des Johannes der Weg Jesu durch das Kreuz hindurch zur Verherrlichung. Von diesem Blickwinkel her nimmt Jesus den Jüngerkreis hinein in seine Verherrlichung. Dies bedingt für die Jünger eine neue Lebensordnung, die Existenzweise der Liebe. Weil im Blick des verherrlichten Jesus die Menschen bereits Erlöste sind, sollen sie wie Erlöste handeln und die gegenseitige Liebe zur Grundlage ihrer Gemeinschaft machen. Das »einander« grenzt die gegenseitige Liebe an dieser Stelle auf die zur Gemeinde Gehörenden ein – die Liebe ist die innere Struktur der christlichen Gemeinde. Die Forderung nach allgemeiner Nächstenliebe ist davon unberührt. Doch die gegenseitige Liebe der Christen stellt gleichzeitig eine Form der Verkündigung dar: Menschen werden so in der Liebe der Christen die Liebe Gottes erkennen können.

Schrifttext und Familien mit Kindern

Die Lesung der Apostelgeschichte scheint für heutige Hörer ein Text zu sein, der sie nicht betrifft. Die genannten Orte kennen wir nicht, die Verhältnisse in Kleinasien (Türkei) sind heute sowieso anders, die Wanderung der Apostel und ihr theologischer Hintergrund sowie die Ausdrucksweise (»der Gnade Gottes empfohlen«, »in das Reich Gottes eingehen« ...) erscheinen ohne Bezug zu uns.

Dennoch gibt es zwei Ansatzpunkte, die auch für heutige Gemeinden trotz einer veränderten Situation bedeutsam sind: Dies ist zum einen der Zielsatz der Perikope: »den Heiden die Tür zum Glauben öffnen«. Zum anderen ist dies die Bestellung von Ältesten als gemeinsame Leitung von Gemeinden. Auch Gemeinden heute muss es darum gehen, Menschen »die Tür zum Glauben zu öffnen«. Dies betrifft sowohl Kinder, die erstmalig in den Glauben eingeführt werden, wie auch Jugendliche und Erwachsene, die – aus welchen Gründen auch immer – den Bezug zum Glauben verloren haben und denen der Glaube neu erschlossen werden muss. Auch die Frage einer gemeinsamen Leitung der Gemeinde hat durch die Entwicklung neuer Gemeindestrukturen in den letzten Jahrzehnten (etwa Pfarrgemeinderat) neue Bedeutung gewonnen. Der Blick auf die Anfänge christlicher Gemeinden kann bei solchen Veränderungen hilfreich sein.

Der Text der Offenbarung ist vielen Erwachsenen bekannt (etwa von Begräbnisgottesdiensten, wo er hin und wieder als Lesung vorgetragen wird). Die Bildworte vom neuen Himmel und neuer Erde, vom himmlischen Jerusalem, vom Zelt Gottes mitten unter den Menschen und die Zusage der Überwindung von Not und Tod spricht Menschen intensiv an. Eher als die Perikopen der vorangegangenen Sonntage kann dieser Text deshalb auch in Familiengottesdiensten eingesetzt werden und den Gemeinden eine Hilfe sein, aus der Ausrichtung auf die von Gott gewirkte Zukunft Hoffnung und Kraft für ein christliches Leben zu gewinnen.

Der Evangelientext mit dem Liebesgebot Jesu bringt die Schwierigkeit mit sich, dass niemand etwas gegen diese Forderung Jesu haben kann, sie aber so allgemein gehalten ist, dass man sie leicht überhört und die Umsetzung in konkretes Tun schwerfällt. Wenn dieser Text behandelt wird, ist es nötig, die allgemeine Aussage durch konkrete Beispiele zu füllen, damit die Gottesdienstbesucher Hilfen für ihre Lebensgestaltung erhalten.

Gestaltungsideen für den Gottesdienst

– *Die Tür zum Glauben öffnen:* Christlicher Glaube ist für viele heute zur unverständlichen Sache geworden. Von da aus ergibt sich die Aufgabe christlicher Gemeinden, immer wieder Türen zum Glauben zu öffnen, Menschen durch diese Türen in den »Raum des Glaubens« eintreten zu lassen. Dies kann durch eine Zeichenhandlung nachgespielt werden: Eine Tür ist aufgebaut (oder wird von zwei großen Kindern mit ihren Armen pantomimisch dargestellt). Mit der Aufforderung, zur Gemeinde und zum Glauben zu kommen, werden Spieler nun durch diese Tür zum Altar geführt. im Gespräch werden mögliche Türen zum Glauben genannt: die Taufe, das Zeugnis glaubender Menschen, die religiöse Erziehung durch die Eltern, durch Kindergärtnerinnen oder Lehrer, die Arbeit im Kommunion- oder Firmkurs ...

– *Für die Gemeinde verantwortlich sein:* Die Erwähnung der Apostelgeschichte, dass Älteste für die Gemeinden bestellt wurden, kann Anlass sein, die Arbeit des Pfarrgemeinderates (als heutigen Kreis der »Ältesten«) anzusprechen. Dazu können Mitglieder des Pfarrgemeinderates geladen werden, die ihre Arbeit vorstellen und ausdrücken, warum sie sich für die Gemeinde einsetzen. Dabei sollte ein besonderer Akzent auf den Aktivitäten liegen, die Kinder und Familien in der Gemeinde betreffen. So können die Gottesdienstbesucher erkennen, dass sich die Arbeit der »Ältesten« zu ihrem Wohl auswirkt.

– *Alles neu machen:* Menschen heute erfahren, dass vieles machbar ist in allen Bereichen des Lebens. Das Vertrauen in menschliche Kraft und Erfindungsgabe ist trotz vielfältiger Bedenken, Rückschlage und Enttäuschungen weithin da. Dies ist aus christlicher Sicht nicht abzulehnen, Menschen tragen von Gott geschenkte Verantwortung für die Gestaltung der Erde. Doch müssen Christen ebenso bedenken, dass nicht alles aus eigener Kraft machbar ist, dass unterschiedliches Leid und vor allem der Tod dem Menschen Grenzen setzt, die er nicht überspringen kann. Es ist also zu unterscheiden zwischen dem, was Menschen tun können und sollen, um unsere Welt zu verbessern, und dem, was wir nicht tun können, wo wir aber unsere Hoffnung auf Gott setzen dürfen. Diese beiden Punkte – Hoffnung auf das Wirken des Menschen und auf das Wirken Gottes – können im Gespräch aufgezeigt, vielleicht durch verschiedene Bilder wiedergegeben werden.

– *Die neue Stadt:* Thema ist die Stadt, von der wir träumen, in der alle Menschen guten Lebensraum haben, Gemeinschaft und Freude finden. Wo es möglich ist, kann eine Gruppe Ideen zu einer solchen Stadt in einer Collage von Bildern oder in kleinen Modellbauten sammeln und in den Gottesdienst einbringen. Dazu passend kann auch eine Diaschau sein: So sieht es bei uns zur Zeit aus. Diese Realität wird unseren Träumen von einer guten Stadt gegenübergestellt. Die Kinder sammeln im Gespräch, was ihrer Meinung nach alles zu einer guten und menschengemäßen Stadt gehört. Die Lesung aus der Offenbarung verbindet diese Träume dann mit der Verheißung Gottes, dass er uns Menschen diese gute Stadt schenken will. Eventuell kann auch die zweite Hälfte des Schlusskapitels der Offenbarung mit der in reicher Bildersprache beeindruckenden Beschreibung der Stadt Gottes hinzugenommen werden (vgl. C 32).

– *Liebt einander, wie ich euch geliebt habe:* Um das Liebesgebot Jesu mit konkreten Beispielen zu füllen, kann auf seine Weise des Umgangs mit Menschen zurückgegriffen werden. Wie ist Jesus auf Menschen zugegangen, welchen Menschen galt seine besondere Zuwendung, für wen hatte er Zeit ...? Von da aus gewinnt die Aufforderung Jesu, einander zu lieben, konkrete Gestalt. Dies sollte dann auf die Gruppen der Gemeinde und ihren Umgang miteinander bezogen werden.

Weiterführung nach dem Gottesdienst

Die Familien können eingeladen werden, darüber zu sprechen, wo sie Türen zum Glauben erfahren haben. Für Kinder ist es dabei interessant, von den Glaubenswegen ihrer Eltern und Großeltern zu hören.

Das Thema Leitungsgremien kann über den Gottesdienst hinaus vertieft werden. So ist es in manchen Gemeinden denkbar, dass die Jugendvertreter des PGR Kinder und Jugendliche zu einem Kreis (Kinderpfarrversammlung) zusammenrufen, um ihre Wünsche an die Gemeinde zu erkunden und dann weiterleiten zu können. Neben dem PGR kann sich auch der Kirchenvorstand mit seinen Aufgaben vorstellen.

Ein Besuch auf dem Friedhof und das Betrachten unterschiedlicher Grabsteine kann die Hoffnung vieler Menschen auf die Hilfe Gottes und auf Neuschöpfung durch ihn deutlich werden lassen.

Zum Thema »neue Stadt« können die Familien dazu ermuntert werden, ihren Wohnort kritisch zu betrachten, Verbesserungen zu überlegen und an die Verantwortlichen heranzutragen.

Das Liebesgebot Jesu kann auf einem kleinen Blatt in schön gestalteter Form vervielfältigt und allen mitgegeben werden. Zu Hause an die Pinnwand gehängt, kann es an das Thema des Gottesdienstes erinnern.

(C 32) 6. Sonntag der Osterzeit

Zu den Schrifttexten

Apg 15,1-2.6.22-29: Der Heilige Geist und wir haben beschlossen. Die grundsätzliche Öffnung des Christentums auf Heiden hin ist von Lukas bereits in früheren Kapiteln der Apostelgeschichte geschildert worden (vgl. C 30 und C 31). In dieser Perikope nun wird diese Entwicklung zu einem normativen Abschluss durch das sogenannte »Apostelkonzil« in Jerusalem gebracht: Die entscheidenden Stellen der Kirche beschließen in formeller Form die Heidenmission ohne den Umweg über eine Konversion zum Judentum (die Beschneidung wäre Ausdruck dafür). Der in Antiochia durch einige aus Jerusalem kommende Judenchristen entzündete Streitfall wird von der dortigen Gemeinde zur Muttergemeinde nach Jerusalem weitergegeben. Dort entscheidet man sich für die grundsätzliche Öffnung der Kirche und vermeidet so, dass die christlichen Gemeinden als jüdische Sekten den Weg ins Ghetto antraten. Die Bedingungen, die am Ende des Textes genannt werden, stammen aus der Gesetzgebung Israels für Fremde, die im Land leben: Enthaltung von Blut (= Leben), Götzenopferfleisch und Verwandtenehe. Diese Forderungen sind aus der zeitgeschichtlichen Situation zu verstehen. Die Perikope stellt die Wende christlichen Glaubens von den Juden zu den Heiden in einer eindringlichen Weise dar. Dieses Geschehen hatte für das Wachsen der Kirche höchste Bedeutung.

Offb 21,10-14.22-23: Die heilige Stadt Jerusalem. Die Offenbarung kommt mit der gewaltigen Vision des himmlischen Jerusalems zu ihrem Höhepunkt und Abschluss. Mit diesem Bild endzeitlicher Vollendung soll der durch Verfolgung bedrängten Gemeinde in Kleinasien Trost und Mut zugesprochen werden: Gegen alle widergöttlichen Kräfte in der Welt wird Christus (»das Lamm«) den Sieg davon tragen, die an ihn Glaubenden in seine Gemeinschaft führen und vollenden. Für sein Bild greift der Verfasser der Offenbarung auf entsprechende Verheißungen alttestamentlicher Propheten, besonders auf Jesaja und Ezechiel zurück. Das neue Jerusalem wird zur Mitte werden, die Völker der Erde werden zu dieser Stadt pilgern. Entsprechend der alttestamentlichen Vorgabe sind die Tore der Stadt durch die Namen der zwölf alttestamentlichen

(C 32) 6. So Osterzeit

Stämme bezeichnet. Wichtiger aber noch sind die Grundsteine mit den Namen der Apostel. Die Gemeinschaft der Erlösten, die Kirche, ruht auf dem Fundament der Apostel. Das neue Gottesvolk also besteht nicht mehr allein aus Juden, sondern aus Juden und Heiden, aus allen Völkern. Ein Tempel als Mitte jüdischer (alttestamentlicher) Glaubenswelt ist deshalb auch nicht mehr nötig. Gott (und Christus, das Lamm Gottes) steht in unmittelbarer Beziehung zu jedem, Gottes Licht erleuchtet alle.

Joh 14,23-29: Der Heilige Geist wird euch alles lehren. Die Perikope ist der ersten johanneischen Abschiedsrede entnommen, einer fiktiven Rede Jesu, in der der Evangelist seiner Gemeinde am Ende des ersten Jahrhunderts gleichsam das Vermächtnis des schei-

denden und zu Gott erhöhten Herrn mitteilen will. Dies beinhaltet entsprechend der theologischen Zielsetzung des vierten Evangelisten folgende Punkte: 1. Auch angesichts der ausbleibenden schnellen Wiederkunft Jesu und damit des Scheiterns der Naherwartung brauchen Christen nicht zu resignieren. Die Erlösung ist durch die Erhöhung Jesu zu Gott bereits geschehen; darüber können sie sich freuen. 2. Der zu Gott Erhöhte ist den Glaubenden nicht fern. Der Tröster und Beistand, der Geist Gottes und Jesu, führt sein Werk auf Erden fort. An ihn können sich die Christen halten; sie brauchen keine Angst und Sorge zu haben. 3. Die Erwartung künftiger Vollendung bedeutet keinen Müßiggang, sondern tätige Liebe in der Nachfolge Jesu. Wer sich an sein Wort hält, wird bereit zur Gottes- und Nächstenliebe.

Schrifttext und Familien mit Kindern

Die in der Apostelgeschichtslesung angesprochene Problematik hat für uns keine Aktualität. Dass Christwerden nicht über den Umweg der jüdischen Religion geschehen muss, ist für uns selbstverständlich. Dennoch steckt in der damals entschiedenen Frage ein Themenbereich, der auch in Zeiten einer sich über alle Völker erstreckenden Weltkirche wichtig ist. Die junge Kirche hat damals mutig den Schritt über bisherige Bindungen und Traditionen hinaus gewagt in neue kulturelle Räume. So nur ist ihr Wachsen im Bereich der Mittelmeerländer möglich geworden. Mutige Wege – unabhängig von bisherigen Traditionen – in neue kulturelle und gesellschaftliche Situationen hinein sind auch heute für das Überleben und Wachsen der Kirche nötig. Inkarnation und Inkulturation sind hierzu Stichworte, die hier nicht näher erläutert werden können. Dennoch bieten sich hier Ansatzpunkte für eine Behandlung dieses Themas in einem Gottesdienst.

Ein weiterer Gedanke liegt in der Art der Konfliktbewältigung, die die ersten Gemeinden durchgeführt haben. Ausgelöst wurde der Konflikt durch Menschen, die ohne Beauftragung Unruhe nach Antiochia brachten, die aus geistiger Enge heraus nicht die Offenheit für

eine neue Gestalt der Kirche besaßen. Solche Menschen gibt es auch heute in unseren Gemeinden, sie belasten das Gemeindeleben oft in hohem Maß. In Jerusalem wurde damals von den Verantwortlichen gemeinsam eine begründete Entscheidung herbeigeführt, die von Offenheit und zugleich dem Bemühen um Einheit geprägt war. So wurden neue Ansätze möglich. Vergleichbare Erwartungen an die Kirchenleitung werden heute oft genug enttäuscht – ein Vorgang, der viele Christen in den Gemeinden enttäuscht und resignieren lässt.

Das Thema der Offenbarung, die neue Welt Gottes, dargestellt an der heiligen Stadt, ist eine Vision von der besseren Zukunft, die Menschen heute beeindrucken kann. Das führt zur Frage, wem Menschen letztlich für ihre Zukunft vertrauen. Vgl. dazu auch C 31.

Zwei Wochen vor Pfingsten klingt im Evangelium das Wirken des Geistes Gottes bereits an. Die Gottesdienstbesucher dürften diese Sätze im Blick auf das Pfingstfest hören. Der Geist ist der Tröster und Beistand auch in schweren Zeiten. Dies gilt für die Kirche allgemein, es gilt aber auch für jeden Christen und seinen persönlichen Lebensweg. Wir bekennen, dass wir durch Taufe und Firmung den Geist Gottes erhalten. Wir dürfen demnach darauf vertrauen, dass er uns auf unserem Weg ebenso beisteht wie damals den Aposteln. Das Thema Wirken des Geistes kann zur Grundlage eines Familiengottesdienstes gemacht werden.

Gestaltungsideen für den Gottesdienst

– *Christen rund um die Erde:* Das Thema Weltkirche kann durch einen Globus (oder ein groß gezeichnetes Plakat mit der Erdkugel) anschaulich werden. Die Kinder kleben Bilder verschiedenster Menschen aus unterschiedlichen Völkern dazu (oder daneben): Kirche ist Kirche in allen Völkern. Dass sich die Kirche in den verschiedenen Kontinenten zunehmend in unterschiedlicher Gestalt zeigt, kann ebenfalls durch Zeichen und Gegenstände aufgezeigt werden. Stark verallgemeinert setzt jeder Kontinent im kirchlichen und gottesdienstlichen Leben unterschiedliche Akzente. Dies kann wie folgt aufgezeigt werden: Afrika: eine Trommel – afrikanische Christen feiern den Gottesdienst als großes (und langes) Fest. Asien: eine Öllampe – asiatische Christen verbinden mit ihren Gottesdiensten Stille und Besinnung. Lateinamerika: geteiltes Brot – lateinamerikanische Christen verbinden Gottesdienst und Nächstendienst, aus ihren Gottesdiensten erwachsen oft soziale Aktionen. Europa: ein Buch – für europäische Christen ist das gesprochene (und geschriebene) Wort im Gottesdienst wichtig. So hat jeder Kontinent seine Besonderheit, alle aber gehören zusammen und können sich gegenseitig bereichern. In einen solchen Gottesdienst kann Musik aus verschiedenen Kontinenten eingespielt, Texte und Lieder aus unterschiedlichen Völkern können übernommen werden. Gegenstände aus unterschiedlichen Kontinenten finden sich heute in vielen Wohnungen und können in den Gottesdienst eingebracht werden.

– *Richtig streiten lernen:* Konflikte zwischen Menschen sind nicht nur nicht zu verhindern, sondern oft auch im Sinne von Entwicklungen unerlässlich. Allerdings geht es sehr um die Frage, wie Konflikte ausgetragen werden. Der in der Apostelgeschichte beschriebene Vorgang macht eine Weise der Konfliktbewältigung deutlich, die – unabhängig von der damaligen, für uns überholten Streitfrage – Modell eines christlichen Miteinander-Umgehens sein kann. Dies kann spielerisch dargestellt werden: Mehrere (nicht nur zwei) Kinder streiten sich. Ihr Streit hat auch Auswirkungen auf andere Menschen (Freunde, Nachbarn ...). Nun werden verschiedene Konfliktbewältigungen aufgezeigt, etwa autoritäres Eingreifen von außen, Rückzug und Resignation einer Streitpartei, Gewalt und Unterdrückung, Unter-den-Teppich-kehren und Nicht-Austragen des Streites ... Solchen unzureichenden Konfliktlösungsversuchen wird gegenübergestellt, wie das Zusammenwirken aller Beteiligten eine Konsenslösung aller möglich macht.

– *Die Stadt Gottes:* (Vgl. dazu C 31.) Die unmittelbare Gemeinschaft der Menschen mit Gott ist der Kern der zweiten Lesung. Dies kann durch eine Zeichenhandlung deutlich gemacht werden, die das Bildwort vom Licht der Herrlichkeit Gottes aufgreift. In die Mitte eines großen Plakats wird ein Licht (eine Kerze ...) gemalt. Die Kinder kleben Bilder von sich rund herum. Von dem Licht aus werden dann Strahlen gemalt, die jedes einzelne Kind erfassen (umfassen). Wir werden einmal in der Herrlichkeit, im Licht Gottes sein.

– *Der gute Geist Gottes in unserem Leben:* Gegenüber Gott, dem Vater, und Jesus können wir über den Heiligen Geist nur wenig aussagen. Das Bekenntnis der Christen zum Heiligen Geist (etwa bei jedem Kreuzzeichen) bleibt somit oft inhaltsleer. Es bietet sich deshalb auch zwei Wochen vor Pfingsten bereits an (vielleicht als Start einer kleinen Reihe), über das Wirken des Heiligen Geistes zu sprechen. Dabei kann die Bezeichnung des Geistes als Beistand und Helfer Ausgangspunkt sein. Die Kinder können Situationen schildern, wo sie Sorgen hatten, Angst empfanden, Hilfe brauchten. Vielleicht haben manche dann auch die Erfahrung gemacht, dass auf einmal von selbst oder durch das Wirken anderer Menschen alles anders wurde, Hoffnung und neuer Mut entstanden. Wenn Christen sagen, dass Gottes Geist in Menschen wirkt, dann spricht dieses Bekenntnis aus der Erfahrung vieler Menschen, dass es im Leben immer wieder Situationen des Beistandes und der Hilfe gibt. Solche Veränderungen zum Guten schreiben Christen dem Eingreifen Gottes – auch durch das Wirken von Menschen – zu, seinem Geist. In vielen Vorlesebüchern zum Thema Religion finden sich Geschichten, die von solchen Erfahrungen künden und die Bestandteil eines Familiengottesdienstes zum Thema Geist Gottes sein können.

Weiterführung nach dem Gottesdienst

Die Kinder und ihre Familien können Informationen sammeln über Menschen in anderen Völkern und über die Kirche in anderen Ländern und ihre Besonderheit. Dies kann über längere Zeit geschehen und immer einmal wieder mit dem Gottesdienst verbunden werden. Vielleicht gibt es auch eine Partnergemeinde in einem anderen Land oder ein Hilfsprojekt, das von der Gemeinde unterstützt wird, so dass kontinuierlich Informationen darüber fließen können.

Zum Thema Stadt Gottes vgl. C 31. Das Thema Geist kann durch Texte und Lieder weitergeführt werden, sowohl aus dem Gotteslob wie aus neuerem Liedgut. (Vgl. dazu auch C 34.)

(C 33) Christi Himmelfahrt

Zu den Schrifttexten

Apg 1,1-11: Jesus wird in den Himmel aufgenommen. Der Einleitungsabschnitt der Apostelgeschichte besteht nicht allein aus der Himmelfahrtserzählung. Voran gehen das Vorwort des Lukas und die Erfahrungen der Jünger mit dem Auferstandenen. Das an Theophilus gerichtete Vorwort macht den Einschnitt deutlich, den Lukas zwischen der Jesuszeit und der Zeit der Kirche zieht. Bis zur Himmelfahrt (Erhöhung und Entrückung) war Jesus für seine Jünger unmittelbar erfahrbar. Danach ist er dies durch seinen Geist. Vorab gab Jesus seinen Jüngern Aufträge (etwa Taufauftrag), danach wird geschildert, wie sie diesem Auftrag nachkommen und bis an die Grenzen der Welt gehen. Die Himmelfahrt (besser Erhöhung Jesu zu Gott) ist also ein Einschnitt, der als Vorgang an sich nicht so wichtig ist, sondern im Verständnis des Lukas nur trennende Wirkung zwischen zwei Zeiten hat. Damit wird sofort verständlich, dass Lukas mit seinem Himmelfahrtsbericht nichts historisch Greifbares beschreiben will, sondern eine theologische Deutung von Auferstehung und Erhöhung Jesu gibt und diese an einem bestimmten Punkt festmacht. Er greift dabei zurück auf die Entrückungsgeschichten des Alten Testamentes und ihre Bildersprache (etwa Wolke als Hinweis auf göttliches Eingreifen, zwei Deuteengel als himmlische Gestalten, die die Augen der Zeugen für das Geschehen öffnen ...). Wo die anderen Evangelisten mit ihren Osterberichten Auferstehung und Erhöhung miteinander verknüpfen, trennt Lukas diese beiden Aspekte von seiner Geschichtstheologie her. Fragen nach dem genauen Geschehen gehen von da aus am Text und seiner Aussageabsicht vorbei.

Eph 1,17-23: Christus, das Haupt – die Kirche, der Leib. In hymnischer und enthusiastischer Sprache wird am Anfang des Epheserbriefes von einem Schüler des Paulus die Begründung christlicher Auferstehungshoffnung aufgezeigt. Dies geschieht in drei ineinander verwobenen Schritten: 1. Christus ist durch Gottes Macht der Erhöhte, der Herrscher über das All, der Herr. 2. Die Kirche – und damit alle Getauften – stehen mit ihm in inniger

Verbindung. Christus ist das Haupt, das heißt das Lebensprinzip der Kirche, die innere Mitte, aus der sie Kraft empfängt. 3. Aufgrund dieser Verbindung zu Christus ist die Kirche, sind die Christen hineingenommen in die in Christus erfolgte Aufwärtsbewegung. Gottes Kraft wird sich auch an ihnen erweisen und ihnen das Erbe des Himmels geben. Dem Verfasser des Epheserbriefes geht es darum, dass seine Leser dies erkennen und verstehen und so im Glauben gestärkt werden. Eine solche Erkenntnis ist allerdings nicht Werk des Menschen selbst, sondern Geschenk des Geistes Gottes, des Geistes der Weisheit und Offenbarung.

Lk 24,46-53: Er wurde zum Himmel emporgehoben. Mit dieser Perikope endet das Lukasevangelium. Die Erwähnung der Himmelfahrt Jesu am Ende ist zugleich die Klammer zum zweiten Werk des Lukas, zur Apostelge-

schichte. Wie in diesem Text (s.o.) ist auch hier die Himmelfahrt nur kurz erwähnt und eingebunden in andere Aussagen, die theologische Schlüssel zum Verständnis liefern. Der erste Teil des Textes ist eine Abschiedsrede Jesu, in der er den Jüngern zusammenfassend Tod und Auferstehung, Leiden und Erhöhung als Erfüllung der Schrift deutet. Durch die Kraft des Geistes sollen die Jünger dafür Zeugen sein. Der Segen Jesu bedeutet dabei die bleibende Nähe des Herrn, seine Sorge um die Jünger und zugleich seine – dem segenspendenden Gott gleiche – Macht. Das Emporheben zum Himmel bedeutet den Übergang in die Sphäre Gottes, die nach damaligem Weltbild räumlich verstanden wurde. Die Reaktion der Jünger ist Glaube, Lobpreis und Freude. Aus dieser Freude des Glaubens heraus können sie zu Verkündern der Frohen Botschaft werden. Dies erzählt Lukas dann in der Apostelgeschichte.

Schrifttext und Familien mit Kindern

Ganz abgesehen davon, dass der Himmelfahrtstag durch Vatertagsbrauchtum, langes Wochenende und anderes mehr viel von seiner Bedeutung verloren hat und nur wenige an diesem Tag zum Gottesdienst kommen, auch die Schrifttexte und das Verständnis der Himmelfahrt Jesu schaffen bei vielen Sperren und Schwierigkeiten im Verständnis. Die beiden direkt von der Himmelfahrt erzählenden lukanischen Texte werden in der Regel als phantastische und deshalb überholte und irrelevante Erzählungen angesehen. Das sich aus dem damaligen Weltbild ergebende räumliche Missverständnis bewirkt bei vielen eine Ablehnung der in den Texten enthaltenen Botschaften.

Dies ist vor allem ein Problem der Verständigung angesichts unterschiedlicher Textsorten. Nicht alle erzählenden Texte sind zugleich Beschreibungen historisch greifbarer Vorgänge. Dennoch sind solche Erzählungen nicht einfach Phantasie, sondern der literarisch legitime Versuch, Grundgegebenheiten des Glaubens und des Lebens der Menschen sprachlich auszudrücken. Dies gilt für viele Texte der Bibel. Ein besseres Verständnis der

biblischen Sprachformen und Textsorten kann nur durch eine langfristig angelegte, beständige Arbeit mit den Erwachsenen der Gemeinde erreicht werden. In den Gottesdiensten, auch in Familiengottesdiensten, kann eine solche Arbeit durch kurze Hinführungen zu den Schrifttexten unterstützt werden.

Es ist zudem klar darauf aufmerksam zu machen, dass die Erzählung von der Himmelfahrt zwar wesentlicher, aber nicht einziger Bestandteil der beiden lukanischen Texte ist. Die anderen angesprochenen Themen (Auferstehung und Erhöhung des Gekreuzigten, Zeugenschaft der Jünger, Verbindung der Kirche mit Christus und der von ihm für die Kirche erfolgte Auftrag ...) sind ebenso wichtig, geben sie doch der Himmelfahrterzählung Rahmen und Deutung.

Somit lassen sich als Themen, die auch heute wichtig sind, von den lukanischen Schrifttexten, aber auch vom Epheserbrief her, benennen: Bekenntnis der Christen zum zu Gott erhöhten Christus; Gemeinschaft der Christen mit Christus, ihrem Haupt; Auftrag der Christen, in der Welt Zeugen zu sein für die Frohe Botschaft.

(C 33) Himmelfahrt

Gestaltungsideen für den Gottesdienst

– *Der Blick nach vorn:* Die Feier der Himmelfahrt Jesu bedeutet keinen Blick nach oben (räumliches Missverständnis), sondern einen Blick nach vorn: Christus ist uns voraus, wir gehen unseren Weg auf ihn hin, er ist das Ziel in der Vollendung Gottes. Dies kann spielerisch nachgestellt werden: Osterkerze und mehrere kleinere Kerzen (für die Apostel, aber ebenso für die Christen) befinden sich zuerst an einer Stelle des Kirchenraums (etwa am Taufbrunnen). Danach wird eine der beiden lukanischen Himmelfahrtserzählungen vorgetragen. Die Osterkerze wird daraufhin allein zum Altar getragen – Jesus geht uns voran zum Vater. Die Kinder mit den kleinen Kerzen holen noch weitere Kinder hinzu und geben auch ihnen Kerzen – Auftrag, Zeugen zu sein für die Frohe Botschaft. So bewegen sich dann alle zum Altar und stellen sich rund herum auf – wir sind auf dem Weg zur Vollendung, zur ewigen Gemeinschaft mit Jesus. Aus Dankbarkeit beten und singen wir in diesem Kreis zusammen (oder feiern Eucharistie, wenn es nicht nur Wortgottesdienst ist).

– *Christus ist das Haupt – wir sind der Leib:* Das Bildwort des Epheserbriefes wird zum Ausgangspunkt gewählt, um die Bindung der Christen an Jesus deutlich zu machen. Auf einem großen Plakat ist eine Menschengestalt in Umrissen gezeichnet. In den Kopf wird ein Christuszeichen (Kreuz, Chi-Rho, Fisch, Brot ...) gezeichnet. In den Körper kleben alle dann Bilder von sich oder – einfacher – Namenszettel: Wir sind der Leib. Haupt und Leib gehören zusammen, wir gehören zu Christus.

– *Zeuge sein in der Welt:* Im Gespräch wird die Frohe Botschaft von Jesus in dem Satz zusammengefasst:»Jesus ist der Herr«. Danach wird in der Kirche ein »Schneeballsystem« der Weitergabe dieser Botschaft gespielt: Zwei Kindern wird vom Priester dieser Satz leise gesagt. Sie gehen zu jeweils zwei anderen Kindern und sagen dieses kleine Bekenntnis, diese wieder weiter, bis alle diesen Satz erfahren haben. Zusammenfassend wird als Auftrag der Christen benannt: den Glauben an Christus und das Bekenntnis zu ihm zu allen Menschen tragen.

Weiterführung nach dem Gottesdienst

Die Kinder können dazu ermuntert werden, zu Hause einmal zu malen, wie sie sich den Himmel vorstellen. Solche Bilder können im Gespräch der Familien mit den Himmelsvorstellungen der Erwachsenen konfrontiert werden. Ziel ist dabei, Himmel als Sinnbild künftiger Vollendung bei Gott zu erkennen, einer Herrlichkeit, in die Jesus uns voraus gegangen ist.

Von der Thematik Bindung an Christus, dem Haupt der Christen, aus kann auf die Taufe verwiesen werden, mit der diese Bindung an Christus begonnen hat.

Das Thema Zeugnis kann dadurch erweitert werden, dass miteinander bedacht wird, durch welche Menschen die Familienmitglieder zum Glauben gekommen sind und auf welche Weise.

(C 34) 7. Sonntag der Osterzeit

Zu den Schrifttexten

Apg 7,55-60: Die Steinigung des Stephanus. Stephanus und sechs andere gehören zu einer Gruppe von Christen, die nicht aus Jerusalem, sondern aus umliegenden hellenistischen Gebieten stammen. Sie stellen innerhalb der Jerusalemer Urgemeinde eine Gruppe dar, die von größerer Offenheit auch für Nichtjuden geprägt ist. Tempel und jüdisches Gesetz bedeuten ihnen wenig. Dies bringt Unruhe und schließlich Verfolgung. Lukas konzentriert diese Entwicklung in der Person des Stephanus und seiner langen Predigt (die dieser Perikope vorangeht). Für Stephanus ist das Bekenntnis zu Jesus, dem Menschensohn, entscheidend, die Bindung an das jüdische Gesetz hat dagegen keine Bedeutung. Noch vor Paulus und der weiteren Entwicklung der Apostelgeschichte symbolisiert Stephanus also die Öffnung christlichen Glaubens auf die Heiden hin. Sein Bekenntnis zu Christus wird von den Juden als Gotteslästerung verstanden und entsprechend dem Gesetz mit Steinigung bestraft. Durch eine Nebenbemerkung führt Lukas Saulus ein und gibt damit einen ersten Hinweis für den weiteren Fortgang christlichen Glaubens: Die aus Jerusalem vertriebenen hellenistischen Christen verkünden die Frohe Botschaft auch in den umliegenden Gebieten, Paulus wird dieses Werk später in größerem Rahmen fortsetzen. Gott schafft also aus Bösem Gutes, aus der Verfolgung und dem Martyrium die Ausbreitung des Glaubens.

Offb 22,12-14.16-17.20: Alpha und Omega – komm, Herr Jesus. In den Schlussversen der Offenbarung klingen die Hoffnungsbilder dieser Schrift in überreicher Fülle an. Die bedrängte Gemeinde soll durch diese Bilder gestärkt werden. Nicht der Blick auf die schlimme Gegenwart darf Christen prägen, sondern der Blick nach vorn, auf die durch den wiederkommenden Christus geprägte bessere Zukunft. So streckt sich dieser Text der Wiederkunft Christi entgegen, er stellt ein sehnsüchtiges Warten vor Augen: »Komm,

Herr Jesus!« Eine Fülle von Bildworten bindet diesen Text an die Gesamtaussage des Neuen Testaments: Christus ist Alpha und Omega, Anfang und Ende, er ist der Morgenstern, der Spross aus der Wurzel Davids. Wer sich an ihn bindet, kann durch die Tore der heiligen Stadt eintreten in den sicheren und heilvollen Bereich Gottes. Er kommt zum Lebensbaum und zum lebendigen Wasser spendenden Brunnen, Hunger und Durst des Menschen auf gelingendes Leben werden gestillt. Dies ist der Lohn des Glaubens – Heil in Gemeinschaft mit dem Herrn.

Joh 17,20-26: Alle sollen eins sein. Das sogenannte »hohepriesterliche Gebet« in Johannes 17, von dem die Perikope einen Ausschnitt bietet, bietet konzentrierte Theologie und Christologie. Aus der Einheit des Vaters mit dem Sohn ergibt sich die Aufgabe der Einheit zwischen all denen, die an den Sohn glauben. Die Einheit der Christen ist Voraussetzung für ein glaubwürdiges Zeugnis, nur so kann die Welt Jesus Christus erkennen und zu ihm finden. Diese Einheit führt zur gegenseitigen Liebe als Grundhaltung der Christen – auch dies ein Zeugnis vor der Welt von der Wahrheit der Botschaft: Wo Christen in Einheit und Liebe einander zugetan sind, können sie der Welt ihren Glauben bezeugen. So blickt dieses Gebet über den Kreis der Jünger Jesu hinaus auf die weitere Entwicklung des Jüngerkreises und die Ausbreitung des Glaubens – ein Thema, das zur Lesung der Apostelgeschichte passt: Der Menschensohn schafft Heil für alle.

Schrifttext und Familien mit Kindern

Martyrium wegen des Glaubens ist für Menschen in unserer Gesellschaft kaum vorstellbar, dies nicht allein deshalb, weil bei uns die Verhältnisse nicht von offener Verfolgung des Glaubens geprägt sind, sondern wohl auch, weil nur für sehr wenige der Glaube ein Wert ist, für den es sich bis zum Letzten einzusetzen lohnt. Dennoch kann dieses Thema auf zwei Weisen mit heutiger Lebenswelt verknüpft werden. Zum einen gibt es teilweise brutale Verfolgung von Christen in vielen

Ländern der Welt. Durch Medien erfahren wir auch bei uns davon, als Christen können wir unsere Solidarität mit diesen Menschen erweisen. Zum anderen gibt es bei uns zwar keine offene oder gar blutige Verfolgung von Christen. In einer zunehmend entchristlichten Gesellschaft werden aber die wenigen überzeugten Christen immer stärker angefragt, oft haben sie Missachtung und Spott hinzunehmen. Dies gilt bereits für Kinder in ihrem Freundeskreis oder in ihrer Schulklasse.

Das Thema »standhaft den Glauben bekennen«, das mit dem Martyrium des Stephanus anklingt, ist also heute durchaus nicht irrelevant. Von da aus kann in Gottesdiensten aufgezeigt werden, wie Menschen sich auch heute ganz für Christus einsetzen.

Anders als in der Anfangszeit der Kirche sind Christen heute kaum von drängender Erwartung der Wiederkunft des Herrn erfüllt. Es geht mehr um die Bewältigung des alltäglichen Lebens als um den großen Ausblick auf künftige Vollendung und das Herbeisehnen des Zeitenendes. Der eschatologische (endzeitliche) Ausblick der Christen ist heute weithin verkümmert. Dennoch erscheint es sinnvoll, dieses Thema in der Verkündigung immer wieder anklingen zu lassen, viele neutestamentliche Perikopen, nicht allein die der Offenbarung, bieten dazu Hilfen.

Dabei kann man die Bildersprache der Offenbarung aufgreifen. Wenn Jesus als Licht und Morgenstern bezeichnet wird, dann spricht dies in dunkle menschliche Situationen und ihre Bewältigung hinein. Wenn er als Anfang und Ende, also als alles umgreifende Macht bezeichnet wird, dann stellt dies ein Stück Befreiung von allen möglichen weltlichen Mächten dar. Wenn er vom Lebensbaum und lebendigen Wasser spricht, dann wird damit die Sehnsucht der Menschen nicht allein nach materiellen Gütern, sondern nach einem ganzheitlichen und gelingenden Leben aufgegriffen. Wenn vom Eintreten durch die Tore der Stadt Gottes gesprochen wird, dann stimmt eine solche Aussage mit der Sehnsucht der Menschen nach Geborgenheit und Heimat überein.

Die Bitte um Einheit im hohepriesterlichen Gebet ist im Blick auf die getrennte Christenheit von hoher Bedeutung, wenn auch Fragen der Ökumene heute eher gegenüber anderen Fragen zurückstehen. Der Sprachstil des Evangelientextes allerdings erschwert die Aufnahme des Inhalts – die Fülle der theologischen Begriffe und Gedanken überfordert in der Regel nicht nur Kinder. So erscheint es sinnvoll, bei diesem Text den einen Gedanken der Einheit deutlich bereits beim Lesen herauszustellen (durch eine entsprechende Einführung oder durch Kürzung).

Gestaltungsideen für den Gottesdienst

– *Menschen, die sich ganz für Christus einsetzen:* In kirchlichen Medien, besonders etwa in Missionszeitschriften oder den Informationen der großen Hilfswerke, wird immer wieder über Menschen berichtet, die sich ganz in den Dienst der Verkündigung stellten und dafür auch ihr Leben gaben. Ein oder mehrere solcher Beispiele können zusammen mit der Lesung der Apostelgeschichte die Mitte eines Familiengottesdienstes bilden. Der Gottesdienst kann dann Mut machen, Christus auch in unseren Lebenssituationen zu bekennen: Wir gehören zu Christus, weil wir glauben, dass wir von ihm her Heil erlangen. Dazu stehen wir. Bilder, Plakate, vielleicht ein Kurzfilm können die Berichte von den Glaubenszeugen unterstützen.

– *Christus, Alpha und Omega:* Von der Osterkerze her können die Kinder die beiden griechischen Buchstaben deuten, die Anfang und Ende und damit Christus als alles umfassend und alles beherrschend bezeichnen. Diese beiden Buchstaben können – entsprechend groß geschrieben – auf Anfang und Ende der Welt und des menschlichen Lebens bezogen werden: Schöpfung und Vollendung sind die markanten Punkte menschlicher Geschichte, dazwischen sind wir auf dem Weg. Diesen Weg gehen wir nicht allein. Weil Christus Anfang und Ziel ist, gehen wir im Blick auf ihn unseren Weg.

– *Baum des Lebens – Wasser des Lebens:* Die beiden Symbole Baum und Wasser können als Symbole des Lebens aufgearbeitet werden. Sie stehen für gute Frucht, für Bewältigung des Hungers, für Lebenskraft und Überwindung des Durstes. Beide Symbole können sehr anschaulich vorgestellt werden (kleiner Zimmerbaum im Topf, Wasserschale oder Zimmerspringbrunnen). Die Übertragung kann mit den Kindern erarbeitet werden. Von den Symbolen her lassen sich dann Beziehungen zum Kreuz (Lebensbaum der Christen) und zum Wasser der Taufe aufzeigen.

– *In die Stadt eintreten:* In eine Stadt kommen bedeutet Sicherheit und Schutz finden. Im Bildwort der Offenbarung meint dieser Ausdruck: Schutz und Heil bei Gott finden. Um dies zu verdeutlichen kann auf die Perikopen aus Offb 21 zurückgegriffen (vgl. C 31 und 32) und die Bedeutung einer Stadt für Menschen erläutert werden. Diese allgemeine Aussage wird dann auf die Vollendung bei Gott übertragen.

– *Jesus kommt zu uns:* Kinder freuen sich, wenn ihre Eltern nach der Arbeit nach Hause kommen. Menschen, die einander lieben, freuen sich auf den Besuch des anderen. Wir freuen uns über liebe Gäste ... Von solchen Situationen ausgehend (spielen lassen) kann die

freudige Erwartung der Christen auf die Wiederkunft Christi angesprochen werden. Wir warten (Haltung des Advent) und freuen uns auf die direkte Begegnung mit Christus.

– *Alle sollen eins sein:* Gegen alle Trennung der Christen nicht allein in Konfessionen, sondern auch innerhalb der Gemeinden setzt Jesus auf die Einheit aller an ihn Glaubenden, da nur so ein glaubwürdiges Zeugnis möglich ist. Die Einheit aller Christen kann durch ein Rad symbolisiert werden, bei dem Christus die Mitte ist und alle Christen (christlichen Kirchen) außen herum angeordnet sind. Möglich ist als Symbol auch der gemeinsame Tisch, ein Reifen oder Kreis, ein Brot, von dem alle essen ...

Weiterführung nach dem Gottesdienst

Informationen über Christen, die ihr Leben für den Glauben einsetzten, können auch nach dem Gottesdienst gegeben werden. Vielleicht besteht von der Gemeinde aus eine Partnerschaft mit einem Land, in dem es Christen schwerer haben als bei uns – dies kann durch Informationen, eventuell eine kleine Ausstellung thematisiert werden.

Alpha und Omega können den Kindern als Umrissbuchstaben mitgegeben werden. Im Stil mittelalterlicher Buchillustration (hier

Ausmalen der Initialen) malen die Kinder in das Alpha ihre Vorstellung von der Schöpfung, in das Omega ihre Vorstellung von der Vollendung der Welt. Diese Bilder können zum Gespräch in der Familie und der Gemeinde anregen.

Einheit im Glauben: Ein Kennenlernen der evangelischen Partnergemeinde kann angeregt werden. Vielleicht lässt sich auch ein ökumenischer Familiengottesdienst gestalten oder eine ökumenische Aktion durchführen.

(C 35) Pfingsten

Zu den Schrifttexten

Apg 2,1-11: Gottes Geist am Pfingstfest. Bald nach dem Jahr 70 schreibt Lukas sein Evangelium und lässt ihm die Apostelgeschichte als zweiten Band folgen. Dies ist eine Zeit der Bedrängnis, auch der Trennung der Christen von der jüdischen Synagoge. Lukas will aufzeigen, dass das Evangelium von Jerusalem aus alle Völker der (damals bekannten) Welt erreicht. Zugleich will er deutlich machen, dass die kleine Gruppe der Christen nicht irgendeine Sekte ist, sondern die von Gottes Geist erfüllte Gruppe, die das Wirken Jesu fortsetzt und seine Botschaft weitergibt.

Beide Themen klingen in der Pfingsterzählung am Anfang der Apostelgeschichte an. Der Geist Gottes erfüllt die Kirche, Christen verkünden das Evangelium aus der Kraft des Geistes. Somit ist dieser Text auch keine Beschreibung eines historisch fassbaren Geschehens. Es ist vielmehr die theologisch durchdachte, alttestamentliche Sprachbilder aufgreifende Erzählung, die von Erfahrungen kündet, die die Jünger damals gemacht haben. Lukas greift dabei auf die Gotteserscheinungen am Sinai zurück, Feuer und Sturm gehören in alttestamentlicher Ausdrucksweise zur Offenbarung Gottes – hier also an Pfingsten greift Gott ein. Die Gemeinschaft der Jünger stellt das neue Gottesvolk dar, das am Ende der Erzählung beeindruckend an Zahl wächst. So wird Gemeinde, so wird Kirche. Für Lukas hat Gemeindebildung dann etwas mit Sprachenrede (Glossolalie) zu tun, mit geistgewirktem Sprechen. Das Sprachenwunder ist deshalb in seiner Sicht die Bestätigung, dass der Geist in diesen Menschen wirkt.

1 Kor 12,3-7.12-13: Verschiedene Gaben, aber nur ein Geist. Im ersten Brief an die Korinther geht es Paulus um Korrekturen des Gemeindelebens, um so die Einheit der Glaubenden besser zu verwirklichen und als Zeugnis nach außen hin sichtbar zu machen. Dieses Motiv wird in der vorliegenden Perikope theologisch aufgearbeitet. Grundlage der Einheit einer Gemeinde ist das gemeinsame Bekenntnis zu Jesus als dem Herrn, dies stellt das Fundament dar. Auf dieses Fundament aufbauend wird die Einheit durch verschiedene Gnadengaben, Dienste und Kräfte verwirklicht, also durch verschiedene Begabungen, die nicht zum eigenen Wohl, sondern immer zum Wohl aller eingesetzt werden sollen. Diese Gaben hat der einzelne Christ nicht aus eigener Kraft, vielmehr sind es Geschenke, Gaben des dreifaltigen Gottes, des Geistes, des Herrn (Jesus) und Gottes (des Vaters). Wie auch an anderen Stellen der neutestamentlichen Briefe wird die Einheit der Gemeinde mit dem Bild des Leibes ausgedrückt.

Es ist eine Einheit, die alle rassischen und soziologischen Schranken überbrückt und gegenstandslos macht. Der Lesungstext passt zum Tagesgedanken des Pfingstfestes, dass die Kirche auf das Wirken des Geistes gegründet ist. Allerdings wird hier über die Gedanken der Apostelgeschichte bereits die Erfahrung paulinischer Gemeinden eingebracht.

Joh 20,19-23: Empfangt den heiligen Geist. In der johanneischen Darstellung sind Auferstehung, Erhöhung zum Vater und Geistsendung nicht getrennt (wie bei Lukas), sondern unterschiedliche Akzente ein und desselben Geschehens. So erfolgt die Geistübertragung an die Jünger auch am Ostertag selber. Jesus, der verherrlichte Herr, tritt auf die Jünger zu, die sich hinter verschlossenen Türen versammelt haben. Ihre Furcht verwandelt sich schnell in Freude – die Erfahrung des Auferstandenen verändert Menschen. Der Friedensgruss Jesu bedeutet das Geschenk eines ganzheitlichen und heilen Lebens, Schalom im umfassenden Sinn. Diesen Schalom sollen die Jünger an die Menschen weitertragen, das ist ihre Sendung. Das Anhauchen ist die symbolische Handlung für die Übergabe des Lebensgeistes (vgl. etwa Gen 2); es ist Gottes Schöpfermacht, die hier in Jesus wirkt. Die Jünger werden mit diesem Geist erfüllt und können nun zur Versöhnung und zum Frieden beitragen. Ihr Auftrag und ihre Vollmacht zur Sündenvergebung sind ausgerichtet auf das Heil der Menschen. Sie handeln im Auftrag Jesu aus dem Geist Gottes.

Schrifttext und Familien mit Kindern

Anders als Weihnachten und auch noch Ostern ist die religiöse Bedeutung des Pfingstfestes den meisten nicht bewusst. Das liegt natürlich einmal daran, dass Aussagen über den Heiligen Geist weniger greifbar sind als Aussagen über Jesus (und auch über Gott Vater). Zum anderen wird Pfingsten aber auch nicht als Fest der Kirche verstanden, die durch die Zeiten vom Geist Gottes geführt wird. Wer auf die Kirche heute blickt, sieht sie zudem eher von allen guten Geistern verlassen als vom Geist Gottes erfüllt.

Hier gilt es nun von den Schrifttexten her Wege zu finden, um zum einen das Wirken des Geistes in Kirche und Welt, in jedem einzelnen Christen und in ihrer Gemeinschaft aufzuzeigen und zum anderen die Kirche als die Gemeinschaft derer zu verstehen, die den Auftrag Jesu durch die Zeiten hindurch fortsetzen und die vom Geist Gottes getrieben sich für das Wohl der Menschen einsetzen.

Eine Schwierigkeit kommt nicht nur im Text der Apostelgeschichte, sondern auch im Evangelientext hinzu. Das dort geschilderte

Geschehen wird als historisch greifbar verstanden, kann dann aber nur als phantastisch und märchenhaft gedeutet werden (etwa Feuerzungen ...). Auch das Reden in fremden Sprachen, gleich wie es nun zu verstehen ist, erinnert viele eher an Zauberei als an eine Botschaft, die im Glauben weiterhilft.

Von irgendwelchen Erklärungsversuchen der Geistsendung (sowohl in der lukanischen wie in der johanneischen Fassung) sollte man absehen. Vielmehr gilt es zum einen die Bildersprache aufzuschließen, die in den Texten der Bibel anklingt. Zum anderen geben die Grundthemen der Texte Anhaltspunkte für eine Behandlung im Gottesdienst. Dies sind etwa:

– Feuer und Sturm als Hinweiszeichen auf die Erscheinung und Macht Gottes. Gott greift in das Leben der Menschen ein, Menschen erfahren dieses Eingreifen als unerklärliche Macht, die sie mit den Kräften von Feuer und Sturm vergleichen.

– Sprachen verstehen als Kontrast zu Streit und Auseinandersetzung (vgl. die Lesung vom Vorabend, Gen 11,1-11: Turmbau zu Babel). Der Geist Gottes bewirkt Verständigung unter unterschiedlichen Menschen. Die Kirche als Gemeinschaft der Glaubenden dient dieser Verständigung.

– Gemeinschaft: Der Geist Gottes führt Menschen zusammen, er schafft die Gemeinschaft derer, die, unterschiedlich begabt, ihre Befähigungen zum Wohl aller einsetzen (vgl. die zweite Lesung).

– Das Wirken des Geistes öffnet die Jüngergemeinschaft, es sprengt verschlossene Türen, lässt sie erste Schritte auf eine weltweite Gemeinschaft (Völkerliste) tun.

– Vom Geist Gottes getrieben setzen die Jünger das Werk Jesu fort. Sie handeln aus dem Auftrag Jesu, für das Heil der Menschen zu wirken. Dazu zählt auch die Sündenvergebung, vor allem aber die Weitergabe des Friedens in umfassendem Sinn.

Gestaltungsideen für den Gottesdienst

– *Begeistert sein von Jesus:* Pfingsten gründet Kirche, schafft Gemeinschaft der Menschen, die miteinander von Jesus begeistert sind. Begeisterung für eine gemeinsame Sache oder eine verehrte Person kann Menschen zusammenschweißen und bewirken, dass sie sich für diese Sache oder diese Person einsetzen. Dies kann an Beispielen deutlich gemacht werden: etwa Fans eines Fußballvereins, Verehrer einer Musikgruppe oder eines berühmten Sportlers, Filmstars ... Die Zugehörigkeit zu einer solchen Gruppe wird oft durch Abzeichen, Rufe und Bewegungen ... sichtbar. Wenn viele zu einer Gruppe zusammenkommen, kommt Freude und Begeisterung auf. Diese Alltagserfahrung kann auf Pfingsten damals und auf Kirche heute bezogen werden: Die Jünger waren von Jesus begeistert, ihm sind sie gefolgt, ihm vertrauen sie auch nach der Katastrophe des Kreuzes aus der Erfahrung des Auferstandenen heraus. Aus dieser Begeisterung für Jesus heraus bilden sie die Gemeinschaft derer, die sein Werk fortsetzen. Ein Symbol der Zugehörigkeit zu dieser Gemeinschaft ist das Kreuz.

– *Wie ein heftiger Sturm:* Die bewegende, vorwärtstreibende Kraft des Windes und Sturmes kann von verschiedenen Beispielen her aufgezeigt werden, etwa: Segelschiff, Windmühle, Windrad, Kinderdrachen ... Das Beispiel des Heißluftballons verbindet das Wirken des vorwärtstreibenden Windes mit dem Wirken des Feuers. Von solchen Beispielen her, die möglichst anschaulich dargestellt werden sollten (also etwa Drachen mitbringen), kann danach das Gespräch auf den Geist Gottes kommen. Er treibt Menschen zum Guten an, gibt ihnen Kraft, setzt sie in Bewegung, sich füreinander und für das Werk Jesu einzusetzen.

– *Türen öffnen:* Verschlossene Türen versperren den Zugang, schließen aus einer Gemeinschaft aus. Pfingsten ist dagegen das Fest der offenen Türen für alle Menschen. Zur Gemeinschaft der Christen können alle kommen, aus unterschiedlichen Völkern, mit unterschiedlichem Alter und unterschiedlichem sozialen Stand. Der Geist Gottes bewirkt in Christen die Offenheit füreinander, er bringt Menschen dazu, sich zu verstehen.

Weiterführung nach dem Gottesdienst

Manche Gemeinden geben zu Pfingsten (Hochfest) einen Pfarrbrief oder besonders gestaltete Pfarrnachrichten heraus, die neben einem Pfingstwunsch auch Gedanken zum Tag enthalten. Vielleicht lässt sich das Thema des Familiengottesdienstes in diese Veröffentlichungen einbinden (Begeisterung, Sturm, offene Türen ...).

Das Thema Heiliger Geist betrifft besonders Firmgruppen der Gemeinde. Vielleicht ist es möglich, solche Gruppen nicht nur zum Familiengottesdienst einzuladen und an der Gestaltung zu beteiligen, sondern auch nach dem Gottesdienst von ihren Gruppen und Aktivitäten erzählen zu lassen.

Das Stichwort »offene Türen« kann in den Familien, aber vor allem in Gemeindegruppen Anlass zur Besinnung sein, wo man offener für andere werden muss, wo Neue besser integriert werden sollten ...

(C 36) Dreifaltigkeitssonntag

Zu den Schrifttexten

Spr 8,22-31: *Der Herr hat mich erschaffen.* Der erste, im fünften vorchristlichen Jahrhundert entstandene Teil des Buches der Sprüche beschreibt die Weisheit als Person, die Gottes Kind ist und in engem Zusammenhang mit Gott steht. In dieser Perikope wird dabei der Blick auf den Anfang gelenkt: Gottes Weisheit – als Person verstanden – schaut bei der Erschaffung der Welt zu, ja schafft die Welt mit und legt ihre innere Ordnung zugrunde. Dies geschieht mit spielerischer Leichtigkeit, wie ein Kind im Spiel etwas aufbaut. Aus den Einzelheiten der Beschreibung wird dabei das altisraelitische Weltbild ersichtlich (Erde als Scheibe, Urmeere ...). Die Weisheit wird nicht weiter umschrieben, sie bleibt geheimnisvoll. Christen lesen diesen Text im Blick auf das Geheimnis der Dreifaltigkeit und auf das Wirken des Geistes in unserer Welt.

Röm 5,1-5: *Die Liebe Gottes ist ausgegossen in unseren Herzen.* Im Römerbrief legt Paulus die zentralen Aussagen seiner Verkündigung dar, um sich so bei den Römern einzuführen. Dabei läuft für ihn aus seiner Glaubenserfahrung alles darauf hinaus, dass der Mensch allein durch die Gnade Gottes gerecht wird, nicht aus eigener Kraft. Rechtfertigung ist Geschenk Gottes durch Jesus Christus und seine Heilstat am Kreuz. Vom Menschen wird allerdings der unbedingte Glaube verlangt, nur so kann er Heil und Frieden finden. Dieser Glaube trägt den Menschen auch und besonders in Situationen der Bedrängnis und Not. Denn aus der Not erwächst die Hoffnung auf Rettung durch Gott und also der Glaube, der den Menschen für die Gnade Gottes, für die Rechtfertigung öffnet. Diese Botschaft der Hoffnung kann Paulus künden, weil er davon überzeugt ist, dass Gottes Liebe uns durch Jesus Christus erreicht hat: Gottes Geist, der Geist der Liebe, wirkt in uns Menschen – dies ist der Grund unseres Glaubens.

Joh 16,12-15: *Der Geist wird euch in die volle Wahrheit einführen.* In den johanneischen Abschiedsreden fasst Jesus Grundgedanken seiner Botschaft zusammen und öffnet dem Jüngerkreis einen Weg in die zukünftige Gemeinschaft und in den Glauben dieser Gemeinschaft. Dabei klingt in dieser Perikope die Einheit von Vater, Sohn und Geist an. Das Werk Jesu wird durch den Geist fortgesetzt; er führt die Glaubenden auf ihrem Weg, stärkt sie und vermittelt ihnen die volle Wahrheit. Dies ist vor allem die Verherrlichung Jesu am Kreuz, die durch Gottes rettende Tat geschieht, und durch die die Glaubenden das Heil erlangen. Durch das Wirken des Geistes können Menschen dies erkennen und zum Glauben finden. So bildet der Geist die Grundlage kirchlicher Gemeinschaft.

Schrifttext und Familien mit Kindern

Das Fest Dreifaltigkeit bleibt für die meisten Christen gestaltlos. Ist bereits die Feier des Heiligen Geistes an Pfingsten für viele schwierig, so gehört das Bekenntnis zum dreifaltigen und dennoch einen Gott eher zu den »Mysterien«, mit denen sich die meisten Christen gar nicht befassen. Um so wichtiger, aber auch anspruchsvoller ist eine Behandlung dieses Themas im Familiengottesdienst.

Das Bekenntnis zur Dreifaltigkeit ist ein Bekenntnis zu einem Gott, der nicht in sich abgeschlossen und isoliert, sondern in inneren Beziehungen der Liebe lebt. Wenn glaubende Menschen über Gott aussagen, dass er die Liebe ist, dann ist damit natürlich die Erfahrung gemeint, dass er den Menschen in Liebe zugewandt ist. Darüber hinaus aber ergibt sich daraus die tiefere Erkenntnis, dass Gott in sich Liebe, Beziehung, Zuwendung und Annahme ist: Vater, Sohn und Geist sind so verbunden, oder anders gesagt: Der Geist ist das Band der Liebe zwischen Vater und Sohn. In diese Liebe Gottes sind wir durch Jesus hineingenommen.

Die drei Schrifttexte des Lesejahres C lassen diese Thematik anklingen, allerdings kaum für Kinder. An der alttestamentlichen Beschreibung der göttlichen Weisheit wird sie bestenfalls interessieren, dass die Weisheit vor Gott spielt wie ein Kind. Von diesem Text her kann man außerdem das Thema Schöpfung aufgreifen – allerdings steht dies in unserem Empfinden nur in einer vagen Beziehung zur Dreifaltigkeit.

Die Römerbrieflesung bietet konzentrierte paulinische Theologie – kaum fassbar für Kinder. Allein vom Schlusssatz des Textes kann man ausgehen und ihn zum Thema machen: »Die Liebe Gottes ist ausgegossen in unseren Herzen durch den Heiligen Geist.«

Auch das Evangelium bietet keinen unmittelbaren Ansatzpunkt für eine Behandlung im Familiengottesdienst. So wird man eher allgemein nach Bildern und Vergleichen suchen, die die innere Einheit von drei unterschiedlich erfahrbaren (sichtbaren) Dingen aussagen und von solchen Bildern her den Gottesdienst gestalten (Pyramide, Kleeblatt ...).

Gestaltungsideen für den Gottesdienst

– *Gottes Liebe ist ausgegossen in unseren Herzen:* Das Band der Liebe, das den dreifaltigen Gott eint, bindet auch uns an ihn. Gottes Liebe nimmt uns hinein in die liebevolle Beziehung von Vater, Sohn und Geist. Dies kann durch eine Zeichenhandlung anschaulich werden: Aus Tonpapier oder Stoff ist eine große gelbe Sonne für alle gut sichtbar an einer Kirchenwand angebracht. Darunter werden ein großes rotes Herz oder mehrere kleine rote Herzen angebracht: der Mensch, die Menschen. Von der Sonne gehen Strahlen aus zu den Herzen: Gottes Liebe ergreift uns Menschen, umgreift uns, hält und erhellt uns. Durch die Liebe werden wir mit Gott verbunden. Seine Liebe soll auf uns abfärben. So können vom Herzen her weitere, dünnere Strahlen nach unten angebracht werden: Wir Menschen können die Liebe Gottes in unserem Leben widerspiegeln. Was wir empfangen haben, geben wir weiter.

– *Der dreifaltige Gott:* Damit das Bekenntnis zum dreifaltigen Gott nicht allein theologische Rechenspielerei (3 = 1) bleibt, soll durch einen Gegenstand Einheit und Verschiedenheit der drei göttlichen Personen ausgedrückt werden. Dazu bietet sich eine dreiseitige Pyramide an (weitere Vorschläge, etwa Kleeblatt, Kerze ..., in den Bänden zu den anderen Lesejahren), die aus verschiedenfarbiger Pappe zusammengeklebt und unten offen ist. Jede Seite steht für eine der drei göttlichen Personen. Die Seiten sind verschieden und bilden dennoch eine Einheit. Erst mit allen drei Seiten ergibt sich die Pyramide. Jede Seite hält die anderen und wird von den anderen gehalten. Auch die Stellung des Menschen lässt sich in diesem Bild ausdrücken. Er steht unter der Pyramide, geborgen in Gott, umgeben von seiner Liebe. Gleich wohin er blickt, gleich zu welcher Seite er sich ausrichtet, er sieht den dreieinen Gott.

(C 36) Dreifaltigkeit

Weiterführung nach dem Gottesdienst

Den Kindern kann eine aus Tonpapier ausge-schnittene Sonne gegeben werden. Sie soll sie und ihre Familien an die Liebe Gottes erin-nern, die uns in unserem Leben umgibt. Zu-dem kann dies ein Anlass für die Familien sein zu bedenken, wo sie in ihrem Leben die Lie-be Gottes erfahren.

Zum zweiten Gottesdienstvorschlag kön-nen die Kinder aufgefordert werden, zu Hau-se selber eine solche Pyramide aus unter-schiedlich farbigen Materialien zu basteln und jede Seite mit einer Person Gottes zu bezeich-nen: Vater, Sohn und Geist.

(C 37) Fronleichnam

Zu den Schrifttexten

Gen 14,18-20: Melchisedek brachte Brot und Wein. Mit diesem Text wird der Hörer zurück-geführt an den Beginn alttestamentlichen Gottesglaubens: Abra(ha)m als Vertreter ei-nes beginnenden Jahweglaubens (der Name Jahwe wird erst später Mose offenbart) be-gegnet Melchisedek, dem König und Priester von (Jeru-)Salem, dem Vertreter eines Glau-bens an eine lokale Schutzgottheit. Beide er-kennen aber hinter ihren Glaubensvorstel-lungen die Gemeinsamkeit des »Höchsten Gottes«, der »Schöpfer von Himmel und Erde« ist. So gehen beide aufeinander zu. Melchisedek bringt Abraham Brot und Wein zum Mahl der Gastfreundschaft, er segnet ihn. Abraham erkennt das Priestertum Melchi-sedeks dadurch an, dass er ihm den Zehnten gibt, reiche Gaben. Ohne jüdischen Tempel und Tempelkult also begegnen sich am Be-ginn alttestamentlicher Erzählungen zwei Menschen in ihrem Glauben an den höchsten Gott. Brot und Wein verweisen auf ihn, den Schöpfer von allem. Dies ist der Grund, war-um dieser Text an Fronleichnam gelesen wird: Auch heute soll der Kult zweitrangig sein gegenüber dem Glauben an den höchsten Gott, den Schöpfer des Lebens, der uns Brot und Wein gibt und uns durch Brot und Wein in Jesus begegnet.

1 Kor 11,23-26: Jesus nahm Brot. Vgl. C 24.

Lk 9,11-17: Fünf Brote und zwei Fische – die große Speisung. Lukas übernimmt den Wun-derbericht des Markus von der großen Spei-sung, gestaltet ihn aber entsprechend seiner theologischen Zielsetzung. Dabei bleibt er im Schema der antiken Wunderberichte: Eine ausweglose Situation wird geschildert, der Wundertäter tritt auf, die Not wird gewendet. Dieses Schema wird mit alttestamentlichen Elementen gefüllt. Durch die Tischgemein-schaft in Gruppen zu fünfzig, durch Brot und Fisch (= Fleisch aus dem Meer) wird ein Be-zug zur Exodustradition hergestellt, die Spei-sung mit Manna und Wachteln während des Zugs durch die Wüste (auch ein abgelegener Ort). Somit erscheint Jesus hier in der Zeich-nung des Lukas als zweiter Mose, der das Volk zur Tischgemeinschaft zusammenruft und ihm von Gott aus (»blickte zum Himmel empor«) Brot zum Leben und Überleben schenkt. Die-ser zweite Mose ist aber größer als der Erste, denn es bleiben am Ende noch viele Brot-stücke übrig. Dies ist auch Hinweis auf künf-tige Vollendung, die Wunder Jesu verweisen zeichenhaft auf das in ihm beginnende Reich Gottes. Was in dieser Perikope an histori-schem Gehalt liegt und was theologisch ge-formte Deutung ist, lässt sich aus unserer heu-tigen Sicht nicht näher erkunden. Sicher ist, dass Jesus mit Menschen immer wieder Mahl-gemeinschaft gehalten hat, dass diese Ge-meinschaft im Brot ihnen die Bedeutung Jesu aufscheinen ließ (vgl. etwa die Emmaus-perikope Lk 24), dass das Brot der Eucharis-tie diese Mahlgemeinschaft Jesu mit den Menschen fortsetzt.

Schrifttext und Familien mit Kindern

Das Fest Fronleichnam ist in weiten Teilen Deutschlands von den Prozessionen und von der Verehrung der Eucharistie bestimmt. An vielen Orten kommen auch mehrere Gemeinden zu einer gemeinsamen Eucharistiefeier und Prozession zusammen. Nur in wenigen Gemeinden wird deshalb an diesem Tag ein eigener Gottesdienst für Familien mit Kindern möglich sein.

Deshalb ist es sinnvoll, dass die Kinder in die gemeinsame Eucharistie und die Prozession eingebunden sind und sich in dieser, für sie zuerst einmal fremden Feier wiederfinden können. Dies kann auf verschiedene Weise geschehen.

Die Kommunionkinder, aber auch andere Kinder, haben in der Prozession meist einen besonderen Platz. Dies ist für ihre Gemeinschaft gut, führt aber bei längeren Prozessionen auch zu Unruhe. So schlagen wir vor, je nach örtlicher Möglichkeit nicht Kinder und Eltern zu trennen, sondern einen »Familienblock« zu bilden.

Bei den Gebeten und Liedern der Prozession ist es wichtig, dass alle Altersgruppen berücksichtigt werden, also auch Kinder. Neueres Liedgut, bei dem es viele gute Lieder zum Thema Eucharistie gibt, muss also seinen Platz bei Fronleichnamsgottesdiensten gleich welcher Form ebenso haben wie kindgemäße Gebete.

Darüber hinaus können Kinder durch Zeichen und Handlungen beteiligt werden. Sie können Fahnen und Leuchter tragen. Sie können ebenso Blumen erhalten und damit neben, vor und hinter dem Allerheiligsten gehen. Beim Schlusssegen werden diese Blumen dann von den Kindern vor der Eucharistie zu einem großen Strauß zusammengesteckt. Vielleicht beteiligen sich die Kinder auch am Schmuck eines Fronleichnamsaltars. Auch die Predigt sollte Kinder zumindest in Teilen ansprechen.

Die neutestamentlichen Schrifttexte dieses Festtages überfordern Kinder nicht. Im Abendmahlsbericht des Paulus erkennen sie die Wandlungsworte wieder. Die Erzählung von der großen Speisung (»wunderbare Brotvermehrung«) ist ihnen meist bekannt, sie ist zudem leicht verständlich und auf die Feier der Eucharistie zu beziehen. Die alttestamentliche Lesung ist von ihrem Hintergrund schwieriger einzuordnen. Von den Gaben Brot und Wein und dem Thema Gastfreundschaft her lässt sich allerdings auch für Kinder eine Beziehung zu Fronleichnam herstellen.

Gestaltungsideen für den Gottesdienst

– *Brot miteinander teilen:* An Fronleichnam steht das Brot der Eucharistie im Vordergrund, Brot, das Christen zu einer Gemeinschaft zusammenbindet und das ihnen Kraft gibt, einander zum Brot zu werden, füreinander dazusein. Die Jünger teilten damals im Auftrag Jesu das Brot und verteilten es an die Vielen. Christen heute haben ebenso den Auftrag, ihr Brot zu teilen. Vom Evangelium her kann eine Zeichenhandlung sowohl innerhalb des Gottesdienstes wie auch nachher bei einem Beisammensein erfolgen. Die Kinder erhalten Körbe mit Fladen- oder Stangenbrot und verteilen dieses Brot unter allen Anwesenden. So kann die Gemeinschaft der Christen deutlich werden: Wie Jesus damals, so werden wir durch geteiltes Brot zu einer Gemeinschaft.

– *Fünf Brote und zwei Fische:* Brot ist Symbol für Jesus, der Fisch ist es in gleicher, wenn auch nicht so bekannter Weise. In der ersten Zeit der Kirche war der Fisch ein Geheimzeichen der Christen, man malte ihn sich als Erkennungszeichen in die Hand, wenn man auf andere Christen traf. Der Fisch ist dabei im Griechischen ein Buchstabenspiel, das auf Christus verweist: »Ichthys« wird dann gelesen: I = J = Jesus; ch = Christus: th = theou = Gott(es); y = yios = Sohn; s = soter = Retter. So bietet es sich an, den Fisch einmal in die Mitte einer eucharistischen Feier zu stellen. Die Kinder können sich etwa jeweils als einzelne »Schuppe« malen, diese Schuppen dann zu einem Fisch zusammenkleben: Durch Christus sind wir eine Gemeinschaft.

(C 37) Fronleichnam

127

Weiterführung nach dem Gottesdienst

In manchen Gemeinden gibt es nach der Messe und der Prozession noch ein Beisammensein rund um die Kirche oder im Pfarrheim. Vielleicht kann ein Familienkreis diese Agape vorbereiten. Es ist auch möglich, dass Familien den Festtag weiter gemeinsam gestalten: gemeinsames Essen (vielleicht Brote und Fisch wie im Evangelium, oder jeder bringt etwas mit und alle teilen), Spiele, Lieder, ein Ausflug ...

Von den vorgeschlagenen Themen her kann nach dem Gottesdienst Brot verteilt werden. Vielleicht bringen Kinder und ihre Familien auch kleine Brote zu Gemeindemitgliedern, die wegen Alter oder Krankheit nicht am Gottesdienst und der Prozession teilnehmen könnten: Christen teilen das Brot miteinander.

Zum zweiten Thema können die Kinder aufgefordert werden, Fische zu malen und zum nächsten Gottesdienst mitzubringen.

(C 38) 8. Sonntag im Jahreskreis

Zu den Schrifttexten

Sir 27,4-7: Lobe keinen Menschen, ehe du ihn beurteilt hast. Die Lebensweisheit eines Volkes konzentriert sich oft in Spruchsammlungen, einer Textsorte, die in unserer Gesellschaft an Bedeutung verloren hat. Die Bibel kennt solche Spruchsammlungen Israels vor allem im Buch der Sprüche und im Buch Jesus Sirach. Dieses ist etwa im zweiten Jahrhundert vor Christus entstanden, nimmt aber Weisheitssätze auch viel früherer Zeiten auf – bis hin zur Weisheit Salomos (ca. 1 000 vor Christus). Die vorliegende Perikope ist die Einleitung zu einem längeren Stück, das über das Sprechen eines Menschen handelt. Aus seinem Sprechen kann man auf den Charakter eines Menschen schließen. Deshalb soll man, bevor man über jemanden urteilt, ihn zuerst selber anhören. Weder die äußere Erscheinung eines Menschen noch das, was andere über ihn sagen, zählt, sondern nur das, was er selber sagt, wie er handelt, wie er sein Denken, Sprechen und Handeln verantwortet.

1 Kor 15,54-58: Tod, wo ist dein Sieg? Unter den konkreten Anfragen seiner korinthischen Gemeinde ist auch die nach der Auferstehung von den Toten. Im fünfzehnten Kapitel seines Briefes behandelt Paulus diese Frage. Sie ist für ihn unlösbar verbunden mit Tod und Auferstehung Jesu, für die es mit den Aposteln Zeugen gibt. Wer sich in der Taufe mit Christus verbindet, gewinnt damit die Zusage der Auferstehung. Der unausweichlich vor ihm stehende Tod ist nicht das Letzte, er trägt nicht den Sieg davon. Hinter dem Sterben steht Unsterblichkeit, hinter dem Vergänglichen das Unvergängliche, hinter dem Tod der lebendige Gott, der in der Auferstehung neues Leben schenkt. Darauf dürfen Christen vertrauen, sie dürfen Gott dafür dankbar sein. Die Fragen nach der konkreten Gestalt der Auferstehung (Auferstehung des ganzen Menschen entsprechend jüdischem Denken oder Auffahrt der unsterblichen Seele aus dem vergänglichen Leib entsprechend griechischer Vorstellung) lässt Paulus dabei unbeantwortet. Solche Fragen sind auch für Christen heute zweitrangig gegenüber dem grundsätzlichen Glauben an die Auferstehung.

Lk 6,39-45: Jeden Baum erkennt man an seinen Früchten. Die gegenüber der matthäischen Bergpredigt viel kürze Feldpredigt des Lukas nennt als Kern der Botschaft Jesu vor allem die Feindesliebe und die Warnung vor dem Richten und Urteilen über andere (vgl. den Zusammenhang mit der ersten Lesung). Einzelne Bildworte und Vergleiche sind in dieser Perikope zusammengestellt. Die Warnung vor dem Richten beginnt mit dem Wort von den Blinden. Da Menschen alle von Schuld und Versagen geprägt sind, gleichen sie Blinden und dürfen das Verhalten anderer nicht beurteilen. Dies wird im folgenden Bildwort noch deutlicher ausgedrückt: Vielleicht ist das, was man an Schlechtem bei anderen entdeckt, nur ein kleiner Splitter im Vergleich zu dem, was im eigenen Leben ungeordnet und böse ist? Der Christ muss sich also vor dem Urteil über andere hüten. Die Bildworte über die Bäume und ihre Früchte zeigen den Zusammenhang von innerer Einstellung und äußerem Handeln auf: Wenn aber Gott jedem Menschen Gutes geschenkt hat, dann ist auch jeder Mensch zu Gutem fähig.

Schrifttext und Familien mit Kindern

Das Thema Urteilen über andere durchzieht die erste Lesung und das Evangelium. Sowohl die Weisheit Israels wie auch die »Weisheit« Jesu, die in Bergpredigt und Feldpredigt gefasst ist, warnt vor einem Urteil über andere.

Das Handeln eines Menschen wird schon zeigen, wes Geistes Kind er ist, die Früchte verweisen auf den Baum. Unabhängig davon aber ist es nötig, »in den eigenen Spiegel zu schauen, vor der eigenen Haustür zu kehren, den

Balken aus dem eigenen Auge zu ziehen«, bevor man sich über die Splitter bei anderen mokiert.

An solchen Redewendungen, die durch viele andere Sprüche ergänzt werden können, merkt man schon, dass dieses Thema auch unsere Zeit betrifft, dass es für jedes menschliche Zusammenleben von Bedeutung ist. Über andere urteilen und sie entsprechend behandeln ist eine Gefahr, der Menschen immer wieder erliegen. Auch Kinder können aus ihren Lebenssituationen hierzu viele Beispiele anfügen. (Vor-)Urteile führen zu Spott und Ausschluss aus Gemeinschaften, zu Überheblichkeit und Streit. Die Warnung Jesu (und der alttestamentlichen Weisheit) treffen durchaus auf heutige Situationen.

In beiden Schrifttexten kommt gegenüber der Warnung vor dem Urteil die positive Ermunterung zum Handeln zu kurz und sollte deshalb ergänzt werden: Es geht um ein bedingungsloses Annehmen anderer Menschen, unabhängig von dem, was sich in ihrem Leben und Handeln als »Splitter« erweist. Jesu Verhalten gegenüber Zöllnern und Sündern ist dabei für Christen ein Vorbild im Handeln. In christlichen Gemeinden muss ein solches annehmendes und bejahendes Handeln je neu gelernt und eingeübt werden. So wird die Frohe Botschaft vom Erbarmen Gottes auch heute erfahrbar.

Das Thema der zweiten Lesung geht in eine andere Richtung: Tod und Auferstehung. Wenn dieses Thema auch jeden Menschen betrifft, so wird es weithin tabuisiert, nur selten ins Gespräch der Familien hineingenommen. An diesem Thema aber entscheidet sich letztlich die Bedeutung christlichen Glaubens, so wie Paulus es sagt: »Wäre Christus nicht auferstanden, so wäre unser ganzer Glaube sinnlos.« Christen bekennen und preisen den Gott, der den Tod überwindet, der dem Menschen neues Leben zusagt. Diese Thematik sollte immer wieder als Mitte christlichen Bekenntnisses in Familiengottesdiensten anklingen. Allerdings gibt es Zeiten (etwa rund um Ostern oder auch im November), wo sich dies aus der Jahreszeit besser ergibt.

Gestaltungsideen für den Gottesdienst

– *Menschen beurteilen – Zeugnisse:* Gegen Ende des Schuljahres verstärkt sich wegen der anstehenden Zeugnisse der Druck auf viele ältere Kinder. Dies kann ein Grund sein, das Thema Zeugnisse aufzugreifen. Zeugnisse sowohl im schulischen Bereich wie im Arbeitsleben gehören zu unserer Gesellschaft. Über ihren Wert und über die Frage nach einer gerechten Beurteilung kann man dabei streiten. Vor allem aber muss beachtet werden, dass sich der Wert eines Menschen nicht von seinen (Schul-) Zeugnissen her bestimmen lässt. Ob ein Leben gelingt oder nicht, liegt an ganz anderen Dingen, es liegt vor allem daran, ob ein Mensch sein Leben auf die Liebe zu Gott und den Menschen ausrichtet. Zur Veranschaulichung kann ein Schulzeugnis mit vielen schlechten Noten vorgelesen werden. Im Gespräch wird danach ausgedrückt, dass ein Mensch mit einem solchen Zeugnis ganz andere Werte haben kann, dass es also nicht zulässig ist, seine ganze Person vom Zeugnis her einzuordnen. Ein Zeugnis gibt nur einen Blick auf einen kleinen Ausschnitt menschlichen Lebens. Von der Botschaft Jesu werden dann zwei »Fächer« benannt, nach denen wir einmal beurteilt werden, nach denen unser ganzes Leben beurteilt wird: 1. Hast du deine Mitmenschen geliebt? 2. Hast du Gott deine Liebe erwiesen? Für diese beiden »Fächer« können die Kinder Beispiele nennen oder spielen.

– *Wir alle sind Blinde:* Vor Gott sind wir letztlich alle Blinde, die sich durch das Leben tasten müssen, die keineswegs immer einen klaren Blick haben. Wir müssen uns unseren Weg je neu suchen. Allerdings können wir uns gegenseitig auf unserem Weg helfen. Die Kinder können dieses Bildwort spielerisch umsetzen: Ein Blinder kommt und sucht den Weg. Weitere Blinde kommen und helfen sich gegenseitig, den Weg durch die Kirche zu finden.

– *Splitter bei dir, Balken bei mir:* Das Bildwort der Feldpredigt kann anschaulich durch ein kleines Holzstück und einen großen Balken dargestellt werden. Danach werden einzelne Szenen gespielt, in denen Menschen mit großen Fehlern die kleinen Fehler anderer beurteilen. Splitter und Balken werden nach jedem dieser Spiele gezeigt.

– *Seid Bäume, die gute Früchte bringen:* Das Bildwort vom Fruchtbringen kann ebenfalls durch einzelne Szenen konkretisiert werden.

Weiterführung nach dem Gottesdienst

Das Thema Urteil über andere, das in den verschiedenen Gestaltungsideen aufgegriffen wird, kann ein Anlass sein, dass sich die Familien überprüfen: Wie gehen wir mit dem Urteil über andere um? Wo beurteilen wir Menschen, und was sind Folgen unserer Urteile? Diese Besinnung kann im Blick auf das Miteinander in der Familie erfolgen, aber auch darüber hinaus: Wie ist es mit Nachbarn und Bekannten und ihren Eigenheiten oder auch Schwächen? Wie können wir mit unterschied-

Was sind gute Früchte für den Christen (Beispiele für Gottes- und Nächstenliebe als gute Früchte darstellen lassen)? Zur Veranschaulichung kann vielleicht ein Zweig mit Früchten mitgebracht werden (schöner wäre natürlich ein Bonsai-Bäumchen mit Früchten – vielleicht gibt es das bei jemandem in der Gemeinde).

lichen Menschen umgehen? Wie ist es mit der Annahme von Menschen, die anders denken und handeln?

Auch das Thema Frucht bringen kann im Gespräch der Familie aufgegriffen werden. Vielleicht können die Kinder Ideen malen, wie Menschen gute Frucht bringen können. Dazu können den Kindern Blätter mit gezeichneten Bäumen mitgegeben werden, die sie durch ihre Bilder vervollständigen und zum nächsten Gottesdienst mitbringen.

(C 39) 9. Sonntag im Jahreskreis

Zu den Schrifttexten

1 Kön 8,41-43: Alle Völker der Erde werden deinen Namen erkennen. Nach dem Zusammenbruch des Nordreiches (722) führt König Joschija (ab 640) im Südreich Juda eine umfassende Reform durch, die besonders den Tempelkult betonte. Im Zusammenhang mit dieser Reform erzählt das in dieser Zeit entstandene deuteronomistische Geschichtswerk die Geschichte Israels neu und mit anderen Akzenten als die früheren Bücher. Unsere Perikope gehört dazu. Für die Verfasser ist die gegenüber den Königen David und Salomo verlorene Größe des Reiches nur wiederzuerlangen, wenn man sich genau an den Bund mit Gott hält und ihn im Tempel in Jerusalem, der Mitte des Gottesvolkes, verehrt. Dies klingt in der Nacherzählung der Tempelweihe und des Gebetes Salomos dabei an: Der Tempel wird zur geistigen Mitte nicht allein für Israel, sondern auch für die Fremden, die nach Israel kommen. Wer im Tempel betet, findet

bei Gott Gehör. So werden durch den Jerusalemer Tempel alle Völker Gottes Größe (seinen Namen) erkennen.

Gal 1,1-2.6-10: Kein anderes Evangelium. Mit den Gemeinden in Galatien hat Paulus Schwierigkeiten. Sie erkennen seine Autorität nicht mehr an, ja sein Evangelium von der Gnade Gottes in Jesus Christus, die allein erlöst, scheint bestritten zu werden. So schreibt Paulus den Galaterbrief, um hier gegenzusteuern. Gleich am Anfang macht er in der Einleitung des Briefes deutlich, dass seine Autorität in der Verkündigung nicht aus eigener Kraft oder von anderen Menschen kommt, sondern durch die unmittelbare Beauftragung durch Christus. Nur so kann jemand Apostel werden. Deshalb hat Paulus auch Anspruch darauf, dass sein Evangelium vor allen Verfälschungen gesichert wird. Nur Christus erlöst durch sein Kreuz und seine Auferstehung, das ist seine Frohe Botschaft, daran müssen sich auch die Galater halten. Paulus sieht sein ganzes Leben unter dem Auftrag, diese Botschaft zu verkünden, er ist Diener und Sklave Christi.

Lk 7,1-10: Der Hauptmann von Kafarnaum. Das Gesamtwerk des Lukas (Evangelium und Apostelgeschichte) zeigt den Weg des Evangeliums zu allen Menschen, damit auch zu den Heiden auf. Innerhalb dieses Weges hat diese Perikope eine besondere Bedeutung. Hier nämlich wird an der Gestalt des Hauptmanns beispielhaft deutlich gemacht, was Glaube bedeutet und was für das Heil von Seiten des Menschen nötig ist: Es geht allein um das tiefe Vertrauen auf das Erbarmen Gottes (in Je-

sus). Glaube bedeutet also nicht Zugehörigkeit zu einem bestimmten Volk (etwa der Juden), nicht bestimmte Riten und Glaubenssätze, sondern die vertrauensvolle Hinwendung zum Herrn. Auch kann sich niemand, so wird an diesem Hauptmann deutlich, auf seine eigenen Verdienste und guten Taten berufen (bei ihm der Synagogenbau). Vor Gott steht jeder Mensch unwürdig da, er ist Beschenkter – Gnade allein bewirkt Heil, wie Paulus es ausdrückt. Das Wunder der Heilung tritt in diesem Text gegenüber diesen Gedanken weit zurück und wird nur in einem kurzen Satz erwähnt. Das Wunder ist nur Bestätigungszeichen, Hinweis auf das Erbarmen Gottes und seine Hilfe; es ist Vorzeichen künftiger Herrlichkeit.

Schrifttext und Familien mit Kindern

In den drei Schrifttexten klingen unterschiedliche Themen an, die für heutige Hörer erst mit einigen Mühen aufgeschlüsselt werden müssen.

Alttestamentliche Lesung und Evangelium stimmen in der Aussage überein, dass das Heil Gottes alle Menschen erreicht, universal ist; jeder kann Zugang zu Gott finden. Dabei geht die Theologie des Lukas bereits weit über die an den Jerusalemer Tempel gebundene Auffassung des deuteronomistischen Geschichtswerks hinaus: Jüdisches Gesetz und jüdischer Kult haben hier ihre Bedeutung verloren – bei Paulus ist dieser Gedanke noch konzentrierter ausgesagt.

Dieses Thema ist für heutige Christen angesichts der Weltkirche selbstverständlich. Es geht uns nicht mehr um den Gegensatz Juden-Heiden. Allerdings können wir den Verweis der Texte auf Erbarmen und Entgegenkommen Gottes neu für uns bedenken und dabei die Gestalt des Hauptmanns als Vorbild nehmen: Unabhängig von religiösen Traditionen, die dieser ja nicht ablehnt (Synagogenbau), hängt der Glaube allein am unbedingten Vertrauen auf Gott (und Jesus). Solches Vertrauen ist je neu zu lernen und auszudrücken. Hier können Familiengottesdienste Hilfen geben und die Gottesdienstbesucher zu diesem Glauben ermuntern.

Die alttestamentliche Lesung gibt ein anderes Stichwort vor, das ebenfalls bedacht werden kann: Wo können wir beten? Gibt es Orte, an denen es leichter fällt, die Beziehung zu Gott im Gebet zu pflegen? Für die Juden zur Zeit des Königs Joschija war der Tempel der entscheidende Ort der Gottesverehrung und des Gebets. Christen haben Kirchen, die sie als »Gotteshäuser« bezeichnen und in denen sie sich zum Gottesdienst versammeln. Auf der anderen Seite spricht Jesus vom Beten im »Kämmerlein« und warnt vor äußerlichem und heuchelndem Beten, vor Plappern und leeren Worten.

In der religiösen Erziehung der Kinder, aber auch in unseren (Familien-)Gottesdiensten sollte deshalb deutlich werden, dass das persönliche Gebet im privaten Raum nicht gegen die gemeinschaftliche Gottesverehrung in der Kirche ausgespielt werden kann. Beides ist nötig, beide sind wie die beiden Schalen einer Waage.

Die Paulus-Lesung vom anderen Evangelium kann wegen des komplizierten Entstehungszusammenhangs kaum in einem Familiengottesdienst gelesen werden. Allein das hinter der Lesung verborgene Thema, dass das Heil nur in Jesus zu finden ist, lässt sich aufgreifen. Die Botschaft des Evangeliums und des Paulus lässt sich so zusammenfassen:

Gestaltungsideen für den Gottesdienst

– *Unsere Kirche entdecken:* Kirchen werden im allgemeinen Sprachgebrauch oft als »Gotteshäuser« bezeichnet, als Häuser, in denen Menschen besonders zum Gebet und zur Gottesverehrung angeregt werden. Von da aus lassen sie sich mit dem in der alttestamentlichen Lesung erwähnten Tempel vergleichen. Für Kinder sind Kirchen nicht allein von der baulichen Größe, sondern auch von ihrer vielgestaltigen Ausstattung beeindruckende Gebäude. Es lohnt sich, mit ihnen Einzelheiten ihrer Kirche zu entdecken. Das geschieht oft in einem außergottesdienstlichen Rahmen (etwa im Zusammenhang mit dem Kommunionkurs). Es ist aber auch möglich, einen Wortgottesdienst mit verschiedenen Stationen an wichtigen Orten der Kirche zu gestalten, etwa: Eingangsbereich – Begrüßung; Taufbrunnen – Herr, erbarme dich, Tauferneuerungsgebet; Ambo – Wortverkündigung; Altar – Vaterunser; großes Kreuz – Schlussgebet und Segen ... Ebenso können Kunstwerke in der Kirche (Bilder, Fenster, Figuren ...) in einen solchen Rundgang einbezogen werden.

– *Die Waage des Betens:* An einer Waage mit zwei Schalen wird gezeigt, was es heißt, ausgewogen zu sein. In die beiden Schalen kann man Unterschiedliches einfüllen, aber das Gewicht muss auf jeder Seite gleich sein. Dies kann als Hinweis auf die Bedeutung von gemeinsamem und privatem Beten genommen werden. Für den Christen ist beides unerlässlich: Das persönliche Beten ist nötig, damit ein Mensch sein je eigenes Leben mit Freuden und Nöten vor Gott tragen kann. Das gemeinsame Beten im Gottesdienst ist nötig, damit Christen als glaubende Gemeinschaft Gott verehren und sich gegenseitig im Glauben stärken. Beide Formen müssen eingeübt und immer wieder neu praktiziert werden.So ist es gut, die Kinder auf einige gemeinschaftliche Gebete (Vater*unser*, Glaubensbekenntnis ...) hinzuweisen und mit ihnen auch das freie Beten immmer wieder zu üben (etwa durch frei formulierte Fürbitten, Danksätze, Lobgebete ...).

– *Erhöre unser Gebet:* Beten ist für viele Erwachsene wie Kinder schwierig, weil sie die Erfahrung gemacht haben, dass nicht alle Bitten erhört werden. Um was also sollen wir bitten? Und was ist mit verständlichen Bitten um Gottes Eingreifen in der Not – und dann geschieht nichts? Diesen Fragen kann man sich nur ansatzweise nähern, auf die Grundfrage nach dem Leid gibt es keine erschöpfende Antwort. Ein erster Ansatz ist der, dass auch im zwischenmenschlichen Leben nicht alle Bitten erhört werden können (etwa bei den Bitten von Kindern an ihre Eltern – entsprechende Szenen spielen lassen). Das Gebet in Leidsituationen führt nicht notwendig zur Notwende, es richtet den Menschen aber auf Gott aus, gibt ihm Vertrauen und neue Kraft. So lässt sich leichter Not durchhalten. Mit einem Freund an der Seite fallen auch schwere Situationen leichter (Szenen spielen lassen). Zu diesem Thema passt auch das Vertrauen des Hauptmanns im Evangelium. Er wendet sich Jesus voll Vertrauen zu und bittet ihn um Hilfe. Er wird damit zum Vorbild betender Christen. Das Evangelium kann ebenfalls als Spiel gestaltet werden.

Weiterführung nach dem Gottesdienst

Zum Thema »Unsere Kirche« können den Gottesdienstbesuchern verschiedene Informationen über die Geschichte der Kirche und der Pfarrgemeinde, über den Bau und die Ausstattung mitgegeben werden. Manche Kirchen haben dazu ein Faltblatt oder einen kleinen Führer entwickelt. Dies kann man für die Kinder auch als Malblatt gestalten, auf dem der Kirchenraum mit Freiräumen gezeichnet ist, so dass die Kinder wichtige Gegenstände in der Kirche (Altar, Lesepult ...) zu Hause eintragen können. Denkbar ist auch ein Malwettbewerb »Unsere Kirche«. Die Bilder werden prämiert und in der Kirche oder im Pfarrheim ausgestellt.

Zum Thema Beten kann den Familien durch eine Ausstellung kindgemäßer Gebetbücher (etwa in der Pfarrbücherei) geholfen werden.

(C 39) 9. So im Jahr

(C 40) 10. Sonntag im Jahreskreis

Zu den Schrifttexten

1 Kön 17,17-24: Elija, der Mann Gottes. Die Perikope gehört zu den Elija-Geschichten, die das Volk zur Entscheidung zwischen Jahwe, dem Gott der Väter, und Baal, der Gottheit Kanaans aufrufen. In dieser und anderen Elijageschichten erweist sich Jahwe als der eigentliche Herr des Landes. Er gibt Brot zum Leben und mehr noch: Er ist Herr über Leben und Tod. So ist das Wunder dieser Geschichte nur wichtig als Hinweiszeichen auf die große Macht Jahwes, der dem Kind das Leben zurückgeben kann. Mit dieser Lebensgabe zeigt sich Jahwe in guter alttestamentlicher Tradition auch als Gott, der den Armen und Notleidenden zugewandt ist: Mit dem Tod ihres Kindes hat die Witwe ihre letzte Hoffnung verloren, er hätte in ihrem Alter für sie sorgen können. Der Tod macht gleichsam ihre Zukunft zunichte. Die Perikope verweist somit auf drei Gedanken: 1. Gott ist Herr über Leben und Tod. 2. Er ist ein erbarmender, besonders den Menschen in Not zugewandter Gott. 3. Elija ist sein Bote, ist »Mann Gottes«, der in seinem Auftrag reden und handeln kann.

Gal 1,11-19: Gott gefiel es, mir seinen Sohn zu offenbaren. Im Brief an die Galater drückt Paulus engagiert seine Besorgnis über die Entwicklung der Gemeinde aus: Gegen seine Verkündigung, dass das Heil nur auf Gottes Gnade und nicht auf menschlicher Anstrengung beruht, betont man dort die Heilskraft des menschlichen (jüdischen) Gesetzes. Zugleich bestreitet man die apostolische Autorität des Paulus unter Verweis darauf, dass er ja Verfolger der Christen gewesen sei. Zu diesen Vorwürfen nimmt Paulus am Anfang des Galaterbriefes Stellung. Er steht dabei zu sei-

ner Lebensgeschichte, die nach einer Zeit des Festhaltens am jüdischen Gesetz (»Überlieferungen meiner Väter«) zur entscheidenden Wende kam: Gott selbst beruft ihn, wählt ihn aus und beauftragt ihn, das Evangelium allen Völkern zu verkünden. Sein Evangelium beruht also nicht auf dem Zeugnis von Menschen, sondern auf der unmittelbaren Offenbarung Gottes – zumindest was die Grundlegung angeht, nicht aber konkrete Inhalte, wie etwa die Eucharistie, die Paulus durchaus von anderen übernimmt (vgl. C 34 zu 1 Kor 11). Paulus versteht sich von Gott berufen in der Tradition alttestamentlicher Propheten (»vom Mutterleib an ausgesondert«). Dadurch ist er den Aposteln in Jerusalem gleichberechtigt.

Lk 7,11-17: Der Jüngling von Naim. Der Bericht über die Auferweckung des Jüngling von Naim ist von Lukas streng nach dem Schema antiker Wunderberichte gestaltet worden, zugleich aber unter Rückgriff auf alttestamentliche Texte, besonders den der alttestamentlichen Lesung (1 Kön 17): Die Not ist groß – der einzige Sohn einer Witwe und damit ihr Versorger ist tot. Der Wundertäter lässt sich von dieser Not anrühren – er hat Mitleid mit ihr. Er greift ein und wendet die Not – der junge Mann richtet sich auf und als Beweis seiner neuen Lebenskraft beginnt er zu sprechen. Die Reaktion der zuschauenden Menge ist Furcht und Freude – wie ein Chor loben sie Gott. Zu diesen Aspekten kommt hinzu, dass Jesus – anders als Elija – die Erweckung aus eigener Vollmacht vornimmt. Er bittet nicht um Gottes Eingreifen, sondern handelt selber. In Jesus ist Gottes Erbarmen erkennbar.

Schrifttext und Familien mit Kindern

Wundergeschichten gleich welcher Art erregen bei heutigen Gottesdienstbesuchern Misstrauen, ja oft Widerstand. Wie soll das, was in der ersten Lesung und im Evangelium be-

richtet wird, möglich sein? Wie kann die letzte Grenze des Todes durchbrochen werden? Klingt das alles nicht nach Märchen aus alter Zeit?

Das Grundproblem der Aufnahme vieler biblischer Texte, darunter der Wunderberichte, ist das der unterschiedlichen Textsorten, die in verschiedener äußerer Gestalt Kerngedanken ausdrücken. Nur auf die von den Autoren angestrebten Aussagen kommt es letztlich an, zwischen dem Kern eines Textes und seiner – oft zeit- und kulturbedingten – Ausschmückung muss unterschieden werden. Von da aus wird verständlich, dass es bei vielen Bibeltexten nicht um die genaue Beschreibung historischer Geschehnisse geht, sondern um theologische Aussagen, die antiken Sprachformen gemäß (etwa der Gattung der Wunderberichte mit ihrem festgelegten Schema) ausgedrückt werden. So verhält es sich auch mit den beiden Erweckungsberichten dieses Sonntags.

Über die Fragestellung »Was ist da genau geschehen?« müssen unsere Gottesdienstbesucher – und dies gilt bereits anfanghaft auch für Kinder – zur Frage geführt werden: »Was wollte der Autor damals aussagen und was kann der Text mir heute bedeuten?«. Stellt man diese Frage an den alttestamentlichen Text, so ergeben sich die angeführten Zielsätze: Gott ist Herr über Leben und Tod. Gott wendet sich den Armen in ihrer Not zu. Gott wirkt durch Menschen, hier besonders durch den Propheten Elija.

Die Zielsätze lauten fast gleich, wenn man die Frage an das Evangelium richtet: Jesus ist Herr über Leben und Tod. In Jesus erweist Gott seinem Volk, besonders den Armen, sein Erbarmen. Gott wirkt in diesem Jesus von Nazaret, dieser ist der Mann Gottes. Durch diese Sätze werden heutige Hörer zur Entscheidung aufgerufen: Kannst auch du Jesus als Herrn über Leben und Tod, als Gottes liebevolles Wort an uns, als Mann Gottes bekennen? Es geht also für Glaubende heute bei diesen Texten weniger um das Jasagen zu einem wunderbaren Geschehen als um das Bekenntnis zu Jesus und die Bindung an ihn, der auch uns eine Perspektive des Lebens und der Rettung in Not gibt.

Das ist letztlich, wenn auch sprachlich eher hinter biografischen Angaben versteckt, die Kernaussage der Lesung aus dem Galaterbrief. Das Bekenntnis zu Christus, der durch den Tod hindurch zur Auferstehung gelangte und uns auf diesen Weg mitnimmt, ist *das* Evangelium des Paulus, für das er sich rastlos einsetzt und alle Mühen auf sich nimmt. Die Begegnung mit Christus stellte für Paulus eine Lebenswende dar, nach der sein Leben nur noch die Ausrichtung auf Jesus kennt. Nur selten erfahren Christen heute solch einschneidende Lebenswenden. Das ist einer der Gründe, warum das Bekenntnis zu Christus bei den meisten auch nicht die existenzielle Tiefe erreichen kann wie bei Paulus. Dennoch kann und sollte die Frage gestellt werden: Gibt es in meinem Leben auch Stellen, wo die Bindung an Jesus und das Bekenntnis zu ihm als dem Christus Gottes besonders wichtig war?

Gestaltungsideen für den Gottesdienst

– *Jesus – Licht für die Menschen:* Die Bedeutung Jesu für Glaubende kann ebenso wie das Thema Auferweckung von den Toten durch die Lichtsymbolik wiedergegeben werden. Jesus ist Licht für die Menschen. Wo er Menschen begegnet, wird es in ihrem Leben hell. Dies gilt für die Menschen, die – wie Zachäus – durch ihn neue Gemeinschaft erfahren können, dies gilt für die, die er heilte und deren Not er wendete, dies gilt für die Mutter im Evangelium und ihren Sohn. Hier wird sogar die Dunkelheit des Todes durchbrochen, neues Leben ist durch Jesus möglich. Durch ein Spiel mit Kerzen kann dieses Thema anschaulich werden: Verschiedene Kerzen in verschiedenen Größen stehen bereit (sie stehen für verschiedene Menschen). Verschiedene Notsituationen von Menschen werden benannt, darunter auch Sterben und Tod. Jedesmal wird eine Kerze ausgeblasen. Danach wird die Osterkerze oder eine andere schöne Kerze als Hinweis auf Jesus gedeutet. Von ihm her empfangen alle Kerzen neues Licht: Wir dürfen unsere Hoffnung auf Jesus setzen.

– *Jesus – die Brücke zum Leben:* Die Auferweckung des Jünglings von Naim war eine Rückkehr in das alte Leben. Christliche Hoff-

(C 40) 10. So im Jahr

nung auf Auferstehung geht darüber hinaus und richtet sich auf endgültiges und heiles Leben bei Gott. Dieses Leben erscheint uns wie ein neues, unbekanntes Land, es kann zu unserer Sehnsucht werden. Jesus stellt dabei die Brücke zu diesem Land dar. Er ist der Weg, auf dem wir zu Gott und damit an das Ziel unseres Lebens gelangen. Er bindet Erde und Himmel, Menschen und Gott, Jetziges und Künftiges, unvollendetes und vollendetes Leben aneinander. Zur Veranschaulichung werden verschiedene Bildelemente nacheinander zu einem Bild zusammengeklebt: Szenen aus heutigem Leben – wir heute; eine Brücke, vielleicht mit einem Jesusbild darauf; eine schöne Landschaft in strahlendem Sonnenlicht (Gottessymbol).

– *Die Lebenswende des Paulus:* Der Lebensweg des Paulus wird auf einem Plakat durch einen großen Bogen dargestellt: Er beginnt oben – Paulus als gläubiger Jude. Paulus lässt sich zu Gewalt gegen die Christen hinreißen – sein Weg geht in die Tiefe. Am tiefsten Punkt dann die Wende – Gott offenbart sich Paulus in Jesus und gibt so seinem Leben eine neue Ausrichtung. Sein Weg geht wieder nach oben – Gründung von Gemeinden, Briefe ... Nach der Darstellung des Lebensweges des Paulus sollte darauf verwiesen werden, dass auch jeder von uns heute auf einem Weg mit Höhen und Tiefen ist. Immer wieder gibt es Lebenswenden, die vielleicht nicht so hervorstechend sind wie bei Paulus, die aber dennoch das Schicksal eines Menschen beeinflussen.

Weiterführung nach dem Gottesdienst

Sowohl Licht und Brücke wie auch andere Auferstehungssymbole (Tor, Leiter, Baum, goldene Stadt) können für Kinder Anregung zu weiterführendem Malen sein. Dies ist nicht allein Beschäftigung der Kinder, sondern führt sie durch ihr Tun auch zur inhaltlichen Auseinandersetzung mit dem Thema und zum Gespräch über ihr Bild in der Familie.

Der Lebensweg des Paulus kann leicht gezeichnet und mit vielen Einzelheiten versehen werden. Vielleicht werden auch dabei einige Freiräume gelassen, so dass die Kinder dieses Blatt mit eigenen Bildern vervollständigen können. In den Familien können ferner in einer Bibel die verschiedenen Paulusbriefe gesucht werden.

(C 41) 11. Sonntag im Jahreskreis

Zu den Schrifttexten

2 Sam 12,7-10.13: Natan kündigt David Strafe an. Die Perikope kann nur in ihrem größeren Zusammenhang verstanden werden. Der große König David hatte das Reich zusammengeführt und dem Volk (und damit auch seinem Glauben) eine innere Mitte gegeben. Doch wird er durch den Ehebruch mit Batseba und durch den Mord an ihrem Mann Urija (2 Sam 11) in hohem Maß schuldig. Diese aus seiner Sucht nach Macht und Besitz erwachsene Schuld bringt nicht allein das Verhältnis der Menschen untereinander in Unordnung, sie steht auch gegen Gottes Wort (vgl. 5. und 6. Gebot des Dekalogs). Der Prophet Natan erzählt dem König daraufhin einen erdachten

Fall, bei dem ein Reicher einen Armen um sein letztes Gut bringt. Er schließt dies mit dem Satz: »Dieser Mann bist du!« Nach diesem Satz beginnt die Perikope mit der Aufzählung von Gottes Wohltaten gegenüber David. Auf seine Schuld wird hingewiesen. David erkennt durch die Worte des Propheten sein Fehlverhalten und bekennt sich schuldig. Dem umkehrenden Menschen kann Natan die Vergebung Gottes zusprechen. Sein Erbarmen ist größer als menschliches Versagen.

Gal 2,16.19-21: Gerecht durch den Glauben an Jesus Christus. Das Thema des Galaterbriefes ist für Paulus das entscheidende Thema christlichen Glaubens überhaupt: Wodurch wird ein Mensch gerecht? In Galatien waren, so darf man aus dem Kontext dieses Briefes schließen, fanatische Judenchristen am Werk, die neben dem Glauben an Christus die strikte Einhaltung des jüdischen Gesetzeswerkes verlangten. Paulus wendet sich in diesem Brief mit scharfen Worten gegen diese Einstellung. In dieser Perikope setzt er das »Urbekenntnis« der Christen gegen die Betonung des Gesetzes: Allein der Glaube an Christus macht gerecht. Wären die Werke des Gesetzes auch wichtig, dann wäre Christus umsonst gestorben. Weil nun Christus die Mitte des Glaubens ist, deshalb bindet sich der Getaufte so sehr an Christus, dass Christus gleichsam in ihm und durch ihn lebt. Die innige Beziehung zu Christus, die Paulus zu seinem Werk angetrieben hat, sollte für jeden Getauften ein Vorbild sein.

Lk 7,36-8,3: Jesus und die Sünderin. Die Erzählung von Jesus und der Sünderin ist lukanisches Sondergut, das gut zu einem Grundthema des Lukas passt: Jesus wendet sich besonders den Sündern und den Menschen in Not zu. Auch die Situation des Mahles wird von Lukas immer wieder besonders betont: Das Mahl verdeutlicht die durch Jesus geschaffene Gemeinschaft. So auch im vorliegenden Text, in der die Sünderin als Kontrastperson dem Gastgeber gegenübergestellt wird. Sie hat durch Jesus Gottes Barmherzigkeit erfahren, läuft ihm nun nach, um ihm ihre Dankbarkeit in einer überschwenglichen, für die Zuschauer peinlichen Form zu zeigen. Dass die Berührung durch eine Sünderin kultisch unrein macht, gibt der Erzählung aus jüdischer Sicht eine zusätzliche Spitze. Durch ein kleines Gleichnis von zwei Schuldnern will Jesus für das Verhalten der Frau Verständnis wecken – es geht also nicht allein um die bereits geschehene Umkehr der Frau, sondern ebenso um die Umkehr des Pharisäers und der anderen: Sie sollen erkennen, dass Gottes Erbarmen allen gilt, dass jeder auf seine Vergebung angewiesen ist.

Schrifttext und Familien mit Kindern

Alttestamentliche Lesung und Evangelium greifen das Thema menschliche Schuld und Vergebung durch Gott auf. Gottes Barmherzigkeit und Versöhnungsbereitschaft ist größer als alle noch so große menschliche Schuld (vgl. David). Viele biblische Texte beschreiben menschliches Fehlverhalten in ganz realistischer Weise. Immer wieder aber wird deutlich gemacht, dass dem Menschen von Gott eine neue Chance gegeben wird, wenn er den Mut zur Umkehr aufbringt. Besonders das Lukasevangelium (vgl. etwa die Gleichnisse vom verlorenen Schaf, der verlorenen Drachme und vom guten Vater in Lk 15) stellt dieses Thema in den Vordergrund. Dieser Grundtenor biblischer Botschaft ist von Jesus nicht nur gepredigt, sondern vor allem gelebt worden. Er verurteilt nicht (vgl. die Ehebrecherin in Joh 8), sondern spricht Versöhnung zu und lädt zu neuer Gemeinschaft ein (vgl. Zachäus in Lk 19).

Anders als damals ist menschliche Schuld heute eher zu einem Tabuthema geworden. Dies gilt, bedingt durch eine früher häufig verengte und deshalb belastende Sicht, auch vom Bereich der Kirche. Alles, was mit Buße gleich welcher Form zu tun hat, wird als peinlich und bedrückend angesehen. Der lebenschenkende, neue Horizonte eröffnende Aspekt von Buße wird nicht gesehen und noch weniger gelebt. Das Thema Buße stößt deshalb bei erwachsenen Gottesdienstbesuchern auf Widerstand, Kinder gehen allerdings meist unbefangener damit um.

Wo über Schuld und Vergebung gesprochen wird, wird beides zudem als zwischenmenschliches Geschehen angesehen, als »Wir-Störung«, die auch zwischenmenschlich behoben werden muss. Dass Schuld auch mit dem Verhältnis des Menschen zu Gott und seiner Ordnung für diese Welt zu tun hat, ist meist nicht bewusst. An der Daviderzählung lässt sich diese Beziehung jedoch verdeutlichen: Grundlage sind die von Gott gegebenen »Zehn Weisungen« (»Zehn Gebote), die sowohl Mord wie Ehebruch deutlich verhindern. Wo Menschen sich auf diese Weisungen Gottes einlassen, erhalten sie Leben und Segen. Wo dies nicht geschieht, entstehen Leid und Tod. Schuld und neue Gemeinschaft durch Versöhnung beziehen sich also nicht allein auf zwischenmenschliche Beziehungen, sondern hängen ebenso vom Verhältnis eines Menschen zu Gott ab. Auch wenn dies heute nur schwer zu vermitteln ist, sollte dieser Gedanke immer wieder in den Gottesdiensten (etwa im Bußakt zu Beginn) anklingen und bei Schrifttexten wie denen dieses Sonntags explizit angesprochen werden.

In weiterem Sinn passt dazu die Lesung aus dem Galaterbrief: Durch Christus und die Bindung an ihn erfahren wir Rettung, Heil und Versöhnung mit Gott und den Menschen. Was Paulus hier beschreibt, hat die Sünderin des Evangeliums ebenso erfahren: Sie ist versöhnt und gerechtfertigt worden durch den Glauben an Christus. So erhält sie neue Gemeinschaft mit Gott und den Menschen.

Gestaltungsideen für den Gottesdienst

– *Umkehr zu neuem Leben:* An der Davidgeschichte (Erzählung der gesamten David-Batseba-Geschichte) wird der Weg der Umkehr in verschiedenen Schritten deutlich gemacht: 1. Die Schuld Davids. 2. David kommt zur Besinnung (durch Natans Gleichnis). 3. David bekennt seine Schuld. 4. Ihm wird Vergebung und Versöhnung zugesprochen. Dieser Weg der Umkehr und des Neubeginns gilt auch für die verschiedenen Formen der Buße heute bis zum Sakrament der Versöhnung, der Beichte. Durch die Versöhnung wird neues Leben, neue Gemeinschaft möglich. Die Davidgeschichte kann durchaus in einem längeren Text erzählt werden, eventuell durchbrochen von kurzen Gesprächseinheiten. Die David-Natan-Perikope kann von zwei älteren Spielern auch nachgespielt werden. Zusätzlich kann die Geschichte durch eine vorbereitete Bildergeschichte illustriert werden.
– *Umkehren zu Gott und den Menschen:* Vom Weg der Buße her (s.o.) werden verschiedene Formen heutiger Buße vorgestellt. Dabei können Beispiele benannt oder gespielt werden, welche Form der Buße (Gebet, Bußgottesdienst, Aussprache, Verzicht, gute Werke, Beichte ...) für welche Lebenssituation geeignet ist. Eventuell können die einzelnen Formen der Buße durch Bilder oder Symbole wiedergegeben werden.

– *Das Netz der Gemeinschaft neu flechten:* Das Wollknäuelspiel lässt Gemeinschaft erfahrbar werden: Alle sitzen im Kreis, ein Wollknäuel wird weitergegeben und jeder hält den Faden fest, so dass ein Netz entsteht – Zeichen der Gemeinschaft. Um die Beziehung dieser Gemeinschaft zu Gott auszudrücken, kann dieses Netz auch an einem Kreuz, einer Kerze ... befestigt werden. Schuld bedeutet nun, dass dieses Netz an einer Stelle durchschnitten wird. Für alle bedeutet dies eine Beeinträchtigung, das Netz verliert an Spannkraft. Man kann das Netz nun neu knüpfen – Versöhnung bedeutet einen neuen Anfang. Dieses Spiel kann von einer kleinen Gruppe Kinder den anderen vorgeführt werden.
– *Was lebt in mir?* Der zweite Kernsatz der Paulus-Lesung kann durch die Frage aufgegriffen werden: Was ist mir in meinem Leben entscheidend wichtig, was »lebt in mir«? Sind es Besitz, Macht, Ansehen, Fernsehen, Auto, Musik, Sport ... oder was sonst? Paulus ermuntert die Getauften, Christus als Mitte zu nehmen. Zur Veranschaulichung kann man die Umrisszeichnung eines Menschen anbringen und verschiedene Bilder (etwa aus Zeitschriften ausgeschnitten) darin als Collage einkleben. Nach dem Vortrag der Lesung wird dann über diese Dinge ein Kreuz oder ein Jesusbild geklebt.

Weiterführung nach dem Gottesdienst

Zur Umkehr kann im Gottesdienst nur angeregt werden, die Praxis von Buße, Versöhnung und Neubeginn muss in den unterschiedlichen Lebenssituationen der Menschen geschehen und hängt wesentlich von jedem Einzelnen ab. Allerdings kann zu den Formen der Buße, die in der Gemeinde stattfinden (etwa Bußgottesdienst, Beichte), besonders eingeladen werden. Auch können die Familien dazu ermuntert werden, Formen der Versöhnung in der Familiengemeinschaft zu pflegen.

Die Davidgeschichte kann zu Hause in Kinderbibeln oder auch im vollen Text nachgelesen werden. Dabei wird ein Akzent zu setzen sein, dass bei David wie bei jedem Menschen Größe und Schwäche zusammengehören, dass Gott ihn aber wie jeden Menschen annimmt.

Zum letzten Vorschlag kann die Umrisszeichnung mit dem Menschen und dem Christusbild vervielfältigt und als Erinnerung mitgegeben werden.

(C 42) 12. Sonntag im Jahreskreis

Zu den Schrifttexten

Sach 12,10-11: Sie werden auf den blicken, den sie durchbohrt haben. Die letzten Kapitel des Sacharjabuches stammen nicht von dem Propheten Sacharja der Exilzeit, sondern von einem unbekannten Propheten am Beginn des dritten vorchristlichen Jahrhunderts, der die Worte Sacharjas aufgreift und auf seine Zeit neu deutet. Dieser Prophet spricht von der Endzeit und vom kommenden Friedenskönig (Sach 9,9, vgl. Mt 21,5 Einzug in Jerusalem). In dieser Perikope führt er zudem die rätselhafte, auf keine geschichtliche Gestalt seiner Zeit festzulegende Person des Durchbohrten an, eines endzeitlichen Schmerzensmannes, der unschuldig getötet wurde. Im Johannesevangelium (Joh 19,37) wird dieser Vers auf Jesus bezogen. Doch Gott greift angesichts des Leidens dieses Mannes ein, sein Geist bewegt die Bewohner Jerusalems zur Umkehr und zur Reue. So wird ein neuer Anfang möglich, der Durchbohrte bewirkt das Heil der Menschen.

Gal 3,26-29: Ihr alle seid eins in Christus. Die Perikope hat trotz ihrer Kürze mehrere Sinnspitzen: 1. Paulus betont noch einmal die Bedeutung des Glaubens. Er allein rettet und macht Menschen zu Kindern Gottes. Dies bedeutet auf alttestamentlichem Hintergrund die besondere Nähe und Zuwendung Gottes. 2. Der Glaube konkretisiert sich in der Bereitschaft zur Taufe, zu einer Umkehr, die sich auf Christus richtet. Wer sich an ihn bindet, ihn wie ein »Gewand anlegt«, vollzieht damit nicht nur etwas Äußerliches, sondern wird ganz von Christus umgeben und geformt. 3. Dies hat nicht nur Konsequenzen im Blick auf das Verhältnis eines Menschen zu Gott, sondern ebenso auf das Verhältnis der Getauften untereinander: Sie sind trotz all ihrer Unterschiede zur Einheit berufen. Dies bedeutet nicht Gleichmacherei, sondern eine übergreifende Einheit, die sich durch den gemeinsamen Glauben an Christus und durch die Nachfolge des Herrn begründet. 4. So verwirklicht sich das neue Volk Gottes, das in der Linie des Volkes Gottes von Abraham an steht – die alten Verheißungen werden sich an den Getauften erfüllen.

Lk 9,18-24: Petrusbekenntnis, Leidensvorhersage und Nachfolge im Kreuz. In dieser Perikope sind von Lukas drei Einzelstücke zusammengestellt: 1. Es geht um die Frage, wer Jesus aus der Sicht des Volkes, vor allem aber der Glaubenden, der Jünger, ist. Ist er einer der Propheten, vielleicht sogar der Propheten, die wie Johannes und Elija im Zusammenhang mit der Endzeit gesehen werden? Oder ist er mehr, ist er der von Gott Gesalbte und Gesandte, der erwartete Messias? Das Verständnis des Volkes und das Bekenntnis der Jünger (Petrus steht hier als Repräsentant der Jünger und damit der Kirche) unterscheiden sich. Hier klingt im Lukasevangelium natürlich das nachösterliche Bekenntnis der christlichen Gemeinden an. 2. Das Bekenntnis zu Christus muss immer seinen Leidensweg, sein Kreuz einbeziehen. So ergänzt Jesus das Bekenntnis des Petrus durch eine Leidensweissagung. Kreuz und Auferstehung, Bedrängnis und Befreiung, Unheil der Endzeit und messianisches Heil gehören zusammen. 3. Dies gilt auch für die Glaubenden, die sich an diesen Christus binden. Das Kreuz gehört ebenso zu ihrem Lebensweg wie die endgültige Rettung durch den Herrn. Aus diesem Glauben heraus erhalten die christlichen Gemeinden auch in Zeiten der Bedrängnis Mut und Kraft.

Schrifttext und Familien mit Kindern

Die alttestamentliche Lesung ist im Blick auf die Leidensvorhersage Jesu ausgesucht worden. Sie ist aber kaum sinnvoll in einen Familiengottesdienst einzubringen. Bestenfalls kann das Stichwort vom »Geist des Mitleids« aufgegriffen werden.

Dagegen bietet die neutestamentliche Lesung mehrere gute Ansatzpunkte. Dies betrifft zum einen das Stichwort von den »Söhnen« (besser »Kindern«) Gottes. Durch den Glauben gehören wir zu Gott, wir bekennen ihn als Vater. Dies aber macht uns auch untereinander zu einer Familie, zu Schwestern und Brüdern. Christen werden durch den Glauben, durch die Taufe und durch das Bekenntnis zu Jesus zur Familie Gottes.

Auch das Bildwort vom Gewand lässt sich aufgreifen. Allerdings muss dabei deutlich werden, dass das Umlegen des Gewandes für Paulus mehr meint als nur ein äußeres Tun – sich also vom heutigen Sprachgebrauch ein Stück unterscheidet. Es geht um eine grundsätzliche neue Ausrichtung des getauften Menschen, um einen wirklichen Neubeginn.

Dies kann zu einer wirklich alle Unterschiede der Menschen übergreifenden Einheit führen. Dabei werden die – oft berechtigten – Unterschiede nicht eingeebnet, sondern miteinander unter ein »größeres Dach«, unter das Dach des gemeinsamen Glaubens gebracht.

Nach Verbindungen über Trennendes hinweg, nach einer größeren Einheit, die Menschen zusammenführt, sehnen sich Menschen unserer Zeit. Mit diesem Themenkreis erreicht man also die Sehnsucht und Hoffnung vieler. Zugleich öffnet es die Hörer für eine größere Gemeinschaft, die über das unmittelbar Erfahrbare hinausführt. Der Blick über den Kirchturm hinaus ist in unserer sich ständig verändernden Welt unerlässlich.

Das Evangelium führt auch heutige Gottesdienstbesucher zur Frage, ob wir uns zu Jesus bekennen und wen wir mit diesem Bekenntnis meinen. Ist Jesus auch für uns der Christus, der Messias – oder halt nur ein besonderer Mensch, ein Prophet, einer, der in besonders prägnanter Weise von Gott gesprochen hat? Die Frage »Für wen haltet ihr mich?« gilt auch uns heute und muss je neu beantwortet werden.

Dazu gehört auch die Frage nach dem Leid und dem Kreuz: Wir bekennen mit Paulus Christus als den Gekreuzigten und Auferstandenen – beides gehört unlösbar zusammen. Ein solches Bekenntnis lässt uns auch einen anderen Standort für unser eigenes Leid und Kreuz finden: In der Bindung an Jesus gelangen wir durch Kreuz und Tod zur Rettung und zur Auferstehung. Aus diesem Glauben, aus dieser Hoffnung leben Christen.

Gestaltungsideen für den Gottesdienst

– *Wir sind eine Familie:* Das Sprechen von der Gotteskindschaft ist heute eher selten geworden. Dennoch kann ein solcher Ausdruck sowohl von einer besonderen Beziehung der Getauften zu Gott künden (ohne damit Nichtgetaufte aus der Beziehung zu Gott auszuschließen) wie auch die Beziehung der Getauften untereinander erläutern. Das Bild der Familie, wo Menschen zusammengehören und füreinander da sind, ist für Kinder gut verständlich. Überraschend ist für sie häufig, dass Menschen sich über die Ursprungsfamilie hinaus als Schwestern und Brüder verstehen können. Anschaulich kann dieses Thema auf folgende Weise werden: Unterschiedliche Kinder (vielleicht mit ein paar Kleidungsstücken Unterschiede deutlich hervorheben, etwa Alter, Herkunft, sozialer

Stand ...) stehen in der Kirche verstreut herum. Sie werden nacheinander rund um den Altar geführt und bilden dort eine »Familie«, die miteinander das Vaterunser betet (sich dabei an den Händen fassen).

– *Christus anziehen:* Die Bindung an Christus mit dem Sprachbild des Gewandes wiederzugeben ist zuerst einmal ungewohnt, kann aber gerade so zum Nachdenken anregen. Dabei kann zur Veranschaulichung auf das Taufkleid zurückgegriffen werden: Eltern ziehen ihrem Kind zur Taufe (also zum Beginn einer intensiven Bindung an Christus) ein weißes Taufkleid über. Es symbolisiert den Neubeginn, die Neuschöpfung in der Taufe, die Bindung an Christus und durch ihn an Gott. Wiederum kann eine kleine Zeichenhandlung diese Gedanken für die Kinder deutlicher machen: Verschiedene Kinder werden zum Altar (zur Osterkerze, zu einem Kreuz ...) geführt. Dort erhalten sie ein weißes Gewand (etwa eine Messdienerkutte), deren Beziehung zum Taufkleid aufgezeigt wird: Mit der Taufe »ziehen wir Christus an«, er umgibt uns nun, wir gehören zu ihm.

– *Ein bunter Blumenstrauß, Einheit in Vielfalt:* Christen sind trotz aller Unterschiede eine Gemeinschaft. Dies lässt sich durch einen bunten Blumenstrauß verdeutlichen: Die unterschiedlichen Blumen werden gezeigt, ihre Formen und Farben, ihr Duft und ihre ganze Gestalt unterscheiden sich. Wenn man sie zu einem bunten Strauß zusammensteckt, ist dieser Strauß schöner als ein Strauß mit nur einer Sorte Blumen. Dies lässt sich leicht mit Menschen und den unterschiedlichen Christen

vergleichen: Über alle Verschiedenheit hinweg finden Christen zu einer übergreifenden Gemeinschaft – sie sind wie ein bunter Blumenstrauß Gottes.

– *Wir bekennen Jesus als den Christus:* Das Bekenntnis der Gottesdienstbesucher zu Jesus kann nicht nur durch Gespräch aufgezeigt werden, sondern vor allem durch Gebet und gemeinsames Tun: Dazu eignet sich besonders die Jesus-Litanei im Gotteslob (Nr. 765). Zu einigen der darin genannten Bildworte zu Jesus (Freund, Bruder, Brot, Licht, Weg ...) haben die Kinder vor dem Gottesdienst (oder bei entsprechender Zeit auch darin) Bilder gemalt. Sie werden nun nach vorn gebracht und an einer Wand angebracht, vielleicht rund um ein Kreuz. Dabei werden die jeweiligen Rufe der Litanei gesprochen. Die Kinder können auch eigene Rufe ergänzen.

– *Nicht nur Sonne, sondern auch Wolken:* Zu jedem Leben gehören nicht allein Glück und Freude, sondern auch Leid und Kreuz. Dies kann den Kindern dadurch aufgezeigt werden, dass rechts und links neben dem Bild eines Kindes (oder der Zeichnung eines Strichmännchens) eine Sonne und eine dunkle Wolke gemalt werden. Die Kinder nennen jeweils Beispiele für Freude und Leid, für Glück und Kreuz. Danach wird mit ihnen bedacht, dass die Bindung an Jesus nicht bedeutet, dass wir vor allem Leid bewahrt bleiben, wohl aber, dass uns Jesus in unserem Leid begleiten und halten will. Wir sind nicht allein, und so können wir unser Kreuz aus dem Vertrauen auf ihn heraus tragen. Er wird uns nach allem Kreuz zur Vollendung führen.

Weiterführung nach dem Gottesdienst

Dass sich die Familie Gottes nicht allein auf wenige Menschen (etwa einer Familie im herkömmlichen Sinn) beschränkt, sondern eine größere Gemeinschaft deutlich macht, kann immer wieder ins Gespräch der Familien einfließen. In der Gemeinde und ihren Gruppen sollte es zu Konsequenzen führen, etwa zu konkreten Aktivitäten, die Solidarität und gegenseitige Verbundenheit über alle Grenzen hinweg ausdrücken. Dies ist denkbar im Blick auf unsere Gesellschaft und die darin leben-

den Randgruppen und ebenfalls im Blick auf die weltweite Gemeinschaft der Christen.

Zum Thema Taufe kann angeregt werden, zu Hause das Taufkleid der Kinder herauszusuchen und von der Taufe zu erzählen.

Zur Gottesdienstgestaltung mit dem Blumenstrauß: Nach dem Gottesdienst erhält jeder eine Blume – wir alle sind der Blumenstrauß Gottes.

Zum letzten Vorschlag kann den Kindern ein entsprechendes Bild mitgegeben werden.

(C 43) 13. Sonntag im Jahreskreis

Zu den Schrifttexten

1 Kön 19,16.19-21: Die Berufung des Propheten Elischa. Die Perikope ist wegen ihres inneren Zusammenhangs mit dem Evangelium gewählt, das nach der alttestamentlichen Vorlage gestaltet ist. Allerdings ist es wichtig, den geschichtlichen Zusammenhang des Wirkens von Elija zu kennen: Im 9. Jahrhundert vor Christus wandte sich das Nordreich Israel unter dem König Achab, vor allem aber unter seiner Gattin, der ihm nachfolgenden Königin Isebel, dem kanaanäischen Baalskult zu. Der Wandel des Volkes vom Nomadentum in der Wüste zum ansässigen Bauernvolk schlägt sich in diesem Wandel nieder: von Jahwe, dem Gott der Väter, zu Baal, dem Fruchtbarkeitsgott. Der Prophet Elija (= »Gott ist Jahwe«) arbeitet mit aller Kraft gegen diese Entwicklung an und verkündet den Glauben an Jahwe. Doch er erfährt Scheitern und flieht vor den Nachstellungen der Isebel zum Berg Horeb. Dort erhält er von Gott den Auftrag, Elischa als seinen Nachfolger zu salben und ihn in Dienst zu nehmen. Elija sucht also Menschen, die ihm nachfolgen im unbedingten Glauben an Gott. Das Überwerfen des Mantels ist eine Zeichenhandlung, die diese »Inbesitznahme« eines Menschen für Gottes Auftrag deutlich macht. Elischa beendet seine bisherige Existenz als Bauer (Schlachten der Rinder und Verbrennen des Jochs) und folgt Elija.

Gal 5,1.13-18: Ihr seid zur Freiheit berufen. Entsprechend dem Thema seines »Kampf«-briefes an die Galater geht es Paulus um die Freiheit des Christen, die sich aus dem Glauben und der Bindung an Jesus ergibt. Das meint Freiheit in doppelter Richtung: Zum einen ist es die Freiheit von Sünde und Schuld, von Belastungen des Menschen, ja vom Tod. Für Paulus konkretisiert sich diese Freiheit in der Freiheit vom jüdischen Gesetz. Der Versuch einiger Kreise, dieses Gesetz in den galatischen Gemeinden wieder verpflichtend zu machen, erregt seinen heftigen Widerspruch. Doch die neugewonnene Freiheit muss gestal-tet werden. Nach der »Freiheit von« geht es um die »Freiheit für«. Sie besteht für Paulus in der Liebe zum Nächsten, die sich aus der Bindung an Gott ergibt. Wer durch Christus befreit ist, soll die neugewonnene Freiheit zum Dienst füreinander nützen. Der Zuspruch »Ihr seid frei!« führt zum Anspruch »Ihr seid frei für die Liebe!«. Das ist christlicher Geist, der alles Verhaftetsein der Christen an das Alte (an das »Fleisch«) überwindet.

Lk 9,51-62: Der Weg nach Jerusalem – folge mir nach. Nach dem ersten Hauptteil seines Evangeliums, der vom Wirken Jesu in Galiläa berichtet, beginnt Lukas mit dieser Perikope den zweiten Hauptteil. Er beschreibt den Weg Jesu nach Jerusalem, der Stadt, in der sich das Schicksal Jesu vollenden wird (hinweggenommen als sterben und zugleich als zu Gott erhoben werden). Bereits am Anfang dieses Weges wird in dem samaritischen Dorf deutlich, dass zum Lebensschicksal Jesu die Ablehnung gehört. An ihm scheidet sich das Urteil der Menschen. Anders jedoch als beim Propheten Elija, wo Feuer vom Himmel feindliche Soldaten vernichtete (vgl. 2 Kön 1,10ff), gibt es bei Jesus keine gewalttätige Antwort, er geht seinen Weg »wie ein Lamm zur Schlachtbank«. Von Menschen verstoßen und mit ungesicherter Existenz geht er seinen Weg. Dies ist für Lukas der Ansatz, drei Sprüche über die Nachfolge anzuschließen. Der erste macht deutlich, dass die Nachfolge Jesu vom Menschen viel verlangt. Sein Ruf ist unbedingt und führt den Nachfolgenden auf einen Kreuzweg. Der zweite Spruch geht von der Situation aus, dass Kinder die religiöse Pflicht haben, ihre Eltern zu begraben. Doch Jesus erwartet auch in einem solchen Fall unbedingte und sofortige Nachfolge: Bei ihm ist das Leben, wer ihm folgt, ist der Welt des Todes entkommen. Der dritte Spruch erinnert an die Berufung des Elischa durch Elija (vgl. erste Lesung). Auch hier geht es um die unbedingte und entschlossene Nachfolge, die keinen Aufschub zulässt.

Schrifttext und Familien mit Kindern

Das in der ersten Lesung und im Evangelium aufgenommene Thema der Berufung und Nachfolge wird den meisten Gottesdienstbesuchern fremd erscheinen. Berufung und Nachfolge – das ist aus heutiger Sicht bestenfalls etwas für die hauptberuflich in der Kirche Tätigen, für Pastöre und andere. Von da aus kann vor allem beim Hören des Evangeliums bei vielen der Eindruck entstehen, dass sie das eigentlich nichts angeht. Bei der alttestamentlichen Lesung kommt als Schwierigkeit hinzu, dass hier der Berufungstext mit einer uns ungewohnten Zeichenhandlung verknüpft ist und in einem ganz anderen sozialen Umfeld spielt.

Trotz dieser Schwierigkeiten hat das Thema Berufung und Nachfolge durchaus Relevanz für christliches Leben heute. Es muss Christen heute – auch ohne hauptberufliche Tätigkeit in der Kirche – um ein Leben aus christlichem Geist gehen, das versucht, das Vorbild Jesu auf unsere Zeit zu beziehen. Ein solcher Anspruch ergibt sich aus der Berufung zu einem christlichen Leben, die mit Taufe und Firmung erfolgte. Sicher gestaltet sich Nachfolge heute völlig anders als zur Zeit des Elija oder Jesu, sie gehört aber wesentlich zum Glauben der Christen.

Wählt man unter diesen Gesichtspunkten das Evangelium als Schrifttext, so sollte man den ersten Abschnitt (Feuer vom Himmel) nicht lesen, da er mit dem Stichwort Widerstand gegen Jesus einen anderen und für Kinder schwierigen Akzent setzt.

Die beiden Kernworte der neutestamentlichen Lesung, Freiheit und Liebe, sind für die Existenz des Christen von entscheidender Bedeutung. Allerdings klingen sie in dem paulinischen Brief in so allgemeiner Form an, dass sie leicht überhört werden können. Deshalb müssen sie durch Zeichen und Handlungen plastischer und damit verständlicher werden.

Freiheit ist für heutige Menschen ein Schlüsselwort der Lebensgestaltung. Es geht dabei vor allem um Freiheit von äußeren Beeinflussungen des Lebens, um Freiheit von Zwang in allen gesellschaftlichen Bereichen, auch im Bereich von Kirche und Glauben. Dieses Streben des modernen Menschen nach Emanzipation von unterdrückenden und einengenden Mächten ist von der Kirche und ihrer Verkündigung positiv zu werten und zu unterstützen (vgl. Paulus). Christliche Botschaft fügt dann allerdings als notwendige Ergänzung hinzu, dass die neugewonnene Freiheit genutzt werden muss zu einem Leben der Liebe und des Füreinander-Daseins. Hierin hat diese Perikope größte Bedeutung auch für Christen heute.

Gestaltungsideen für den Gottesdienst

– *Taufe ist ein Auftrag:* Die Taufe kennt viele Akzente, etwa Gotteskindschaft (unbedingte Annahme eines Menschen), Bindung an Christus, Eingliederung in christliche Gemeinde (Kirche), Stärkung durch Gottes Geist ... Ein wegen der Kindertaufe oft übersehener Akzent liegt in dem Auftrag an den Getauften zu einem Leben aus Gottes Geist. Wie er von Gott in der Taufe gestärkt wird, so soll er zur Stärkung für andere werden. Wie er von Christus in der Taufe Licht empfangen hat, so soll er Licht für andere sein. Dieser Taufauftrag richtet sich bei der Kindertaufe an die Eltern: Sie sollen ihr Kind zu einer solchen Lebensgestaltung aus dem Glauben erziehen.

Je älter ein Kind wird, desto mehr kann es diesen Auftrag selber übernehmen. Die Firmung kann dazu eine wirkliche »Stärkung« sein. Diese Gedanken können durch eine Taufkerze anschaulicher werden: Sie wird an der Osterkerze angezündet – wir empfangen Licht von Jesus. Danach werden Menschen geschildert, die Hilfe brauchen (in kleinen Szenen spielen). Ein Kind mit der Taufkerze bringt ihnen kleine Kerzen (Teelichter) und zündet diese mit seiner Taufkerze an – wir haben den Auftrag, das Licht Jesu weiterzugeben und Licht zu anderen zu bringen.

– *Christus hat uns befreit:* Ein Kind (oder mehrere Kinder) ist mit Ketten und Tauen

»gefesselt«. Diese Fesseln können Schilder tragen, die bezeichnen, was das Leben dieses Kindes einengt, etwa: alles für sich haben wollen, aufbrausend sein und zum Streit neigen, lügen ... Danach wird der erste Abschnitt des Galaterbriefes gelesen (der zweite mit der Gegenüberstellung von Fleisch und Geist fällt weg). Im Gespräch wird erarbeitet, dass Jesus uns von unseren Fesseln befreien will. Im Spiel wird dem gefesselten Kind gesagt: »Jesus will, dass du frei bist.« Die Fesseln werden ihm abgenommen.

– *Der Weg der Liebe:* Wir sind befreit zu einem Leben der Liebe und der gegenseitigen

Hilfe. Jesus lädt uns ein, unseren Lebensweg als Weg der Liebe zu gestalten. Dies kann durch ein Spiel dargestellt werden, bei dem ein Spieler sich auf einem Weg befindet und an Wegkreuzungen zwischen unterschiedlichen Handlungsweisen wählen muss. Von zwei oder drei dargestellten Weisen (statt als Spiel auch als Bild oder auf Plakate geschriebene Stichworte zu gestalten) entspricht jeweils ein Beispiel dem Weg der Liebe, dem Anspruch Jesu. Im Gespräch mit den Kindern wird dies jeweils aufgezeigt. Der »Weg der Liebe« kann den Altar als Ziel haben. Dort versammeln wir uns um Jesus.

Weiterführung nach dem Gottesdienst

Zum Thema Taufe kann den Gottesdienstbesuchern nach dem Gottesdienst ein schön gestaltetes Blatt übergeben werden mit den Sätzen: »Du bist getauft. Du bist beauftragt zu einem Leben der Liebe.«

Zum zweiten Vorschlag kann jedem Gottesdienstbesucher ein kleines Stück Tau oder ein

Kettenglied als Erinnerung übergeben werden, dass wir durch Christus befreite Menschen sind.

Zum dritten Thema kann eine Schmuckkarte mit einem Wegmotiv mitgegeben werden, die in der nächsten Zeit an den »Weg der Liebe« erinnert.

(C 44) 14. Sonntag im Jahreskreis

Zu den Schrifttexten

Jes 66,10-14: Wie eine Mutter tröste ich euch. Unter dem Namen des großen Propheten Jesaja schreibt ein unbekannter Prophet der Nachexilszeit seiner Gemeinde eine Botschaft der Hoffnung. Die Hoffnungen der Aufbruchszeit nach dem Exil waren enttäuscht worden, Jerusalem, der Tempel und die Situation des Volkes entwickelten sich keineswegs so, wie man es erwartet hatte. So machten sich Resignation und Mutlosigkeit in der Gemeinde breit. Der Prophet verweist auf die treue Fürsorge Gottes, der die Wende bringen wird. Jerusalem wird dann zum zentralen Heilsort, an dem sich nicht allein Israel, sondern alle Völker versammeln. Dies wird für Israel Trost und Hoffnung bedeuten. Das Bildwort von der tröstenden Mutter ist im Alten Testament selten, es gibt aber in unübertrefflicher Weise das Erbarmen Gottes und seine

Menschenfreundlichkeit wieder. Wer diese Nähe Gottes erfährt, der darf sich zu Recht freuen und jubeln – die Hand Gottes hilft ihm.

Gal 6,14-18: Eine neue Schöpfung sein. Am Ende seines Briefes hebt Paulus noch einmal das hervor, was sein Leben und seine Verkündigung entscheidend prägt. Es ist das Kreuz, das zum Maßstab seines Lebens geworden ist, das aber auch der Maßstab jeder christlichen Lebensgestaltung sein soll. Es geht für den Christen nicht um die Bindung an das jüdische Gesetz (»beschnitten oder unbeschnitten«), sondern um die Bindung an den Herrn, um die Nachfolge im Kreuz. Paulus verweist auf sein eigenes Leiden für den Glauben (»Malzeichen Jesu« als Hinweis auf Verfolgungen, Geißelungen ...). Doch das Kreuz ist nicht allein Zeichen des Leides und der Not.

Es ist darüber hinaus Zeichen für die in Jesus begonnene Neuschöpfung, für Auferstehung, für endgültiges, vollkommenes und ganzheitliches Heil (»Schalom«) der Menschen. Das Kreuz Jesu also rettet.

Lk 10,1-12.17-20: Arbeiter für die Ernte. Die Perikope setzt die Sprüche zur Nachfolge und Jüngerschaft fort (vgl. C 43). Sie werden eingebettet in die Erzählung von der Aussendung und der Rückkehr der siebzig Boten. Dies hat symbolische Bedeutung. Im neunten Kapitel des Lukasevangeliums wird von der Aussendung der Zwölf berichtet. Dies erinnert an die zwölf Stämme Israels, die Apostel sprechen zum Volk Israel. Hier nun wird von den siebzig Jüngern berichtet. Siebzig ist die Zahl der damals bekannten Heidenvölker – allen Menschen soll die Verkündigung des Evangeliums gelten. Der auch sonst bei Lukas zu findende universale Anspruch (vgl. etwa die Apostelgeschichte) klingt hier an. Dies macht in anderer Weise auch das Bildwort von der Ernte deutlich, das auf die Endzeit und auf endzeitliches Heil verweist. Die folgenden Anweisungen für die in Jesu Vollmacht Gesandten fordern die Mittellosigkeit der Boten und damit ihren unbedingten Einsatz. Das Zeichen der Krankenheilungen soll ihr Wort von der Nähe des Reiches Gottes eindrucksvoll bestätigen. Dem dient entsprechend jüdischem Zeugnisrecht auch das Zusammenwirken zweier Boten. So sind sie glaubwürdig. Die Nähe des Reiches Gottes ist auch Zeit des Gerichtes. Dies klingt in den Schlussversen an: Die Macht des Bösen hat ein Ende.

Schrifttext und Familien mit Kindern

Das Gottesbild des Alten Testaments kennt viele Nuancen, die wie ein Mosaik zusammengefügt werden müssen, um jede einseitige und dadurch falsche Aussage zu vermeiden. So ist der Vergleich Gottes mit der liebevoll tröstenden Mutter ein wichtiges Korrektiv der neutestamentlichen Kennzeichnung Gottes als Vater. Für viele Christen, die entsprechend der Lehre Jesu zu Gott, dem Vater, beten, ist die Vorstellung von Gott als Mutter überraschend und regt in dieser Fremdheit zum Nachdenken an. Von der alttestamentlichen Lesung aus ergibt sich unabhängig von der eigentlichen Aussage des Propheten also das Thema: Gottesbild der Bibel und unsere eigenen Gottesvorstellungen.

Möglich ist natürlich auch, die in diesem Text enthaltene Botschaft der Hoffnung auf heutiges Leben und heutigen Glauben hin auszudrücken. Auch wir erleben in unseren alltäglichen Lebenssituationen, besonders aber auch in der Situation der Kirche heute, Resignation, enttäuschte Hoffnung und Mutlosigkeit. Der Prophet erinnert an die treue Zuwendung Gottes und macht Hoffnung auf Heil, das alle Not überwindet. Diese Haltung sollte auch Christen zu allen Zeiten prägen: Aus dem Vertrauen auf Gott heraus dürfen wir Hoffnung und Freude haben.

Die sehr persönlichen Aussagen des Paulus im Galaterbrief sind Kindern nur schwer zu vermitteln. Aus dieser Perikope ergeben sich deshalb als Ansätze zur Gottesdienstgestaltung nur die beiden Gedanken: Kreuz als Zeichen und Maßstab der Christen – eine neue Schöpfung werden.

Der Evangelientext geht – anders als in dem allgemeinen Ruf zur Nachfolge (vgl. C 43) – auf die Situation der besonders gesandten Jünger ein, er ist eine Standesrede mit konkreten Anweisungen für die, die ihr Leben ganz in den Dienst der Verkündigung stellen. Insofern »betreffen« diese Sätze die Gottesdienstbesucher nur insoweit, wie es um die Struktur der Kirche heute und der Dienste und Ämter darin geht. Dabei muss unterschieden werden zwischen den sich aus der jeweiligen Kultur ergebenden Anforderungen (etwa Mittellosigkeit, ohne Schuhe und Beutel ...), die zeitbedingt sind und nicht einfach in unsere Situation übertragen werden dürfen, und der grundsätzlichen Ausrichtung der Verkündigung, die das Leben der Verkündiger prägen soll: »Das Reich Gottes ist nahe.« Durch Wort und helfende Tat ist dieser Kernsatz Jesu den Menschen weiterzugeben. Dieser Auftrag gilt den Diensten in der Kirche über alle Zeiten hinweg.

(C 44) 14. So im Jahr

Gestaltungsideen für den Gottesdienst

– *Gott ist wie eine liebe Mutter:* Für das Glaubensleben der Christen hängt viel, wenn nicht alles vom Gottesbild ab. Gleich ob Gebet oder Gottesdienst, ob Lebensgestaltung oder Setzung von Werten – prägend ist die Vorstellung von Gott. Dabei zeigt sich, dass wir Gott nicht mit unseren Begriffen fassen können; unsere Bildworte und Namen für Gott geben unterschiedliche Erfahrungen mit ihm wieder, erreichen ihn aber nie ganz. So ist es wichtig, solch unterschiedliche Erfahrungen zu einem größeren Ganzen zusammenzutragen, zu einem Mosaik der Gotteserfahrungen. In diesem Zusammenhang wird das Gottesbild Jesu vom guten Vater durch andere Gottesbilder, etwa dem aus Jesaja, ergänzt und erweitert. Die Kinder sammeln im Gespräch Erfahrungen, die sie unterschiedlichen Namen zuordnen: Vater, Mutter, Freund, Hirte, König, Arzt ... Solche Erfahrungen wie Liebe, Fürsorge, Treue, Verlässlichkeit, Schutz, Hilfe werden auf verschiedene Zettel geschrieben und zu einem Mosaik zusammengestellt – so ist Gott für uns Menschen.

– *Ich will mich rühmen des Kreuzes:* Was wohl ist das wichtigste Zeichen der Christen, was unterscheidet sie von anderen Religionen? Es ist das Kreuz Jesu, wir bekennen seinen Tod. Erst vom Tiefpunkt des Kreuzes her wird auch der Triumph der Auferstehung klar. Das Kreuz wurde deshalb nicht nur zum Zeichen Jesu, sondern auch zum Zeichen der Christen, die mit Jesus verbunden sind. Sie haben die Hoffnung, dass auch ihr Kreuz durch die Auferstehung überwunden wird. So verehren Christen das Kreuz. Sie hängen es an wichtige Orte (Kirche, Wohnung ...), sie schmücken es, ja tragen es als Schmuckkreuz. Im Gespräch mit den Kindern wird aufgezeigt, wo überall Kreuze zu finden sind und was sie bedeuten. Miteinander kann ein großes Kreuz in der Kirche geschmückt werden. Als Zeichen der Hoffnung auf Überwindung der »Kreuze« im Leben kann die Osterkerze dazu gestellt werden.

– *Dienste in der Kirche:* Das Evangelium von der Aussendung (in der Kurzfassung) kann zum Anlass genommen werden, verschiedene Dienste in der Kirche vorzustellen. Dies können haupt- und ehrenamtliche Dienste sein, Dienste in der Gemeinde und auch darüber hinaus. Das Vorstellen kann in Interviewform geschehen, die Kinder können ihre Fragen direkt stellen.

– *Menschen, die sich ganz für Christus einsetzen:* Beispielhafte christliche Persönlichkeiten aus Gegenwart oder Geschichte können durch Bild und Wort vorgestellt werden. Dabei soll jeweils deutlich werden, wie diese Personen den Ruf Jesu nach Nachfolge in ganz spezifischer Weise in ihr Leben übertragen haben.

Weiterführung nach dem Gottesdienst

Das Thema Gottesbild und unterschiedliche Gotteserfahrungen kann zum Gespräch und Erfahrungsaustausch in den Familien anregen. Als Einstieg kann dabei der Impuls stehen: »Gott ist für mich wie ...«

Zum Thema Kreuz kann man den Kindern ein kleines Kreuz mitgeben (aus Pappe oder anderen Materialien). Die Kinder können auch dazu angehalten werden, sich selber aus verschiedenen Materialien ein Kreuz zu basteln, es zum nächsten Gottesdienst mitzubringen oder in ihr Zimmer zu hängen.

Zum Thema »Dienste in der Kirche« können sich verschiedene Berufe der Kirche nach dem Gottesdienst persönlich vorstellen und von ihrer Arbeit erzählen.

Die Informationsstelle Berufe der Kirche hat unterschiedlichste Materialien und Lebensbilder zu herausragenden Christen herausgegeben (zu beziehen über das Pfarrbüro). Ebenso kann man selber zu einer vorgestellten Person ein Lebensbild zusammenstellen und allen mitgeben.

(C 45) 15. Sonntag im Jahreskreis

Zu den Schrifttexten

***Dtn 30,10-14:** Das Wort ist ganz nah bei dir.*
Das deuteronomistische Geschichtswerk, zu dem diese Perikope gehört, versucht angesichts der Zerstörung des Nordreiches Israel und nur wenig später der Zerstörung Jerusalems und des Exils Judas einen neuen Standort für Volk und Glauben durch den Rückblick auf die Geschichte des Mose zu gewinnen. Im Buch Deuteronomium (= zweites Gesetz, Wiederholung der Weisung Gottes) wird diese Besinnung in die Form von Abschiedsreden des Mose vor seinem Tod gefasst. Am Ende dieser Reden steht der vorliegende Text. Er verweist auf die Unmittelbarkeit des Wortes Gottes, die den Menschen auch ohne Tempel und andere Mittler erreicht. Gottes Weisung ist dem Menschen nahe, liegt geradezu in seinem Inneren und befähigt ihn, dieses Wort nicht nur zu »hören«, sondern auch zu »achten« (= zu befolgen) und so zu Gott »zurückzukehren«. So wie Gott dem Menschen treu ist, soll der Mensch Gott und seinem Wort treu sein. Hier kündigt sich eine Haltung der Tora (dem Wort Gottes) gegenüber an, die das Judentum bis auf den heutigen Tag prägt.

***Kol 1,15-20:** Christus ist der Erstgeborene der ganzen Schöpfung.* Der in den Kolosserbrief eingefügte große Christushymnus besteht aus zwei Teilen, die durch den Begriff des »Erstgeborenen« bezeichnet werden. Zum einen geht es um die Schöpfung, die Entstehung des Kosmos – Christus ist Erstgeborener der ganzen Schöpfung, durch ihn ist alles geworden. Von Beginn an ist er also der Herr, der Weltenherrscher, dem alle Mächte, auch Engel und unsichtbare Kräfte unterworfen sind. Durch eine solche Aussage konzentriert der Verfasser des Hymnus das Bekenntnis der Christen auf Jesus – er ist die Mitte, alles andere ist zweitrangig. Christus ist das Ebenbild Gottes. In einem zweiten Abschnitt wird Christus als Erstgeborener der Toten bezeichnet. Durch sein Kreuz und seine Auferstehung hat er die Welt mit Gott versöhnt und so das Heil gebracht. Diese Heilstat Jesu wird konkret erfahrbar in der Kirche, die auf Christus (»ihr Haupt«) ausgerichtet ist.

***Lk 10,25-37:** Das Hauptgebot – Gleichnis vom barmherzigen Samariter.* Die Perikope besteht aus zwei Teilen, einem von Markus übernommenen, aber mit neuen Akzenten versehenen Gespräch Jesu mit dem Schriftgelehrten und der Beispielerzählung vom barmherzigen Samariter, die lukanisches Sondergut ist. Der Ausgangspunkt ist die Frage, ob es eine Grundlage für alle Gebote, Gesetze und Regeln gibt, die überliefert sind. Mit dem Hauptgebot der Gottes- und Nächstenliebe lässt sich eine solche Zentrierung aller Anforderungen an den Menschen aussagen. Doch Jesus geht einen Schritt weiter: Es geht nicht allein um das Erkennen eines solchen Hauptgebotes, sondern um das Handeln, um das Befolgen (vgl. das »achten« in der alttestamentlichen Lesung). Die Beispielerzählung macht dies am Samariter deutlich: Von ihm, dem Feind der Juden, wäre in dieser Situation kaum Hilfe zu erwarten gewesen, doch gerade er ist zur Hilfe bereit – er handelt und wird so zum Vorbild.

Schrifttext und Familien mit Kindern

Die Beispielerzählung des Evangeliums ist in der Regel sowohl den Erwachsenen wie den Kindern bekannt und auch leicht verständlich. Jeder wird auch dem Gemeinten zustimmen und die Konzentrierung der Botschaft Jesu auf Gottes- und Nächstenliebe als bereichernd empfinden. Dennoch bleibt auch für Gemeinden heute die Anfrage Jesu: Es geht nicht um das Verstehen dieses Textes, sondern darum, wie er gelebt und je neu in heutige Lebenswirklichkeit umgesetzt wird. Es geht um Handeln, nicht um Reden. Verkündigung und Gottesdienstgestaltung sollten den Besuchern hierzu Hilfen geben.

147

Dabei darf der überraschende Akzent der Erzählung nicht unter den Tisch fallen, dass sich ausgerechnet der eher verhasste Ausländer als Vorbild christlichen Handelns erweist, während die offiziellen Vertreter der damaligen »Kirche« versagen. Ob ein Mensch Heil findet im Be»achten« des Wortes Gottes und seiner Weisung, liegt also nicht an seinem Stand, an seinem Erkennen und Verstehen, sondern einzig und allein an seinem Handeln aus dem Glauben. Die Verkündigung der Christen zielt nicht auf rechte Lehre, sondern auf rechtes Handeln. Jeder Getaufte, gleich ob Amtsträger oder nicht, muss sich dieser Frage immer wieder stellen.

Das Thema des Wortes Gottes und seiner Beachtung findet sich auch in der alttestamentlichen Lesung. Sie ist uns vom Sprachgebrauch ferner als der Evangelientext. Dennoch kann sie hilfreich sein, uns auf das Wort Gottes und seine Bedeutung zu besinnen. In diesem Zusammenhang ist es möglich, das Thema Bibel aufzugreifen und aufzuzeigen, dass uns in der Bibel (aber nicht nur dort) das Wort Gottes begegnet. Dabei kann der Akzent durchaus auch auf dem Alten Testament liegen, dem Teil der Bibel, der gerade im katholischen Bereich lange ohne ausreichende Beachtung blieb.

Die neutestamentliche Lesung stellt in beeindruckender Weise Christus in die Mitte. Wenn uns auch die hymnische Sprache ungewohnt ist, so lassen sich aus diesem Text dennoch verschiedene Ansatzpunkte für eine Gottesdienstgestaltung entnehmen: Christus ist Bild Gottes – wer auf ihn schaut, kann Gott und sein erbarmendes Wirken erkennen. Christus ist Herrscher über die ganze Schöpfung – wer sich zu ihm bekennt, erhält Leben. Christus ist Herr über den Tod – er schenkt Auferstehung und versöhnt die Menschen zu einem Volk Gottes.

Gestaltungsideen für den Gottesdienst

– *Der barmherzige Samariter:* Die Beispielhandlung des Evangeliums kann von den Kindern leicht in ein Bibelspiel umgesetzt werden. Danach ist es sinnvoll, auch andere Szenen zu spielen, die vergleichbares Handeln in heutiger Welt schildern. Der Schlusssatz des Evangeliums »Geh und handle genauso« sollte bei jedem dieser Spiele betont werden. Ebenso kann das Evangelium als gemalte Bildfolge dargestellt werden.

– *Wer ist* mein *Nächster?* Als »nächste« Menschen um sich herum werden die Kinder zuerst ihre Familie und ihre Freunde bezeichnen, dann auch Nachbarn, Klassenkameraden, Gruppenmitglieder in einem Verein ... Für Jesus liegt die Definition des Nächsten anders: Es ist der, der gerade in diesem Augenblick meine Hilfe braucht. Dies kann durch eine Zeichenhandlung dargestellt werden: Ein Kind zieht ein mit einem Schild: Wer ist mein Nächster? Andere Kinder kommen und sagen: Ich bin es, denn ich bin dein Bruder, dein Freund, dein Klassenkamerad ... Schließlich kommt ein Kind, das erkennbar in einer Notsituation ist. Der erste Spieler wendet sich ihm zu und sagt: Du bist mein Nächster.

– *Der Fremde hilft:* Spannungen zwischen Einheimischen und Fremden gibt es überall, oft führen sie zur Abgrenzung und zu Vorurteilen. Für Juden damals waren die Samariter schlimmer als die Heiden, weil sie sich vom »richtigen« Glauben abgewandt hatten. Dass Jesus gerade den Samariter als beispielhaft handelnde Person hinstellt, zeigt, dass es ihm nicht um Herkunft, Weltanschauung ... geht, sondern allein um das richtige Handeln, um das Umsetzen des Hauptgebotes in das eigene Leben. So kann diese Beispielgeschichte verfremdet gespielt werden, etwa: Nach einem Verkehrsunfall liegt ein Mann verletzt am Straßenrand. Ein Polizist und ein Sanitäter, die nach Feierabend nach Hause fahren, kommen vorbei und lassen ihn liegen. Ein türkischer Müllmann (Asylbewerber auf dem Fahrrad ...) hält an und hilft ihm ...

– *Die Bibel ist Gottes Wort an uns:* Eine schöne Bibelausgabe wird vorgestellt. Einige Beispielsätze werden daraus vorgetragen, die für Menschen heute wichtig sind, etwa ein Psalmvers, ein Evangeliensatz, ein Gruß aus einem Paulusbrief ... Auf unterschiedliche Weise ist in der Bibel das Wort Gottes an uns

Menschen gefasst. So ist es gut, dass wir immer wieder in der Bibel lesen. Wir erhalten darin Richtschnur und Hilfe für unser Leben.

– *Christus ist das Bild Gottes:* Bilder geben Wirklichkeit auf unterschiedliche Weise wieder, sie bilden nicht nur einfach ab, sondern setzen inhaltliche Akzente. Wenn Christus als Bild Gottes bezeichnet wird, dann bedeutet dies, dass wir in ihm etwas von der Menschenfreundlichkeit und Barmherzigkeit Gottes erkennen können. Dies sehen wir besonders in seinem Umgang mit den Menschen. Wie er sich um die Armen und Geringen, die Kranken und die Sünder kümmert, so ist Gott. In Jesus können wir also wie in einem Buch über Gott lesen. Als Darstellung kann ein gemaltes Bild (notfalls auch eine Fotografie) eines Kindes und das betreffende Kind gewählt werden: Das Bild macht über das Kind Aussagen, lässt uns manches (natürlich nicht alles) über es erkennen. Vergleichbar ist es mit Jesus: Er lässt uns Gott erkennen.

Weiterführung nach dem Gottesdienst

Zum Thema Bibel lässt sich vielleicht eine kleine Bibelausstellung in der Gemeinde (im Pfarrheim, der Pfarrbücherei oder auch in der Vorhalle der Kirche) organisieren. Den Familien kann so durch Empfehlung von guten Bibeln geholfen werden. Eventuell lässt sich über die Bücherei auch eine gemeinsame Bestellung aufgeben.

Den Kindern können nach dem Gottesdienst in der Sakristei auch die Lektionare mit den im Gottesdienst vorgetragenen biblischen Texten gezeigt werden. Ebenso kann die Bedeutung des Ambos erklärt werden.

Die Beispielgeschichte des Samariters regt zur Überlegung an, wo Familien in ihrem Umfeld »Nächste« entdecken können, die Hilfe brauchen. Vielleicht führt dies – auch im Zusammenspiel mehrerer Familien – zu konkretem Handeln.

Zum letzten Thema kann den Kindern ein schönes Christusbild der Kunst (etwa Ikone) mitgegeben werden.

(C 46) 16. Sonntag im Jahreskreis

Zu den Schrifttexten

Gen 18,1-10: Der Herr erscheint Abraham in Mamre. Der Text besteht aus verschiedenen Strängen, die nicht genau voneinander zu trennen sind (drei Gäste – Gott als Gast, wiederholter Wechsel von Mehrzahl zu Einzahl) und verschiedenen Motiven (Baum als Verbindung von Himmel und Erde, Gastfreundschaft, Mahl als Gemeinschaft von Gott und Mensch, Verheißung eines Nachkommens), die auf eine wechselvolle Geschichte des Textes aufmerksam machen, bevor er an entscheidender Stelle der Abrahamsgeschichte eingefügt wurde. Der alte Kultort von Mamre war wohl ein vorisraelitisches Baumheiligtum, der Baum (die Bäume) zu verstehen als Manifestation der Gottheit (Göttin der Fruchtbarkeit). Israel übernimmt diesen heiligen Ort und verbindet ihn durch Abraham mit dem Glauben an den Gott der Väter: Hier erscheint Gott auf geheimnisvolle Weise, hier begegnet er den Menschen beim Mahl, hier gibt er dem gastfreundlichen Abraham als Gastgeschenk die Verheißung des erhofften Sohnes.

Kol 1,24-28: Christus ist unter euch. Es wird unterschiedlich beurteilt, ob Paulus diesen Brief während seiner Gefangenschaft (Leiden) geschrieben hat, oder ob er nach seinem Tod von einem seiner Schüler geschrieben wurde. Zwei Kerngedanken ergeben sich aus diesem Text: Die Heiden haben den Glauben an Christus angenommen, er ist nun unter ihnen gegenwärtig, und dies bedeutet für die Getauften Hoffnung auf Vollendung und Herrlichkeit. Dass die Gemeinde zu diesem Glauben gefunden hat, liegt für Paulus wesentlich daran, dass es Menschen gibt, die für die Verkündigung des Evangeliums zum Leiden bereit sind. So ist auch sein eigener Weg von Verfolgung und Leid geprägt. Damit ist er Christus und seinem Leiden, seinem Kreuz, verbunden. Solches Leid erträgt der Apostel nur im Glauben daran, dass ihm durch Christus Vollkommenheit geschenkt wird.

Lk 10,38-42: Marta und Maria. Nach dem Gleichnis vom barmherzigen Samariter (vgl. C 45) folgt diese Perikope und stellt ein notwendiges Korrektiv dar: Es geht für Christen nicht allein um tätige Nächstenliebe, um Dienst an den Geringen und Armen, sondern ebenso um das aufmerksame Hören des Wortes. Hierin konkretisiert sich für Lukas die andere Seite des Doppelgebotes, die Liebe zu Gott. Vom Hören des Wortes her, von der konkreten Gestalt der Gottesliebe erhält der Christ die Motivation und die Kraft zum Einsatz für den Nächsten. Insofern ist zwischen Marta und Maria kein unbedingter Gegensatz, vielmehr ergänzen sich ihre Tätigkeiten – beide zeigen ihre Liebe zu Jesus auf unterschiedliche Weise. Jesus macht Marta allerdings deutlich, dass an dieser Stelle das Hören wichtiger ist als das eigene Tun. Wenn Jesus, der Heilsbringer, da ist, sollte alles andere zurückstehen. Er ist durch sein Wort der Dienende, die Frauen (und vielleicht andere Gäste) sind die Beschenkten.

Schrifttext und Familien mit Kindern

Eine erste Verbindung zwischen den Schrifttexten und dem Familiengottesdienst kann durch das Stichwort Gastfreundschaft und Mahlgemeinschaft erfolgen. Dies gilt in besonderer Weise, wenn der Gottesdienst eine Eucharistiefeier ist. In der Abrahamserzählung begegnet Gott dem Abraham im Mahl – das Göttliche wird hier erfahrbar, Gottes Zuwendung zum Menschen und seine Begleitung (Verheißung des Sohnes und damit Segen). Ebenso machte Jesus immer wieder die Güte Gottes durch Mahlgemeinschaften sichtbar: mit Zöllnern und Sündern, mit den vielen Menschen bei der großen Speisung wie mit den Jüngern beim Abendmahl. Die alttestamentliche Perikope erinnert zudem an die Erzählung von den Emmausjüngern (vgl. B 29).

Über diese biblischen Bezüge zur Mahlgemeinschaft kann auf die Bedeutung der Gastfreundschaft nicht allein im Orient hingewiesen werden. Dass Menschen zusammengehören, füreinander sorgen sollen und einander verantwortlich sind, scheint darin auf. Die Sorge der Marta für das Mahl und die Bewirtung der Gäste ist deshalb nicht mehr als recht.

Die Bedeutung des Mahls, besonders des festlichen Mahls, hat sich für uns entscheidend geändert. Auch hat die Gastfreundschaft in unserer Gesellschaft einen anderen, nicht mehr so hohen Stellenrang. Dennoch kann miteinander bedacht werden, wie auch für uns ein Mahl Gemeinschaft mit anderen Menschen schafft (etwa bei einem Geburtstag, bei der Erstkommunion, beim Besuch von Verwandten und Freunden ...).

Ein anderes Motiv der alttestamentlichen Lesung ist der Baum, der vielen Religionen Zeichen des Göttlichen ist oder den Ort der Begegnung zwischen Gott und den Menschen, zwischen Himmel und Erde markiert. Hieran lässt sich ansetzen – vielleicht im Blick auf das Holz des Kreuzes, den Baum des Lebens.

Die neutestamentliche Lesung betont, dass Christus in unserer Mitte ist und dass wir durch ihn Hoffnung haben. Christus als die Mitte der Gemeinde – besonders in der Feier der Eucharistie – ist von da aus ein mögliches Gottesdienstthema.

Gestaltungsideen für den Gottesdienst

– *Miteinander essen verbindet:* Der gemeinschaftsbildende Aspekt des Essens wird durch Erzählungen von Mahlzeiten und Festen, durch Aufzählen, was zu einem guten Fest gehört, durch Bilder und Lieder zum Ausdruck gebracht. Auf das Beispiel Jesu kann durch den Evangelientext oder ein biblisches Spiel hingewiesen werden. Dieses Thema passt naturgemäß in besonderer Weise zu einer Eucharistiefeier. Wo dies nicht möglich ist, sollte man auch in einem Wortgottesdienst Elemente gemeinsamen Essens einbringen, etwa: Teilen von Brot und gemeinsames Essen, eine kleine Agapefeier nach dem Gottesdienst im Pfarrheim ...

– *Gastfreundschaft schafft Frieden und Gemeinschaft:* Der orientalische Brauch der Gastfreundschaft wird durch Erzählung oder Spiel geschildert. Dabei sollte als Sinnspitze herauskommen, dass Menschen nicht Feinde sein können, wenn sie einander Gastfreundschaft gewährt haben. Auch dieser Gedanke kann durch ein Spiel dargestellt werden: Verschiedene Gruppen von Kindern haben Streit. Ein gemeinsames Essen verbindet sie zu neuer Gemeinschaft. Dies wird dann besonders deutlich, wenn dabei ein Brot (vielleicht ein großes Fladenbrot) miteinander geteilt wird: Brot verbindet.

– *Eine Brücke zwischen Himmel und Erde:* Der Baum kann ein Symbol dafür sein, dass Gott und Menschen, Himmel und Erde miteinander verbunden sind. Dies kann ausgehend von der Ortsbeschreibung der alttestamentlichen Lesung (Eichen von Mamre) erarbeitet werden. An besonderen Orten erfahren Menschen die Nähe Gottes. Für Christen ist das Kreuz der »Baum des Lebens« – in Christus sind wir mit Gott verbunden. Zur Darstellung kann ein großer Baum gemalt werden, darüber wird ein Gottessymbol angebracht, darunter Bilder der Kinder. Dies lässt sich natürlich auch mit einem lebenden Baum in der Kirche arrangieren.

– *Christus ist mitten unter euch:* Die Kinder kommen nach vorn und erhalten vorbereitete bunte Stofftücher, auf denen ein Christuszeichen gemalt ist. Zuerst gehen sie alle durcheinander (vielleicht mit entsprechender Musik unterlegt). Allmählich finden sie zueinander und binden die Tücher zusammen, so dass eine Gemeinschaft entsteht (vielleicht mit dem Altar in der Mitte).

– *Was wirklich wichtig ist:* Marta sorgt sich mehr um die – ebenfalls nötigen – äußeren Dinge. Maria aber hört auf das Wort Jesu, solange der Herr bei ihr ist. Das ist für sie entscheidend. Ebenso gibt es in unserem Leben Stellen, wo das Hören, das Auftanken, das Erfahren von neuen Impulsen für den Glauben wichtiger sind als äußere Betriebsamkeit. Arbeit und Gebet, Aktion und Kontemplation, Einsatz und Besinnung sind beide nötig. Dies kann mit einer Waage mit zwei Schalen ausgedrückt werden. In eine wird ein Arbeitshandschuh gelegt, in die andere eine Bibel.

Weiterführung nach dem Gottesdienst

Das Thema »ein Mahl verbindet« sollte konkret erfahrbar werden. So ist es gut, wenn in Gemeinden nicht nur in der Osternacht, sondern auch zu anderen Zeiten eine Agape organisiert wird. Es gibt Gemeinden, in denen dies einmal im Monat (etwa nach einem Familiengottesdienst) in Form eines Buffets geschieht. Jeder, der teilnehmen möchte, bringt etwas mit, Getränke werden von der Gemeinde gestellt. Ein solches Mahl kann auch von kleinen Gruppen organisiert werden.

Zum Thema »Christus in unserer Mitte« kann allen Kindern ein Tuch mit dem Christussymbol mitgegeben werden. Ebenso können sie aufgefordert werden, zu Hause eigene Tücher mit Christussymbolen zu bemalen.

(C 47) 17. Sonntag im Jahreskreis

Zu den Schrifttexten

Gen 18,20-32: *Abraham bittet für Sodom.* Zwischen der erneuten Segensverheißung in den Versen vorher (vgl. C 16) und der Erzählung von der Schuld und Zerstörung Sodoms steht dieser eigenartige Bericht, in der Abraham Gott für die Stadt bittet und dies gleichsam in Form eines orientalischen Feilschens tut. Dass sich anschließend erweist, dass seine Fürbitte nicht an ihr Ziel gelangte, weil selbst diese kleine Zahl der Gerechten in Sodom nicht zu finden war, tut der Sinnspitze dieses Textes keinen Abbruch. Er geht von der Frage aus, die Menschen zu allen Zeiten bewegt: Warum trifft das Leid (hier der Untergang der Stadt) nicht nur Böse, sondern in gleicher Weise die Guten? Wie ist es mit Gottes Gerechtigkeit, wie mit seiner Barmherzigkeit? Dazu macht der Text sowohl Aussagen auf Gott hin wie auf Abraham. Sodom hat den Bund mit Gott nicht eingehalten – über die genaue Form seiner Schuld sollte nicht viel spekuliert werden. Das Gericht, das Gott vorhat, ist aus der Sicht des Tun-Ergehen-Zusammenhangs also gerecht. Dennoch lässt sich Gott auf dieses fürbittende Zwiegespräch ein, ja mehr noch, er steckt seinen Anspruch auf eine »gerechte Antwort« auf Sodoms Schuld immer mehr zurück. Gott zeigt also angesichts der Fürbitte seine Barmherzigkeit. Abraham wird in diesem Zusammenhang zum Fürsprecher der Menschen. Damit erfüllt sich die Verheißung an ihn, dass durch ihn die Völker Segen erhalten sollen, weil er der von Gott Gesegnete ist (vgl. Gen 12,1-4). Seine Fürbitte und fürbittendes Gebet überhaupt ist wichtig und sinnvoll.

Kol 2,12-14: *In der Taufe mit Christus begraben.* Die Taufe bedeutet für den Verfasser des Kolosserbriefes eine entscheidende Wende im Leben eines Menschen. Das Belastende, Schuld und Eingebundensein in die Begrenztheit menschlichen Lebens, die vielen kleinen und großen Tode also, die wir im Alltag bei uns und anderen erleben, sind durch die Taufe Vergangenheit, werden wie ein ungültiger Schuldschein durchkreuzt und sind deshalb gegenstandslos geworden. Dafür beginnt ein neues Leben in Christus, es ist der Anfang der Auferstehung, der Beginn der endgültigen Annahme eines Menschen durch Gott. Das Heil des Menschen liegt also nicht in einer fernen Zukunft, sondern ist bereits jetzt zumindest anfanghaft gegenwärtig und erfahrbar. So sind die Mächte des Todes grundsätzlich überwunden.

Lk 11,1-13: *Das Vaterunser und das Bittgebet.* Die Perikope besteht aus drei Teilen: 1. Jesus lehrt seine Jünger mit dem Vaterunser in der richtigen Weise beten. 2. Das Gleichnis vom bittenden Freund. 3. Sprüche zum vertrauensvollen Bitten. Von den beiden letzten Stücken her ist die alttestamentliche Lesung ausgesucht. Wenn auch durchaus ein Akzent des vielgestaltigen alttestamentlichen Gottesbildes, so ist Jesu Reden vom Vater eine deutliche Schwerpunktsetzung, die zu Vertrauen und Glauben ermuntert. Wenn Menschen schon von ihrem irdischen Vater Gutes erwarten dürfen, so gilt dies in viel höherem Maß vom himmlischen Vater. Das Vaterunser ist damit das typische und modellhafte Gebet nicht nur Jesu, sondern ebenso derer, die durch den Glauben an ihn in sein enges Gottesverhältnis hineingenommen sind. Dies wird auch dadurch betont, dass bei den Vaterunserbitten zuerst die beiden Bitten genannt werden, die sich auf die Verherrlichung Gottes und auf sein Reich beziehen. Erst danach werden die auf die Menschen bezogenen Bitten um das tägliche Brot, um Vergebung der Schuld und um Bewahrung vor der Versuchung und Gefährdung genannt.

Schrifttext und Familien mit Kindern

Die Ausgangsfrage der alttestamentlichen Lesung nach Gerechtigkeit und Barmherzigkeit Gottes trifft auch heutige Menschen immer wieder angesichts vielfältigen, oft unverschuldeten Leides in unserer Welt. Wie können wir einen guten und barmherzigen Gott bekennen? Und umgekehrt gefragt: Ist Leid die Konsequenz von Schuld (vgl. in diesem Zusammenhang etwa die Diskussion um AIDS)?

Der Lesungstext zeichnet Gott als den, der durchaus auf eine ausgleichende Gerechtigkeit im Sinne des damals im Vordergrund stehenden Tun-Ergehen-Zusammenhangs besteht, der aber darüber hinaus zu einer größeren Barmherzigkeit bereit ist. Er ist ein Gott (vgl. auch das Evangelium), der den Menschen zugewandt ist und an den sich die Menschen voll Vertrauen wenden dürfen. Er hört auf das Bitten der Menschen.

So wird die Fürbitte als wichtige, ja unerlässliche Form des Betens gekennzeichnet, entspricht sie doch dem vom glaubenden Menschen zu erwartenden Vertrauen in Gott. Nicht dass die Fürbitte zu einem automatischen Erfolg führt – auch Abrahams Bitte findet letztlich keine Erfüllung, Sodom wird zerstört –, sie ist dennoch nötig, damit sich der Mensch je neu auf Gottes Willen orientiert. Durch die Fürbitte werden Gott und Mensch aneinander gebunden, sie stellt deshalb einen Ausdruck des Bundesverhältnisses zwischen Gott und Mensch dar.

In der christlichen Liturgie (verstärkt seit der Liturgiereform) wie auch in der Gebetspraxis der Christen hat das fürbittende Gebet einen hohen Stellenwert. Bei Gebetsformen von Kindern etwa überwiegen Fürbitte und Dankgebet. Doch auch dieses Beten muss eingeübt werden, erste Lesung und Evangelium geben dazu wichtige Impulse.

Das Evangelium führt in seinem ersten Teil die lukanische Fassung des Vaterunsers an. Dies kann zum Anlass genommen werden, das Vaterunser und seine Gebetssätze genauer zu behandeln. Das wichtigste Gebet der Christen sollte jedem nicht nur vom Wortlaut her bekannt sein, sondern vor allem von seinen inneren Aussagen her, also vom grundlegenden Vertrauen auf die Nähe und Barmherzigkeit Gottes.

Die zweite Lesung greift das Thema Taufe auf. Da dieses Thema in vielen anderen Perikopen der neutestamentlichen Briefliteratur ebenfalls behandelt wird, kann es vielleicht an dieser Stelle zurückstehen.

Gestaltungsideen für den Gottesdienst

– *Das Vaterunser:* Das Hauptgebet der Christen ist allen Gottesdienstbesuchern bekannt. Es wird aber so häufig gebetet, dass seine Aussagen oft nicht mehr aufgenommen werden, dass es also zum äußerlichen Beten ohne inneren Vollzug geworden ist. Dies wird durch die uns ungewohnte Sprache mancher Sätze gefördert. Es ist deshalb gut, wenn ein Familiengottesdienst die einzelnen Gedanken des Vaterunsers neu aufschließt und zu einem intensiveren Gebet ermuntert. Dies kann auf verschiedene Weise geschehen: Die einzelnen Gebetssätze können – auf Plakate geschrieben – einzeln vorgestellt und im Gespräch mit den Kindern auf ihren Sinn befragt werden. Es kann auch versucht werden, jedem Satz passende Bewegungen und Haltungen hinzuzufügen, das Vaterunser also mit Gesten zu beten. Solche Haltungen führen als Körpersprache zu einem intensiveren Vollzug dieses Gebets. Eine weitere interessante Möglichkeit ist es, zu jedem Satz des Vaterunsers vorab von einer Vorbereitungsgruppe Fotos aussuchen zu lassen, die die einzelnen Gebetsgedanken mit heutigem Leben in Verbindung bringen.

– *Gott, ich bitte dich:* Das Thema Fürbitte klingt in der ersten Lesung und in den beiden letzten Teilen des Evangeliums an. Von da aus kann das fürbittende Gebet in den Mittelpunkt des Gottesdienstes gestellt werden. Die Szene vom bittenden Freund aus dem Evangelium kann im Spiel nachgestellt werden. Danach werden andere Szenen vom Bitten angefügt. Der Schluss des Evangeliums (Wenn Menschen schon einander auf Bitten hin helfen, um wie viel mehr wird dies Gott tun ...) leitet dann über zum Bittgebet. Die Kinder werden dazu angehalten, ihre Bitte frei zu sprechen. Um ihr Gebet hervorzuheben, kann vielleicht zu den Bitten ein Liedruf gesungen werden.

– *Schuldschein durchstreichen:* Die Verfahrensweise mit einem Schuldschein muss Kindern erläutert werden. Dabei kann einfließen, wie befreiend es ist, wenn der Schuldschein nach Tilgung der Schuld vernichtet werden kann. Erst danach wird die zweite Lesung vorgetragen. Das Bildwort vom Schuldschein kann nun auf Lebenssituationen angewandt werden: Wo gibt es Schuld der Menschen, die von Christus gelöscht wird?

Weiterführung nach dem Gottesdienst

Die Familien werden angeregt, immer wieder das Vaterunser miteinander zu beten. Wo Gesten zu den einzelnen Gebetssätzen eingeübt wurden, können diese auch für das Familiengebet übernommen werden. Vielleicht kann den Kindern ein Blatt mitgegeben werden, auf dem neben den Vaterunsersätzen ausreichend Raum für Bilder ist, die sie passend dazu malen können.

Die Kinder können dazu angehalten werden, immer wieder für Familiengottesdienste Fürbitten vorzubereiten und vorzutragen. Vielleicht können verschiedene Familien auch wechselnd diese Aufgabe übernehmen. Erfahrungsgemäß fällt die Gestaltung von Fürbitten leichter als die Vorbereitung anderer Gottesdienstteile. Ebenso sollte das freie Beten von Fürbitten immer wieder erfolgen.

Zum letzten Thema kann ein durchkreuzter »Schuldschein« vorbereitet werden, der nach dem Gottesdienst mitgegeben wird: »Jesus erlässt dir deine Schuld.«

(C 48) 18. Sonntag im Jahreskreis

Zu den Schrifttexten

Koh 1,2; 2,21-23: *Nur ein Windhauch.* Das Buch Kohelet (Prediger) gehört zur Weisheitsliteratur Israels, die das Leben der Menschen (des Volkes Israel) von seinen guten und schlechten Seiten her reflektiert. Kohelet ist dabei geprägt von einer pessimistischen Weltsicht: Alles ist Windhauch, ist nichtig und vergänglich. Kohelet macht dies an vielen Beispielen deutlich, in unserer Perikope geht es – parallel zur Aussage des Evangeliums – um den Besitz, den niemand für die Ewigkeit behalten kann. Von den Erfahrungen der Vergänglichkeit her, die Menschen immer wieder machen, ebenso wie von den Erfahrungen des Leids (vgl. das ebenso zur Weisheitsliteratur Israels gehörende Buch Ijob) ergibt sich die Frage nach dem Sinn von allem. Kohelet kann darauf keine Antwort geben, er stellt nur die Frage nach dem Sinn. Für ihn ist das Dasein rätselhaft, er glaubt zwar an Gott, kann aber von diesem Glauben her keine Antwort auf seine Fragen finden.

Kol 3,1-5.9-11: *Ihr seid ein neuer Mensch geworden.* Für den Verfasser des Kolosserbriefes ist der entscheidende Punkt im Leben des Christen die Bindung an Christus durch die Taufe. So wird ein Mensch für das »Alte« begraben, und er wird ein neuer Mensch, er ist hineingenommen in die Auferweckung, in die Bewegung »von der Erde zum Himmel«. Die beiden Begriffe »Irdisches und Himmlisches« mögen damals entsprechend dem vorherrschenden Weltbild auch räumlich verstanden worden sein, sie sind aber vor allem als unterschiedliche Ausrichtungen des Lebens zu verstehen. Es macht einen Unterschied, ob ein Mensch sich in seiner Lebensgestaltung um »Irdisches« (vgl. den Lasterkatalog in der Mitte des Textes) oder um »Himmlisches« bemüht. Es geht also mit diesen Aussagen nicht um eine Bewegung des Christen von der Erde weg zu einem Jenseits, nicht um Lebens-, Körper- und Weltfeindlichkeit, sondern darum, das Irdische, das ganze Leben von der Auferstehung her zu sehen und zu gestalten, es geht um eine österliche Lebensgestaltung in Christus, denn er ist alles in allem. Wo Menschen sich darum bemühen, wird auch eine tiefere Gemeinschaft über die Grenzen von Völkern und Rassen hinweg möglich.

Lk 12,13-21: *Das Gleichnis vom reichen Bauern.* Lukas legt in seinem Evangelium immer wieder Wert auf die Zeichnung Jesu als des Heilands der Armen. Von da aus begegnet er dem Reichtum einiger kritisch. Er lehnt Besitz und Wohlstand nicht einfach ab, wohl aber verweist er auf die Verantwortung, die die Reichen haben. Das Ideal der lukanischen

Apostelgeschichte ist die Gemeinde, die alles miteinander teilt. Dies wird in dem Gleichnis vom reichen Bauern eindrucksvoll deutlich: Reichtum allein schafft dem Menschen kein gelingendes Leben, weder auf der Erde noch im Blick auf die Vollendung in Gott. Erst dann, wenn der Wohlstand richtig eingesetzt wird (»vor Gott reich sein«), kann ein Mensch wirklichen Sinn für sein Leben finden. Das Gleichnis ist also ebenso wie der davor stehende Spruch eine Warnung vor der Habsucht. Damit passt er zu den Aussagen, die sowohl in der alttestamentlichen wie in der neutestamentlichen Lesung gemacht werden.

Schrifttext und Familien mit Kindern

Die drei Schrifttexte sprechen auf je eigene Weise das Thema Besitz und den richtigen Umgang damit an. Dabei stimmen sie grundsätzlich darin überein, dass Besitz und Wohlstand für den Menschen nicht die letzten Güter sein können, weil sie keinen Bestand haben, »nichtig sind«, wie Kohelet es ausdrückt. Es geht nicht um eine Verdammung von Besitz und Reichtum, wohl aber um eine grundsätzliche Einordnung irdischer Güter in das Gesamt menschlicher Werte. Aus diesen und vergleichbaren biblischen Texten lässt sich deshalb keine Sozialordnung einer Gesellschaft entwerfen, wohl aber geben sie Orientierung und Hilfe für das Leben des Einzelnen und der christlichen Gemeinde: Es geht um die Verantwortung für das Wohl aller, dem der eigene Besitz untergeordnet werden muss.

Man muss sich also bei der Verkündigung dieser Texte vor einer undifferenzierten Beurteilung oder gar Verdammung des Reichtums hüten. Zudem dürften sich die meisten Gottesdienstbesucher zwar einen gewissen Wohlstand erarbeitet haben, aber wohl kaum zu den »reichen Bauern« gehören, die nur noch von dem leben, was sie angehäuft haben. Die Grenzen des Wohlstands werden den meisten Gemeindemitgliedern immer deutlicher bewusst, auch im Blick darauf, dass die Zahl der Armen unter uns wächst.

Von da aus kann der Schlusssatz des Evangeliums eine Hilfe zur Verkündigung dieses Themas sein: Es gilt, mit dem eigenen Besitz – gleich ob er groß oder klein ist – so umzugehen, dass er zum eigenen Wohl und zum Wohl anderer (»liebe deinen Nächsten wie dich selbst«) dient und so vor Gott reich macht (Verbindung von Gottes- und Nächstenliebe).

Die neutestamentliche Lesung macht über das Beispiel des Besitzes (Stichwort Habsucht) hinaus Aussagen über die grundsätzliche Lebensgestaltung des Christen. Es geht darum, den Blick über das Irdische hinaus zu richten und nach dem »Himmlischen« zu streben. Dies bedeutet nicht eine Vertröstung des Christen auf ein fernes Jenseits, nicht sein Abheben von der irdischen Realität, keine Weltfeindlichkeit, sondern sein Bemühen, aus dem Hineingenommenwerden in die Auferstehung Jesu die Erde im Blick auf Gott zu gestalten und zu erneuern. Christen, gleich aus welchem Volk, sind berufen, Welt und Gesellschaft aus dieser Sicht zu formen und zu gestalten.

Gestaltungsideen für den Gottesdienst

– *Ichmensch und Dumensch:* Durch zwei Zeichnungen und/oder Spiele werden zwei unterschiedliche Verhaltensweisen von Menschen gegenübergestellt: Der Ichmensch sammelt alles für sich, hält an seinem Besitz fest, klammert sich daran und isoliert sich so von anderen. Der Dumensch dagegen sammelt auch Besitztümer, ist aber zum Teilen bereit und erfährt so Gemeinschaft mit anderen und geteilte Freude. Was mit Besitz dargestellt wird, kann ebenso mit dem Teilen von Zeit und Kraft verdeutlicht werden: Wie setze ich meine Zeit ein, nur für mich selbst oder auch für andere? Wofür bin ich bereit, Mühen und Anstrengungen auf mich zu nehmen?

– *Mein Taschengeld:* Einige Geldstücke oder -scheine werden gezeigt, das monatliche Taschengeld der Kinder. Was tun wir damit? Welchen Teil setzen wir für uns ein, was für andere?

– *Auf der Erde und im Himmel leben:* Christen sind Menschen, die mitten in dieser Welt, im »Irdischen« leben und die zugleich ihren Blick auf den »Himmel« richten, die über den irdischen Horizont hinausblicken auf Größeres und Endgültigeres. Christen verbinden Himmel und Erde, weil sie sich an Christus binden. Dies kann mit dem Zeichen des Reißverschlusses dargestellt werden. Ein möglichst großer Reißverschluss wird zuerst geöffnet gezeigt. Eine Seite steht für die Erde, die andere für den Himmel. Christen streben danach, in ihrem Leben beides zu verbinden: Der Reißverschluss wird geschlossen. In ähnlicher Weise kann dies mit einer Leiter gezeigt werden, die von der Erde nach oben führt. Ebenso kann ein Fernglas darauf aufmerksam machen, dass wir weiter sehen sollen als auf das unmittelbar vor uns liegende Alltägliche.

Weiterführung nach dem Gottesdienst

Das Thema Umgang mit Geld und Besitz kann zum Thema eines Familiengespräches gemacht werden. Dabei sollte vor allem bedacht werden, wie offen man auch für das Wohl anderer ist. Dazu gehört etwa Gastfreundschaft, aber auch Teilen mit den Armen bei uns und – auf dem Weg über die Hilfswerke – in anderen Ländern.

In diesem Zusammenhang kann auf die gemeindlichen Hilfswerke aufmerksam gemacht werden, auf die Arbeit der Pfarrcaritas ebenso wie auf eventuelle Dritte-Welt-Kreise und Partnerschaften mit Gemeinden und Einrichtungen in anderen Ländern. Die Familien können dazu ermuntert werden, sich an der Arbeit dieser Gruppen zu beteiligen.

(C 49) 19. Sonntag im Jahreskreis

Zu den Schrifttexten

Weish 18,6-9: *Dein Volk erwartet die Rettung.* Das Buch der Weisheit ist in der Mitte des ersten vorchristlichen Jahrhunderts in der griechisch sprechenden jüdischen Diaspora im ägyptischen Alexandrien entstanden. Die jüdische Gemeinde hatte unter Missachtung und Verfolgung zu leiden. In dieser Situation besinnt sich der Autor des Buches auf die Geschichte des Volkes, die immer eine Geschichte der Verfolgung und der Rettung durch den treuen Gott war. Modell dafür ist das Geschehen des Exodus, Gott befreit sein Volk aus der Knechtschaft. Die Lesung spielt auf das Pascha in Ägypten an, auf die Nacht, in der die Erstgeburt Ägyptens getötet wurde, während die Kinder Israels beim Paschamahl die Rettung erwarteten. Aus dieser rettenden Tat Gottes ergibt sich der Bundesschluss, ergibt sich auch das Gesetz, auf das sich die Juden je neu verpflichten. Die Erfahrung der Rettung in der Vergangenheit wird für das Volk zur tröstenden Hoffnung auch heute.

Hebr 11,1-2.8-19: *Glaube ist: Feststehen in dem, was man erhofft.* Der Hebräerbrief spricht Christen der zweiten Generation an. Die Naherwartung der ersten Zeit ist Vergangenheit, jetzt geht es um Standhalten im Glauben auch in einer Zeit der Bedrängnis. So will der Brief Mut machen zu einer beständigen Haltung der Christen, die aus dem Glauben heraus Kraft und Ausdauer, Hoffnung und Geduld gewinnt. Die Perikope definiert diesen Glauben und erläutert ihn durch Beispiele der Glaubensgeschichte, hier besonders durch den Hinweis auf den unbedingten Glauben Abrahams und Saras. Das Verständnis des Glaubens unterscheidet sich hier von den Briefen des Paulus aus der Zeit der ersten Gemeinden: War bei Paulus Glaube die Bindung an Christus und damit – entsprechend seinem eigenen Glaubensweg – die entscheidende Wende, ein Wandeln vom alten zum neuen Menschen, so wird die Ausrichtung auf christlichen Glauben hier als selbstverständlich vorausgesetzt. Glaube bedeutet hier das Festhalten und Feststehen an der gewonnenen Hoffnung, die Treue zu einer Ausrichtung des Lebens auf Größeres, auf Gott und die »himmlische Heimat«.

Lk 12,32-48: Dein Volk erwartet die Rettung. Die Perikope leidet darunter, dass hier verschiedene Textstücke zu zwei verschiedenen Themenbereichen zusammengestellt sind. In jedem Fall sollte man entsprechend der Zielsetzung des Gottesdienstes auswählen. Das erste Thema führt die Gedanken des vorhergehenden Sonntags fort (vgl. C 48). Es geht um die Freiheit des Christen, die er dadurch gewinnen kann, dass er sich nicht an den Besitz klammert, sondern ihn verantwortlich einsetzt. Für Lukas bedeutet das Unterstützung der Armen; so gewinnt man einen »Schatz im Himmel«. In mehreren Gleichnissen und

Sprüchen wird dann in Art einer Jüngerpredigt auf eine christliche Grundhaltung aufmerksam gemacht: die Wachsamkeit. In Jesus hat das Heil der Menschen bereits anfanghaft begonnen, die Vollendung aber steht noch aus. Deshalb leben Christen in der Haltung der Erwartung auf die Wiederkunft des Herrn, auf Vollendung. Christen sind adventliche Menschen. Für die christlichen Gemeinden zur Zeit des Lukas war das Ausbleiben der erhofften Wiederkunft Christi zum Problem geworden. So ermutigt er sie, auch in der »zweiten und dritten Nachtwache« noch wachsam zu bleiben. Das letzte Gleichnis vom Oberknecht und der abschließende Spruch spricht die Gemeindeleiter an: Sie sollen die ihnen übertragene Aufgabe gewissenhaft erfüllen und nicht auf eigenes Wohlergehen bedacht sein, sondern mit vollem Einsatz für die ihnen Anvertrauten einstehen.

Schrifttext und Familien mit Kindern

Von den Schrifttexten dieses Sonntags zur Gestaltung von Familiengottesdiensten zu kommen, ist nicht leicht. Die alttestamentliche Lesung schildert, wie eine jüdische Gemeinde in der Bedrängnis durch Rückblick auf die Errettung damals Kraft gewinnt. Die Anspielungen auf das erste Pascha sind nicht allein sehr versteckt und ohne Erklärung kaum zu verstehen. Auch ist uns sowohl die Situation dieser Gemeinde fremd wie die genannte Auszugssituation aus Ägypten. Diese doppelte Fremdheit kann nur mit einigen Mühen überwunden werden.

Das Thema des Hebräerbriefes ist für unsere Zeit entscheidend wichtig: Was bedeutet der Glaube? Wie können Menschen zum Glauben finden und vor allem ihn halten und für ihr Leben fruchtbar machen? Für den Hebräerbrief bedeutet Glaube den vertrauensvollen Ausblick auf das Kommende, die Zuversicht künftigen Heils. Für dieses Verständnis ruft er beispielhafte Personen der Vergangenheit zu Zeugen an, hier Abraham und Sara, die in festem Glauben ihren Weg gingen und an denen sich deshalb die Verheißung erfüllte. Heute wird die Berufung auf solche »Zeugen des Glaubens« für viele kaum ausreichen.

Es geht ihnen eher darum, selber Erfahrungen mit dem Glauben zu machen, als den Erfahrungen anderer zu trauen. Für die Verkündigung ergibt sich, dass Glaube ein Standfassen im Leben bedeutet, dass der Glaube also dem Leben ein Fundament geben kann, das auch in schweren Zeiten standhält. Dies sollte im Gottesdienst deutlich werden.

Das Evangelium setzt aufgrund seiner Zusammensetzung zwei Themenschwerpunkte. Zum einen geht es um die Frage des Besitzes und des Teilens mit den Armen. Dies kann leicht zum Thema werden, ist aber bereits am vorhergehenden Sonntag benannt worden. Zum anderen ist es die Frage der Erwartung des Herrn und der Wachsamkeit und des ungehinderten Einsatzes bis zur Wiederkunft und Vollendung. Dieser Blick in die Zukunft ist uns heute eher fremd. Wir richten uns in unserer Welt ein und erwarten vom Glauben Hilfen zu einem gelingenden Leben. Die Ausrichtung auf ein letztes Ziel liegt uns in der Regel fern, obwohl wir immer wieder – oft leidvoll – spüren, dass wir an Grenzen stoßen und dass das Leben auf dieser Erde nicht zur Vollendung gelangen kann. Hier muss der Gottesdienst neue Horizonte eröffnen.

(C 49) 19. So im Jahr

157

Gestaltungsideen für den Gottesdienst

– *Glauben wie Abraham:* Viele Kinder werden den Namen Abraham bereits gehört haben, können sich aber unter dieser Gestalt, die zu den wichtigsten der Bibel gehört, nicht viel vorstellen. Deshalb kann die Person des Abraham im Mittelpunkt eines Familiengottesdienstes stehen. Einzelne Stationen seines Lebensweges können auf methodisch verschiedene Weise dargestellt werden: durch Erzählung, Spiel, Legen von kleinen Folienelementen auf Tageslichtprojektor, durch von einer Gruppe vorbereitete Bilder ... Auch das ein oder andere Bild christlicher Kunst zur Gestalt des Abraham kann erarbeitet werden. Bei diesen Stationen sollte als Kerngedanke stehen, dass Abraham mit unbedingtem Vertrauen dem Ruf Gottes folgt und so Gottes Segen erfahren kann. Dabei sind folgende Szenen wichtig (vgl. Gen 12-25): Die Geborgenheit Abrahams in seiner Heimat und seiner Familie, sein Aufbruch in eine ungewisse Zukunft auf den Ruf Gottes hin, vielleicht sein Friedenswille beim Aufteilen des Landes mit Lot, Gottes Verheißung an Abraham, Gott zu Gast bei Abraham, Isaaks Geburt ...

– *Ein Schatz im Himmel:* Das Bildwort vom Schatz kann wie folgt dargestellt werden: Eine möglichst schöne »Schatzkiste« steht bereit. Die Kinder raten, was da wohl für Schätze drin sind: Geld, wertvolle Sachen ... Die Kiste wird geöffnet, im Deckel steht: »Ein Schatz im Himmel«. Dann werden verschiedene Kartons aus der Kiste geholt mit Aufschriften: gute Werke tun, einander helfen, Freude schenken, Zeit füreinander haben, Zeit für Gott haben ... Dies kann auch durch verschiedene Gegenstände dargestellt werden, etwa ein Smiley (Freude schenken), eine Mullbinde (Schmerzen nehmen), eine Uhr (Zeit haben), ein Gebetbuch, ein verpacktes Geschenk ...

– *Wachsam sein:* Das Gleichnis Jesu fordert Christen zum wachsamen und bewussten Leben auf. Wenn auch das Warten auf die Wiederkunft Jesu bei Christen heute kaum ausgebildet ist, so haben sie dennoch ein Gespür dafür, dass die Zeit des Lebens begrenzt ist und deshalb verantwortungsvoll genutzt werden muss. Die im Evangelium erwähnten brennenden Kerzen können dafür ein Zeichen sein. Sie bedeuten Wachsamkeit, zugleich aber verzehren sie sich, unaufhaltsam gehen sie ihrem Ende entgegen – ein Hinweis auf den Weg des Menschen. Ebenso kann ein Hinweis auf den Kirchturm zum Thema passen. Er mahnt die Menschen, ihren Blick über den Alltag hinaus auf Gott zu richten, er richtet den Menschen »nach oben« aus.

– *Der Herr führt uns zu Tisch:* Im Gleichnis von der Wiederkunft des Herrn ist ein Bildwort versteckt, das für den Familiengottesdienst aufgegriffen werden kann: Wer wachsam ist, wer also an Jesus glaubt und von ihm her sein Leben gestaltet, wird vom Herrn bedient und an einen Tisch zu einem Festmahl geführt. Das Thema des Mahles als Sinnbild endzeitlicher Vollendung spielt für Jesus hier und an vielen anderen Stellen eine große Rolle. Es ist ein guter Weg, die endzeitliche Hoffnung der Christen zu verstärken: Wir dürfen einmal mit Christus zu Tisch sitzen. Dieser Gedanke kann auch spielerisch dargestellt werden: Kinder sind wachsam, halten Ausschau nach dem Herrn, dann kommt er und führt sie zum Altar zu einer Gemeinschaft zusammen.

Weiterführung nach dem Gottesdienst

Zu Abraham können die Familien ermuntert werden, die Abrahamsgeschichte in einer Kinder- oder anderen Bibel nachzulesen (Gen 12-25). Zu einzelnen Stücken dieses Textes können die Kinder Bilder malen.

Erwachsene und Kinder können versuchen, in der kommenden Woche »ein Schatz füreinander« zu sein, also die Verbindung von Gottes- und Nächstenliebe konkret zu leben. Vielleicht kann eine kleine Schatzkiste zu Hause daran erinnern.

Ebenso kann eine Kerze an das letzte Thema erinnern: als wache und aufmerksame Christen leben.

(C 50) 20. Sonntag im Jahreskreis

Zu den Schrifttexten

Jer 38,4-6.8-10: Jeremia in der Zisterne. Der Text führt in die Zeit des Untergangs von Jerusalem (586 v. Chr.). Der schwache und von den Militärs beeinflusste König Zidkija wollte sich mit ägyptischer Hilfe von der orientalischen Vormacht Babylon lösen – ein angesichts von dessen Stärke aussichtsloses Unterfangen. Für Jeremia ist dies nicht nur politisch sinnlos und für das Volk verhängnisvoll, für ihn kommt ein religiöser Aspekt hinzu. Das Vertrauen auf eigene militärische Stärke und auf die Hilfe Ägyptens steht gegen das Vertrauen auf Gott, der sein Volk befreit hat und ihm zur Seite steht. Wo der Mensch also allein auf eigene Kraft vertraut, bricht er den Bund mit Gott. Dagegen richten sich die prophetischen Worte des Jeremia. Stärker als andere Propheten erfährt Jeremia Gegenwind, ja Verfolgung wegen seiner Botschaft. Die Gruppe der Machtpolitiker und Militärs will ihn umbringen. Nur das mutige Eingreifen eines Nichtjuden kann ihn retten. Jeremia also setzt sich nicht allein mit Worten, sondern mit seinem ganzen Leben für seine Botschaft ein. Er wird so zum Modell jedes Propheten, in gewisser Weise auch zum Vorläufer Jesu.

Hebr 12,1-4: Mit Ausdauer den Wettkampf laufen. Im 11. Kapitel des Hebräerbriefes waren verschiedene Vorbilder im Glauben benannt worden, beginnend mit Abraham und Sara (vgl. C 49). Nach diesen im Glauben beispielhaften Personen wird nun nach dem eigenen Glauben gefragt. Dahinter steht für den Verfasser des Briefes die Erfahrung, dass die Gemeinden der zweiten und dritten christlichen Generation im Glauben müde geworden sind, die Begeisterung des Anfangs ist vorbei. Es geht ihm also darum, neuen Mut zu wecken und zu Ausdauer und Geduld zu

ermuntern. So fasst er das Bemühen des Christen um ein Leben aus dem Glauben in das Bild des Wettkampfs, eines Laufs in der Arena. »Vorläufer« ist Jesus selbst, der sein Ziel unter dem größten denkbaren Einsatz erreicht hat, mit seiner Lebenshingabe am Kreuz. Solche unbedingte Einsatzbereitschaft – wenn auch nur selten mit der Preisgabe des Lebens verknüpft – ist auch von jedem Christen zu erwarten. Dies kann der Christ deshalb tun, weil ihm das Ziel vor Augen steht: die Vollendung bei Gott.

Lk 12,49-53: Nicht Frieden, sondern Spaltung. In die abschließenden Verse der Jüngerbelehrung im 12. Kapitel ist der zweite Satz mit der Leidensvorhersage eingeflossen und bildet ein eigenes Thema. Er sollte vielleicht beim Lesen ausgelassen werden, um das Bildwort vom Feuer mit den nachfolgenden Konsequenzen unmittelbarer zu verknüpfen. Dieses Wort greift eine der biblischen Bedeutungen von Feuer auf: Feuer reinigt und scheidet das Echte vom Unechten. Damit wird das Anliegen Jesu erläutert, der die Menschen zur unbedingten Entscheidung für oder gegen den Glauben aufruft, zum Ja oder Nein. Alles dazwischen, alle Lauheit und Gleichgültigkeit, ist abzulehnen. Deshalb werden Menschen, vor die klare Entscheidung gestellt, selbst in Familien nicht zu einhelligen Entschlüssen kommen: Der Glaube entzweit Menschen. Dieser Streit und die entstehende Feindschaft der Menschen ist von Jesus nicht beabsichtigt, aber es ergibt sich aus seinem Bemühen, sie zu einer kompromisslosen Entscheidung zu führen. Dem unbedingten, letzten Ziel des Reiches Gottes entspricht eine unbedingte Haltung des Menschen, sein entschiedenes Bemühen um den Glauben.

Schrifttext und Familien mit Kindern

Die drei Schrifttexte dieses Sonntags haben vielfältige Bezüge zu heutigem Leben, wenn solche auch eher für Erwachsene sichtbar zu

machen sind als für Kinder. Ihre Umsetzung in die Gestaltung von Familiengottesdiensten ist deshalb nicht einfach.

Die alttestamentliche Lesung macht unterschiedliche Verhaltensweisen in Welt und Gesellschaft und damit einen Konflikt sichtbar. Die »Kriegspartei« um König Zidkija handelt ausschließlich nach innerweltlichen, zudem sachlich falschen Gesichtspunkten. Für Jeremia dagegen ist ein Handeln nach dem Willen Gottes entscheidend. Dies allein kann den Menschen Heil bringen. Auf heute gewendet bedeutet dieser Konflikt die Frage, ob religiöse Weisungen (etwa die Bergpredigt Jesu) für gesellschaftliches Handeln nicht allein eine Hilfe, sondern eine für das Wohl der Menschen notwendige Orientierung darstellen.

Angesichts dieses Konflikts wird der Unterschied zwischen dem Leben von Menschen, die sich am Glauben orientieren, und denen, die dies nicht tun, deutlich. Damit ist eine Brücke zur Kernaussage des Evangeliums geschlagen: Die Entscheidung zum Glauben bringt selbst zwischen Verwandten Konfliktsituationen hervor – so die Realität damals wie heute. Dennoch verlangt Jesus von seinen Jüngern und damit auch von Christen heute eine unbedingte Entscheidung.

Der Riss, der in Fragen des Glaubens durch Familien geht, ist heute oft größer als früher, wo Glaube und Leben der Kirche durch das Gefüge der Gesellschaft eher gefördert wurden. Viele Kinder erleben bei ihren Eltern und Geschwistern, dass einige glauben, andere, vielleicht sogar viele, nicht. Dies bringt für die religiöse Sozialisation der Kinder erhebliche Schwierigkeiten mit sich. Familiengottesdienste und andere Angebote der Gemeinde für Kinder und Familien können in dieser Situation nur teilweise dadurch entlasten, dass sie Mut zu einer eigenständigen und selbstverantworteten Entscheidung machen.

Der Glaubensschwund unserer Zeit ist ebenfalls in Beziehung zu setzen zum Anliegen des Hebräerbriefes. Auch bei den Adressaten dieses Briefes geht die Begeisterung für den Glauben zurück, es bedarf neuer Impulse, um ihn lebendig und fruchtbar zu halten. Der Wettlauf des Glaubens ist demnach kein »Kurzstreckenlauf« (etwa für die Zeit eines Kommunionkurses), sondern eine lebenslange »Langstrecke«, bis das Ziel am Ende erreicht ist, die Vollendung bei Gott.

Gestaltungsideen für den Gottesdienst

– *Für seine Überzeugung eintreten:* Jeremia wird zum Modell des Propheten und zugleich zum »Vorläufer« Jesu, weil er unbedingt und ohne Rücksicht auf persönliche Vor- und Nachteile seine Botschaft verkündet und die Menschen auf Gott und seinen Willen aufmerksam macht. Die Gestalt des Jeremia (vgl. in ähnlicher Weise die Gestalt des Abraham in C 49) kann im Gottesdienst vorgestellt werden. Anders als bei Abraham können wir der Bibel allerdings für Jeremia nur wenige biographische Einzelheiten entnehmen. Dennoch kann seine Gestalt – etwa in einer Auseinandersetzung mit dem König – in einem Spiel deutlich gezeichnet werden. Jeremia fragt bei allem, was die Menschen angeht, also auch bei politischen und gesellschaftlichen Entscheidungen zuerst nach dem Willen Gottes. Darin ist er für jede, auch die unsrige Zeit ein Vorbild eines Lebens aus dem Glauben.

– *Wettlauf im Guten:* Das Bild des Hebräerbriefes vom Wettlauf kann auf das Leben eines jeden Menschen bezogen werden: Es ist ein Lauf vom Start (der Geburt) bis zum Ziel (Tod). Den Sieg erlangt der, der unterwegs nicht müde wird, nach dem Willen Gottes (den Spielregeln) zu fragen und zu handeln. So wird er bei seinem Lauf auch Hindernisse überwinden und den Sieg erlangen (Vollendung bei Gott). Das Leben ist aus christlicher Sicht also ein Wettlauf im Guten, im ständigen Bemühen um Gottes- und Nächstenliebe, damit so ein »Schatz im Himmel« erworben wird (vgl. C 49). Dieses Bild kann auch mit einem Gesellschaftsspiel verglichen werden, bei dem man bei bestimmten Verhaltensweisen ein Stück weitersetzen darf, bei anderen zurückgeworfen wird. Vielleicht lässt sich ein solches Spiel auf einer großen Pappe darstellen und damit kindgerecht verdeutlichen.

– *Ballast abwerfen:* Für diesen Wettlauf soll der Läufer Ballast abwerfen, damit er frei und unbeschwert seinen Lauf vollenden kann. Die Kinder überlegen im Gespräch, was solcher

Ballast für den Wettlauf des Lebens sein kann. Dabei können individuelle Verhaltensweisen, etwa auch persönliche Schuld, genannt werden. Ebenso sind Menschen aber auch durch ihre Umwelt, ihren Werdegang, durch vielerlei Erfahrungen im Leben und Glauben oft behindert, ihren Lebenslauf in wirklich guter Weise zu gestalten. So kommt als zusätzlicher Akzent zur Aussage des Hebräerbriefes hinzu, dass wir einander helfen können, gut zu laufen. Miteinander und mit gegenseitiger Hilfe werden wir sogar eher den Sieg erlangen. Es gilt also, für sich selber und für andere Hindernisse aus dem Weg zu räumen. Dazu können eventuelle Beispiele benannt werden, wie Menschen einander im Leben, aber auch im Glauben helfen können. Wo es über einen Sportverein möglich ist, kann zu diesem Gottesdienst eine Hürde für einen Hürdenlauf aufgebaut werden.

– Feuer reinigt: Feuer hat sehr unterschiedliche Bedeutungen, die in einem Einstieg zu diesem Thema gesammelt werden können: Feuer kann zerstören und ist deshalb bedrohlich; es kann auch wärmen und erhellen und wird dann als angenehm empfunden. Eine nicht so bekannte Aufgabe des Feuers ist die des Reinigens, des Scheidens von Echtem und Unechtem – etwa bei der Metallschmelze. Diese letzte Bedeutung ist von Jesus mit seinem Bildwort vom Feuer gemeint. Es geht ihm um die Ent»scheidung« zum Glauben, um die Trennung von Glaube und Unglaube. Dies ist ein konfliktreicher und schmerzhafter Prozess, damals wie heute. Um diese Thematik darzustellen, kann vielleicht ein kleines Feuer in einer Metallschale angezündet werden. Ziel des Gottesdienstes sollte dann die Ermunterung zu einem entschiedenen Glauben und zu einem christlichen Leben sein.

Weiterführung nach dem Gottesdienst

Vielleicht können einige Sprüche des Jeremia vervielfältigt und den Gottesdienstbesuchern mitgegeben werden, um ihnen einen kleinen Einblick in die Botschaft des Jeremia zu geben. In Kinderbibeln findet sich in der Regel nur sehr wenig zu Propheten und ihrer Verkündigung. Neben Jeremia kann auch auf die anderen großen Propheten aufmerksam gemacht werden. Vielleicht ist diese Lesung ein Anstoß, eine Reihe von Familiengottesdiensten zu den Propheten zu gestalten (etwa zu Jesaja, Ezechiel, Amos ...)

Ein »Spielplan« für einen »Wettlauf des Lebens« mit Start und Ziel kann als grobes Schema mitgegeben werden. Die Kinder können mit ihren Familien Einzelheiten ihres persönlichen Lebens»laufes« darin eintragen und miteinander überlegen, wie sie gut ans Ziel gelangen. In ähnlicher Weise kann das Thema »Ballast abwerfen« weitergeführt werden.

Feuer fasziniert Kinder trotz oder wegen seiner Gefährlichkeit. Dennoch sollten Eltern ihren Kindern die unterschiedlichen Bedeutungen des Feuers erklären.

(C 51) 21. Sonntag im Jahreskreis

Zu den Schrifttexten

Jes 66,18-21: *Meine Herrlichkeit unter den Völkern künden.* Der nach dem Exil entstandene Text des Tritojesaja (des dritten »Jesaja«) ist von zwei gegenläufigen Tendenzen geprägt: Zum einen finden wir darin einen universalen Zug: Nicht mehr Israel allein ist zum Heil berufen, sondern alle Völker (vgl. die Länderliste und auch den Schlusssatz des

Evangeliums). Die Herrlichkeit Gottes wird allen offenbar werden. Das letzte Wort Gottes für die Menschheit ist also nicht Gericht, sondern Heil für alle. Von da aus wird auch die Aufgabe Israels sichtbar: Als Gerettete sollen sie ein Zeichen für Gottes Herrlichkeit in der Welt sein, als Missionare sind sie zu allen Völkern gesandt, um diese Botschaft des

Heils weiterzutragen. Die andere Ausrichtung dieses Textes betrifft die Konzentrierung der Heilszusage auf Jerusalem, die heilige Stadt, und auf Zion, den heiligen Berg. Hier ist die Mitte nicht nur Israels, sondern aller Völker. Das Motiv des Jesaja von der Völkerwallfahrt wird hier neu ausgesagt. Neu ist allerdings, dass die Völker sogar in den inneren Dienst am Heiligtum, den Dienst der Priester und Leviten, berufen werden. Christen lesen diesen Text im Blick auf die Kirche.

Hebr 12,5-7.11-13: *Richtet euch wieder auf.* Der Hebräerbrief wendet sich an eine Gemeinde in von außen und von innen kommender Bedrängnis und ermutigt sie, auch im Leid und im Misserfolg durchzuhalten. Dazu wird im 11. Kapitel auf die Zeugen des Glaubens im Alten Testament verwiesen, zu Beginn des 12. Kapitels auf das Beispiel Jesu, der seinen Weg bis zum Kreuz ging. Hier nun folgt mit einer alttestamentlichen Spruchweisheit (Zitat aus Spr 3,11-12) eine weitere, uns allerdings kaum vermittelbare Begründung: Zur Erziehung gehört es nach alter jüdischer Auffassung, die Kinder zu züchtigen, um sie so auf dem Weg des Guten zu halten. Solche harten Erziehungsmaßnahmen sind aus dieser Sicht keine Quälerei, sondern Ausdruck des Bemühens und der Sorge um ein Kind. Vergleichbar wird das Leid der Gemeinde als Erziehungsmaßnahme Gottes gedeutet, dem die Gemeinde nicht gleichgültig ist. Sie soll ermutigt werden, mit Ausdauer und Kraft ihren Weg zu gehen. Der abschließende Vers

fasst diesen Zielsatz der Perikope in das Bildwort von den erschlafften Händen und den lahmen Knien, die aufgerichtet und gestärkt werden sollen. Hier und nicht in aus heutiger Sicht fragwürdigen Erziehungsmethoden liegt die Aussagerichtung der Perikope.

Lk 13,22-30: Wer wird gerettet werden? Der Evangelientext besteht aus mehreren Stücken, die inhaltlich durch die Fragestellung »Wer wird gerettet?« zusammengebunden sind. Das Bildwort von der engen Tür macht darauf aufmerksam, dass diese Frage letztlich unwichtig ist. Es geht für Christen darum, dass sie sich mit aller Kraft um ihr Heil bemühen. Es geht um Entschiedenheit in der Nachfolge, das allein ist wichtig. Das Gleichnis von der verschlossenen Tür verschärft diese Aussage noch: Wer sich nicht bemüht, steht am Ende vor der verschlossenen Tür. Selbst seine Abstammung hilft ihm dann nicht weiter. Bei der Vollendung (Bildwort vom himmlischen Festmahl) ist er nicht dabei. Durch die beiden abschließenden Bildworte über die Menschen aus allen Völkern, die gerettet werden, und über die Umwertung aller Werte wird diese Aussage auf Juden und Heiden hin gedeutet. Niemand, auch nicht das zu Recht auf seine Glaubensgeschichte und die Väter stolze Volk der Juden, darf sich seines Heils sicher sein. Es geht immer um eigenes Bemühen. So werden die Heiden, die aus jüdischer Sicht die »Letzten« sind, am Ende die »Ersten« sein. Das alttestamentliche Bildwort von der Völkerwallfahrt ist dann verwirklicht.

Schrifttext und Familien mit Kindern

Das positive Bild der alttestamentlichen Lesung von der Versammlung der Völker und ihrer Wallfahrt nach Jerusalem kann aufgegriffen werden, um auf die eigene Berufung zum Glauben aufmerksam zu machen: Gott will alle Menschen, nicht allein die eines bestimmten Volkes, retten. Er will auch unser Heil, er will uns »seine Herrlichkeit schauen« lassen. Die alten Völker- und Ländernamen müssen dabei auf heutige Verhältnisse hin gedeutet werden: Die Gemeinschaft der Glaubenden umfasst die ganze Erde.

Obwohl das Ziel der neutestamentlichen Lesung, die Stärkung der erschlafften Gemeinde, durchaus mit der Situation heutiger Gemeinden vergleichbar ist, uns also die Ermutigung des Textes ansprechen kann, ist diese Perikope in diesem Schnitt kaum einsetzbar. Zu groß erscheinen die Widerstände, die heutige Hörer den aus unserer Sicht hoffnungslos veralteten, ja menschenunwürdigen Erziehungsmethoden entgegenbringen (»den mit der Rute schlagen, den man liebt«). Von solchen Gedanken her das Leid von Menschen zu deuten, erscheint uns als zynisch und nicht akzeptabel. Aus diesem Lesungstext erscheint uns allein das Bildwort von den erschlafften Händen und den lahmen Knien als verwendbar für heutige Gemeindesituationen. Hieran anschließend sind eher die folgenden Verse des Briefes sinnvoll (»Strebt mit Eifer nach Frieden mit allen und nach der Heilung ...«). Solche Verse können auch heutigen Gemeinden in einer Zeit der Glaubensunsicherheit Orientierung und Mut geben.

Die Frage, wie man das ewige Heil erlangt, hat für heutige Menschen wenig Bedeutung. Im Alltagsleben gibt es andere Dinge, die vorrangig sind. Allenfalls verkünden Sekten fragwürdige Antworten auf diese Eingangsfrage der Perikope (etwa die 144 000 Geretteten der Zeugen Jehovas). So ist entsprechend der Antwort Jesu eher auf die Forderung nach unbedingtem Einsatz für den Glauben, nach einem entschiedenen Glaubensleben einzugehen als auf Spekulationen über das Wie des Heils und für wen es möglich sein wird. Niemand kann sich auch heute des Heils sicher sein, es muss also um ein beständiges und intensives Bemühen um den Glauben gehen.

Das Bildwort von der engen Tür, durch die wir in einen anderen Raum gehen, kann für diese Aussage geeignet sein. Die Tür (das Tor) findet sich als Symbol des Übergangs von einer Wirklichkeit zur anderen in den Mythen und Botschaften aller Religionen, auch in vielen Märchen und Erzählungen (vgl. etwa die »Unendliche Geschichte«). Der Übergang von der Wirklichkeit unserer Erde in die Herrlichkeit Gottes (vgl. alttestamentliche Lesung) kann durch dieses Bildwort ausgedrückt werden.

Ebenso ist das Bildwort vom Festmahl, zu dem die unterschiedlichen Völker geladen sind, auch für heutige Gottesdienstbesucher ein sprechendes Bild. Ein letzter Gedanke ergibt sich aus dem Schlussvers des Evangeliums: Für Gott gibt es eine Umwertung aller Werte. Nicht was für Menschen wichtig und vorrangig ist, zählt bei ihm als »Erstes«. Das Wirken Jesu zeigt diese Umwertung auf: Er ist gekommen, für die Sünder da zu sein, den Armen beizustehen, die Kleinen und Geringen zu stärken, die Ausgeschlossenen zu neuer Gemeinschaft zu berufen. So entsteht eine neue Wertung, die auch für Christen heute gilt.

Gestaltungsideen für den Gottesdienst

– *Gott kommt zu den Menschen, die Menschen kommen zu Gott:* Die Aussage der alttestamentlichen Lesung, dass Gott Menschen aus allen Völkern versammelt (vgl. auch den Spruch des Evangeliums) und dass sich umgekehrt die Völker auf den Weg nach Jerusalem, dem heiligen Ort der Begegnung mit Gott, machen, kann aus christlicher Sicht gedeutet werden. Menschen in allen Völkern suchen Gott und machen sich in den verschiedenen Religionen auf den Weg zu ihm. Gott selbst kommt ihnen in Jesus Christus entgegen, er schafft eine neue Gemeinschaft, die in der Kirche bereits anfanghaft und mit vielen menschlichen Schwächen behaftet verwirklicht ist, die aber erst in der Vollendung vollkommen sein wird. Dies kann durch eine Zeichenhandlung deutlich werden. Verschiedene Kinder stellen Menschen aus verschiedenen Völkern dar, die auf unterschiedliche Weise Gott verehren (eventuell Statuen, Bil-

der, religiöse Gegenstände aus solchen Völkern hinzunehmen): Menschen gehen auf Gott zu. Umgekehrt kommt Gott auf die Menschen zu in Jesus, seinem Sohn: Ein Kreuz wird gebracht, die verschiedenen Spieler bilden um das Kreuz einen Kreis: Durch Jesus können Menschen aus allen Völkern zu einer Gemeinschaft werden.

– *Richtet euch auf:* Aus der zweiten Lesung wird allein das abschließende Bildwort genutzt, um Mut zu machen und zur Ausdauer im Glaubensleben aufzurufen. Es wird im Gespräch oder in einem Rollenspiel aufgezeigt, dass viele Christen in ihrem Bemühen um den Glauben müde geworden sind (vgl. etwa viele Kommunionkinder nach der Erstkommunion). Dies macht aber auch denjenigen, die sich weiterhin bemühen, die Sache schwerer. Sich für den Glauben und die Gemeinde zu entscheiden, stößt heute auf zunehmenden Widerstand. So kann mit den Worten des Hebräerbriefes dazu ermuntert werden, auch in Bedrängnis auszuhalten. Diese Aussage eignet sich gut für eine Umsetzung in ein pantomimisches Spiel, das zuerst einen müden und erschöpften Menschen zeigt, der dann neue Kraft erhält.

– *Die enge Tür.* Die Tür stellt ein Symbol dar, das vielen Kindern durch Erzählungen und Märchen bekannt ist. Da gibt es rätselhafte Türen, die nur mit größter Anstrengung geöffnet werden können. Andere wiederum kann der Mensch aus eigener Kraft nicht öffnen; wenn sie sich auftun, ist dies ein Geschenk einer größeren Macht an den Menschen. Eine solche Geschichte kann einen Einstieg in den Gottesdienst bilden. Das Bildwort von der engen Tür aus dem Evangelium (weniger sinnvoll: das Gleichnis von der verschlossenen Tür mit seiner harten Sprache) wird dann auf das Leben der Christen gedeutet: Um durch diese enge Tür zu Gott zu finden, müssen wir uns je neu bemühen. Kleine Spielszenen, die das Bemühen von Christen

im Glauben und im Leben aufzeigen, können verdeutlichen, was von uns erwartet wird.

– *Erste und Letzte tauschen den Platz:* Der Erste, Stärkste, Schnellste, Schönste ... sein zu wollen, entspricht kindlichen Träumen, aber ebenso der Lebensweise der Erwachsenen. Oft hängt der Platz, den ein Mensch im Leben einnimmt, aber ab von den Gegebenheiten, in die er hineingestellt ist, weniger von seinem eigenen Tun. Jesus macht deutlich, dass er nicht nur alle annimmt, also auch die Kleinen und Geringen, sondern dass diese bei ihm sogar einen besonderen Platz finden: Sie dürfen am Tisch auf die ersten Plätze aufrücken. Erste und Letzte tauschen den Platz. Die Ersten können sich also ihres Platzes nicht sicher sein, die Letzten dürfen Hoffnung haben. Diese Aussage kann auf unterschiedliche Menschen und Menschengruppen (vgl. bei Jesus etwa die Zöllner) auch heute angewandt werden. Kleine Spiele können zeigen, wie solche Menschen in der Gemeinschaft der Christen ihren – besonderen – Platz finden.

Weiterführung nach dem Gottesdienst

Zum ersten Gottesdienstvorschlag wird den Kindern ein Blatt mit einem gezeichneten Kreis mitgegeben, in dem ein Kreuz gemalt ist. Die Kinder malen dann zu Hause Menschen aus verschiedenen Völkern um diesen Kreis: Gott versammelt die Völker, er kommt uns in Jesus (Kreuz) entgegen. Eltern können mit ihren Kindern Berichte von Christen aus anderen Ländern lesen und so das Thema vertiefen.

Zum zweiten Thema wird in den Familien überlegt, in welchen Situationen wir Erschöpfung und Mutlosigkeit empfinden und was uns

dann weiterhelfen kann. Für viele Menschen ist das Vertrauen auf Gott eine gute Hilfe, mit schweren Situationen fertig zu werden.

Zur Vertiefung können Türgeschichten dienen. Ferner kann dazu angeregt werden, verschiedene Türen und Tore im Wohnort aufmerksam wahrzunehmen. Vielleicht bietet auch das Kirchenportal einen guten Ansatzpunkt für ein Gespräch.

Im Gespräch von Familien und Gemeindegruppen kann bedacht werden, wer bei uns zu den »Letzten« gehört, denen die besondere Sorge Jesu (und Gottes) gilt.

(C 52) 22. Sonntag im Jahreskreis

Zu den Schrifttexten

Sir 3,17-18.20.28-29: Sei doch bescheiden. Das Buch Jesus Sirach ist etwa um das Jahr 180 von einem jüdischen Weisheitslehrer in Jerusalem geschrieben worden. Aus der Hal-

tung des unbedingten Gottvertrauens versucht er weisheitliche Sprüche für die Lebensgestaltung der Menschen nutzbar zu machen. In sein Werk fließt also sowohl die Glaubenserfahrung Israels ein wie die über Jahrhunderte gesammelte Volksweisheit. Die Perikope greift die Tugend der Bescheidenheit und Demut auf und wendet sich gegen den Hochmut und die Arroganz der Besitzenden. Der weise Mensch bemüht sich um eine doppelte Grundhaltung: Gegenüber den Menschen ist er bescheiden und zurückhaltend, er stellt sich nicht in den Vordergrund. Gegenüber Gott erkennt er seine Grenzen und seine Schwäche, er ist klein gegenüber dem großen Gott. Durch solche Haltung kann er die Barmherzigkeit Gottes und damit das Heil erfahren.

Hebr 12,18-19.22-24: Ihr seid hingetreten zur Stadt des lebendigen Gottes. Der Hebräerbrief versucht, seiner Gemeinde Mut zum Glauben zu machen. Dies geschieht im vorliegenden Text durch eine Gegenüberstellung von Altem und Neuem Bund, dargestellt an der Gotteserscheinung am Sinai und am Berg Zion. Der Berg Sinai (mit dem Bundesschluss Gottes mit Israel) steht stellvertretend für den Ersten (den Alten) Bund. Dort begegnet Gott dem Menschen als ferner, unnahbarer, rätselhafter Gott (die Bildworte vom Feuer, der Wolke, dem Sturm und der Finsternis deuten darauf hin). Für den durch Jesus gegründeten Neuen Bund gilt anderes: Hierfür steht der Berg Zion mit dem eschatologischen Bild des Festmahls in der Heiligen Stadt. Die Getauften dürfen ohne Hindernis zu dieser Gemeinschaft hinzutreten und Gott in Jesus, dem Mittler, begegnen. Solche Begegnung geschieht anfanghaft im Raum der christlichen

Gemeinde, die deshalb unersetzbare Bedeutung für den Christen hat. Wer sich dieser Sicht des Hebräerbriefes anschließt und an die Nähe und das Erbarmen Gottes glaubt, der wird durch den Glauben für sein Leben gestärkt.

Lk 14,1.7-14: Der erste und der letzte Platz. Lukas führt im Zusammenhang mit dem Mahl im Haus des Pharisäers drei Situationen auf. Die erste, die sich auf eine Heilung am Sabbat bezieht, wurde in dieser Perikope ausgelassen, obwohl sie die folgenden beiden inhaltlich vorbereitet. In der zweiten Situation greift Jesus im Stil eines weisheitlichen Lehrers (vgl. Form und Inhalt der alttestamentlichen Lesung) eine typische Verhaltensregel der Antike auf, der jeder zustimmen kann. Allerdings wird diese Regel durch den Spruch »Wer sich selbst erhöht ...« auf die Beziehung des Menschen zu Gott bezogen: Das Verhalten zum Mitmenschen wirkt sich aus auf die Stellung zu Gott. Somit gewinnen die Sätze Jesu den Charakter einer eindrucksvollen Warnung. Der letzte Teil dieser Gastmahlsituation geht auf die Rolle des Gastgebers ein. Das dürfte ein Hinweis auf die Rolle der christlichen Gemeindeleiter sein. Entsprechend dem Vorbild Jesu und seiner Zuwendung zu den Armen und Geringen sollen sie sich besonders um diese kümmern und sie zu dem eucharistischen Festmahl bitten (vgl. dazu auch das folgende Gleichnis vom Gastmahl, wo gerade diese Gruppe am Ende teilnimmt, die anderen dagegen nicht).

Schrifttext und Familien mit Kindern

Das in der alttestamentlichen Lesung und im Evangelium angeschnittene Thema der Zurückhaltung und Bescheidenheit ist sicher auch eine heute gültige Verhaltensregel. Für den gottesdienstlichen Bereich allein aber ist dies eine zu schwache Aussage. Es muss der ein wenig verdeckte Hinweis beider Texte hinzu kommen, dass ein solches Verhalten auch Ausdruck der Stellung eines Menschen gegenüber Gott ist. Wer die Grundhaltung der Demut (»Dien-mut«) gegenüber Gott und den Menschen pflegt, handelt entsprechend sei-

nem Willen und nach dem Beispiel und Vorbild Jesu. Im Familiengottesdienst wird dieses Thema leicht mit Beispielen aus dem Leben der Kinder zu füllen sein.

Wenn die Gastgeberregel am Ende des Evangeliums auch vorrangig an christliche Gemeindeleiter gerichtet ist, so lässt sich aus ihr ebenso ein Hinweis auf das Verhalten des Christen ablesen, der für jeden Getauften, auch bereits für Kinder, gültig ist. Die Umwandlung der Werte, die durch Jesu Verhalten gegenüber den Armen erfolgte und die das

Erbarmen Gottes sichtbar macht, hat prägenden Charakter für Christen zu allen Zeiten. Es geht also für den Christen darum, sich den »Letzten« in der Gesellschaft zuzuwenden und so dem Beispiel Jesu zu folgen. Dadurch werden die Werte einer Leistungs- und Konsumgesellschaft auf den Kopf gestellt. Damit aber alle zum Heil finden können, ist dieser Dienst notwendig, ja unerlässlich.

Die neutestamentliche Lesung verweist in sehr verdeckter Form auf das Gottesbild, das sich nach Meinung des Verfassers im Alten und im Neuen Bund grundsätzlich unterscheidet. Korrigierend muss man hier anführen, dass das Gottesbild des Alten Testamentes vielschichtiger ist als die hier angeführten Beispiele der Sinai-Offenbarung. Dennoch gibt es grundsätzlich – und dies für alle Zeiten und Kulturen – den Zwiespalt zwischen einem Gottesbild, das vom fernen, unnahbaren, ja dem Menschen unverständlichen Gott ausgeht, und einem Gottesbild, das von seinem Erbarmen, seiner Liebe und Menschenfreundlichkeit, seiner Nähe und Zugewandtheit spricht.

Die Erfahrungen heutiger Menschen trifft es dabei nicht, wenn das erstere als überwundenes Bild der Vorzeit geschildert und das zweite als das Gottesbild der Christen hingestellt wird. Gewiss ist das Gottesbild Jesu von seinem Sprechen von Gott als gutem Vater geprägt. Dennoch erfahren viele heute eher die Gottesferne als seine Nähe im Alltag. Das Thema also ist durchaus aktuell. Es ist von diesem Text her allerdings nur sehr schwer umzusetzen.

Gestaltungsideen für den Gottesdienst

– *Alles drei ist Glas:* Die Haltung der Demut und Bescheidenheit, die in der ersten Lesung und im Evangelium propagiert wird, hat viel zu tun mit den Werten, die sich ein Mensch in Bezug auf seine Person, auf seine Mitmenschen und auf Gott setzt. Nimmt er sich selber in hochmütiger Weise allein für wichtig, ist er also ein Egoist, ein Ichmensch, dann verfehlt er letztlich alles. Nimmt er dagegen den anderen Menschen wahr, gehört er zu den Weisen. Beachtet er sich selber, den anderen Menschen, bei allem aber Gott, dann findet er zum Heil. Diese drei Lebensweisen können durch drei Gegenstände verdeutlicht werden, die alle aus Glas gefertigt sind: ein Spiegel, eine klare Glasscheibe, ein Fensterbild aus farbigem Glas. Der Spiegel ist eine Scheibe mit dahintergelegtem »Silber« – man sieht nur noch sich selbst. Das ist die Gefahr des Reichtums und des Besitzes. Das klare Glas lässt andere Menschen erkennen – das ist die Chance der Mitmenschlichkeit. Das bunte Bild führt über das normale Sehen hinaus zur Herrlichkeit Gottes – das ist die Sicht des Glaubens, die die eigene Person, den Nächsten und Gott in Liebe verbindet.

– *Nicht oben, sondern unten:* Die Mahnung Jesu an den Gastgeber ist nach wie vor aktuell. Auch wir heute suchen uns Gäste nach ihrem Stand und Ruf, nach ihrem Ansehen aus, wir übersehen bewusst oder unbewusst die Kleinen und Geringen, die Armen und Randgruppen. Hier geht es um eine neue Praxis der einzelnen Familien, aber vor allem auch der Gemeinde und ihrer Gruppen. Wie weit ist hier Offenheit für Neue, für Menschen mit Problemen, für verhaltensauffällige Kinder, für psychisch Kranke ...? Ein Kontrastspiel kann den Kindern diese Mahnung Jesu in Erinnerung rufen. 1. Ein Kind lädt andere zur Geburtstagsfeier ein: Du bist eingeladen, weil du mir sicher ein schönes Geschenk mitbringst ... Du bist nicht eingeladen, weil du so komisch bist ... 2. Ein anderes Kind lädt dagegen alle zu einer Gemeinschaft ein.

– *Der ferne und der nahe Gott:* Auch Kinder erfahren Gott heute eher als abwesend und fremd. Dem steht das Sprechen der Christen in ihren Gottesdiensten vom erbarmenden Gott gegenüber. Den Gottesdienstbesuchern soll deutlich gemacht werden, dass das Gottesbild der Christen nicht auf einen einzigen Gedanken zu beschränken ist, sondern aus vielfältigen, teilweise konträren Erfahrungen besteht. Es ist wie ein buntes Mosaik aus vielen Steinen. Dies kann auch durch ein anderes Zeichen verdeutlicht werden: Ein bunter, gewebter Teppich wird zuerst von seiner Unterseite gezeigt. Hier sieht man ein wirres Bild von vielen verschiedenfarbigen Fäden. Solche Fäden können mit unterschiedlichen Gotteserfahrungen verbunden werden, dunkle Fäden mit bedrückenden Erfahrungen (etwa: »Wo war Gott bei meinem Leid?«), helle Fäden mit beglückenden Erfahrungen (etwa: »Ich habe die Nähe Gottes in dieser Situation gespürt«). Danach wird der Teppich umgedreht und seine Bildseite wird sichtbar: Das Rätsel der vielen Fäden löst sich auf. Am Ende der Zeiten erkennen wir Gott, wie er ist.

Weiterführung nach dem Gottesdienst

Passend zum ersten Gottesdienstvorschlag kann den Kindern vielleicht ein kleines Stück farbiges Glas (Vorsicht: ohne scharfe Kanten) mitgegeben werden, das an diesen Gottesdienst erinnert.

Das Gespräch über oben und unten, über die Annahme und Integration der unterschiedlichen Menschen in der Gemeinde, muss in allen Gemeindegruppen immer wieder geführt werden. Dies gilt auch für Kindergruppen und Familienkreise. Vielleicht gibt der Evangelientext hier einen konkreten Impuls zum Handeln.

Zum Gottesbild können die Kinder unterschiedliche Vorstellungen von Gott in einem Bild wiedergeben und sich so die Vielfalt von Gottesvorstellungen bewusst machen. Ein Gespräch in der Familie dazu ist sinnvoll.

(C 53) 23. Sonntag im Jahreskreis

Zu den Schrifttexten

Weish 9,13-19: *Wer begreift, was der Herr will?* Im Buch der Weisheit versucht ein Griechisch sprechender Jude im ägyptischen Alexandrien etwa 150 vor Christus den Glauben der Juden mit der Denkweise seiner Umwelt zu versöhnen. So greift er das in den antiken Kulturen wichtige Stichwort der Weisheit auf. Aufgrund allgemeiner menschlicher Erkenntnis kann er aussagen, dass menschliches Wissen überall an Grenzen stößt. Dies gilt bereits für den Bereich der Erde, um so mehr aber für den Bereich Gottes, des Himmels. Hier kann der Mensch nichts erkennen, er ist darauf angewiesen, was der Geist Gottes ihm offenbart. Niemand kann Gottes Pläne erkennen und verstehen. Wohl aber können Menschen im Glauben erfahren, dass Gott ihnen nahe ist und sie begleitet.

Phlm 9-10.12-17: *Paulus bittet für Onesimus.* Der kurze Brief des Paulus an Philemon, den Leiter einer Hausgemeinde, ist ein sehr persönliches Schreiben mit dem privaten Anliegen, Philemon möge Paulus den entlaufenen und zu Paulus geflüchteten Sklaven Onesimus freigeben. Dennoch klingen hinter dieser persönlichen Bitte andere Gedanken an, die diesen kürzesten Brief des Neuen Testamentes auch für uns heute wichtig machen: Es geht um die Frage, wie Philemon zu dem von Paulus inzwischen zum Glauben bekehrten Onesimus steht. Ist er für ihn nach wie vor nur ein entlaufener Sklave, der Strafe zu erwarten hat, oder ist er für Philemon ebenso wie für Paulus der geliebte Bruder im Glauben? In der christlichen Gemeinde muss es um eine andere Form des Zusammenlebens gehen als in der umgebenden nichtchristlichen Gesellschaft. Die Gemeinschaft mit Christus schafft eine andere Weise des Zusammenlebens, die geprägt ist von gegenseitiger Liebe.

Lk 14,25-33: *Jüngersprüche und Gleichnis vom Turmbau.* Die Perikope besteht neben der Einleitung aus drei Sprüchen zur Nachfolge der Jünger Jesu. Eingeschoben sind die beiden Gleichnisse vom Turmbau und vom kriegführenden König. Diese beiden Gleichnisse fordern zum klugen Berechnen von Handlungen auf, es gilt, die Vor- und Nachteile eines

Handelns genau abzuwägen. Ebenso muss der Jünger genau bedenken, was die Nachfolge Jesu bedeutet. Es ist kein oberflächliches Handeln, das man nebenbei durchführen kann, sondern es bedeutet eine radikale Lebenswende, den Bruch mit der Wirklichkeit, die einen Menschen bisher geprägt hat (hier dargestellt am Beispiel der Familie), und den Übergang in die neue Wirklichkeit des Reiches Gottes. Nur von dem letzten Gedanken her erscheint der Anspruch Jesu erträglich zu sein: Nur wer das Reich Gottes wie einen »Schatz im Acker« gefunden hat, wie eine »kostbare Perle«, der wird alles andere (auch Wertvolle) zurücklassen können, um sein Leben ganz für dieses Eine einzusetzen. Es geht also bei den Forderungen Jesu nicht um eine lebensferne Askese, die menschliches Leben einengt, sondern um die bewusste Ausrichtung auf das, was das Leben letztlich sinnvoll macht: die Erfahrung des in Jesus gekommenen Reiches Gottes.

Schrifttext und Familien mit Kindern

Trotz des enormen Wissenszuwachses der Menschheit, trotz Informationsgesellschaft und zunehmender Vernetzung – wir sind uns durchaus bewusst, dass der Mensch überall an Grenzen des Wissens und Verstehens stößt und dass dies auch so bleiben wird. Wo Antworten auf alte Fragen gefunden werden, lösen sie in der Regel neue Fragen aus – »wir erfassen kaum, was auf der Erde vorgeht«. Die alttestamentliche Weisheit gibt die Situation der Menschen genau wieder.

Ebenso bleibt für den Menschen das Rätsel Gott. Gewiss haben wir heute andere Gottesvorstellungen, denken von Gott nicht so anthropomorph, so menschenähnlich wie viele Teile des Alten Testamentes das tun (vgl. etwa das Buch Genesis). Um so mehr aber erscheint uns Gott als der Fremde und Unbegreifliche, als der, dessen Pläne und Handlungsweisen wir nicht verstehen können. Die Grundfragen des Menschen nach Leid und Tod, nach dem Sinn des Lebens, nach der Begegnung mit Gott und den Menschen müssen immer wieder neu gestellt werden. Sie führen nicht zu einer allgemein anwendbaren Antwort, sondern nur zum persönlichen Bekenntnis, zu einer persönlichen Stellungnahme des Vertrauens oder Misstrauens.

Genau darauf will der alttestamentliche Weise hinaus: Vertraue dich Gott an, auch wenn du seine Wege nicht verstehen kannst – das gibt deinem Leben Sinn. Heutigen Menschen fällt diese Einstellung schwer. Sie wollen die Dinge ergründen, sich nicht einfach auf den von Gott gesetzten Grund verlassen, sie wollen verstehen, nicht vertrauen. Hier sollten christliche Gemeinden und ihre Gottesdienste Mut machen zu einem unbedingten Vertrauen auf Gott.

Im Philemonbrief geht es nicht um eine allgemeine Stellungnahme der Christen zum Problem antiker (oder heutiger) Sklaverei. Es geht aufgrund eines Beispiels aus dem privaten Bereich um die Frage nach der Art der Beziehungen zwischen Christen. Selbst wenn die Gesellschaft (und auf die antike Gesellschaft hatten die ersten Gemeinden der Christen keinerlei Einfluss) Unterschiede macht, Menschen in oben und unten aufteilt, ja Unterdrückung und Ausbeutung fördert – Christen sollen grundsätzlich anders handeln. Wer zur Gemeinschaft mit Christus berufen ist, darf das Trennende nicht betonen, sondern lebt aus der alle verbindenden Liebe. Er ist gleichsam hineingenommen in eine neue Familie, die alle gesellschaftlichen und rassischen Schranken überwindet.

Die Anfrage des Paulus an Philemon (und seine Hausgemeinde) bedeutet somit zugleich eine Anfrage an heutige Christen und ihre Gemeinden, wie sie die Art ihres Zusammenlebens gestalten. Ist bei ihnen jeder der geliebte Bruder, die geliebte Schwester, oder wird in den Gemeinden Wert auf soziale und andere Unterschiede gelegt, gibt es bei den Jüngern Jesu heute Oben und Unten, Herrschen und Dienen?

Die Forderung des Evangeliums nach bedingungsloser Nachfolge richtet sich im Lukasevangelium an die Jesus begleitenden Menschen. Sie werden aufgefordert, klar abzuwägen, ob sie zu diesem bedingungslosen

Einsatz bereit sind. Es ist anzunehmen, dass auch damals nur wenige zu dieser einschneidenden Wende in ihrem Leben bereit waren. Auch heute – zudem unter völlig anderen gesellschaftlichen Bedingungen – werden nur wenige zur bedingungslosen Nachfolge und zum vollständigen Einsatz ihres Lebens bereit sein.

So ist zu fragen, was der »normale« Gottesdienstbesucher mit diesen Sätzen anfangen kann. Er wird nicht seine Familie verlassen (und darf es als verantwortlich Handelnder auch gar nicht), er wird nicht seinen ganzen Besitz verschenken – was also heißt für ihn,

das Kreuz auf sich zu nehmen? Ist die Forderung Jesu nicht realitätsfern oder zumindest nur für einige religiöse Asketen nachvollziehbar?

Die Gleichnisse von der klugen Berechnung geben hierauf eine Antwort: Jeder muss von seinen Verhältnissen, Möglichkeiten und Fähigkeiten her bedenken und kritisch prüfen, was ihm möglich ist. Wohl aber soll jeder das ihm Mögliche einsetzen. Dies wird je nach persönlicher Situation, aber auch je nach umgebender Kultur und Gesellschaft sehr unterschiedlich sein. Doch eines ist sicher: Christsein ohne Einsatz geht nicht.

Gestaltungsideen für den Gottesdienst

– *Der dumme Supercomputer:* Alles Wissen der Menschen reicht nicht aus, um das Geschehen auf dieser Erde zu verstehen. Wissen ist zudem etwas anderes als Weisheit. Wissen trägt Fakten zusammen und ist für viele Dinge notwendig. Weisheit fragt nach den tieferen Zusammenhängen und nach dem Sinn. So kann ein Supercomputer zwar unendlich viel mehr wissen als Menschen und dieses Wissen auch viel schneller auf alle möglichen Gebiete anwenden, zur Weisheit reicht es bei ihm nicht. Er kann den Sinn des Lebens nicht ergründen. Menschliche Weisheit jedoch ist eine grundsätzlich andere Haltung als das Sammeln von Wissen. Hier geht es um Tieferes und Ursprünglicheres, hier geht es um den Sinn von allem, um das Geheimnis des Lebens, um den für menschliches Denken unergründlichen Gott. Zur Veranschaulichung dieser Gedanken kann in der Kirche ein Computer aufgebaut werden. Die Sätze der alttestamentlichen Lesung sprechen die Gedanken dieses Themas dann klar aus.
– *Nicht Sklaven, sondern Schwestern und Brüder:* Christen verstehen sich als die »neue Familie Jesu«, als eine Gemeinschaft von Schwestern und Brüdern, die Trennendes überwindet. Diese allgemeine Aussage kann jedoch in unseren großen und unüberschaubaren Gemeinden kaum erfahren werden. Anders als die Gemeinden des Anfangs (oder auch junge Gemeinden in Missionsgebieten) wird bei uns die übergreifende Gemeinschaft

der Glaubenden nur selten erfahren – ein Grund für die geringer werdende Gemeindebindung. Ausgehend sowohl vom Philemonbrief wie vom ersten Spruch des Evangeliums kann die Gemeinschaft der Christen als die neue Familie bezeichnet werden, zu der alle gehören, die getauft sind und sich zu Christus bekennen. Möglich ist dies zum Beispiel durch die Besinnung auf den gemeinsamen Namen: Wer zu einer Familie gehört, trägt (meist) den Namen der Familie. Wir gehören zu Christus – wir sind Christen. In einer Familie stehen Menschen füreinander ein und helfen sich – gerade dies sollte die »Familie der Christen« prägen. In einer Familie wird jeder auch mit seinen Schwächen angenommen – gegenseitige unbedingte Annahme ist wesentliche Forderung Jesu an seine Jünger und entspricht seiner eigenen Praxis.
– *Sein Kreuz tragen:* Das Wort vom Kreuz wird von Christen in der Regel so verstanden, dass das persönliche Leid geduldig getragen werden soll. Ein anderer Akzent aber ist der, dass der Christ durch die Mühen und Schwierigkeiten seines Christseins mit Jesus verbunden wird – und dies nicht allein mit seinem Kreuz, sondern ebenso mit seiner Auferstehung. Das Kreuz verbindet uns also mit Jesus. Dies kann durch eine Zeichenhandlung deutlich werden. Die Kinder schreiben auf Zettel ihre Namen oder malen sich. Nach dem Evangelientext heften sie diese Zettel an ein großes Kreuz.

(C 53) 23. So im Jahr

Weiterführung nach dem Gottesdienst

Viele Kinder gehen heute bereits unbefangen mit Computern um. So kann man in der Familie darüber sprechen, dass der Computer dem Menschen – ebenso wie viele andere Maschinen – eine gute Hilfe in vielen Sachen sein kann, dass er aber nicht weiterhilft, wenn es um die Grundfragen der Menschen geht. Für solche Fragen nach dem Sinn bedarf es der »Weisheit« von Menschen.

Das Sprechen über die von Jesus geforderte Gemeinschaft nützt wenig, wenn solche Gemeinschaft nicht konkret erfahrbar ist. So sollte von den Verantwortlichen überlegt werden, wie im Zusammenhang mit dem Familiengottesdienst Gemeinschaftserfahrungen möglich sind (Treffen im Pfarrheim, Spiele, Familientag ...)

Das Thema Kreuz findet sich an vielen Stellen des Kirchenjahres entsprechend der Bedeutung des Kreuzes für die Christen. Zu diesem Sonntag können die Kinder ein Kreuz malen und darin Jesus und ihren eigenen Namen eintragen: Im Kreuz sind wir mit Jesus verbunden.

(C 54) 24. Sonntag im Jahreskreis

Zu den Schrifttexten

Ex 32,7-11.13-14: Das Goldene Kalb – Mose am Sinai. Die Perikope ist ein typisches Beispiel dafür, wie eine Zeit versucht, ihre Situation unter Rückgriff auf frühere geschichtliche Erfahrungen zu deuten. Man kann davon ausgehen, dass dieser Text nach den Reformen des Hiskija und etwa zu Beginn des Exils in die ältere Erzählung vom Exodus eingefügt wurde (also zu Beginn des 6. Jahrhunderts vor Christus). Hiskija wendet sich gegen die verschiedenen Kulte in Kanaan und versucht, das Volk zum ursprünglichen Glauben an Gott zurückzuführen. Besonders kämpft er gegen die Stierkulte des inzwischen untergegangenen Nordreiches, gegen das Aufstellen von goldenen »Kälbern« an den Heiligtümern Dan und Bet-El. Für ihn zeigt sich, dass der Glaubensabfall von Jahwe den Untergang des Volkes bedeutet. Die gleiche Erfahrung macht das Volk beim Untergang Jerusalems und der Wegführung ins Exil. Dennoch bleibt auch in dieser Situation die Überzeugung, dass Gott sein Volk retten wird, dass ihn die Strafe reut, die er über das Volk verhängt. Der Text ist also letztlich eine Erzählung der Hoffnung und des Vertrauens. Diese Gedanken werden in die Mose- und Exoduserzählung zurückprojiziert und gewinnen so größere Autorität.

1 Tim 1,12-17: Christus ist gekommen, um die Sünder zu retten. Die beiden Briefe an Timotheus und der Brief an Titus (die Pastoralbriefe) stellen fiktive Schreiben an diese Leiter christlicher Gemeinden dar, die unter Berufung auf die Autorität des Paulus zu späterer Zeit verfasst wurden. Diese literarische Form war in der Antike häufig; man wollte so eine Anbindung an die Ordnung des Anfangs erreichen. Der vorliegende Text gibt dabei keine Information über den Weg des Paulus, sondern macht in grundsätzlichen Gedanken das Thema Berufung deutlich: 1. Jesus selbst erwählt Menschen und ruft sie in seinen Dienst. 2. Diese Erwählung bedeutet Gnade, sie kann einen Menschen völlig verwandeln, etwa wie bei Paulus vom Verfolger zum Nachfolger. 3. Am Beispiel des Paulus wird ein Grundzug des Wirkens Jesu deutlich, er ist zur Rettung der Sünder gekommen. 4. Deshalb ist es gut, wenn die Menschen Gott für seine in Jesus erschienene Gnade danken.

Lk 15,1-32: Gleichnisse vom verlorenen Schaf, von der verlorenen Drachme, vom verlorenen Sohn. (Vgl. C 21 zum Gleichnis vom verlorenen Sohn.) Anders als am vierten Fastensonntag stehen hier die drei Gleichnisse vom Verlorenen im Zusammenhang und können so miteinander das Thema der Freude über die Umkehr des Sünders ausdrücken. Dabei geht es weniger um die Übertragung einzelner Züge dieser Gleichnisse, sondern um einige wenige, aber um so wichtigere grundsätzliche Aussagen: 1. Umkehr ist für den Menschen immer wieder möglich. 2. Er darf auf das Erbarmen Gottes, auf seine Versöhnungsbereitschaft, vertrauen. 3. Die Umkehr führt zu einem Neubeginn in Freude und Fest. Für Lukas werden diese allgemeinen Aussagen durch seine Einleitung in die drei Gleichnisse auf konkrete Menschengruppen bezogen: Auf der einen Seite stehen die Sünder und Zöllner, auf der anderen die Pharisäer und Schriftgelehrten. So will er mit diesen Gleichnissen seine Gemeinden dazu ermuntern, wie Jesus auch die Sünder anzunehmen und zur Freude über ihre Umkehr zu kommen. Die Zustimmung zur Praxis Jesu soll zu einer entsprechenden eigenen Praxis versöhnender Liebe führen.

Schrifttext und Familien mit Kindern

Alle drei Texte machen parallele Aussagen zum Thema Umkehr und Versöhnung, in allen scheint – auf je verschiedene Weise – Gottes Barmherzigkeit auf. Insofern stimmen die Texte zusammen, machen aber dennoch ihre Aussagen mit verschiedenen Akzenten.

In der alttestamentlichen Lesung geht es um den Abfall des Volkes von Gott und darum, dass Gott dennoch sein Volk nicht verstößt. Die Geschichte Israels ist eine Geschichte ständigen Abfalls und Neubeginns aufgrund der Gnade und des Entgegenkommens Gottes. Der Blick zurück auf die Vergangenheit des Volkes kann also Mut zur Umkehr und Hoffnung auf Vergebung schenken.

In der neutestamentlichen Lesung geht es nur vordergründig um die Gestalt des Paulus. Er ist vielmehr das Modell für alle, die sich im Glauben an Christus binden und so von Gott Gnade und Versöhnung empfangen, die zu einer Lebenswende gelangen, bei der sie das Alte zurücklassen können.

Die Gleichnisse des Evangeliums schließlich machen die Freude über die Umkehr sichtbar und verweisen auf die Vergebungsbereitschaft Gottes. Seine Liebe ist in Jesus und in seinem Umgang mit den Jüngern sichtbar geworden. Damit ist auch den Christen ein Vorbild für eigenes Verhalten gegeben (vgl. den Schluss des dritten Gleichnisses mit der Gestalt des älteren Bruders, der vom Vater zu ebensolcher Freude über die Umkehr aufgefordert wird).

Das Thema Buße und Umkehr ist zu früheren Zeiten der Kirche so stark in den Vordergrund gestellt worden, dass es bei vielen Christen heute Widerstand hervorruft (die abnehmende Praxis der Buße liegt unter anderem auch darin begründet). Man muss dieses Thema heute deshalb sehr behutsam angehen und entsprechend der Aussage des Evangeliums vor allem auf die Freude der Umkehr und des Neubeginns verweisen: Buße darf nicht als Last, als Zwang, als Peinlichkeit verstanden werden, sondern als beglückende, befreiende und frohmachende Chance zu einem besseren Leben. Zu dieser Freude nennt die zweite Lesung noch den Akzent des Dankes an Gott für seine Barmherzigkeit.

Gestaltungsideen für den Gottesdienst

– Das goldene Kalb: Abfall von Gott und Vergötzung anderer Dinge ist keinesfalls eine Sache vergangener Zeiten. Heute werden nur andere Dinge verehrt als Statuen aus Metall. So ist es gut, sich bewusst zu machen, welche Werte für das eigene Leben wichtig sind, welche »Götter« wir haben: Konsum, Sport, Mode, Auto, Freizeit ... Wenn eine solche Besinnung geschieht, dann bedeutet dies nicht, dass die genannten Dinge schlecht sind. Wohl aber wenden sich Christen gegen eine Absolutsetzung solcher Werte, da sie leicht den Zuweg zu den tieferen Werten des Lebens versperren. Zur Darstellung: Auf die Zeichnung eines »goldenen Kalbes« werden Bilder mit verschiedenen Dingen geklebt, die für

Menschen heute »Götter« sind. Danach werden alle Bilder mit einem großen Gottessymbol überklebt.

– *Aus der Sackgasse heraus:* Die Lebenswende des Paulus und seine Umkehr zu Christus ist Modell, wie Umkehr durch die Anbindung an Christus auch heute geschehen kann. Die verschiedenen Formen der Buße versuchen auf ihre je eigene Weise eine solche Anbindung eines Menschen an Christus. Den Neubeginn kann man durch verschiedene Zeichen verdeutlichen: So ist zum Beispiel das Verkehrsschild »Sackgasse« eine gute Möglichkeit, Umkehr als wirkliche Wende zu verstehen: In einer Sackgasse muss man völlig umdrehen, um wieder heraus zu kommen. Im Leben gibt es im Großen wie im Kleinen

immer wieder ähnliche Situationen, in denen nur eine völlige Wende hilft. Dies kann durch ein Spiel Sackgasse und durch weitere Rollenspiele dargestellt werden.

– *Umkehr befreit:* Schuld belastet, Versöhnung macht frei. Durch eine Zeichenhandlung kann dies deutlich werden: Einem Spieler werden immer mehr Lasten auferlegt. Sie können durch Schilder bezeichnet sein und sowohl eigene Schuld wie auch von außen kommende Belastungen (etwa Vorurteil ...) bedeuten. Versöhnung bedeutet nun das Freiwerden von den Lasten der Vergangenheit: Dem Spieler wird von einem anderen die Last abgenommen.

– *Der gute Vater:* Zum Gleichnis vom guten Vater vgl. auch C 21.

Weiterführung nach dem Gottesdienst

In den Familien können in vergleichbarer Weise Collagen geklebt werden mit Bildern von Dingen, die oft im Alltagsleben im Vordergrund stehen und absolut wichtig sind. Im Familiengespräch kann dann über diese Werte gesprochen werden.

Zur Erinnerung an das Thema Sackgasse kann die Zeichnung eines Sackgassenschildes mitgegeben werden.

Die Kinder und Familien können eingeladen werden, für folgende Gottesdienste kleine Texte zum Friedensgruß vorzubereiten.

(C 55) 25. Sonntag im Jahreskreis

Zu den Schrifttexten

Am 8,4-7: Gegen die Unterdrückung der Armen. Der Prophet Amos wirkte nur eine kurze Zeit während der Regierung König Jerobeams II. in der Mitte des achten vorchristlichen Jahrhunderts. Durch ruhige politische Verhältnisse und regen Handel mit den umliegenden Völkern war eine kleine Oberschicht zu Wohlstand, ja Reichtum gekommen. Dies bedeutete allerdings als Kehrseite eine Verarmung breiter Bevölkerungskreise, soziale Ungerechtigkeit, Lockerung der Sitten und damit aus der Sicht religiöser Menschen wie Amos auch ein Brechen des Bundes mit Gott. In dem vorliegenden Spruch wendet sich Amos wahrscheinlich am Heiligtum in Bet-El in scharfen Worten gegen betrügerische Kaufleute. Sie nutzen die Not der

Armen im Volk aus, um ihnen wenig und schlechte Ware für viel Geld zu verkaufen. Für Amos ist in jüdischer Tradition (vgl. die Exodus-Erzählung) Jahwe ein Gott, der auf die Armen sieht und sich ihrer erbarmt. Jede Ungerechtigkeit im Volk wendet sich deshalb auch gegen Gott – Gottes- und Nächstenliebe gehören auch im Alten Testament bereits zusammen. Es geht also beim Sozialverhalten immer auch um den Glauben der Menschen.

1 Tim 2,1-8: Ich fordere zu Fürbitten auf. Gegen Ende des ersten Jahrhunderts mussten die Gemeinden nicht allein ihre innere Struktur aufbauen (auch davon künden die Pastoralbriefe), sondern auch das Verhältnis zum römischen Staat klären. In dieser Perikope wird diese Frage dahingehend zu klären versucht, dass Christen für den Kaiser und die Verantwortlichen im Staat beten, damit aber die Hoffnung haben, nicht länger verfolgt zu werden, sondern ruhig leben zu können. Es zeichnet sich hier also ein Agreement ab, das seither in vielen Gesellschaften seine Verwirklichung gefunden hat – im römischen Staat damals allerdings nicht lange. Neben diesem Gedanken sind vor allem zwei theologische Aussagen wichtig. Zum einen wird ausgedrückt, dass Gottes Heilswille allen Menschen gilt – damit auch den feindlichen Staatsdienern des damaligen Reiches. Die Vermittlung des Heils Gottes geschieht einzig und allein durch Jesus. Zum anderen wird das fürbittende und danksagende Gebet betont. Hier verwirklicht sich nicht allein glaubende Gemeinschaft, sondern hier erreicht ebenso Gottes Heil den Menschen.

Lk 16,1-13: Das Gleichnis vom unehrlichen Verwalter. Die heutige Perikope besteht aus dem Gleichnis vom betrügerischen Verwalter

und einigen angehängten Sprüchen, die ursprünglich nicht mit diesem Gleichnis verknüpft waren, so dass man auch die Auslegung trennen muss. Das Gleichnis stellt in plastischer Erzählweise das Verhalten eines Menschen vor Augen, der, in die Notlage seiner Entlassung gestellt, sich clever aus der Schlinge zieht. Jesus lobt seine Klugheit, nicht sein Verhalten, er lobt die Entschiedenheit, mit der er Vorsorge für seine Zukunft trifft, er lobt ihn, weil er das, was er für sich als richtig erkannt hat, mit allen Mitteln anstrebt. In Klugheit, Entschiedenheit und Zielstrebigkeit ist dieser Betrüger ein Vorbild auch für Christen, die sich mit gleicher Klugheit, Entschiedenheit und Zielstrebigkeit um ihr Heil bemühen sollen.

Der erste der folgenden Sprüche spricht vom richtigen Einsatz des (ungerecht erworbenen) Reichtums; dies soll geschehen im Blick auf ewiges Heil. Es folgen Sprüche zur Zuverlässigkeit und abschließend ein Satz, der zur unbedingten Entscheidung zwischen Gott und Besitz auffordert.

Schrifttext und Familien mit Kindern

Alttestamentliche Lesung und Evangelium sprechen vom Umgang mit Geld und Besitz, allerdings in unterschiedlicher Akzentuierung. Amos geht von konkreten Situationen seiner Gesellschaft und Zeit aus, er kritisiert in scharfen Worten soziale Ungerechtigkeit und Ausbeutung der Armen, er fordert zur Umkehr und zu sozialem Ausgleich auf. Der Prophet spricht somit sehr konkret und gibt Handlungsanweisungen. Seine Botschaft kann deshalb leicht verstanden werden, in vergleichbaren gesellschaftlichen Situationen regt sie zur Besinnung und zu einer veränderten Praxis an.

Das Gleichnis Jesu dagegen geht in eine andere Richtung. Hier wird am Beispiel des Umgangs mit Besitz und Geld die Klugheit eines Menschen als beispielhaft hervorgehoben. So wie dieser Mensch mit den ihm anvertrauten Gütern umgegangen ist, so sollen Christen mit den ihnen von Gott anvertrauten Gütern umgehen. Intensiv und mit Klugheit sollen sie sich um die richtige Vorsorge für

ihre Zukunft mühen, sich also einen »Schatz im Himmel« erwerben, der Zugang in die »himmlischen Wohnungen« verschafft. Erst der abschließende Spruch des Evangeliums passt wieder zur Botschaft des Amos, wenn darin zur Entscheidung zwischen Gott und dem Geld aufgerufen wird.

Das Evangelium ist für heutige Hörer ein Ärgernis. Wie kann Jesus ein betrügerisches Verhalten als vorbildlich hinstellen? Nur mit Mühe wird man sich darauf einlassen, dass das Vorbildliche für Jesus nicht im Handeln dieses Mannes liegt, sondern in der Entschiedenheit, mit der er sein Ziel verfolgt. Ob dieser Gedanke allerdings bereits Kindern zu vermitteln ist, sei dahingestellt.

Dagegen kann der Schlussvers mit seiner Aufforderung, zwischen Gott und dem Geld zu entscheiden, durchaus in einem Familiengottesdienst aufgegriffen werden.

Das Thema Gebet und Fürbitte ergibt sich aus der neutestamentlichen Lesung. Für Kinder ist die Fürbitte die wohl wichtigste Gebetsform (vielleicht noch zusammen mit dem Dankgebet). Aber auch das vertrauensvolle Fürbittgebet in den vielen kleinen und großen Anliegen muss immer wieder eingeübt werden. Die heutige Lesung gibt einen Anstoß, dies wieder neu zu tun.

Gestaltungsideen für den Gottesdienst

– *Kirche für die Armen:* Ausgehend von der Verkündigung Gottes als Gott, der den Armen und Geringen zugewandt ist (im Alten Testament nicht allein bei Amos, sondern ebenso in Exodus und an vielen anderen Stellen, im Neuen Testament besonders in der Zeichnung Jesu durch Lukas), soll deutlich werden, dass die Kirche und die Christen berufen sind, sich entschieden für die Armen einzusetzen. Dies bedeutet nicht allein Almosen, sondern auch den mutigen Einsatz für die Rechte aller, für soziale Gerechtigkeit und gesellschaftlichen Frieden. Methodisch kann dies durch ein Spiel deutlich werden, das eine Prophetenrede für unsere Zeit darstellt: Was würde Amos uns heute sagen? Woran würde er bei unserer Lebensweise Kritik üben? Was würde er von uns an Gutem erwarten? In diesem Zusammenhang kann erläutert werden, dass Propheten weniger mit einer Vorhersage der Zukunft zu tun haben als mit einer Deutung des Willens Gottes; sie sprechen für Gott.

– *Füreinander beten:* Das Fürbittgebet kann in einem Gottesdienst einmal besonders hervorgehoben werden. Die Kinder werden bereits vorher dazu aufgefordert, Bitten auf kleine Zettel zu schreiben und zum Gottesdienst mitzubringen. Diese Bitten werden dann in einem ausführlichen Gebet vorgetragen, unterbrochen von Liedrufen. Die Fürbittzettel können auch in einem Feuer verbrannt und so auf andere Weise vor Gott getragen werden.

– *Die beste Versicherung:* Menschen sorgen auf verschiedene Weise für ihre Zukunft vor und zeigen damit entsprechend ihren gesellschaftlichen Verhältnissen Klugheit und Zielstrebigkeit. Unterschiedlichste Versicherungen für alle möglichen Zwecke sollen Risiken eindämmen und Sicherheit ermöglichen. So richtig und wichtig dies alles ist, es kann dem Menschen das letzte Ziel nicht sichern. Deshalb muss er mit gleicher Klugheit bemüht sein, im Blick auf Gott in richtiger Weise zu handeln. Dargestellt werden kann dies durch verschiedene »Versicherungsscheine«, die auf großen Pappen nachempfunden werden. Es gibt aber keine Versicherung dafür, dass wir unser Ziel bei Gott erreichen, sondern nur das ständige Bemühen um Gottes- und Nächstenliebe.

– *Gott dienen oder dem Geld:* Jesus, aber ebenso Amos, fordert zur Entschiedenheit auf. Man kann nicht sein Herz gleichzeitig an Gott und an das Geld, an den Besitz, an Wohlstand und Reichtum hängen. Der Mensch muss sich entscheiden, was ihm im Leben wirklich wichtig ist. Dargestellt werden kann dieses Thema durch eine Waage mit zwei Schalen. Je nachdem, in welche Schale man etwas hineintut, neigt sich die Waage nach der einen oder anderen Richtung. Im Spiel werden nun von einem Spieler in die eine Schaale Geldstücke und -scheine gelegt, ein anderer legt kleine rote Herzen (Zeichen für Gottes- und Nächstenliebe) in die andere.

Weiterführung nach dem Gottesdienst

Besonders in Lateinamerika und in einigen asiatischen Ländern versteht sich die Kirche als Kirche der Armen, die die Botschaft der Befreiung von Unterdrückung kündet. Beispiele von Christen aus diesen Ländern und für die kirchliche Situation dort können vorgestellt werden. Dabei kann im Zusammenhang mit dem ersten und dem letzten Thema bedacht werden, wie unser Besitz und Wohlstand uns zur Solidarität verpflichtet. Zu Hilfsprojekten kann angeregt werden.

Manche Gemeinden haben ein Fürbittbuch ausliegen, in das Fürbitten eingetragen (oder auch von Kindern gemalt) werden können. Zum Teil werden diese Bitten dann auch in folgenden Gottesdiensten vorgetragen.

(C 56) 26. Sonntag im Jahreskreis

Zu den Schrifttexten

Am 6,1.4-7: *Weh den Sorglosen.* Passend zum Evangelium mit dem Gleichnis vom reichen Prasser und dem armen Lazarus sind im Evangelium Wehrufe des Amos ausgewählt, die sich in harten Worten gegen die Rücksichtslosigkeit und die Sorglosigkeit der »reichen Prasser« wenden. Die Botschaft des Amos ergeht in einer Zeit wirtschaftlichen Wohlstands, zugleich aber sozialer Ungerechtigkeit in Israel. Am Horizont zeichnet sich aber eine Veränderung der politischen und damit der wirtschaftlichen Lage ab. Diese Bedrohung klingt im Schlussvers der Perikope an, wo bereits auf den Untergang des Nordreichs angespielt wird. Für Amos ist die Prasserei der Reichen nicht allein ein Unrecht im Blick auf die Situation der Armen, sie bedeutet vor allem ein Verlassen auf eigene Kraft und eigenen Besitz und damit auch ein Unrecht gegenüber Gott. Das Volk erkennt die Zeichen der Zeit nicht, es richtet sich nicht auf Gott aus, deshalb hat es Strafe zu erwarten.

1 Tim 6,11-16: *Kämpfe den guten Kampf des Glaubens.* Äußerlich an Timotheus gerichtet, innerlich aber an alle Hirten christlicher Gemeinden, schließt der urchristliche Brief mit Ermahnungen und Weisungen, wie das Hirtenamt ausgeübt werden soll. Sechs Tugenden werden genannt, allen voran die Gerechtigkeit, das Bemühen um einen gerechten Ausgleich zwischen den Menschen, für das ein Gemeindeleiter verantwortlich ist. Frömmigkeit meint die Bindung an Christus und

einen Lebenswandel entsprechend seinem Vorbild. Glaube, Liebe, Standhaftigkeit (im Korintherbrief »Glaube, Hoffnung, Liebe«) sind die Kennzeichen jedes Christen, besonders aber dessen, der besondere Verantwortung trägt. Sanftmut schließlich verweist wiederum auf das Vorbild Jesu, der sich sanftmütig und geduldig um die ihm Anvertrauten gekümmert hat. Der Schluss der Perikope ist ein wohl aus der Liturgie stammender Hymnus, der Gott in überschwänglichem Maß preist.

Lk 16,19-31: *Das Gleichnis vom reichen Prasser und armen Lazarus.* Das Gleichnis besteht aus zwei Teilen. Im ersten Teil wird die eigentliche Handlung erzählt: Ein namenloser Reicher steht dem armen Lazarus (= »Gott hat geholfen«) gegenüber. Die Schuld des Reichen liegt nicht in seinem Besitz, sondern, dass er ihn sorgenlos und ohne Verantwortung für seinen Nächsten genießt, dass er damit gegen Gott und sein Gesetz steht. Entsprechend einem Motiv aus dem Volksglauben vieler antiker Kulturen kommt es nach dem Tod zu einer ausgleichenden Gerechtigkeit. So gelangt der Arme zum Heil, der Reiche zum Unheil. Der zweite Abschnitt des Gleichnisses befasst sich mit den Brüdern des Reichen. Sie sind ebenso wie er gegenüber der Botschaft der Propheten ungläubig und unverständig. So werden sie sich auch durch kein Zeichen bekehren lassen. Ohne Umkehr aber sind sie genauso verloren wie ihr Bruder.

Schrifttext und Familien mit Kindern

Ebenso wie am vorangegangenen Sonntag geht es bei der alttestamentlichen Lesung und beim Evangelium um die Frage des Umgangs mit Reichtum und Besitz. Allerdings wird hier der Akzent anders gesetzt. Beide Texte warnen auf ihre je eigene Art vor der Sorglosigkeit, mit der Reiche ihr Leben ohne Rückbindung an Gott und den Nächsten genießen. Reichtum und Armut sind nicht in sich gut

oder schlecht. Wohl aber muss es dem Glaubenden darum gehen, sie in richtiger Weise in sein Leben zu integrieren.

Damit gewinnt dieses Thema auch für uns heute an Bedeutung. In unserer Gesellschaft gibt es wie damals bei Amos soziale Unterschiede, die sich zunehmend vergrößern. Darüber hinaus sind wir im Vergleich mit vielen Völkern der Welt auch bei wachsenden wirtschaftlichen Sorgen immer noch in hohem Maß reich. Zudem darf man das Stichwort Reichtum nicht allein auf materielle Besitztümer beziehen. Überheblichkeit und Sorglosigkeit des Reichen kann sich auch auf Ausbildung, Bildungsstand, Lebensstil und Setzen eigener Werte beziehen – ein »pharisäerhaftes Verhalten« und Erheben über den anderen ist jederzeit und überall möglich. Das »Weh den Sorglosen« kann uns somit auf unterschiedliche Weise treffen.

Diese Punkte betreffen nur sehr anfanghaft Kinder, mehr müssen sie den Erwachsenen aufgezeigt werden. Dennoch kann das Thema »Umgang mit unserem Besitz« immer wieder in den gottesdienstlichen Bereich einfließen. Hier zeigt sich der Ernst christlicher Lebensgestaltung. Die aus dem Glauben kommende Nächstenliebe und die auf Gottes Willen beruhende Verantwortung für das Wohl des Nächsten ist der »Ausweis« des Christen, ist gleichsam ihr »Markenzeichen«.

Die Lesung aus dem Timotheusbrief ist zuerst eine Mahnung an die Leiter christlicher Gemeinden und an die (Frauen und) Männer, die in besonderer Weise Verantwortung für die Gemeinde der Christen tragen. Allerdings lassen sich die genannten Anforderungen auch auf jeden Getauften und Gefirmten beziehen: Jeder soll sich nach Kräften um Gerechtigkeit, Frömmigkeit ... bemühen, jeder soll den Kampf des Glaubens je neu kämpfen. Damit wird etwas von der ständigen Mühe des Glaubens deutlich gemacht. Der Glaube ist nur in den seltensten Fällen ein Geschenk, das einem in den Schoß fällt. Er ist meistens nur mit fremder und eigener Mühe zu erwerben und vor allem durch eigene Anstrengung immer wieder neu zu halten und zu stärken. Dieser Gedanke trifft unsere Zeit, in der der Glaube für viele belanglos wird. Der Verfasser mahnt auch uns: Ohne eigene beständige Anstrengung kann unser Glaube nicht lebendig sein.

Gestaltungsideen für den Gottesdienst

– *Das Brot miteinander teilen:* Die Ungerechtigkeit zwischen den Völkern der Welt steht in einem kleinen Spiel im Vordergrund. Verschiedene Kinder spielen die Menschen verschiedener Völker (durch Kleidung oder Schilder kennzeichnen). Ein großes, rundes Fladenbrot liegt bereit. Es wird zuerst so geteilt, dass die Kinder der reichen Völker Mitteleuropas und Nordamerikas ein großes Stück (etwa Zweidrittel) davon erhalten. Nach einem Gespräch darüber folgt die Lesung nach Amos oder der erste Teil des Evangeliums. Beide Texte mahnen zur Umkehr und zu größerer Gerechtigkeit (ein Stichwort, das auch in der zweiten Lesung enthalten ist). Danach wird das Brot noch einmal, diesmal gerecht, geteilt und dann miteinander gegessen: Gerechtigkeit schafft Gemeinschaft.

– *Der Ausweis der Christen:* Die Kinder kennen teilweise von Sport- und anderen Vereinen, dass man dort als Zeichen der Zugehörigkeit einen Ausweis erhält. In diesen Ausweis wird der eigene Name eingetragen, es befindet sich dort der Name des Vereins und meistens ein Wappen oder Zeichen dieser

Gruppe. Was nun kann der »Ausweis« der Christen sein? Was ist ihr Erkennungszeichen? Entsprechend der Weisung Jesu ist es die Verbindung von Gottes- und Nächstenliebe – Christen bilden also den »Verein, der sich um Gottes- und Nächstenliebe müht«. Dies kann zur Veranschaulichung auf einen großen Ausweis aus Pappe geschrieben werden.

– *Gegen die Überheblichkeit:* Sich über andere erheben zu wollen, stellt eine ständige Gefahr für Menschen dar. In Kirchen mit vielen Altarstufen kann dies durch ein Spiel aufgezeigt werden, bei dem Kinder immer wieder und auch mit unredlichen Mitteln versuchen, ganz nach oben zu kommen und dabei die anderen herunterdrücken. Dies kann auf die unterschiedlichsten menschlichen Werte und Verhaltensweisen bezogen werden: auf Reichtum, Bildung, Fitness, Schönheit, Sportlichkeit ...

– *Kämpfe den guten Kampf:* Glaube bedeutet ein ständiges Bemühen, eine »lebenslange« Anstrengung. Die Mahnung des Timotheusbriefes richtet sich gegen alle Oberflächlichkeit und Lauheit im Glaubensleben. Glaube, Hoffnung und Liebe müssen je neu umgesetzt werden. Dies ist wie ein Wettlauf (vgl. C 50) oder wie ein Kampf in einem Turnier. Der Glaube gibt dem Christen dabei Kraft.

Für einen solchen Kampf ist ein ständiges Training nötig, damit man ihn bestehen kann. Christen müssen deshalb Gottes- und Nächstenliebe je neu trainieren.

Weiterführung nach dem Gottesdienst

Das Spiel vom Brot teilen kann unterschiedlich in Gemeindegruppen (etwa auch Kommuniongruppen) nachgespielt werden (etwa mit einer Tafel Schokolade oder anderen Dingen als Lebensmittel). Manche Gemeinden haben auch ein monatliches Solidaritätsessen, bei dem in einfacher Weise gekocht wird.

Zum zweiten Vorschlag können die Kinder nach dem Gottesdienst einen kleinen Ausweis erhalten, der von Gottes- und Nächstenliebe als Kennzeichen der Christen spricht und in den sie ihren Namen und das »Eintrittsdatum« (= Taufdatum) zu Hause eintragen können.

(C 57) 27. Sonntag im Jahreskreis

Zu den Schrifttexten

Hab 1,2-3; 2,2-4: *Der Gerechte bleibt am Leben.* Der Prophet Habakuk wirkte als Kultprophet in Jerusalem wahrscheinlich am Ausgang des siebten vorchristlichen Jahrhunderts, also in der Zeit, als sich der Untergang Assurs und der Aufstieg Babylons abzeichnete. Das kleine Buch Habakuk (nur drei Kapitel) greift die bedrängte Situation des Volkes auf. Stellvertretend für das Volk ergreift der Prophet das Wort in Form der Klage, wie sie als liturgisches Gebet wohl am Tempel üblich war. Das erfahrene Leid führt ihn zur Frage nach dem Ausbleiben der Hilfe Gottes: »Wie lange noch?« Warum lässt Gott das alles zu? Die Antwort Gottes gibt dem Hörer Trost. Sein Eingreifen kommt mit Sicherheit, allerdings ist noch geduldiges Warten nötig. Der Herr macht seinem Volk Mut, in Sehnsucht auf die Wende und auf das Heil zu hoffen. Voraussetzung für dieses Heil ist allerdings rechtschaffenes Leben. Doch wer sich glaubend und gerecht Gott anvertraut, wird das Leben in Fülle haben.

2 Tim 1,6-8.13-14: *Schäme dich des Herrn nicht.* Unter Berufung auf die Autorität des Paulus wird in den drei Pastoralbriefen die Ordnung der Kirche und das Festhalten an der wahren Lehre betont. In nachapostolischer Zeit geht es darum, den Schatz der apostolischen Überlieferung zu bewahren. Dabei haben die Amtsträger, die Leiter der jungen Gemeinden, eine besondere Verantwortung. Im zweiten Brief an Timotheus wird dieses Anliegen dadurch herausgestellt, dass dieser Brief in Art eines Testaments des im Gefängnis sitzenden Paulus gestaltet ist. Timotheus wird aufgefordert, gegen alle Resignation und Verzagtheit vorzugehen und die Botschaft des Evangeliums mit Kraft und Ausdauer zu verkünden. Dies bedeutet das klare und deutliche Bekenntnis zu Christus, so wie es Paulus selber getan hat. Dies bedeutet auch das Festhalten an dem Überlieferten. Dazu wird der Amtsträger durch den Geist Gottes gestärkt.

Lk 17,5-10: *Stärke unseren Glauben.* Die beiden Teile des Evangeliums gehören zu einer Reihe von Sprüchen über das richtige Verhalten der Jünger. Für den ersten Teil darf als Hintergrund angenommen werden, dass die Jünger ihr Unvermögen wahrgenommen haben, in gleicher Weise wie Jesus Heilungen vorzunehmen (vgl. die Parallele Mt 17,14ff). So ergibt sich ihre Bitte um Stärkung ihres Glaubens. Jesus antwortet ihnen, dass es nicht auf die Größe des Glaubens ankommt, sondern darauf, dass er echt ist. Selbst wenn er nur so klein wie ein winziges Senfkorn ist, würde dies ausreichen. Gott nämlich schenkt dem Menschen Kraft im Glauben und lässt ihn teilhaben an seiner Macht über die Natur (Bäume versetzen; bei Mk und Mt: Berge versetzen). Das folgende Gleichnis vom Sklaven, der seine Schuldigkeit tut und nicht auf Lohn oder Dank hoffen darf, geht ebenfalls auf das Verhältnis des Menschen zu Gott ein. Gleich was der Mensch tut und wie er sich bemüht, er kann dies vor Gott nicht aufrechnen, vor Gott steht er immer wie ein Diener da. Es geht im Verhältnis des Menschen zu Gott nicht um Leistung und entsprechende Belohnung, sondern um Vertrauen des Menschen gegenüber dem Herrn.

Schrifttext und Familien mit Kindern

In allen drei Schrifttexten geht es auf unterschiedliche Weise um den Glauben des Volkes beziehungsweise der Jünger. Für den Propheten ist der Glaube dadurch angefochten, dass in Situationen der Bedrängnis Gott nicht zu handeln scheint. Der Glaubende fragt klagend: Wie lange müssen wir noch auf deine Hilfe warten?

Solche Fragen bewegen Glaubende in vergleichbaren Situationen persönlichen oder gesellschaftlichen Leids auch heute: Warum greift Gott angesichts des vielfältigen Leids nicht ein, warum schafft er nicht eine Wende der Mühsal und der Not? Die Tröstung der Lesung, dass Gottes Eingreifen kommen wird, vermag uns nur wenig zu überzeugen. Dennoch müssen wir auch als Christen heute lernen, zwischen der Verheißung des Heils und seinem Beginn in Jesus und der Vollendung zu unterscheiden.

Dabei können wir als Menschen Gott gegenüber nicht auf unsere wie auch immer geartete Leistung pochen. Sein Entgegenkommen ist ungeschuldet, der Mensch kann nicht über Gott verfügen. Fromme Werke und Tätigkeiten sind sicher für den Christen sinnvoll und gut, sie geben ihm aber keinen Anspruch auf Heil. Dies bewirkt allein der Glaube und das Vertrauen auf Gott.

Die Bitte des Evangeliums um Stärkung des Glaubens und die Mahnung der zweiten Lesung, den Glauben standhaft zu bekennen, trifft deshalb auch uns. Für viele Menschen ist heute der Glaube wirklich nur noch so klein wie ein Senfkorn. Doch wenn er von echtem Vertrauen getragen ist, wird Gott diesem anfanghaften und geringen Glauben Vollendung schenken.

Die Texte ermutigen also zu einem unbedingten Vertrauen auf Gott. Vor ihm steht der Mensch wie ein geringer Diener da, der nicht auf eigene Leistung pochen darf. Dies ist ein deutliches Korrektiv in einer Leistungsgesellschaft, in der die Leistung des Menschen vergöttert wird. Christlicher Glaube ist hier befreiend: Das Eigentliche wird von Gott geschenkt und ist für den Menschen unverfügbar.

Gestaltungsideen für den Gottesdienst

– *Vertrauen trägt:* Vertrauen zu einem Anderen kann Menschen auch in schwierigen Situationen aushalten lassen. Viele Kinder kennen dies vom Schwimmenlernen, vom Sprung von einer Mauer in die Arme des Vaters oder der Mutter, von anderen Situationen, in denen andere Menschen Halt gegeben haben. Solche Situationen werden durch kleine Spiele dargestellt. Die Aussage, dass Vertrauen tragen kann, wird dann in einem zweiten Schritt auf Gott bezogen. Glaubende Menschen, etwa der Prophet Habakuk, vertrauten Gott auch dann, wenn sie seine Hilfe nicht unmittelbar erfahren haben. Letztlich, wenn auch oft nach einer Zeit langen Wartens, wird Gott Rettung schenken.

– *Sich Christus nicht schämen:* Sich zu Christus zu bekennen, ist heute für Kinder und Erwachsene an vielen Stellen unserer Gesellschaft schwierig geworden. Das beginnt bereits in der Schulklasse, wenn über Kirche und Gottesdienstbesuch gesprochen wird. Am Arbeitsplatz der Erwachsenen ist es ähnlich. Vergleichbare Situationen können nachgestellt werden. Dazu kann dann miteinander überlegt werden, wie man sich als Christ in dieser Situation mit Klugheit und zugleich Mut verhalten kann. Christen brauchen sich ihres Glaubens nicht zu schämen.

– *Glaube wie ein Senfkorn:* Aus dem Bildwort Jesu wird nur das Sprechen vom Senfkorn aufgegriffen. Der Glaube der Menschen ist oft so klein wie ein Senfkorn, unscheinbar und gefährdet von außen wie von innen. Doch mit der Hilfe Gottes kann der Glaube wachsen und zu einem großen und starken Baum werden. Zur Veranschaulichung kann ein Samenkorn und eine dazu passende große Pflanze (nicht nur Senfkorn und Senfstaude) gezeigt werden. Daran kann sich ein besonders gestaltetes Gebet um Stärkung unseres Glaubens (vgl. die Bitte der Jünger) anschließen.

– *Das Wichtige ist Geschenk:* Vieles im Leben können wir durch eigene Arbeit und Anstrengung erreichen (Beispiele nennen oder durch Bilder wiedergeben). Die wesentlichen und für unser Lebensglück wirklich wichtigen Dinge aber sind Geschenk, kommen uns unverdient zu. Christen beziehen dies auf Gott. Er begleitet uns im Leben mit seinem Segen und seiner Hilfe. Das Gleichnis vom Knecht kann nachgespielt und daran deutlich werden, dass wir uns vor Gott nicht auf unsere eigene Leistung und Kraft berufen können. Wir bleiben unwürdige Knechte, die auf sein Erbarmen angewiesen sind.

Weiterführung nach dem Gottesdienst

In den Familien kann über Vertrauen gesprochen werden und über Situationen, die man miteinander erlebt hat und in denen das Vertrauen (innerhalb der Familie oder auch zu anderen Menschen) getragen hat. Die Kinder können solche Situationen durch Bilder wiedergeben, die durchaus zu den nächsten Familiengottesdiensten mitgebracht werden sollten.

Um das eigene Bekenntnis zu Christus zu stärken, können Vorbilder im Glauben vorgestellt werden, Menschen, die in herausragender Weise ihren Glauben an Gott und an Christus bekannt haben. Viele Heilige (der neueren Zeit, aber auch früherer Jahrhunderte) sind dazu Beispiele.

Zum dritten Vorschlag kann den Kindern ein Samenkorn mitgegeben werden, das sie zu Hause einpflanzen können und dessen Wachstum sie an das Thema des wachsenden Glaubens erinnern kann.

Entsprechend dem Lied von Udo Jürgens »Was wirklich zählt auf dieser Welt, bekommst du nicht für Geld« kann in den Familien angesprochen werden, was uns wirklich wichtig ist, was uns im Leben geschenkt wird. Dazu kann als Anstoß ein kleines Stück Geschenkband mitgegeben werden.

(C 58) 28. Sonntag im Jahreskreis

Zu den Schrifttexten

2 Kön 5,14-17: Kein anderer Gott als der Gott Israels. Der Prophet Elischa, der Nachfolger des Elija, versucht in der zweiten Häfte des neunten Jahrhunderts in Israel eine Erneuerung des Glaubens. Doch er gerät in die politische Auseinandersetzung zwischen Syrien und dem Nordreich Israel. Der siegreiche, aber durch Aussatz kranke syrische Feldherr Náaman kommt durch Vermittlung einer Israelitin und seiner Frau zum Propheten, der ihn kurz abfertigt und zum Bad im Jordan auffordert. Náaman kommt dem nach und wird geheilt. Nun kehrt er voller Dankbarkeit zum Propheten zurück (vgl. die parallele Erzählung im Evangelium). Sein Dank äußert sich vor allem im Bekenntnis zum Gott Israels, dessen Macht und Einzigkeit er nun anerkennt. Für Náaman bedeutet seine Heilung damit nicht allein eine Lebens-, sondern auch eine Glaubenswende. Materielle Güter als

Dank entsprechen dem nicht, so nimmt er umgekehrt als Geschenk des Propheten Erde an, um damit in seiner Heimat Jahwe einen Altar zu bauen und ihn in richtiger Weise zu verehren. Náaman wird nicht nur äußerlich ein heiler Mensch, er wird vor allem innerlich ein neuer, auf Gott bezogener Mensch – damit ist er ein Vorbild für Umkehr und Glauben.

2 Tim 2,8-13: Mit Christus gestorben, mit ihm leben. Wie die beiden anderen Pastoralbriefe ist der zweite Brief an Timotheus ein Schreiben an Verantwortliche in den jungen Gemeinden zu Beginn des zweiten Jahrhunderts. Unter Berufung auf Paulus als fiktivem Autor werden hier Grundzüge kirchlichen Amtes sichtbar. Dies ist zuerst die Bindung an Christus, der – aus dem Geschlecht Davids – ganz Mensch und zugleich – als Auferstandener – ganz in der Herrlichkeit Gottes ist. Für dieses Evangelium steht Paulus ein und soll auch der christliche Amtsträger einstehen. Dies wird für ihn kein leichter Weg, sondern ein Weg, der Mühen und Kreuz bedeutet, das Mitster-

ben mit Christus. Dennoch lohnt sich diese Mühe, denn wer seiner Aufgabe treu bleibt, empfängt vom Herrn Leben.

Lk 17,11-19: Die zehn Aussätzigen und die Dankbarkeit. Was Jesus auf dem Weg nach Jerusalem, dem Ort seines Sterbens und seiner Verherrlichung, erfährt und tut, hat nach der Zeichnung des Lukas grundsätzlichen Charakter. Dies gilt auch für diese Perikope, die in einem inneren Zusammenhang mit der alttestamentlichen Lesung steht. Zehn Aussätzige, neun Juden und ein Samariter, kommen voll Vertrauen zu Jesus und bitten ihn um Hilfe. Ähnlich wie bei Náaman werden sie von Jesus fortgeschickt, ihre Heilung erfolgt nicht an Ort und Stelle durch Berührung ... Weil sie zu Jesus Vertrauen haben, machen sie sich auf den Weg und werden so geheilt. Der Fremde unter ihnen kommt allein zurück und preist Gott voll Freude und Dankbarkeit. Ihm geht es nicht nur um Heilung des Körpers, sondern ebenso um die Begegnung mit Jesus, die seinem Leben eine Wende gibt: Er wird durch Jesus zu einem neuen Menschen.

Schrifttext und Familien mit Kindern

Das Evangelium und mit nahezu parallelen Aussagen auch die alttestamentliche Lesung greifen das Thema Dankbarkeit nach einer großen Wohltat auf. Allerdings geht es nicht allein darum, dass dem Spender (beziehungsweise Vermittler) dieser Wohltat Dank wird (Jesus, beziehungsweise Elischa), sondern dass dieser Dank sich über das menschliche Gegenüber hinaus auf Gott richtet, der letztlich der Spender allen Lebens und aller Güter ist. Dankbarkeit führt in beiden Texten zum Bekenntnis des guten Gottes. Damit gewinnen die Texte eine größere Dimension, sie stellen für den Hörer letztlich Ermunterungen zum eigenen Glauben und zum Bekenntnis Gottes dar.

Der Sonntag fällt oft auf das Erntedankfest (vgl. auch C 68) oder in seine Nähe, so dass sich eine inhaltliche Anbindung anbietet. Anders als die christologischen Hochfeste Ostern, Weihnachten, Pfingsten ... hat Erntedank im christlichen Jahreskreis keine heraus-

ragende Stellung. In einigen ländlichen Gebieten wird es durch Umzüge stärker betont, viele Gemeinden gestalten auch einen Gabenaltar, nur wenigen Christen aber wird dabei bewusst, dass Dank und Bekenntnis zusammengehören.

Hier kann der Familiengottesdienst Akzente setzen. Der Dank wird sich entsprechend der Erntezeit vorab auf die Früchte der Erde richten. Sie stellen auch für die Kinder Gaben dar, die leicht mit Gott in Verbindung zu bringen sind. Über diese Gaben hinaus muss sich der Blick aber weiten auf die vielen guten Gaben unseres Lebens – die in den Schrifttexten angesprochene Gabe der Gesundheit, des Heilseins an Körper und Seele, gehört wesentlich dazu. So kann Erntedank vermitteln, dass Leben insgesamt Geschenk ist. Damit wird über die Dankbarkeit hinaus das Bekenntnis zu Gott, dem Schöpfer und Erhalter des Lebens, Thema eines Erntedankgottesdienstes werden.

Ein Nebenaspekt beider Texte ist, dass ausgerechnet ein Fremder den Zusammenhang zwischen Dank und Bekenntnis erkennt. Wie an vielen anderen Stellen der Bibel wird auch hier deutlich, dass der Glaube keineswegs Besitz ist, den man durch Zugehörigkeit zu einem Volk oder zur Kirche sicher hat. Glaube bedeutet, sich je neu von Gott berühren zu lassen und dadurch heil zu werden.

Die neutestamentliche Lesung stellt den Amtsträgern in der Kirche die Bindung an Christus und die Teilhabe an seinem Schicksal vor Augen. Sie ist ursprünglich also nur an einen kleinen Kreis von verantwortlichen Christen gerichtet, die von ihrer Aufgabe her Mühen und manchmal auch Verfolgung zu erleiden haben. Dennoch bleibt die Bindung an Christus für jeden Christen eine Aufgabe.

Gestaltungsideen für den Gottesdienst

– *Die zwei wichtigsten Worte:* Bereits im zwischenmenschlichen Bereich hat der Dank eine besondere Stellung. Das Wort »Danke« kann ebenso wie das Wort »Bitte« viele Türen öffnen. Dies kann durch kleine Spiele aufgezeigt werden. Was für den zwischenmenschlichen Bereich gilt, gilt erst recht für das Verhältnis des Menschen zu Gott. Die Kinder formulieren Danksätze, die sich auf die unterschiedlichsten guten Gaben beziehen. Statt formulierter Sätze können sie bei ausreichend Zeit auch entsprechende Bilder malen, die anschließend zu einer großen Collage zusammengestellt werden: Wofür wir alles zu danken haben. Zur Bedeutung des Wortes »Bitte« passen dann entsprechend besonders hervorgehobene Fürbitten.

– *Sich von Gott berühren lassen:* Wer wie Náaman oder die zehn Aussätzigen äußerlich und innerlich heil werden will, muss sich voll Vertrauen auf Gott ausrichten, muss sich von ihm anrühren lassen. Wen Gott berührt, der wird ganz und heil, dessen Leben gewinnt eine neue Dimension, er kann zu neuen Lebensmöglichkeiten aufblühen. Zur Veranschaulichung dieser Gedanken können eine aus Pappe gestaltete Hand und eine Rose dienen, die am Altar angebracht werden.

– *Aussatz heute:* Aussätzig zu sein bedeutet nicht allein, eine schwere Krankheit zu haben, sondern ebenso den Ausschluss aus der Gesellschaft, hat also Konsequenzen für alle Bereiche des Lebens. Von da aus lässt sich Aussatz auch im übertragenen Sinn verstehen für Lebenssituationen, die von anderen isolieren oder gegen die Vorurteile bestehen. Solche Situationen von Schuld, Vorurteil, Behinderung des Lebens in unterschiedlicher Weise können durch kleine Spiele aufgezeigt werden. Die Heilung durch Jesus bedeutete für die Aussätzigen nicht allein körperliche Gesundheit, sondern vor allem neue Gemeinschaft mit den Menschen. So kann im zweiten Teil des Gottesdienstes dargestellt werden, wie Christen sich in der Nachfolge Jesu um Gemeinschaft mit allen kümmern.

– *Das Wort Gottes ist nicht gefesselt:* (Vgl. zweite Lesung.) Das Evangelium soll von Christen frei und mutig verkündet werden; so kann es Menschen zu einem Leben aus dem Glauben befreien. Dargestellt werden kann dieser Gedanke durch eine große Bibel, die mit Ketten oder Seilen umwunden ist. Diese Ketten werden »gesprengt« und dann der Schrifttext vorgetragen: Gott beruft die Menschen zur Freiheit.

Weiterführung nach dem Gottesdienst

Den Kindern werden kleine Zettel mitgegeben mit der Aufschrift: »Ich danke für ...« – »Ich bitte für ...«. Sie können diese Sätze mit unterschiedlichen Beispielen füllen und wieder mitbringen (Danksätze und Fürbitten). Zum zweiten Vorschlag kann den Gottesdienstbesuchern eine Blume ausgeteilt werden.

Passend zum dritten Vorschlag kann in den Familien überlegt werden, wer heute in unserer Gesellschaft als »aussätzig« angesehen wird und wie solchen Menschen geholfen werden kann, zu neuer Gemeinschaft zu finden. Die Praxis der Christen soll sich an der Praxis Jesu ausrichten.

(C 58) 28. So im Jahr

(C 59) 29. Sonntag im Jahreskreis

Zu den Schrifttexten

Ex 17,8-13: *Mose erhob seine Hände zum Gebet.* Die Perikope ist Bestandteil der Exoduserzählung und steht unmittelbar vor dem Bundesschluss am Sinai. Verglichen mit anderen »Kriegserzählungen« ist es eine eigenartige Erzählung, denn die Schlacht selber steht nur am Rand des Berichteten. Es geht vielmehr um die Not Israels, der Mose, der Prophet Gottes, durch beständiges Bittgebet und durch Vertrauen auf Gott begegnet. Wenn man bedenkt, dass dieser Bericht in der vorliegenden Fassung etwa Mitte des achten Jahrhunderts zusammengestellt wurde, also in einer Zeit, in der Israel wieder bedroht wurde und in der eine »Kriegspartei« in Israel stark war, dann ergibt sich als zentrale Aussage: Nicht das Vertrauen auf Aufrüstung und militärische Stärke ist für das Volk wichtig, sondern allein das Vertrauen auf Gott selbst. An ihn soll sich das Volk im Bittgebet wenden. Von diesem Gedanken her lässt sich eine Brücke schlagen zum Text des Evangeliums.

2 Tim 3,14-4,2: *Von der Bedeutung der Heiligen Schriften.* In einer Zeit des Umbruchs nach dem Tod der Apostel und Augenzeugen versuchen die drei Pastoralbriefe, den Glauben der Gemeindeleiter und ihrer Gemeinden zu bewahren und zu stärken. Dabei nennt die heutige Perikope zwei Haltepunkte, die für die Gemeindeleiter entscheidend sind: Zum einen ist dies die Verkündigung des Wortes, des Evangeliums, so wie sie es von den Aposteln empfangen haben – also apostolische Tradition. Zum anderen ist dies das Lesen der Heiligen Schrift (hier des Alten Testamentes), die gleichsam das Fundament des Glaubens ist. Beide Punkte geben dem Leben des christlichen Gemeindeleiters und seiner Gemeinde Orientierung und Hilfe. Die hier gemachte Aussage über die Bedeutung der biblischen Schriften ist die intensivste im Neuen Testament. Die Schriften sind von Gottes Geist erfüllt, sie nützen den Menschen durch die Belehrung und die Hinführung zum Glauben an Christus.

Lk 18,1-8: *Von der Bedeutung des Bittgebetes.* Die Perikope ist recht uneinheitlich und aus mehreren Stücken zusammengestellt. Im Eingangssatz geht es um das beständige Gebet – eine Parallele zur alttestamentlichen Lesung. Das Gleichnis vom (mächtigen) Richter und von der (ohnmächtigen) Witwe verweist darauf, dass der Richter seine Meinung nach einiger Zeit ändert und der Frau letztlich doch hilft. Das wird in der folgenden Anwendung auf Gott bezogen: Gott hilft anders als der ungerechte Richter sofort und ohne Verzögerung. Dies gilt besonders für die, die Tag und Nacht zu ihm beten und ihn bitten. Der letzte Vers deutet diese Hilfe Gottes auf die Naherwartung des Menschensohnes: Dann wird Gott helfen. Das Gleichnis beinhaltet ebenso wie die alttestamentliche Lesung eine Ermutigung der Glaubenden, die in Bedrängnis sind. Sie dürfen sich voll Vertrauen an Gott wenden und ihn im Bittgebet ansprechen. Sie dürfen sicher sein, dass ihr Gebet Erhörung findet und dass Gott ihre Not wenden wird.

Schrifttext und Familien mit Kindern

Der Evangelist Lukas verweist an mehreren Stellen seines Evangeliums auf die Bedeutung des Bittgebetes, das in der Vaterunserbitte seine tiefste Form findet: Dein Reich komme. Aus dem Vertrauen auf Gott heraus dürfen Christen sich im Gebet an Gott wenden. Er wird sie retten, so wie er Israel immer wieder gerettet hat. Das Bittgebet ist damit Folge tiefen Glaubens, es konkretisiert die auf Gott gesetzte Hoffnung auf einzelne Lebenssituationen hin.

Die Selbstverständlichkeit, mit der die Bibel vom Gebet und vom Bittgebet spricht, ist für viele Menschen heute nicht mehr nachvollziehbar. Zu schwer tun sich viele mit dem Beten, zu gebrochen sind auch Lebenserfahrungen, die das Vertrauen zu Gott erschweren, ja für manche als unmöglich erscheinen lassen. Hier kann besonders der alttestamentliche Text eine Hilfe geben: Was Mose tut, ist kein magisches Tun, mit dem Gott zu etwas gezwungen werden soll, sondern ein vertrauensvolles Ausrichten auf Gott hin. In vergleichbarer Weise können Menschen auch heute »ihre Arme zu Gott erheben«, das Vertrauen in ihn einüben.

In der neutestamentlichen Lesung steht vor allem die Bedeutung der Heiligen Schrift für den Christen im Vordergrund. Die Bibel (für den Verfasser des Briefes noch ausschließlich das »Alte« Testament, die Bibel der Juden) ist das Buch des Lebens für den Glaubenden, die Ursprungsurkunde jüdischen und christlichen Glaubens, das Buch der Bücher. Auf ihrem Fundament ruht die Botschaft und Gestalt der Kirche.

Wenn auch durch die Liturgiereform die Bedeutung der Bibel für den Gottesdienst und das Leben der Christen stärker betont wurde als früher, so ist die Bibel für die meisten Gottesdienstbesucher doch ein fremdes und ihrem Leben fernes Buch, das sie – wenn überhaupt – nur selten zur Hand nehmen. In Familien geschieht dies noch am ehesten, wenn den Kindern aus der Kinderbibel vorgelesen wird.

Hier kann der Familiengottesdienst Impulse setzen und dazu ermuntern, die Bedeutung der Bibel neu in den Blick zu nehmen. Allerdings müssen den Familien für ihr Leben mit der Bibel Hilfen gegeben werden.

Ein anderer Akzent dieser neutestamentlichen Lesung ist das Verhältnis von Bibel und Tradition. Auf beiden Säulen ruht die Verkündigung der Kirche. Auch dies kann im Gottesdienst anklingen.

Gestaltungsideen für den Gottesdienst

– *Eine Leiter mit vielen Sprossen:* Die Ermunterung zu einem beständigen Gebet, in dem vielfältige Anliegen vor Gott getragen werden, kann durch einen Gegenstand verdeutlicht werden: eine Leiter mit vielen Sprossen. Bei der Leiter muss man eine Sprosse nach der anderen erklimmen, um zum Ziel zu gelangen. Beim Bittgebet braucht es das ständige Bemühen des Menschen, sein unbedingtes Vertrauen auf die Hilfe Gottes. Eventuell können an die einzelnen Sprossen der Leiter einzelne Fürbittsätze geheftet werden, die von den Kindern dann – von Stufe zu Stufe hochsteigend – vorgelesen werden.

– *Die Bitten des Vaterunser:* Das Vaterunser ist *das* Gebet der Christen. Ihr Beten konzentriert sich in den einzelnen Bitten dieses Grundgebetes. Um der Gefahr zu begegnen, dass dieses Gebet unaufmerksam gebetet wird, sollte es von Zeit zu Zeit auf seinen Sinn hin bedacht werden. Dazu können die einzelnen Gebetssätze auf ihren Inhalt hin aufgeschlüsselt werden. Ferner kann das Vaterunser mit Worten und Gesten gebetet werden – dies kommt nicht allein dem Bewegungsdrang der Kinder entgegen, sondern dient auch einem besseren Verständnis.

– *Das Buch der Bücher:* Die Bedeutung der Bibel wird in der neutestamentlichen Lesung hervorgehoben. Dies kann ein Anlass sein, die Bibel im Familiengottesdienst besonders herauszustellen. Dazu werden in einem ersten Schritt verschiedene Bücher verglichen (etwa ein erzählendes Kinderbuch, ein Schulbuch, ein Telefonbuch, ein Bilderbuch, ein Atlas ...). Danach wird die Bibel als besonderes Buch herausgehoben, das uns von Gott und von Jesus erzählt und vor allem von den Erfahrungen, die Menschen mit Gott und mit Jesus gemacht haben. Eine besonders geschmückte Bibel wird für die Verlesung des Textes aus dem zweiten Timotheusbrief genutzt. Die Kinder können danach auch einzeln nach vorn kommen und diese Bibel verehren (durch Handauflegung, durch Blumen oder Kerzen, durch Verneigung ...). Ebenfalls können die Kinder zu diesem Gottesdienst ihre Kinderbibeln und andere Familienbibeln mitbringen. Diese werden dann gesegnet.

– *Jesus ist der Schlüssel:* Viele Texte der Bibel sind uns so fremd, dass wir ihre Inhalte nicht richtig aufnehmen. So brauchen wir einen Schlüssel zum Verständnis. Für alle Texte der Bibel, nicht allein für die des Neuen

(C 59) 29. So im Jahr

Testamentes, ist dies die Gestalt Jesu. Er macht uns die biblischen Texte auf Gott hin durchsichtig. Über ihn gewinnen wir einen Zugang zu den oft schweren Erzählungen der Bibel. Dies kann wie folgt dargestellt werden. Um eine große Bibel ist ein Band (eine Kette ...) mit einem Vorhängeschloss angebracht: Wir haben oft nur schwer oder gar keinen Zugang zu biblischen Texten. Dann wird ein Schlüssel gebracht, an dem ein Christuszeichen angebracht ist, und damit das Schloss geöffnet: Jesus ist der Schlüssel zur Bibel.
– *Wie ein Baum mit Wurzeln und Zweigen:* Der Glaube der Kirche wurzelt in der Vergan-

genheit, im Geschehen damals, im Jesusereignis. Dennoch richtet sich der Glaube aus nach vorn, auf die von Gott verheißene Zukunft, auf die Vollendung im Reich Gottes. Diese doppelte Ausrichtung des Glaubens auf Vergangenheit (Tradition in Schrift und apostolischem Zeugnis) und Zukunft (Lebensgestaltung der Christen und ihre Hoffnung) lässt sich mit dem Bild eines Baumes mit Wurzeln und Zweigen und Blüten wiedergeben. Die Wurzeln verankern den Baum im Grund, geben ihm Leben und Kraft. Die Zweige erstrecken sich in den Himmel, dem Licht entgegen.

Weiterführung nach dem Gottesdienst

Zum ersten Vorschlag kann den Kindern ein Blatt mit einer aufgezeichneten Leiter mitgegeben werden. Die Sprossen sollten dabei recht breit gezeichnet sein, so dass die Kinder darin Fürbittsätze eintragen können. So kann diese Leiter zu einer »Gebetsleiter« werden, die einen Menschen mit Gott verbindet.

In ähnlicher Weise kann auch der Text des Vaterunsers als Leiter gestaltet werden, die uns mit Gott verbindet. Zwischen die einzelnen Sprossen können die Kinder dann Bilder malen, wie sie die Vaterunserbitten verstehen.

Zum Thema Bibel kann angeregt werden, dass in den einzelnen Familien ein Buch der Bibel einmal im Zusammenhang gelesen wird, etwa in diesem Jahr das Lukasevangelium (etwa an jedem Sonntag ein oder zwei Kapitel ...). Auch sollten von der Gemeinde aus Empfehlungen für gute Bibelausgaben (für Erwachsene und für Kinder) erfolgen. Vielleicht kann im Zusammenhang mit dem Familiengottesdienst auch eine kleine Bibelausstellung organisiert werden (Zusammenarbeit mit der Pfarrbücherei).

(C 60) 30. Sonntag im Jahreskreis

Zu den Schrifttexten

Sir 35,15-17.20-22: Der Herr ist der Gott des Rechts. Am Ende seines Buches fasst der jüdische Weisheitslehrer Jesus Sirach seine (Glaubens-) Weisheit zusammen. Für ihn ist dies ein deutliches Bekenntnis zu Gott, der den Armen und Notleidenden zugewandt ist. Er schafft den Armen Recht, er fordert Gerechtigkeit von allen, die zu seinem Bund gehören. Besonders die Witwen und Waisen, die wegen ihres Unversorgtseins stellvertretend für die Armen im Volk stehen, sind hier genannt. Für Jesus Sirach zeigt sich gerade im Blick auf die Armen die Menschenfreundlichkeit Gottes. Er wird ihnen Recht schaffen, ein

Recht, das ihnen von den Menschen oft genug vorenthalten wird. Ein Nebenaspekt dieses Textes ist der Hinweis auf das Bittgebet: Bitten sind wie Boten vom Menschen hin zu Gott.

2 Tim 4,6-8.16-18: Der Herr stand mir zur Seite. Zum Abschluss des Briefes stellt der Verfasser noch einmal Paulus und sein Schicksal in den Vordergrund: Sein Weg vollendet sich, im Gefängnis hat er den Tod vor Augen. Dies wird mit verschiedenen Bildworten wiedergegeben: geopfert (eigentlich: »als Trankopfer ausgegossen«), aufbrechen, der Kampf ist zu Ende, der Lauf vollendet. Der (fiktive) Paulus des Timotheusbriefes vergleicht sein Schicksal mit dem des Daniel in der Löwengrube. Er kann seinen Leidensweg, seine Verbindung mit dem Kreuz Christi, nur durchstehen aus der Erfahrung heraus, dass der Herr ihm zur Seite steht. Dadurch, dass der Verfasser den Weg des Paulus durch Leiden hindurch bis zur Vollendung in den Vordergrund stellt, macht er seinen Hörern Mut, in einer Zeit der Bedrängnis standzuhalten und die Hoffnung auf die Nähe des Herrn nicht aufzugeben.

Lk 18,9-14: Das Gleichnis vom Pharisäer und Zöllner. Bei diesem Gleichnis muss man zwischen der ursprünglichen Erzählung Jesu und dem von Lukas hinzugefügten Rahmen (Einleitungs- und Schlussvers) unterscheiden. Das eigentliche Gleichnis stellt zwei Menschen als Kontrastpersonen vor. Der eine – durchaus untadelig in seinem religiösen Bemühen – bringt sein Leben und seine Frömmigkeit im Dankgebet vor Gott. Der andere – von seinem Beruf her nicht in der Lage, das Gesetz einzuhalten – kommt mit leeren Händen und vertraut allein auf das Erbarmen Gottes. Jesus macht nun deutlich, dass dieses Vertrauen auf die Barmherzigkeit Gottes nicht enttäuscht wird; gerade ihm, dem Sünder, wendet sich Gott zu. Damit gibt Jesus auch eine Deutung seines eigenen Verhaltens den Sündern gegenüber. So wie er mit diesen Menschen umgeht und ihnen (wie Zachäus) wieder neue Gemeinschaft schenkt, so ist Gott. In Jesus scheint Gottes Barmherzigkeit auf. Lukas nun wendet auf seine Gemeinde hin dieses Gleichnis in eine Beispielerzählung, wie der Christ handeln soll. Es geht nun weniger um das Handeln Gottes als um ein beispielhaftes Handeln der Menschen: »Wer sich selbst erhöht ...« So wird das Gleichnis zu einer Warnung vor Hochmut und Selbstüberheblichkeit, vor Selbstgerechtigkeit und dem Vertrauen auf eigenes Können.

Schrifttext und Familien mit Kindern

Das Gleichnis kann durchaus Unmut erregen. Gewiß, gegen »pharisäerhaftes« Handeln, gegen Selbstgerechtigkeit und Hochmut hat man etwas, aber dass der Pharisäer im Gegensatz zu dem Schurken Zöllner nicht gerechtfertigt wird, erscheint ungerecht. Warum soll man sich denn im religiösen und in anderen Bereichen mühen, wenn es doch nicht darauf ankommt, ja wenn es letztlich sogar das Heil verhindert?

Gegen dieses Missverständnis muss in der Verkündigung deutlich werden, dass das Gleichnis zwei Sinnspitzen hat. Im ursprünglichen Gleichnis ist es das Erbarmen Gottes, das besonders denen gilt, die mit leeren Händen vor ihn treten, die arm sind (vgl. auch die alttestamentliche Lesung), die nicht auf eigene Kraft vertrauen können. Auf die lukanische Gemeinde hin ist es die Warnung vor Selbstgerechtigkeit, eine Warnung, die auch für Christen heute noch aktuell ist. So kommt es dem Gleichnis darauf an, dass der Glaubende sein Vertrauen auf Gott und nicht auf die eigene Kraft setzt – ein Thema, das die Bibel in allen Teilen durchzieht.

Neben diesem vom Evangelium herkommenden Gedanken lässt sich von der alttestamentlichen Lesung her das Stichwort »Arme, Witwen und Waisen« aufgreifen und bedenken, wer solche Armen heute bei uns sind, denen nicht nur die Barmherzigkeit Gottes zugesprochen wird, sondern denen auch Christen aus ihrer Bindung an Christus heraus zugewandt sein sollen.

Die neutestamentliche Lesung greift einen anderen Gedanken auf: Hier geht es für Paulus um den Blick auf sein Sterben, auf das Ende seines Lebenskampfes. Dieses Thema passt in die Zeit, in die der 30. Sonntag fällt (Ende Oktober, Anfang November). Im November, dem Totenmonat, gedenken wir nicht allein unserer Verstorbenen, wir bedenken auch unseren eigenen Weg, unser Sterben und die Verheißung der Auferstehung, die auch uns gilt. So können wir mit den Worten des Briefes fragen, ob wir unseren Lauf gut vollenden werden, ob wir einen guten Kampf gekämpft haben. Wir können aber vor allem dem Beispiel des Paulus entnehmen, dass der Herr auch uns zur Seite steht.

(C 60) 30. So im Jahr

Gestaltungsideen für den Gottesdienst

– *Gott wählt nicht den, der alles aus eigener Kraft kann:* Viele Kinder machen ebenso wie Erwachsene die Erfahrung, dass Können und Leistung bewertet werden und für die Beurteilung eines Menschen entscheidend sind. Aus einem solchen Denken entspringt schnell sowohl die Überheblichkeit der Starken wie ein Unterlegenheitsgefühl der Schwachen. Dies kann mit einigen Spielen dargestellt werden. Als Kontrast zu dieser Erfahrung wird das Beispiel Jesu und sein Umgang mit den Kleinen gegenübergestellt und deutlich gemacht, dass sich darin das Verhalten Gottes spiegelt: Gott nimmt den Schwachen, den Schuldigen, den Armen an. Parallel zu dem Evangelientext kann deshalb auch die Zachäusgeschichte (Lk 19,1-10, vgl. C 61) hinzugenommen werden, die die Aussage des Gleichnisses von der Praxis Jesu her beleuchtet.

– *So ist Gott, so ist Jesus:* Im Verhalten Jesu scheint die Liebe Gottes auf. Dies kann durch eine Zeichenhandlung deutlich werden. Ein starkes, blendendes Licht soll Herrlichkeit und Barmherzigkeit Gottes symbolisieren. Da dies für unsere Augen zu stark ist, gibt es davor ein zweites, kleineres Licht, das Jesus symbolisiert. Von ihm aus können dann weitere kleine Lichter (auch kleine Taschenlampen) angezündet werden: Christen sollen wie Jesus Licht sein und Licht in die Welt bringen.

– *Der Hochmut der Starken:* Die Warnung des Lukas vor Überheblichkeit kann aufgegriffen werden. Dies kann leicht durch Spiele von Kindern geschehen: »Ich kann das – und du nicht.« – »Ich bin viel besser, stärker, geschickter, schneller ... als du.« Bei jedem Satz wird ein Luftballon ein Stück aufgeblasen, bis er schließlich platzt: »Hochmut kommt vor dem Fall.«

– *Wir sind eine Gemeinschaft:* Auf den beginnenden November und das darin übliche Totengedenken wird hingewiesen. Wir sind mit unseren Toten verbunden. Durch Christus gehören wir zusammen. Dies kann durch einen grünen Kranz symbolisiert werden (vielleicht einen Kranz, wie man ihn für Beerdigungen braucht, aber ohne Blumen). Die Kinder bringen zu diesem Gottesdienst, wenn möglich, Fotos oder gemalte Bilder von Verstorbenen der Familie und Bilder von sich mit. Diese Bilder werden gemischt in den Kranz gesteckt. In die Mitte des Kranzes kommt eine brennende Kerze (vielleicht die Osterkerze) als Symbol für Jesus: Durch Jesus sind wir – Lebende wie Verstorbene – eine Gemeinschaft.

– *Wir gedenken unserer Verstorbenen:* Die verschiedenen Riten zum Gedenken an Verstorbene werden erläutert, die Zeichen vorgestellt: Blumen als Zeichen des Lebens, Kerzen als Zeichen der Hoffnung, das Kreuz (etwa auf Grabsteinen) als Zeichen der Verbindung mit Jesus ... Auch Riten zum Totengedenken anderer Völker können erzählt werden, etwa: Mexiko – Brot bringen und am Grab essen, Mahlgemeinschaft: Ostasien – Früchte und Getränke bringen, die Toten am eigenen Leben teilhaben lassen ...

Weiterführung nach dem Gottesdienst

Zum letzten Thema kann die Gemeinde nach einem Gottesdienst oder auch als eigene Veranstaltung unter der Woche ein gemeinsames Stecken von Kränzen und Gestecken für den Friedhof durchführen. Auch die Kinder sollten daran teilnehmen. Dabei ergeben sich in Erweiterung des gottesdienstlichen Themas Gesprächsmöglichkeiten nicht allein über das Thema Tod und Sterben, sondern auch über die Hoffnung der Christen auf Auferstehung und wie sich diese Hoffnung in Riten zur Totenehrung äußern kann. Vielleicht ist um die Kirche oder in der Nähe auch ein Friedhof, den man nach dem Gottesdienst besuchen kann. So kann man das Totengedenken am Allerheiligennachmittag gemeinsam vorbereiten. Ebenso ist es gut, wenn in dieser Zeit in den Familien auf eine besondere Weise an die Verstorbenen gedacht wird. Das kann zum Beispiel durch eine Kerze geschehen, die an einen besonderen Platz gestellt wird – etwa zu Bildern der Verstorbenen.

(C 61) 31. Sonntag im Jahreskreis

Zu den Schrifttexten

Weish 11,23-12,2: *Herr, du Freund des Lebens.* Dem im ersten Jahrhundert vor Christus im ägyptischen Alexandrien entstandenen Buch der Weisheit geht es darum, der dortigen jüdischen Gemeinde beizustehen, die inmitten einer hellenistisch-heidnischen Umwelt um ihren Glauben kämpfte. Gegen die vielen Weisheitslehren und Mysterienkulte der damaligen Zeit ebenso wie gegen die hellenistische Philosophie setzt der Autor die wahre Weisheit, die allein von Gott kommt. Der Glaube an Gott gibt tragfähige Antworten auf die Grundfragen des Lebens. In dieser Perikope geht es um die Frage nach dem Bösen in der Welt: Warum unternimmt Gott nichts gegen die Sünder? Die Antwort geschieht auf dem Hintergrund jüdischer Glaubenserfahrung: Gott will nicht den Tod des Sünders, sondern dass er lebt. Deshalb straft er nicht in einem der Schuld entsprechenden Ausmaß, sondern nur in geringer, belehrender Weise. So zeigt sich Gott als menschenfreundlich, er ist ein »Freund des Lebens«.

2 Thess 1,11-2,3: *Lasst euch nicht verwirren.* Im ersten Thessalonicherbrief hatte Paulus die Christen dieser von ihm gegründeten Gemeinde dazu ermuntert, für die baldige Wiederkunft des Herrn bereit zu sein. Am Ende des ersten Jahrhunderts wurde dies für die Gemeinde in Thessaloniki zum Problem: Die Wiederkunft Jesu als des Weltenherrschers blieb aus – oder geschah sie, wie einige Schwärmer meinten, nur auf andere Weise? War

Christus bereits wiedergekommen? Auf diese Frage antwortet der zweite Brief an die Thessalonicher. Er ist in Stil und Inhalten dem ersten Brief sehr ähnlich und versucht durch die Autorität des Paulus (als fiktivem Verfasser) eine Rückbindung an die Zeit der Apostel und an ihre Botschaft. Seine inhaltliche Aussage zur Parusie kommt in der heutigen Perikope zum Ausdruck: Der Herr ist noch nicht wiedergekommen, niemand in der Gemeinde soll sich durch Schwärmer und falsche Propheten verwirren lassen. Vielmehr soll jeder um ein der Erwartung des Herrn angepasstes christliches Leben bemüht sein.

Lk 19,1-10: *Die Umkehr des Zöllners Zachäus.* Die Perikope des lukanischen Sonderguts ist eine der bekanntesten Stellen des Neuen Testaments, weil sie drei Gedanken deutlich macht: 1. Gott verstößt den Sünder nicht, sondern er zeigt ihm Barmherzigkeit und schenkt ihm die Gnade eines Neubeginns (vgl. dazu auch die alttestamentliche Lesung). 2. Jesus macht den Menschen durch sein Verhalten diese Liebe Gottes deutlich. Er grenzt niemanden aus, ja, wie es der Schlussvers ausdrückt, besteht seine Sendung gerade darin, die Sünder zu retten und neu mit Gott zu verbinden. 3. Die in Jesus erfahrene Liebe Gottes bewirkt im Menschen als Antwort einen Umkehrprozess, der zu einer Lebenswende führen kann. Wer die Barmherzigkeit Gottes erfährt, kann selber zur Barmherzigkeit anderen gegenüber bereit werden.

Schrifttext und Familien mit Kindern

Wie am vorangegangenen Sonntag geht es im Evangelium um die Frage nach dem sündigen Menschen und um die Barmherzigkeit Gottes. Das Thema der Rechtfertigung hat Christen durch alle Zeiten beschäftigt (vgl. etwa Luthers Frage: Wie erhalte ich einen gnädigen Gott?). Heute jedoch scheint dieser Gedanke in der Verkündigung und im Leben der Christen eher in den Hintergrund geraten

zu sein. Wer bekennt sich noch als sündiger, auf die Barmherzigkeit Gottes angewiesener Mensch? Sünde und Schuld sind zum Tabuthema geworden. Damit aber verliert auch die Botschaft von Gottes Zuwendung zum sündigen Menschen und von seiner Barmherzigkeit und Versöhnungsbereitschaft an Bedeutung. Sowohl die alttestamentliche Lesung wie das bekannte Evangelium von Zachäus können hier wichtige Akzente setzen und zu einer Neubesinnung ermuntern.

Die eindeutige Botschaft der Bibel ist, dass Gottes Liebe größer ist als das Böse in der Welt und alle menschliche Schuld. Dies kann unabhängig von der theologischen Begrifflichkeit (Sünde, Gnade ...) dem Menschen gerade in Situationen der Bedrängnis, der Enttäuschung und Verzweiflung Hoffnung geben und Mut zu einem Neubeginn machen. Wenn auch Menschen andere aufgeben, Gott gibt niemanden auf. Die Zachäusgeschichte zeigt dies durch das Wirken Jesu.

An Zachäus wird auch der Prozess der Umkehr sichtbar. Zuerst kommt die Zuwendung Gottes, seine Versöhnung. Sie schafft neue Gemeinschaft (Jesus als Gast beim verfemten Zachäus). Als Antwort des Menschen auf die zuvor erfahrene Liebe Gottes ergibt sich dann Wiedergutmachung und ein neuer Anfang in der Liebe zu anderen. Umkehr (Buße ...) meint also: der Liebe Gottes durch eigene Liebe antworten.

Um die Liebe Gottes zu den Menschen zu bringen, scheut sich Jesus nicht, gegen alle gesellschaftliche Erwartung zu handeln. Damit ist ein Modell für das Handeln von Christen auch heute gesetzt. Für den Christen darf es in der Nachfolge Jesu kein Ausgrenzen und keine Missachtung anderer geben. Vielmehr geht es um das Bemühen, miteinander Versöhnung und größere Liebe zu leben.

Zu diesen Gedanken passt die wichtige Bezeichnung Gottes als »Freund des Lebens« im Buch der Weisheit. Mit diesem Namen Gottes wird ein wesentliches Kennzeichen seines Handelns durch die Geschichte hindurch aufgezeigt. Gott zeigt sich als Freund allen Lebens, auch des gebrochenen, des ohnmächtigen, des schuldigen Menschen. Diese Erfahrung verpflichtet den Menschen, nun seinerseits zum Freund des Lebens zu werden.

Die alttestamentliche Lesung betont in einem weiteren Aspekt die Größe Gottes: Die Welt ist nur »ein Staubkörnchen« vor Gott, ein »Tautropfen«. Die so erfahrene Größe Gottes kann den Menschen zum Lob und Preis Gottes führen. Viele Gebete und Lieder der Christen künden davon.

Die neutestamentliche Lesung geht aufgrund der veränderten Situation in der damaligen Gemeinde der Frage der Wiederkunft Jesu und der Naherwartung nach. Für uns heute ist diese Frage kein aktuelles Thema; die Erwartung des wiederkommenden Herrn hat für Christen kaum eine Bedeutung. Daran ändern selbst Zeiten nichts, die wie der Advent diesen Gedanken besonders herausstellen wollen. Dennoch ist es im Zusammenhang der gesamten Botschaft des Evangeliums unerlässlich, dass auch dieser Akzent der Verkündigung ausgesagt wird: Die Vollendung finden wir nicht in diesen Weltstrukturen, sondern allein in Gott.

Gestaltungsideen für den Gottesdienst

– *Alle Menschen sind wie Zebras:* Gegen alle pharisäerhafte Überheblichkeit von Menschen muss immer wieder ausgedrückt werden, dass alle Menschen schuldig werden, dass es aber in keinem Menschen nur Schuld gibt. Alle haben gute und schlechte Seiten, Schatten und Licht. So lassen sich die Menschen mit einem Zebra vergleichen, zu dem schwarze und weiße Streifen gehören. Wichtig ist, dass man sich ganz annehmen lernt (auch mit seinen Fehlern) und dass man ebenso den anderen annimmt (ebenfalls mit seinen Schwächen). Ein Zebra (Stofftier oder Dia oder gemalt) kann im Gottesdienst daran erinnern. Es kann zur Besinnung führen, welche weißen und schwarzen Streifen man selber hat und wie man damit umgeht.

– *Eine Rose mit Dornen:* Eine ähnliche Aussage kann man mit einer Rose (oder auch einem stacheligen Kaktus mit Blüte) machen. Die schöne Blüte einer Rose deutet auf das Gute im Menschen, die Dornen (Stacheln) gehören aber auch zu ihr – übertragen: Auch der Mensch hat stachelige Seiten. Beides, Blüten und Stacheln, kann durch Beispiele (Stichworte oder Spiele) konkretisiert werden. So wird auch zu einer Gewissenserforschung geführt: Wo liegen meine guten Seiten (meine Blüten)? Wo liegen meine schlechten Seiten (meine Stacheln)?

– *Versöhnung heißt Brücken bauen:* Die Versöhnung, die Gott schenkt, lässt sich mit einer Brücke vergleichen, die Zugang zu anderen schenkt – zu Gott, aber auch zu den Menschen. Entsprechend kann als Zeichen eine Brücke aus Kartons, Styropor ... gebaut oder ein Bild (Dia oder von Kindern gemaltes Bild) gezeigt werden. Auf diese Brücke können dann Bilder von Menschen geklebt oder gestellt werden: Die Brücke verbindet zwei Seiten, verbindet Menschen und ist Sinnbild der Verbindung Gottes mit dem Menschen. Gott schenkt uns Brücken der Versöhnung; darüber gehen müssen wir allerdings selber.

– *Der Freund des Lebens:* Gott ist Schöpfer und Freund des Lebens. Diese Aussage kann durch einen Schöpfungspsalm (etwa Ps 8 oder 104) wiedergegeben werden. Zur Veranschaulichung können Bilder (Diareihe) von verschiedenem Leben (Menschen, Tiere, Pflanzen) gezeigt werden. Wir alle verdanken unser Leben Gott und sind deshalb auch durch ein »Netz des Lebens« untereinander verbunden. Daraus folgt dann auch die Verantwortung des Menschen, dieses Netz des Lebens zu schützen, also selber zum Freund des Lebens zu werden.

Weiterführung nach dem Gottesdienst

Zu den ersten Gottesdienstvorschlägen können jeweils Gegenstände (Rose, Kaktus ...) oder entsprechende Bilder (von einem Zebra, einer Brücke) übergeben werden. Ebenso können die Kinder aufgefordert werden, diese im Gottesdienst verwendeten Zeichen zu malen.

Zum letzten Vorschlag kann in den Familien überlegt werden, wie man besser als bisher »Freund des Lebens« werden kann. Dabei gilt es oft genug, die kleinen Dinge im Alltag in den Blick zu nehmen und auf den besseren Schutz des Lebens hin zu ändern.

(C 62) 32. Sonntag im Jahreskreis

Zu den Schrifttexten

2 Makk 7,1-2.9-14: Von der Auferstehung zum Leben. Am Beginn des zweiten vorchristlichen Jahrhunderts ist Israel von Syrien annektiert, der Tempel in Jerusalem wird ausgeraubt und zur Kultstätte des Baals umgewidmet. Der syrische König Antiochus IV. Epiphanes verbietet jüdische Bräuche wie Beschneidung, Sabbat ... und greift so tief in das Selbstverständnis des Volkes ein. Heftiger Widerstand regt sich, der umgekehrt zu blutiger Unterdrückung führt. Das Leiden des Volkes wird in der vorliegenden Legende gleichsam erzählerisch zusammengefasst; mit den sieben (= heilige Zahl) Brüdern ist das ganze Volk gemeint, das selbst angesichts größter Bedrohung nicht von seinem Glauben an Gott lässt und deshalb im Übermaß leiden muss. Dieses Leid lässt sich nur im Blick auf größeres Heil ertragen. Für den Verfasser dieses Buches ist dies die Hoffnung auf Auferstehung, die eine Wende für den Glaubenden bringt. Gottes Macht ist größer als selbst der Tod; dies kann dem Glaubenden die Kraft geben, selbst im größten Leid durchzuhalten. Damit wird ein Kennzeichen jüdischen Glaubens durch die Zeiten hindurch wiedergegeben.

2 Thess 2,16-3,6: Der Herr führe euer Herz. Am Ausgang des ersten Jahrhunderts ergeben sich für die ersten Gemeinden, auch für die in Thessaloniki, neue Herausforderungen. Der Elan des Anfangs ist erloschen, die Naherwartung entweder in resignierte Enttäuschung oder in Schwärmerei umgeschlagen. Der Autor dieses sich auf die Autorität des Paulus berufenden Briefes möchte in dieser Situation Orientierung und Hilfe bieten. Für ihn ist dabei Christus der Ausgangspunkt. Er zeigt die Liebe des Vaters, er tröstet und stärkt durch seinen Geist, er führt die Herzen der Menschen zur göttlichen Liebe. Diese Liebe zeigt sich unter anderem im gegenseitigen fürbittenden Gebet, dazu in jedem guten Werk und Wort. So können die Christen auch in einer veränderten Situation voller Hoffnung und Geduld auf den Herrn warten.

Lk 20,27-38: Kein Gott der Toten, sondern der Lebenden. In der literarischen Form des Streitgesprächs werden Menschen mit unterschiedlichen Meinungen pointiert gegenübergestellt, sie werden zu Typen bestimmter Vorstellungsweisen. So sind die Sadduzäer in diesem Text diejenigen, die sich fest an die Überlieferung des Mose halten, die aber von Mose aus nicht einordnen können, was Auferstehung bedeuten kann. So ist die Auferstehung für sie nichts anderes als die Wiederkehr der alten Verhältnisse, und das erscheint ihnen als undenkbar und mit der Lehre des Mose unvereinbar. Jesus geht dagegen von einem andern Ansatz aus. Für ihn ist der Bereich Gottes etwas, das den Bereich des Menschen völlig übersteigt und nicht mit ihm verglichen werden kann. So ist auch jenseitiges Leben nach der Auferstehung der Toten von einer völlig anderen Qualität als die bisherige Lebensweise. Das von den Sadduzäern gebrachte Beispiel stellt deshalb für Jesus keinen Gegenbeweis gegen die Auferstehung dar. Vielmehr lässt sich aus einer anderen Schriftstelle (Ex 3,6) erkennen, dass Gottes Macht nicht mit dem Tod endet: »Er ist kein Gott der Toten, sondern der Lebenden.«

Schrifttext und Familien mit Kindern

Alle drei Schrifttexte dieses Sonntags erweisen sich für die Gestaltung von Familiengottesdiensten als ausgesprochen sperrig. Gewiss ist das in der alttestamentlichen Lesung und im Evangelium angesprochene Thema Auferstehung auch für uns heute und für unseren Glauben entscheidend. Dennoch passt die Märtyrerlegende von der makkabäischen Mutter und ihren sieben Söhnen eher in den Bereich der »Abenteuer- und Heldengeschichten« der Bibel. Die teilweise drastische Erzählweise (in der Perikope gekürzt) ist den Gottesdienstbesuchern kaum zumutbar.

Ebenso klingt das Streitgespräch zwischen den Sadduzäern und Jesus uns ausgesprochen fremd. Der konstruierte Fall erscheint uns – abgesehen vom anderen gesellschaftlichen Kontext, die Leviratsehe gibt es bei uns nicht – an den Haaren herbeigezogen. Aber auch die Antwort Jesu darauf überzeugt uns vom angeführten Schriftbeweis nicht, dieser bleibt der Denkweise der Sadduzäer zu sehr behaftet. So bleibt die allgemeine Aussage, dass unser Gott ein Gott der Lebenden, nicht der Toten ist.

Dieser Satz stellt einen Ansatzpunkt auch für den Familiengottesdienst dar. Dies gilt besonders für den Monat November, in dem nicht allein das Totengedenken, sondern auch die Besinnung auf Sterben und Auferstehung überhaupt Thema sind (vgl. dazu auch C 61). So wird man von diesen beiden Texten eher zu allgemeinen Aussagen über die Auferstehung kommen.

Die Sätze der zweiten Lesung sind so allgemein gehalten, dass man nur schwer konkrete Bezüge zu heutigem Leben erkennen kann. Das Sprachbild vom Führen der Herzen zur göttlichen Liebe erscheint dagegen ein Ansatzpunkt für einen Gottesdienst zu sein.

Gestaltungsideen für den Gottesdienst

– *Gott der Vergangenheit und der Zukunft:* Im Sprechen Jesu vom Gott der Väter klingt an, dass die Glaubenserfahrungen Israels in einem Gottesbild münden, das die Macht Gottes nicht im Tod enden lässt. Seine Macht geht weiter, führt Menschen in eine neue, für uns letztlich unbeschreibbare Zukunft. Dies kann wie folgt verdeutlicht werden: Die beiden griechischen Buchstaben der Osterkerze bezeichnen Anfang und Ende. Dies lässt sich auf menschliches Leben deuten (Geburt und Tod, Taufe und Vollendung), aber ebenso auch auf Anfang und Ende aller Zeit. Auf einen langen Papierstreifen (Tapetenrolle) wird auf der einen Seite ein großes Alpha, auf der anderen ein großes Omega gemalt. Dazwischen werden Bilder gemalt oder geklebt oder Namen geschrieben, beginnend bei Abraham, Isaak und Jakob über Namen der Geschichte bis hin zu den Namen der Kinder und Familien heute: Wir leben in der Zeit zwischen Anfang (Schöpfung) und Vollendung. Wir haben die Verheißung, dass wir von Gott in seine Vollendung, in sein Reich hineingenommen werden.

– *Etwas ganz Neues:* Die Wandlung, die von Gott an einem Menschen bei der Auferstehung vorgenommen wird, bedeutet für ihn etwas völlig Neues, das alle bisherigen Vorstellungen sprengt. Dies kann mit unterschiedlichen Bildern vom Wandel eines Gegenstandes in einen anderen verglichen werden (wobei alle Vergleiche nur ungefähr das Gemeinte wie-

dergeben können), etwa: vom Eis zu Wasser und Wasserdampf; von der Raupe zur Puppe und zum Schmetterling; vom Samenkorn zur Blume und zur Blüte; vom Sand zu Glas und Spiegel; von der Blüte zur Frucht; von der Kaulquappe zum Frosch ...

– *Führe unsere Herzen zu deiner Liebe:* Das Herz wird in der Bibel und im Orient als die Mitte der Person verstanden, aus der alles Denken und Handeln des Menschen entspringt. Wenn in der neutestamentlichen Lesung von der Führung des Herzens gesprochen wird, dann meint dieses Bildwort die Führung eines Menschen durch Gott. Durch die Erfahrung der Liebe Gottes wird ein Mensch ebenfalls zur Liebe geführt. Ein großes Herz kann, am Altar angebracht, diesen Gedanken verdeutlichen, eventuell zeigen goldene Strahlen auf dieses Herz.

Weiterführung nach dem Gottesdienst

Wenn nicht bereits im Zusammenhang mit Allerseelen oder anderen Tagen des Totengedenkens geschehen, kann an diesem Sonntag zum erinnernden Gedenken an die Verstorbenen der Familie ermuntert werden. Dazu gehören auch Vorschläge für Gebete, die in kindgemäßer Sprache Fürbitten für die Verstorbenen aussagen.

Zum zweiten Vorschlag können passend zum gewählten Vergleich Bilder oder Fotos ausgeteilt werden. Ebenso können die Kinder die angesprochenen Formen des Wandels malen.

Zum letzten Vorschlag können die Kinder Szenen malen, wie Menschen handeln, deren »Herz von Gott geführt ist«.

(C 63) 33. Sonntag im Jahreskreis

Zu den Schrifttexten

Mal 3,19-20: Für euch wird die Sonne der Gerechtigkeit aufgehen. Das kleine prophetische Buch Maleachi ist von einem anonymen Propheten zwischen der Vollendung des zweiten Tempels (515) und den Reformen des Nehemia, also zu Beginn des fünften Jahrhunderts, geschrieben worden. Die hohen Erwartungen, die Israel nach der Rückkehr aus dem Exil hatte, waren zunehmend enttäuscht worden. So kam immer mehr die Frage auf, wofür sich ein Gott wohlgefälliges Leben denn lohne. Geht es nicht den Sündern ebenso gut, ja sogar besser? Bedeutet ein Leben aus dem

Glauben nicht eine Einschränkung des Lebensstils, die sinnlos ist? Auf diese Fragen antwortet Maleachi mit dem Verweis darauf, dass das kommende Gericht Gottes (»der Tag des Herrn«) die Bestrafung der Sünder und die Belohnung der Guten bringen wird, dass also der Tun-Ergehen-Zusammenhang nicht aufgehoben, sondern nur aufgeschoben ist. Das Bild vom reinigenden (und strafenden) Feuer ist ein plastisches Bild endzeitlicher Erwartung. Das umgekehrte Bild von der »Sonne der Gerechtigkeit« als Kennzeichen für die den Guten erwartende Herrlichkeit Gottes dürfte aus ägyptischen und babylonischen Mythologien stammen. Von Christen wird es seit früher Zeit auf Christus und seine Wiederkunft bezogen.

2 Thess 3,7-12: Wir haben euch ein Vorbild gegeben. Die Briefliteratur des Neuen Testaments dient vor allem zwei Zielen: der Verkündigung des Glaubens und dem Aufbau der jungen Gemeinden. Zu letzterem Ziel zählt auch, dass sich die Briefe immer wieder gegen Missstände im Leben der Gemeinde richten. In der vorliegenden Perikope scheint durch, dass in Thessaloniki gegen Ende des ersten Jahrhunderts Menschen zur Gemeinde gehörten, die die Arbeit ablehnten, sei es aus Verachtung für die Handarbeit entsprechend griechischen Vorstellungen, sei es aus einer überspannten Naherwartung entsprechend christlicher Schwärmerei. Dagegen wendet sich der Verfasser unter Berufung auf die Autorität des Paulus und unter Berufung auf seine Lebensweise und sein Beispiel. Paulus hat seinen Lebensunterhalt durch eigene Arbeit beschafft. Obwohl ihm ein Unterhalt durch die Gemeinde zugestanden hätte, hat er nicht darauf bestanden. So hat er ein Vorbild gegeben für die Christen dieser Gemeinde.

Lk 21,5-19: Bleibt standhaft auch im Blick auf das Ende. Der letzte Abschnitt des Lukasevangeliums vor der Leidensgeschichte ist die sogenannte Endzeitrede Jesu. Hier lassen sich verschiedene Korrekturen an endzeitlichen Vorstellungen erkennen. Ein erster Gedanke ist der, dass nichts von Menschenhand, selbst wenn es von solcher Pracht ist wie der Tempel, Bestand hat. Daran schließt sich die Frage nach dem Zeitpunkt des Endes an. Gegen den Versuch einiger, die Zeit des Endes konkret auszusagen (vgl. auch die endzeitlichen Schwärmer in 2 Thess), setzt Lukas mit den Worten Jesu die klare Aussage, dass die in der Gegenwart erlebten Bedrängnisse keineswegs das Ende der Zeiten ankündigen müssen: Es kann noch schlimmer kommen. Wohl aber ermuntert er zum Standhalten in der Bedrängnis. Christen sind dem Herrn verbunden durch die Teilnahme an seinem Kreuz und an seiner Lebenshingabe. So werden sie wie er (vgl. die folgende Leidensgeschichte) ungerechtem Urteil unterworfen und verfolgt. Wer aber nicht aufgibt, wer sich treu zum Evangelium bekennt, der erlangt das Leben. Der Beistand des Herrn selbst ist ihnen sicher. Seine Nähe gibt Kraft zum Aushalten, er allein schenkt Sicherheit: »Bleibt standhaft!«

Schrifttext und Familien mit Kindern

Wiederum erweisen sich die Schrifttexte für Bezüge zu heutigem Leben als ausgesprochen sperrig. Die hinter der alttestamentlichen Lesung liegende Vorstellung vom endzeitlichen Gericht ist uns heute – anders als den Generationen vor uns – eher fremd geworden. Zudem erscheint uns das Schema »Sünder-Strafe, Gerechte-Belohnung« angesichts der Botschaft Jesu und angesichts der Bedingungen menschlichen Lebens als zu einfach, als eine Schwarz-Weiß-Malerei, die unseren konkreten Lebenssituationen nicht entspricht.

Ein Ansatzpunkt dieser Lesung scheint in dem Bildwort von der »Sonne der Gerechtigkeit« zu liegen. Auch wenn dieses Wort aus den Mythologien der Israel umgebenden Kulturen stammt, stimmt es sowohl in seiner Lichtsymbolik wie durch das Hervorheben der Gerechtigkeit mit dem jüdischen-christlichen

Gottesbild überein (vgl. auch das Gotteslobied »Sonne der Gerechtigkeit«). Ein solches Bildwort kann von der Geborgenheit und dem Vertrauen des Glaubenden künden, es ist ein Bild glaubender Hoffnung auf den Herrn.

Die Endzeitrede des Evangeliums, zu der passend die alttestamentliche Lesung ausgewählt wurde, erweckt unterschiedliche Assoziationen: Die »Vorhersage« Jesu scheint durch die Zerstörung des Jerusalemer Tempels (70) bestätigt zu sein (dass der Text des Lukas auf dieses Ereignis zurückblickt, wird bei einer solchen Deutung nicht bedacht). Irreführende Reden endzeitlicher »Propheten« gibt es auch heute (etwa in den verschiedensten Sekten), sie werden allerdings von den meisten nur belächelt und nicht ernst genommen. Anders als zur Zeit des Lukas stellen solche Reden keine Gefährdung christlicher

Gemeinden und ihres Glaubens dar. Untergangsszenarien werden auf die ein oder andere Weise auch heute beschrieben. Aber auch sie haben auf das Alltagsleben der meisten keine Auswirkung.

Ebenso kann nur in sehr eingeschränkter Weise davon ausgegangen werden, dass Christen in unserer Gesellschaft (in anderen Ländern ist dies anders) verfolgt würden. Gewiss werden Christen heute anders als früher kritisch angefragt, auch gibt es Missachtung und Spott, aber keineswegs Verfolgungssituationen wie in den Gemeinden des Lukas. Auch dies betrifft uns also eigentlich nicht.

So kann aus diesem Text nur in sehr allgemeiner Form die Forderung nach Standhaftigkeit im Glauben und beständigem Bemühen um den Glauben entnommen werden. Hierin liegt ein möglicher Ansatzpunkt für die Gestaltung von Gottesdiensten.

Die Mahnung des Paulus, sich den Unterhalt entsprechend seinem Beispiel mit eigener Arbeit zu verdienen, ist in unserer Leistungsgesellschaft kaum angebracht. Eher kann sie von Arbeitslosen als zynisch verstanden werden. Hier kann vielleicht auf den Aspekt verwiesen werden, dass die Arbeit Anteil an Gottes Schöpfertum darstellt.

Gestaltungsideen für den Gottesdienst

– *Sonne der Gerechtigkeit:* Die Sonne wird als positives Symbol gedeutet: Wärme und Licht verbinden sich mit der strahlenden Sonne, das bedeutet für den Menschen Leben und Freude, Geborgenheit und Zuversicht. Diese Stichworte können im Gespräch erarbeitet werden, eine große, aus Tonpapier gestaltete Sonne oder ein entsprechendes Dia können dazu Anstöße geben. Danach werden die genannten Aspekte der Sonne mit Gott in Verbindung gebracht. Er bedeutet für den Menschen Leben, er macht sein Leben hell. Von der Tonpapier-Sonne aus können Strahlen gestaltet werden, die auf Bilder von Menschen treffen: Gottes Liebe ist wie die Sonne ...

– *Die Zeit vergeht:* Unabhängig von dem im Evangelium geschilderten Endzeitszenarium kann dieser Texte ebenso wie die alttestamentliche Lesung eine Mahnung sein, auf das Ende zu achten. Das Leben des Menschen geht unweigerlich seinem Ende zu. Das Ende des Kirchenjahres und der »dunkle« Totenmonat November passen zu diesem Thema. Dargestellt werden kann dies durch eine Uhr (einen

Wecker) oder auch ein Metronom, das uns das unvermeidbare Voranschreiten der Zeit deutlich macht, damit auch unserer Lebenszeit. Jedes Leben, auch unser Leben, geht einem Ende zu. Deshalb gilt es, das Leben richtig zu nutzen.

– *Feststehen im Glauben:* Wenn ein Seemann auf einem Segelboot im Sturm arbeitet, muss er einen festen Stand haben. Wo heute der Glaube oft genug gefährdet ist, braucht der Christ auch einen festen Stand im Glauben. Dieser feste Stand ist die innere Bindung an Christus – von ihm her kann der Christ leben.

– *Mitwirken an Gottes Schöpfung:* Die Arbeit des Menschen in den unterschiedlichsten Bereichen kann gedeutet werden als ein Mitwirken bei der Gestaltung der Erde, als Schaffen und Bewahren, als Hüten und Pflegen. Arbeit bedeutet, dabei helfen, dass unsere Erde wohnlicher und das Leben für die Menschen besser wird. Zeichen für diese Gedanken können im Gottesdienst verschiedene Werkzeuge und Arbeitsgeräte sein.

Weiterführung nach dem Gottesdienst

An den ersten Gottesdienst kann eine Sonne erinnern, die aus Tonpapier gestaltet und auf die vielleicht der Satz kopiert ist: »Gottes Liebe ist wie die Sonne, sie ist immer und überall da.« Zum zweiten Gottesdienstvorschlag passt eine gezeichnete Uhr mit dem Spruch:

»Bedenke, dass dein Leben voranschreitet zu einem letzten Ziel.« Passend zum dritten Vorschlag kann ein Bild von einem Segelschiff im Sturm sein. Zum letzten Gedanken kann ein Dankgebet für die gute Schöpfung übergeben werden, das zu eigenem Beten anregt.

(C 63) 33. So im Jahr

(C 64) Christkönigssonntag

Zu den Schrifttexten

2 Sam 5,1-3: *Sie salbten David zum König.* Nach dem Tod Sauls wurde David zuerst von seinem eigenen Stamm Juda zum König proklamiert. Erst nach einigen Wirren und dem Tod des Nachkommen Sauls wird er von allen Stämmen zum König über ganz Israel gesalbt. Unmittelbar danach erobert er die stammesfreie Stadt Jerusalem und macht sie zum Mittelpunkt seines Reiches nicht nur in politischer Hinsicht, sondern durch die Übertragung der Bundeslade auch zum religiösen Zentrum des Landes. In den wenigen Versen der Lesung klingt an, dass David durch die Beauftragung Gottes zum König werden soll. Die Geschichte Israels wird also nicht als rein innerweltliches Geschehen angesehen, sondern als Fügung und Leitung durch Gott selbst. Er ist der gute Hirte seines Volkes und gibt David den Auftrag, an diesem Hirtenamt Anteil zu haben.

Kol 1,12-20: *Er ist das Ebenbild des unsichtbaren Gottes.* (Zum Christushymnus in den Versen 15-20 vgl. C 45.) Die kleinasiatische Stadt Kolossä wurde im Jahr 61 durch ein Erdbeben zerstört. Der Brief an diese Gemeinde muss kurz vorher geschrieben worden sein, wahrscheinlich von einem Schüler und Mitarbeiter des Paulus. Die heutige Perikope besteht aus zwei liturgischen Texten, die wahrscheinlich im Zusammenhang mit einer Taufliturgie stehen. Der zweite Teil ist ein aus zwei parallelen Teilen zusammengesetzter Christushymnus. Der erste Teil ist ein Dank- und Loblied (»eucharistia«), das Gott preist, weil er Menschen durch die Taufe der Erlösung teilhaftig werden lässt. Dies wird durch den dualistischen Begriff Finsternis-Licht bildhaft ausgedrückt.

Lk 23,35-43: *Das ist der König der Juden.* Der aus zwei Teilen bestehende Ausschnitt aus der Leidensgeschichte des Lukas hat als zentralen Satz: »Das ist der König der Juden.« Der Begriff des Königs wird am Ende aufgenommen, als einer der Verbrecher von der Königsmacht des wiederkehrenden Christus spricht. So wird gerade an dieser Stelle, am Kreuz, das Königtum Jesu in seiner besonderen Art deutlich. Es geht darum, dass er der Heiland der Menschen ist, derjenige, der ihnen Erlösung bringt und zuspricht. Er ist der Retter der Menschen. Das aber stellt sie vor die Entscheidung zum Glauben. In der Zeichnung des Lukas werden mit den beiden Verbrechern zwei verschiedene Verhaltensweisen wiedergegeben: von Vertrauen geprägter Glauben und Unglauben, der sich in Spott und Missachtung äußert. Das Kreuz Jesu wird zum Entscheidungspunkt für alle.

Schrifttext und Familien mit Kindern

Das Christkönigsfest ist erst 1925, also gegenüber anderen Festen des Kirchenjahres vergleichsweise spät eingeführt worden. In einer politisch unruhigen Zeit sollte deutlich werden, dass Christus der Herr und König der Welt ist, der alle innerweltlichen Mächte übertrifft. Durch die Liturgiereform wurde dieses Fest an das Ende des Kirchenjahres gerückt und erhält so als Übergang zum neuen Kirchenjahr und der folgenden Zeit des Advent einen stärkeren Akzent: Christus ist der König der Zeiten, der Herr der Welt, der Herrscher über das All.

Der Begriff des Königs, der in den 20er und 30er Jahren dieses Jahrhunderts durchaus Aussagen über Herrschaft und Macht, über Sorge für die Anvertrauten und Dienst am Volk machen konnte, ist heute eher zur Karikatur geworden. Könige und Königinnen sind Thema der Regenbogenpresse und erinnern an vergangene Zeiten, assoziieren Reichtum und Luxus, stellen für viele nichts anderes als Märchenfiguren dar. Von da aus ist das Fest Christkönig heute schwierig geworden. Wie können wir Christus noch als König bekennen, auf sein Kommen hoffen?

Die Schrifttexte dieses Sonntags geben auf diese Frage einige, allerdings versteckte Hinweise. Die alttestamentliche Lesung erinnert an David, den zusammen mit Salomo größten König Israels, der zum Typus des Königs wurde. Der erwartete Messias kommt aus dem Haus Davids und wird sein Königreich neu errichten. In diesem Text werden durch die Stichworte »Beauftragung durch Gott« und »weiden wie ein guter Hirte« Aspekte dieses Königtums aufgezeigt. Nicht aus eigener menschlicher Kraft, nicht aus militärischer Stärke heraus, nicht aus politischem Intrigenspiel oder wirtschaftlicher Macht hat dieses Königtum Bestand, sondern aus der Beauftragung und Leitung durch Gott selbst. In dem von David herkommenden Idealbild des alttestamentlichen Königs scheint die Hirtensorge Gottes durch, seine treue und unbedingte Fürsorge für das Volk – so muss ein guter König sein.

Nichts anderes zeigt Lukas in seinem Abschnitt der Leidensgeschichte auf: Sein Christus-König entspricht nicht den politischen Vorstellungen der damaligen Gesellschaft. Aber am Tiefpunkt seines Lebens, am Kreuz, wird seine Fürsorge für die Menschen überdeutlich. Die Worte zu dem Mitgekreuzigten zeigen ihn als Heiland, der allen Rettung bringt, selbst den Schwächsten und Ärmsten. So verbindet sich hier Königtum mit Dienst am Menschen.

Die neutestamentliche Lesung bringt diese Gedanken in anderer Ausdrucksweise. Da wird Jesus als Bild Gottes bezeichnet, zugleich als derjenige, der als Weltenherrscher Anteil an der Schöpfung und an der Herrschaft Gottes hat. Zugleich ist er der Erstgeborene der Toten, durch den die Versöhnung Gottes mit den Menschen geschieht. Durch sein Kreuz hat er den Frieden der Welt gestiftet.

Für Kinder verbinden sich mit König, Prinzessin, Königsthron und Krone eigenartige, oft märchenhafte Vorstellungen. Wenn der Begriff des Königs im Gottesdienst aufgegriffen wird, muss die Andersartigkeit des Königtums Jesu deutlich werden. Sie müssen erkennen, dass sein »Königtum« Dienst und Hingabe bis zum letzten bedeutet. Er ist wie ein guter Hirte, wie einer, der den anderen die Füße wäscht, wie ein Sklave, er, der Herr, ist der Diener aller.

Gestaltungsideen für den Gottesdienst

(Vgl. auch in den beiden Bänden zu den Lesejahren A und B.)

– *Krone oder Besen:* Für die Zeichenhandlung werden eine Krone aus »goldener« Pappe und ein Besen bereitgestellt. Die Kinder sollen wählen, welcher der beiden Gegenstände besser zu einem König passt, und ihre Wahl auch begründen. Ebenso können sie überlegen, welche anderen Gegenstände ihrer Meinung nach zu einem König passen, etwa: Thron, Szepter ... Nach dem Verlesen des Evangelientextes wird im Gespräch der Frage nachgegangen, wieso man Jesus als König bezeichnen kann. Danach wird der Besen erneut geholt und als Zeichen des Dienstes gedeutet, ein Zeichen, das für das Verständnis Jesu als König besser passt als andere Zeichen.

– *Dem größten König dienen:* Die Christophorus-Legende erzählt von einem »Riesen«, der nur dem Mächtigsten, dem größten König der Welt dienen will. Nach langer Irrfahrt erkennt er durch den Dienst an den Menschen, dass er Christus dient. Die Legende kann erzählt oder in einem szenischen Spiel gestaltet werden. Auch gibt es in der Geschichte der Kunst eine Reihe von Christophorusbildern, die das Tragen des Kindes (= Christus) darstellen.

– *Jesus als Bild Gottes:* vgl. C 45.

– *Wer hat Macht in der Welt?* Haben Politiker, Wirtschaftsführer oder Militärs Macht? Oder die Stars in Sport, Unterhaltung, Film und Mode? Oder wer sonst hat Macht in unserer Welt? Wir bekennen Christus als Herrn und König. Wenn wir uns an sein Kreuz erinnern, dann müssen wir das Wort Macht ergänzen: Er hat die Macht der Liebe, der uneingeschränkten Hingabe, des Dienstes ... Zu diesem Thema wird ein Kreuz mit einem Korpus besonders herausgestellt, vielleicht von den Kindern geschmückt.

(C 64) Christkönig

195

Weiterführung nach dem Gottesdienst

Die Kinder können aus Illustrierten Bilder von Königen ... sammeln und zu einer Collage zusammenstellen. Dieser Collage von Königsbildern können sie ein Jesusbild gegenüberstellen – Jesus, der ganz andere König.

Jesus als dienender König provoziert Christen zur Besinnung, wo sie in seiner Nachfolge ebenfalls zum Dienst aneinander bereit werden können. Der Besen als »Zeichen« Jesu ist damit auch das »Zeichen« der Christen. Eine entsprechende Zeichnung kann als Erinnerung an den Gottesdienst mitgegeben werden.

Die Christophorus-Legende oder ein entsprechendes Bild zu Christophorus kann ebenfalls als Erinnerung mitgegeben werden.

Neben den Gottesdiensten zu den Sonntagen des Jahres und zu den verschiedenen Festen des Kirchenjahres sind für Familien mit Kindern weitere thematische Gottesdienste wichtig, die zwar (wie Muttertag oder Schulbeginn) keine liturgische Bedeutung haben, die aber für das Leben der Menschen, besonders der Kinder relevant sind. Beispielhaft sollen in diesem Kapitel Ideen für einige dieser Gottesdienste vorgestellt werden. Dabei gehen wir allerdings wieder von dem Prinzip dieses Buches aus, Schrifttexte als Ausgangspunkt zu wählen und in einem korrelativen Prozess von diesen Schrifttexten her zu Gestaltungsideen zu kommen. Selbstverständlich sind andere Wege der Gottesdienstvorbereitung und -gestaltung möglich. Da es für die folgenden Beispiele nicht in jedem Fall (nur bei den Heiligenfesten) liturgische Vorgaben für eine Auswahl von Schrifttexten gibt, schlagen wir bestimmte Perikopen vor, die geeignet erscheinen. Selbstverständlich lässt sich auch eine andere Auswahl vornehmen.

(C 65) Muttertag

Zu den Schrifttexten

1 Joh 4,7-8.11-12: Gott ist die Liebe – auch wir müssen einander lieben. (Vgl. zu Vers 7-8 B 32, zu Vers 11-12 B 34.) Mit der Eingangsaufforderung »Brüder« sind die Mitglieder der christlichen Gemeinde gemeint, ohne dass dies im Sprachgebrauch des Neuen Testaments eine Einschränkung nur auf Männer bedeutet. Als Beginn der Perikope »Liebe Schwestern und Brüder« zu lesen, ist deshalb biblisch und theologisch berechtigt und pastoral aufgrund unseres anderen Sprachgebrauchs gefordert. Die wenigen Verse binden Gottes- und Nächstenliebe zusammen, ebenso wie Jesus dies an vielen Stellen seiner Lehre, vor allem aber in seinem Handeln, getan hat. Gottes Liebe kommt in Jesus auf die Menschen zu. Ja mehr noch, man darf sagen, dass Gott selbst die Liebe ist, und der Mensch ohne diese Liebe nicht zu eigener Liebe fähig ist. Aus dem Zuspruch der Liebe Gottes folgt dann in der zweiten Hälfte dieses Textes der Anspruch, nun auf die erfahrene Liebe zu antworten und selber zur Liebe bereit zu werden. Wer liebt, erfährt in der Liebe Gott selbst. Der Weg zu Gott führt über die Liebe zum Nächsten, zur Schwester und zum Bruder.

1 Kor 13,4-7.13: Das Hohelied der Liebe. Vgl. C 13.

Mk 3,31-35: Die wahren Verwandten Jesu. Vgl. B 40.

Joh 13,1-15: Die Fußwaschung. Vgl. C 24.

Joh 19,26-27: Maria und Johannes unter dem Kreuz. Innerhalb der johanneischen Leidensgeschichte ist diese Perikope nur ein kleiner Abschnitt. Durch die Heraushebung des Lieblingsjüngers wird aber ihre besondere Bedeutung herausgestrichen. Nur wenige Menschen halten treu zu Jesus und begleiten ihn bis zum Tod am Kreuz. Ihr Glaube und ihre Bindung an Jesus gewinnt von da aus Vorbildcharakter. Zum einen ist dies seine Mutter, die seinen Weg durch Höhen und Tiefen hindurch begleitet hat – trotz einer immer wieder spürbaren Distanz und Fremdheit. Sie wird so als beispielhafte Mutter dargestellt, die nicht allein zu ihrem Sohn hält, sondern zur Mutter der Glaubenden wird. Der nicht weiter benannte Lieblingsjünger steht bei Johannes für alle Glaubenden, für die Christen der jungen Gemeinden, die sich bis hin zum Kreuz an Jesus binden sollen. Jesus schafft durch seine Worte (in Art einer Adoptionsformel) eine Beziehung zwischen den beiden: Der Glaube an Jesus verbindet. Dies gilt nicht nur für Maria und den Jünger, sondern für alle Glaubenden zu allen Zeiten.

Schrifttext und Familien mit Kindern

Der Muttertag am zweiten Sonntag im Mai hat gesellschaftlich einen hohen Stellenwert, der zunehmend auch kommerziell ausgenutzt wird (nicht nur Blumen und Pralinen schenken, sondern auch eine Fülle anderer Dinge). Für viele gibt es an diesem Tag auch das nicht unbegründete Misstrauen, dass dieser Tag eine Art Alibifunktion hat: Ein ganzes Jahr haben die Mütter besondere Lasten zu tragen (bei berufstätigen und bei alleinerziehenden Müttern gilt dies in noch stärkerem Maß), und dann ist an einem Tag ein Stück heile Welt da. Gewiss ist es sinnvoll, an einem Tag im Jahr einen besonderen Dank für die Mühen der Mütter zu sagen. Entscheidender aber als die kleinen Zeichen des Tages (etwa die Bereitung des Frühstücks durch die Kinder) ist die Frage nach dem grundsätzlichen Miteinander in der Familie, nach dem Aufteilen der Lasten und Dienste, nach den Rollen der Partner und denen von Eltern und Kindern. So kann den Müttern wahrscheinlich durchgreifender und besser geholfen werden als durch einen »gemütlich« gestalteten Tag.

So erweist sich vor allem eine Deutung dieses Tages als überlegenswert, die den Tag nicht allein auf die Mütter bezieht, sondern auf das Miteinander in den Familien allgemein, die also Väter und Kinder ebenso einbezieht. Es geht also um einen »Elterntag« oder mehr noch um einen »Familientag«. Ein solcher Tag kann dann auch ein Gegengewicht zu dem kurz danach folgenden »Vatertag« (Himmelfahrt, vgl. C 33) mit seinem fragwürdigen Brauchtum sein.

Von diesen Gedanken her haben wir als neutestamentliche Lesungen zwei Texte ausgesucht, die die Liebe zwischen den Menschen thematisieren und die nicht allein auf die Liebe der Mütter zu ihrer Familie, sondern auf die gegenseitige Liebe aller Familienmitglieder zu beziehen sind. Auch das Stichwort Fußwaschung passt in diesen Zusammenhang. Sowohl die Markusstelle von den Verwandten Jesu wie die johanneische Szene unter dem Kreuz verweisen darauf, wie der Glaube ein Band zwischen Menschen sein kann. Dies gilt auch für die Familie.

Gestaltungsideen für den Gottesdienst

– *Ein etwas anderer Blumenstrauß:* Am Muttertag sind Blumen ein verbreitetes Geschenk. Sie drücken Dankbarkeit, Liebe und Verbundenheit aus. Dies kann im Gottesdienst durch eine Zeichenhandlung in Erinnerung gerufen werden, bei der zuerst ein Blumenstrauß einer Mutter geschenkt wird. Dann aber wird ein zweiter »Strauß« überreicht, der nicht aus Blumen besteht, sondern aus einzelnen, an kleinen Stäben befestigten Gutscheinen mit etwa folgenden Aufschriften: einmal gründliches Aufräumen der Küche, einmal Frühstück ans Bett gebracht, einen Abend Zeit ganz für dich ... Beispiele für solche Gutscheine können vorab in einem Familienkreis oder einer Kindergruppe überlegt werden. Ergänzend ist möglich, dass man weitere kleine Gutscheine mit der Aufschrift »Ein Wunsch frei ...« an die anwesenden Kinder verteilt und sie auffordert, diese Gutscheine ihren Müttern (vielleicht auch den Vätern) zu bringen.

– *Nur junge Bäume brauchen Stützen:* Das Verhältnis von Eltern und Kindern und damit auch das Thema Rollen in der Familie kann durch eine Zeichenhandlung verdeutlicht werden, die den Weg der Kinder in die Selbständigkeit aufzeigt: Ein junger Baum mit einem Stützpfahl wird gezeigt. Er braucht den Pfahl, um sicher und gerade groß zu werden. Je älter und stärker er wird, um so weniger wird dieser Pfahl gebraucht, um so besser kann er auch im Sturm allein stehen. Dies ist ein mögliches Bild für die Aufgabe von Eltern bei der Erziehung ihrer Kinder. Sie sollen, solange es nötig ist, Stützpfahl ihrer Kinder sein. Dieses Bild muss allerdings durch andere Aspekte der Eltern-Kind-Beziehung (etwa den der gegenseitigen Liebe) ergänzt werden.

– *Das Geschenk:* Ein schön verpackter Geschenkkarton wird gezeigt, die Kinder sollen raten, was sich als Geschenk für die Mütter darin verbergen mag. Diese Aufgabe wird erweitert: Dieses Geschenk passt ohne Unterschiede für jede Mutter, ganz gleich, welche Vorlieben und Interessen sie hat. Nach dem – ergebnislosen – Raten wird der Karton geöffnet und ein Schild entnommen: »Mutter, wir schenken dir Liebe.«

– *Das Band der Liebe:* Um das gegenseitige Band der Liebe in der Familie zu deuten, wird ein Ehering gezeigt: Er symbolisiert die Verbindung zweier Partner. Eigentlich brauchen wir einen »Familienring«, den Eltern und Kinder miteinander tragen können – Zeichen der Verbindung und Liebe zwischen allen in der Familie.

– *Was uns verbindet:* Die Familienmitglieder verbindet nicht allein ein Stück gemeinsame Lebensgeschichte, sondern auch manche Erfahrung, vielfältige Werte, gemeinsame Interessen, das Lebensumfeld und anderes mehr. Ein besonderes Band der Liebe, das Menschen treu zueinander stehen lässt, ist der gemeinsame Glaube. Wenn Menschen sich miteinander auf Gott und Jesus ausrichten, schafft dies ein Band der Liebe. Dies kann etwa durch ein Schmuckband verdeutlicht werden, auf dem Kreuze gemalt sind und mit dem eine Beispielfamilie »zusammengebunden« wird.

Weiterführung nach dem Gottesdienst

Die Kinder, aber auch die Eltern, können – passend zum ersten Vorschlag – ermuntert werden, sich gegenseitig einen solchen Gutschein-Strauß zu schenken.

Das Stichwort »Stützpfahl« kann ein Anstoß für ein Gespräch in den Familien über das Verhältnis Eltern-Kinder sein – durchaus ein Thema für einen Muttertag, der zu einem guten Miteinander in der Familie beiträgt.

Zum dritten Vorschlag muss in den Familien konkretisiert werden, wie sich dieses »allgemeine Geschenk« zum Wohle aller gestalten lässt.

Zu den letzten beiden Vorschlägen schließlich kann ein entsprechendes Stück Band übergeben werden. Vielleicht flechten sich Familien auch aus Wollfäden solche Bänder in Art der Freundschaftsbändchen.

(C 66) Ferienbeginn

Zu den Schrifttexten

Ps 104: *Lobe den Herrn, meine Seele.* (Eventuell einige Verse als Kurzfassung.) Das Schöpfungslied in Psalm 104 ist einer der großen Texte des Psalters. Anders als in dem mehr »intellektuellen« Schöpfungsbericht in Gen 1 (vgl. C 26) werden hier die Schöpfungswerke in einem großen Loblied aufgeführt – folgerichtig rahmt die Kernaussage dieses Lied: »Lobe den Herrn, meine Seele.« Entsprechend dem damaligen Weltbild und durchsetzt mit vielerlei Vorstellungen des Orients und seiner Mythen werden nacheinander die Schöpfungswerke genannt: der Himmel (Vers 2-4), die Erde (Vers 5-9), das Leben auf der Erde (Vers 10-18), Mond und Sonne (Vers 19-23), das Meer (Vers 25-26). Es schließt sich ein Abschnitt an, der von der Erhaltung des Lebens durch Gott kündet (Vers 27-30). Den Ausklang bildet ein großes Gotteslob. An diesem Psalm wird in besonderer Weise deutlich, dass die Psalmen das »Gebet- und Liederbuch« Israels waren und es für die Kirche bis auf den heutigen Tag sein können.

Gen 9,12-17): *Der Bogen als Bundeszeichen.* (Vgl. B 18: Gen 9,8-15.) Am Schluss der Noach-Geschichte steht die Erzählung vom Bundesschluss, auf die der ganze Text hinausläuft. Gott lässt den Tod und das Verderben der großen Flut nicht das letzte Wort haben, sondern schließt einen neuen Bund mit den Menschen, für die Noach hier stellvertretend steht. Gott setzt gegen Unheil neues Heil, gegen Schuld Barmherzigkeit, gegen den Tod neues Leben. Diese Zuwendung Gottes wird durch das Zeichen des Regenbogens gedeutet, der Menschen zu allen Zeiten fasziniert hat. Er ist eine Brücke zwischen Gott und den Menschen, er macht zugleich die Farbigkeit und bunte Vielfalt der Schöpfung deutlich, er symbolisiert von Gott geschenktes Leben. Der Regenbogen wird auch in Situationen der Bedrängnis (der »Überschwemmung«) zum Hoffnungszeichen, das Menschen aufrichten kann. Dies lässt sich unabhängig von aller mythologischen Erzählweise der biblischen Urgeschichte auch heutigen Menschen verständlich machen.

Mk 6,30-32: Sie fuhren in eine einsame Gegend. (Vgl. B 46.) Der kleine Textausschnitt ist nur in seinem Zusammenhang verständlich: Unmittelbar danach kommt die Volksmenge zu Jesus in die Wüste, es folgt die Erzählung von der großen Speisung, in der sich Jesus als der gute Hirte erweist, der den ihm Anvertrauten Nahrung und Leben schenkt. So gewinnt auch das Fortgehen an einen einsamen Ort und die Sammlung der zwölf Apostel eine neue Sicht: Die Zwölf bilden den Kern des neuen Gottesvolkes, sie repräsentieren Israel. Der Weg in die Einsamkeit ist der Weg in die Wüste, dem Ort der Gottesbegegnung und Gotteserfahrung. Jesus versammelt also die Zwölf und das Volk in der Wüste wie vor ihm Mose. Wie Gott damals sein Volk mit Manna gespeist hat, so speist Jesus das neue Volk Gottes mit seinem Brot. Wie Mose damals die Menschen zur Gemeinschaft untereinander (ein Volk) und mit Gott (der Gott des Bundes) geführt hat, so bildet Jesus aus den Menschen, die ihm folgen, die neue Gemeinschaft des Volkes Gottes, das miteinander auf dem Weg ist.

Schrifttext und Familien mit Kindern

Der Ferienbeginn ist nicht allein für die (Schul-) Kinder ein bedeutsames Datum, sondern auch für die Erwachsenen. So ist es gut, den Aufbruch in die Ferien auch in einem Familiengottesdienst zu thematisieren. In diesen Gottesdiensten geht es ja darum, Leben von Familien heute und die Botschaft des Glaubens miteinander in eine fruchtbare Verbindung zu bringen. Dazu bietet der Ferienbeginn eine gute Gelegenheit.

Ferien sind für die meisten Familien eine Möglichkeit, dem Alltag zu entkommen, neue Erfahrungen zu machen, die Welt in ihrer Vielfalt und auch Fremdheit neu zu entdecken, neue Beziehungen aufzunehmen, vor allem aber zu Ruhe und Stille zu finden. Es geht also nicht allein um die körperliche Erholung, sondern ebenso um das Auftanken des ganzen Menschen, um ein Baumeln-Lassen der Seele, um innere Harmonie und ein neues Gleichgewicht. An diesen Stellen können Religion und christlicher Glaube eine wesentliche Rolle spielen.

Entsprechend diesen Gedanken sind die drei möglichen Schrifttexte ausgesucht. Der erste Text macht ebenso wie andere Schöpfungspsalmen (etwa Psalm 8 oder auch der Lobgesang der drei Jünglinge im Feuerofen, Dan 3,51-90), aber auch wie der erste Schöpfungsbericht (vgl. C 26) auf die Vielfalt und Schönheit der Schöpfung aufmerksam. Glaubende Menschen betrachten die Erde und das Leben darauf im Blick auf Gott, den Schöpfer, und empfinden die Werke der Schöpfung als Geschenk, als Gabe des guten Gottes. So kann ein Hinweis des Glaubens im Blick auf die kommenden Ferien darin liegen, dass die Sinne geschärft werden, die Schönheit der Schöpfung wahrzunehmen und dafür dankbar zu werden.

Daran schließt sich der Text vom Regenbogen an. Der Bogen wird zum einen von seinen bunten Farben her als Sinnbild der Vielfalt der guten Schöpfung gedeutet. Zum anderen verweist er auf die Bindung des Menschen an Gott – er ist Bundeszeichen. Dies ist für heutige Menschen schwerer verstehbar, kann aber dennoch im Gottesdienst thematisiert werden: Gott bindet sich an uns Menschen; wir sind aufgerufen, ebenfalls zu diesem Bund zu stehen.

Die Perikope des Markusevangeliums geht von ihrem Zusammenhang her natürlich in eine andere Richtung als die von Ruhe und

Entspannung, von Ferien und Erholung (s.o.). Dennoch kann sie in diesem Zusammenhang ausgewählt werden, weil in ihr eine Situation anklingt (»nicht einmal mehr Zeit zum Essen«), die vielen Menschen in einer hektischen Zeit nicht fremd ist. Die Berechtigung, aus dieser Hektik und dem Alltagsstress auszubrechen und zur Ruhe, zur Stille und zu tieferen Werten zu gelangen, ist diesem Text durchaus zu entnehmen. Damit ist eine Brücke zwischen dem Evangelium und der Situation der Familien geschlagen.

Gestaltungsideen für den Gottesdienst

– *Vergrößerungsglas und Fernglas:* Die »Wunder« der Schöpfung wahrzunehmen fällt uns oft schwer. Wir müssen oft lernen, die Welt mit »neuen« Augen zu sehen, tiefer und weiter sehen zu lernen, um die vielen Einzelheiten, aber auch die großen Zusammenhänge zu erkennen. Dies soll durch die beiden Gegenstände Vergrößerungsglas und Fernglas symbolisiert werden. Das Vergrößerungsglas macht uns auf die vielen kleinen Dinge aufmerksam, auf die Struktur und die Farbschattierungen einer Blüte, auf die Maserung von Holz und Stein, auf die Gestalt eines Insekts ... Das Fernglas lässt uns in die Weite blicken, zum Horizont hin, auf die Größe der Berge und die Weite des Meers ... Solche Beispiele werden im Gespräch mit den Kindern gesammelt. Der Gottesdienst schließt mit dem Wunsch, dass alle in den Ferien Augen haben mögen wie ein Vergrößerungsglas und wie ein Fernglas und dass sie so zum Dank für alles bereit werden.

– *Der bunte Regenbogen:* Die sieben Farben des Regenbogens werden auf verschiedene Schöpfungswerke gedeutet. Möglich ist etwa: Rot – Feuer; Orange – Früchte und Blumen; Gelb – Sonne; Grün – Pflanzen; (Hell-)Blau – Wasser; Indigo (Dunkelblau) – Himmel; Violett – Menschen. Die sieben Farben gehören zusammen, ergeben erst miteinander den Bogen, die vielen einzelnen Dinge unserer Erde ergeben zusammen die gute Schöpfung Gottes. In den Ferien können wir vieles davon aufmerksamer als sonst wahrnehmen oder gar neu kennenlernen. Ein ausführliches Dankgebet folgt, dabei werden bunte Tücher in den Regenbogenfarben auf dem Altar drapiert.

– *Zur Stille finden:* Blickt man in einen Brunnen (oder Teich, Bach), dessen Wasser durch einen hineingeworfenen Stein unruhig ist, so kann man nichts entdecken. Blickt man jedoch in einen Brunnen mit ruhigem Wasser, so kann man sich selber darin erkennen. Ähnlich ist es mit unserem Leben: Nur in der Stille kann man zu sich selber finden und zum Sinn von allem gelangen. Die Ferien bieten eine Chance dazu.

– *Mit und ohne Uhr:* In den Ferien kann man einmal ohne Uhr leben, ohne Zwang und Druck, ohne Termine und Verpflichtungen. Doch die Uhr kann zum Ferienbeginn einen weiteren Gedanken aufzeigen: In den Ferien können wir mehr als sonst Zeit füreinander haben, wir können einander Zeit schenken. Eine große Uhr (etwa aus Pappe) kann beide Gedanken veranschaulichen.

– *Vor Gott spielen:* In den Ferien ist für alle mehr Zeit zum Spielen. So haben wir Grund zur Freude und zur Dankbarkeit. Dies wird in einem großen Lob- und Dankgebet ausgedrückt.

Weiterführung nach dem Gottesdienst

Zum ersten Vorschlag können die Kinder aufgefordert werden, Bilder von ganz kleinen und von ganz großen Dingen zu sammeln. Vergrößerungsglas und Fernglas sollten zudem in den Ferienkoffer gepackt werden.

Zum Thema Regenbogen können sie ermuntert werden, Bilder in den sieben Farben zu malen, auf denen sich jeweils Beispiele für die zur Farbe genannten Dinge befinden.

Ein Meditationsbild von einem ruhigen Wasser kann zur Erinnerung an den Gottesdienst ebenso übergeben werden wie die Zeichnung einer Uhr oder eines Gesellschaftsspiels.

(C 67) Schulanfang

Zu den Schrifttexten

Gen 12,1-2: *Ich will dich segnen – ein Segen sollst du sein.* (Vgl. A 19.) Abraham ist Vater des Glaubens, Modell des glaubenden Menschen und damit Vorbild für Juden, Christen und Moslems. Der Glaube des Abraham bedeutet ein unbedingtes Vertrauen auf die Führung Gottes, darauf, dass Gott ihn auf dem Weg durch das Leben begleitet und letztlich alles zum Guten wendet. Dieser Glaube ist Abraham deshalb möglich, weil er sich von Gott berufen weiß, von ihm angesprochen, von ihm gesegnet. Gott ruft den Abraham aus seiner gewohnten Umgebung heraus und segnet ihn. Segen bedeutet ein Heilwerden in jeder Weise: in den Beziehungen zu Gott und den Menschen, in den Lebensumständen materieller und geistiger Art ... So gesegnet kann Abraham dann selber zum Segen für andere werden, er kann das selbst empfangene Heil an andere weiterschenken. Abrahams Glaube lebt vom Aufbruch, vom Weg in etwas Neues hinein, vom Mut, mit Ausdauer und Vertrauen voranzuschreiten. Auch in diesem Mut zum Aufbruch wird er uns zum Vorbild.

Koh 3,1-8: *Alles hat seine Stunde.* (Eventuell Verse in Auswahl.) Das Buch Kohelet gehört zur Weisheitsliteratur Israels. Zusammen mit dem Buch Ijob betont es die Brüchigkeit und Nichtigkeit des Lebens – für den Autor ist alles, was auf der Erde geschieht, nur ein vergänglicher »Windhauch«. Zudem erfährt sich der Mensch auch von einer anderen Seite aus als begrenzt: Vieles geschieht einfach ohne sein Zutun, ja viele Dinge laufen gegen seinen Willen, ohne dass er irgendetwas daran ändern kann: »Alles hat seine Stunde.« So bleibt dem weisheitlichen Verfasser nichts anderes übrig, als alles hinzunehmen, das Positive ebenso wie das Negative im Leben, die Freude ebenso wie das Leid, das Entlastende wie das Belastende, die Ruhe wie die Arbeit.

Mt 25,14-30: *Das Gleichnis von den Talenten.* (Vgl. A 63.) In diesem Kapitel finden sich drei Gleichnisse, die vom Verhalten des Christen im Blick auf das Himmelreich, auf die eschatologische Vollendung, künden: das Gleichnis von den zehn Jungfrauen, das zur beständigen Wachsamkeit aufruft, das Gleichnis von den Talenten und das große Gleichnis vom Weltgericht, das die Hilfe für den Nächsten zum Kriterium für die Erlangung des kommenden Heils macht. Das Gleichnis von den Talenten verlangt verantwortliches Handeln aus ganzem Einsatz heraus. Je nach den unterschiedlichen – Fähigkeiten muss der Christ sich entsprechend dem Willen Gottes einsetzen. Dann wird er sein Ziel erlangen, die Freude, am Hochzeitsmahl des Herrn teilnehmen zu dürfen.

Schrifttext und Familien mit Kindern

Der Schulbeginn nach den großen Ferien ist nicht allein für die Schulkinder wichtig, sondern auch für ihre Familien. Der Tagesablauf geschieht wieder in den gewohnten Bahnen, der Freiraum für gemeinsame Unternehmungen wird geringer, die Arbeit und oft Mühe des Alltags spannt Eltern wie Kinder ein.

Zudem beginnt nach den großen Ferien ein neues Arbeitsjahr nicht allein für die Schule, sondern auch in vielen Bereichen des Berufslebens und in der christlichen Gemeinde (deutlich unter anderem durch den Beginn des neuen Kommunionkurses kurz nach den Ferien). So liegt es nahe, dass dieser Neubeginn auch seine Erwähnung in einem Familiengottesdienst findet.

Dabei geht es im Blick auf die Kinder vor allem darum, ihnen Mut zu machen für ein neues Jahr. Sie sollen aus dem Vertrauen neu aufbrechen können, dass sie nicht allein sind, sondern mit dem Schutz und Segen Gottes rechnen können. Deshalb schlagen wir als eine mögliche Lesung die Perikope aus Genesis 12 vor.

Ferner geht es darum, ihnen einsichtig zu machen, dass zum Leben der Menschen nicht nur Urlaub und Freude, sondern auch Arbeit und manche Last gehört – für Kinder bedeutet dies Mühen und Ängste in der Schule. Sicher können wir viel tun, um unsere Welt und auch die Lebensbereiche von Familie, Nachbarschaft und Schule wohnlicher zu machen. Dennoch bleibt Belastendes und Negatives im Leben. Der Abschnitt aus dem Buch Kohelet zielt in diese Richtung.

Ein dritter Gedanke geht dahin, dass Menschen unterschiedliche Fähigkeiten haben, die sie für ihren eigenen Weg, aber auch zum Wohl anderer nutzen sollen. Sinnvolles, das heißt auf ein letztes und endgültiges Ziel hin ausgerichtetes Leben kann nur aus dieser Verantwortung gestaltet werden. Das Gleichnis von den Talenten ist an dieser Stelle ein Anstoß, über die eigenen Fähigkeiten und Möglichkeiten verantworteter Lebensgestaltung nachzudenken.

Gestaltungsideen für den Gottesdienst

– *Durch ein Tor in ein weites Land:* Die Aufbruchsituation des Abraham wird durch ein Tor (eine Tür) symbolisiert, durch das man hindurchschreiten muss, um neues Land zu gewinnen, um einen neuen Abschnitt des Lebensweges zu begehen. Für viele Kinder ist der Neubeginn nach den Ferien auch wie eine Tür, die man öffnen muss. Dies gilt besonders für die Kinder, die neu eingeschult werden oder die die Schule wechseln. Aber auch neue Lehrer, neue Unterrichtsthemen oder eine veränderte Klassenzusammensetzung stellen manchmal für Kinder »verschlossene Türen« dar, die ihnen Sorgen und Ängste machen können. So liegt der Tenor dieses Gottesdienstes darin, unter Berufung auf das Beispiel des Abraham Mut zu machen: Du gehst diesen Weg nicht allein – Gott geht mit dir. (Vgl. dazu auch Jos 1,9: »Sei mutig und stark. Fürchte dich nicht, denn Gott ist mit dir, bei allem, was du unternimmst.«)
– *Wie ein Klumpen Ton:* Wenn man etwas Neues anfängt, dann bedeutet dies Mühe und Einsatz, aber auch die Möglichkeit, mit den eigenen Kräften etwas zu schaffen und zu gestalten. Dies lässt sich mit einem Klumpen Ton (Knete ...) vergleichen, aus dem man etwas formen kann. Aus dem neuen Schuljahr können wir etwas formen. Dies ist vielleicht nicht immer leicht, auch beim Töpfern braucht man Geduld. Ein beständiges Arbeiten ist nötig, damit etwas Sinnvolles und Schönes entstehen kann. Mühe und Anstrengung gehören zum Leben ebenso wie Freude über das, was uns gelingt. Passend dazu ist die Lesung aus Kohelet.
– *Wie ein leeres Buch:* Ähnliche Aussagen macht der Vergleich des neuen Schuljahres mit einem leeren Buch, in das wir die unterschiedlichsten Dinge eintragen können. Je nach unseren Fähigkeiten wird dieses Buch am Ende des Jahres unterschiedlich aussehen. Es geht darum, die eigenen »Talente« für dieses »Buch des Lebens« möglichst gut zu nutzen. Das Gleichnis von den Talenten ist hierzu eine gute Erinnerung. Dabei kann auch darüber nachgedacht werden, welche Talente der Einzelne hat – jeder hat unterschiedliche Gaben – es gilt, sie zum eigenen und zum fremden Wohl einzusetzen.

Weiterführung nach dem Gottesdienst

Passend zum ersten Vorschlag kann den Kindern ein kleines, doppelt gefaltetes Blatt gegeben werden. Auf der vorderen Hälfte ist eine Tür gezeichnet, die man öffnen kann, dahinter findet sich dann der Kernsatz der Abrahamgeschichte (»Gott segnet dich – sei nun selber ein Segen«) oder der Spruch aus dem Buch Josua.

Als Erinnerung an den zweiten Vorschlag kann den Kindern ein wenig Ton mitgegeben werden. Sie können zu Hause daraus etwas formen und dies dann wieder zum Gottesdienst mitbringen.

Zum dritten Vorschlag kann ihnen ein kleines Oktavheft gegeben werden, in das sie im kommenden Jahr Wichtiges eintragen können.

(C 67) Schulanfang

(C 68) **Erntedank**

Zu den Schrifttexten

Joël 2,23-27: *Der Herr gibt euch Nahrung.*
Die für Israel wichtigste Glaubensaussage ist die, dass Gott mit dem Volk auf dem Weg ist und sich in der Geschichte des Volkes durch sein erbarmendes Handeln immer wieder zu erkennen gibt. Dieses Handeln Gottes bedeutet in der Regel ein befreiendes Wirken, das gegen die Unterdrückung durch fremde Mächte (etwa Israel in Ägypten) oder gegen die eigene Schuld des Volkes vorgeht. Hier nun finden wir einen der wenigen alttestamentlichen Texte, der dieses Handeln Gottes mit den Gaben der Ernte in Verbindung bringt. Der Prophet Joël wirkte im 5. oder 4. Jahrhundert. In seiner Zeit gab es eine Heuschreckenplage, die die Existenz des Volkes durch eine ausgefallene Ernte bedrohte. Joël ruft das Volk zu Buße und Umkehr auf (»Zerreißt eure Herzen«) und gibt ihm die Verheißung der Erhörung durch Gott: »Er gibt euch Nahrung ...« So kann Israel neu zum Bekenntnis des guten Gottes finden.

Gen 1,1-2,2: *Der erste Schöpfungsbericht.* Vgl. C 26.

1 Tim 6,17-19: *Ein Schatz für die Zukunft.* In den Pastoralbriefen (1 und 2 Tim und Tit) werden in der nachpaulinischen Zeit, aber in paulinischem Geist und unter Berufung auf ihn Ermahnungen an die Hirten der Gemeinden gegeben, wie sie aus christlichem Geist heraus ihre Gemeinden führen sollen. Dies bedeutet zum einen verschiedene Ansprüche an die persönliche Lebensführung, zum anderen konkrete Anweisungen für die Pastoral wie in dieser Perikope. An vielen Stellen sowohl der Evangelien (besonders bei Lukas) wie auch anderer neutestamentlicher Schriften geht es um die Frage nach Besitz und dem Umgang mit dem Geld. Dies ist nicht nur eine praktische Frage, sondern eine Frage des Glaubens insofern, als sich daraus ergibt, auf was der Mensch seine Hoffnung setzt: auf Geld oder Gott. Am Schluss des Briefes an Timotheus steht die Aufforderung, sich einen Schatz zu erwerben, der für die Zukunft gilt und ewiges Leben schenkt – einen Schatz, der durch Teilen, Freigiebigkeit und gute Werke zustande kommt.

Lk 17,11-19: *Das Gleichnis von den zehn Aussätzigen.* Vgl. C 58.

Lk 12,15-21: *Das Gleichnis vom reichen Bauern.* Vgl. C 48.

Schrifttext und Familien mit Kindern

Das Erntedankfest hat besonders in der städtischen Bevölkerung – verglichen mit Weihnachten oder Ostern – keinen hohen Stellenwert. Im ländlichen Bereich gibt es dagegen noch vielfältiges Brauchtum mit Ernteumzügen, Erntesegen, besonderen Gottesdiensten ... Auch wird häufig ein Gabenaltar mit Früchten, Ähren und Gemüse aufgebaut.

Alle Religionen kennen Feste als Dank für die Früchte der Erde. Wachstum und Ernte werden von Menschen als Geschenk erfahren, das sie trotz der Mühe der eigenen Arbeit nicht erzwingen können. In einer veränderten und industrialisierten Gesellschaft, in der rund um das Jahr alle Lebensmittel in jeder Vielfalt verfügbar sind, geht uns dieser Bezug zunehmend verloren.

Das Erntedankfest braucht deshalb neue Akzente: Zum einen ist das Staunen über unsere Welt und ihre Vielfalt neu zu lernen. Dieses Staunen kann zum Dank weiterleiten – es ist eben nichts selbstverständlich, alles ist Geschenk. Bei Kindern ist diese Haltung leichter zu wecken, doch auch Erwachsene sollten von den Einstellungen der grundsätzlichen Machbarkeit aller Dinge und der Verfügbarkeit über alle Güter zu einer anderen Haltung geführt werden.

Dies führt weiter zu einer Besinnung, dass auch unser Wohlstand nicht gesichert ist (vgl.

1 Tim. »ungesicherter Reichtum«). Mehr noch, selbst größter Reichtum bedeutet für den Menschen keineswegs glückendes Leben. Das Vertrauen auf eigene Kraft und eigenen Besitz kann für den Menschen nicht das letzte im Leben sein. Hier stellt das Erntedankfest eine deutliche Kritik an der heutigen Lebenswelt dar.

Die Dankbarkeit für die Gaben der Erde und die Besinnung darauf, dass das wirklich Wichtige im Leben Geschenk ist, führt weiter zu einer Haltung der Verantwortlichkeit.

Das »Brot unseres Lebens« soll zum »Brot für die Welt« werden.

Die ausgewählten Schrifttexte greifen diese Gedanken auf: Der biblische Schöpfungsbericht und der Prophetentext des Joël weiten den Blick auf die Gaben der Erde und ermuntern zur Dankbarkeit. Dazu fordert auch das Gleichnis von den zehn Aussätzigen auf. Der Timotheusbrief und auch das Gleichnis vom Bauern warnen vor dem Vertrauen in Besitz und Reichtum. Es gibt andere Schätze.

Gestaltungsideen für den Gottesdienst

– *Wofür wir alles zu danken haben:* Die traditionelle Gestaltung des Erntedankfestes führt zum Dank für die Gaben der Erde, für Früchte und Korn. In einer mehr städtischen Gesellschaft ohne direkten Bezug zu bäuerlichem Leben sollte der Dank erweitert werden: Dies gilt zum einen für Früchte etc., die aus anderen Ländern zu uns kommen (also Dank für Bananen, Kiwis ...), dies gilt für von der Lebensmittelindustrie weiterverarbeitete Nahrungsmittel (also Dank für Schokolade, Nudeln ...), dies gilt aber auch für andere Dinge, auf die der Mensch angewiesen ist (also Dank für Kleidung und Wohnung, für Schulbücher und Spielzeug ...). Es kann im Gottesdienst eine Gabenprozession gestaltet werden, bei der auch solche Dinge (oder wie bei der Wohnung entsprechende Symbole oder Bilder) nach vorn gebracht und zu einem Gabenaltar zusammengestellt werden.

– *Gabenprozession:* Die Prozession mit den Gaben sollte in jedem Fall im Mittelpunkt eines Gottesdienstes zum Erntedank stehen. Möglichst viele Kinder sollten dabei mitwirken können. Vielleicht können sie Gaben aus unterschiedlichen Ländern auch in verschiedenen Trachten bringen. Auch ist rund um den Altar ein Gabentanz möglich.

– *Dank nicht nur für die Erde:* Am Beispiel eines Fruchtjoghurts kann aufgezeigt werden, wie viele Menschen zusammenwirken müssen, damit wir etwas genießen können: Vom Bauern über die Molkerei, vom Gärtner (etwa Erdbeeren) über die Beschäftigten eines verarbeitenden Betriebes, von der chemischen Industrie (Erdöl für Becher) bis zur Verkäuferin im Laden wirken ungezählte Menschen mit. Der Dank dieses Festes kann einmal in dieser Richtung gedeutet werden.

– *Danken und Teilen:* Dank verpflichtet zur Verantwortung füreinander. Dies kann dadurch sichtbar gemacht werden, dass die vielen Gaben eines Gabenaltars nach dem Gottesdienst miteinander geteilt werden. Ebenso können sie aber auch von den Kindern in eine soziale Einrichtung gebracht werden. Ebenso lässt sich das Erntedankfest mit dem Teilen dadurch verbinden, dass eine pfarrinterne Hilfsaktion (für Notleidende in der Gemeinde oder in anderen Ländern) durchgeführt wird: Unser Brot wird zum Brot für die Welt (vgl. das evangelische Hilfswerk).

Weiterführung nach dem Gottesdienst

Manche Gemeinden veranstalten nach dem Gottesdienst ein gemeinsames Frühstück mit den von allen Familien mitgebrachten Gaben. Möglich ist auch, dass die Gaben nach dem Gottesdienst von den Kindern oder einzelnen Familien in soziale Einrichtungen gebracht werden: Kinderheim, Altenheim ... In den Familien kann aus Anlass des Erntedankfestes das Danken für die unterschiedlichsten Dinge des Lebens zum Thema werden. Das Tischgebet in der Familie kann ebenfalls durch dieses Fest neue Impulse erhalten.

(C 69) St. Martin

Zu den Schrifttexten

Jes 61,1-3: Der Geist des Herrn ruht auf mir. (Vgl. B 3.) Der letzte Teil des Jesajabuches (»Tritojesaja«) ist von einem unbekannten Propheten nach dem Exil geschrieben, der sich gemäß damaligem Brauch auf die Autorität des (ersten) Jesaja beruft. Der Prophet verkündet eine Heilsbotschaft: Gott greift ein, um die Not seines Volkes zu wenden, um ihm neu Heil und Hoffnung zuzusprechen. Diese Botschaft gilt besonders den Armen im Volk, denen, deren Herz durch Unheil und Bedrängnis zerbrochen ist. Das Volk darf sich über Gott, seinen Retter, freuen – Jubel statt Trauer. Der Prophet weiß sich für seinen Auftrag von Gott gestärkt. Mit Gottes Geist beschenkt wird er gesandt. Dies wird durch den Ritus der Salbung deutlich. Die Geistübertragung durch Salbung geschieht im Alten Testament vor allem an Könige, dann auch an Propheten und Priester, also an alle, die in einem besonderen Auftrag Gottes handeln. Im Lukasevangelium wird diese Stelle des Jesaja zitiert (Lk 4,16-21) und von Jesus auf sich bezogen (vgl. C 12). Christen lesen diesen Text im Blick auf Taufe und Firmung und beziehen ihn auf alle, die durch diese beiden Sakramente zu einem Leben als Christ berufen sind.

Mt 25,31-40: Das »Gleichnis« vom Weltgericht. (Erster Teil.) Die Weltgerichtsrede steht am Ende des öffentlichen Auftretens Jesu und am Ende der letzten Redekomposition des Matthäus. Von da aus gewinnt dieser Text innerhalb des Evangeliums eine besondere Bedeutung. Er fasst die bisherigen Aussagen in einer eindrucksvollen Weise dadurch zusammen, dass er als eschatologische, endzeitliche Rede das betont, was vom Christen als Quintessenz christlichen Glaubens zu leben ist. Entsprechend der Botschaft Jesu (vgl. die Seligpreisungen der Bergpredigt) geht es um die Barmherzigkeit, die der Christ aufgrund der erfahrenen Barmherzigkeit Gottes nun selber anderen erweisen soll. Die Endzeitrede konkretisiert diese Barmherzigkeit in sechs Werken, die wohl die entscheidendsten Werke der Liebe sind, die aber stellvertretend auch für andere Verwirklichungsweisen der Barmherzigkeit stehen können. Jesus identifiziert sich mit den Armen und Geringen, den Hungernden und Gefangenen, mit den auf unterschiedliche Weise Bedrängten. Wer solchen Menschen beisteht, erfährt darin Begegnung mit dem Herrn. Wer ihnen hilft, erlangt Zugang zum versprochenen Reich Gottes, zum endgültigen Heil.

Schrifttext und Familien mit Kindern

Das Martinsfest wird nahezu überall mit Umzügen und allerlei Brauchtum gefeiert, selbst von Menschen, die christlichem Glauben eher fernstehen. Dies liegt zum einen an der alle Menschen ansprechenden Symbolik von Licht und Dunkelheit, die an diesem Fest aufgegriffen wird. Dies liegt zum anderen sicher auch an der Gestalt des Martin, eines Heiligen, der wahre Mitmenschlichkeit und Barmherzigkeit zeigte und so zum Vorbild wurde.

Dabei konzentriert sich der Blick allerdings auf die, zudem legendäre, Erzählung vom Mantelteilen. Das gesamte Leben des Martin von Tours ist kaum bekannt. Martin,

etwa 316 geboren, war Soldat im römischen Heer. Er erkennt (nach der Mantelteilung), dass er in den Armen Christus begegnen kann, verlässt die Armee, lässt sich taufen und gründet einige Zeit später das erste Kloster in Gallien. Dort gewinnt er durch Rat und Tat das Ansehen der Bevölkerung, das Volk von Tours wählte ihn zum Bischof der Stadt (vgl. die Legende von den Martinsgänsen). Fast dreißig Jahre lang leitete er dieses Bistum und zeichnete sich durch Missionierung, Stärkung des geistlichen Lebens und durch soziale Gerechtigkeit aus. So wird eine große Linie seines Lebens sichtbar: Aus der Bindung an Christus heraus für die Menschen da sein.

Wenn Martin heute verehrt wird, dann sollte man nicht die einzelne »Tat« dieses Heiligen bei der Mantelteilung herausstellen, sondern seine grundlegende Auffassung vom Leben als Christ, sein Umsetzen dieser Auffassung in ein lebenslanges Wirken der Verkündigung, der Gottes- und Nächstenliebe. Darin ist er ein vorbildlicher Mensch, dem nachzueifern sich lohnt.

Die beiden Schrifttexte greifen genau diesen Gedanken auf. In der alttestamentlichen Lesung wird die Berufung und Sendung eines Menschen (eines Propheten, eines Heiligen, eines jeden Christen ...) auf die Beauftragung durch Gott und auf die Stärkung mit Gottes Geist zurückgeführt. Der bei Taufe und Firmung gesalbte und mit dem Geist gestärkte (Firmung) Christ sollte sich mit gleichem Einsatz wie Martin um Gottes- und Nächstenliebe bemühen.

Das Evangelium vom Weltgericht ist vermutlich wegen des Werkes, Nackte zu bekleiden, für den Martinstag ausgewählt worden (vgl. die Mantelteilung). Doch klingt in allen in der Weltgerichtsrede genannten Werken der Barmherzigkeit die Grundlinie des Lebens von Martin an. Damit wird dieser Text am Martinstag zu einer Aufforderung an alle, sich wie Martin an diesem Evangelium zu orientieren.

Gestaltungsideen für den Gottesdienst

– *Der Martinszug:* Manche Gemeinden treten selber als Veranstalter des Martinszuges auf, in anderen sind dies Dorfvereine, Grundschule oder Kindergarten. In jedem Fall sollte versucht werden, auf die Gestaltung des Zuges Einfluss zu nehmen, damit er nicht nur traditionelle Folklore bietet (mit anschließendem Bettelgang der Kinder), sondern zumindest einige Impulse setzen kann, die Gestalt des Martin zum Vorbild für eigenes Verhalten zu nehmen. In manchen Gemeinden hat sich dabei bewährt, den Zug mit einem kleinen Wortgottesdienst in der Kirche beginnen zu lassen. Die Fackeln der Kinder geben dem ansonsten dunklen Kirchenraum eine besondere Atmosphäre; die Gemeinschaft der Versammelten wird deutlicher als beim langen Zug; Lieder und Gebete sind für alle verständlich. Bei diesem kurzen Gottesdienst sollten einige Akzente aus dem Leben des Martin vorgestellt werden (nicht allein die Mantelteilung, sondern auch andere Punkte). Dazu kommen Gebete (etwa Fürbitten der Kinder) und Lieder (vielleicht auch neueres Liedgut).

Weiterführung nach dem Gottesdienst

Auf die Verbindung von Gottesdienst, Martinszug und Martinsfeuer wurde bereits hingewiesen. Kann der Gottesdienst nicht im Zusammenhang mit dem Zug stattfinden, sondern etwa am Sonntag danach, sollten die Kinder trotzdem ihre Laternen mitbringen. Vielleicht kann man anschließend ein Martinsfrühstück im Pfarrheim organisieren und dabei die schönsten Laternen der Kinder prämieren.

Manchmal ist auch ein kleines Martinsspiel möglich, das von einer Kindergruppe, einer Schulklasse oder Kindergartengruppe vorbereitet werden kann.

– *Die Martinslaterne – Licht sein in dunkler Welt:* Die Lichtsymbolik kann durch die Laternen der Kinder aufgegriffen und gedeutet werden. Dazu werden im Gottesdienst kleine Szenen gespielt, in denen Menschen sich auf unterschiedliche Weise (vgl. die Weltgerichtsrede) im Dunkeln befinden. Es kommt jeweils ein Kind mit einer Laterne hinzu und bringt ihnen Licht. Auf die Bedeutung eines Martinsfeuers kann in diesem Zusammenhang hingewiesen werden.

– *Teilen wie Martin:* Ein wichtiger Akzent im Blick auf die Kinder ist das Vorbild des Teilens. Es geht also weniger darum, dass sie selber am Martinstag möglichst viel Süßigkeiten einheimsen, sondern dass sie wie Martin zum Teilen bereit werden. Vielleicht lässt sich im Zusammenhang mit dem Martinszug eine Hilfsaktion organisieren, die diesen Gedanken in besonderer Weise aufgreift.

(C 69) St. Martin

(C 70) St. Nikolaus

Zu den Schrifttexten

Jes 6,1-8: Hier bin ich, sende mich. (Vgl. C 14.) Die Berufungsvision des Jesaja unterscheidet sich nicht nur durch die grandiose Bildersprache von anderen Berufungsberichten des Alten Testamentes. In einem majestätischen Bild sieht Jesaja Gott in seiner Herrlichkeit, von Engeln umgeben. Ihr Lobruf des dreimaligen »Heilig« ist in die christliche Liturgie eingegangen, ihre Beschreibung mit den sechs Flügeln hat viele Künstler durch die Zeiten hindurch angeregt. Doch dieser Text zeigt ebenfalls eine Wandlung beim Propheten auf. Angesichts der Herrlichkeit Gottes wird ihm die Ohnmacht und Unwürdigkeit des Menschen bewusst: dort der Schöpfer – hier das Geschöpf, dort die Macht des Königs und Herrn – hier ein schuldiger und ohnmächtiger Mensch inmitten anderer Menschen. Doch Jesaja erfährt das Erbarmen Gottes auf überraschende Weise, durch einen Reinigungsritus wird wie in einem liturgischen Akt seine Schuld gesühnt. So kann Jesaja bereit werden, nun selber seine Bereitschaft zur Sendung zu erklären, sich zur Verfügung zu stellen. Damit unterscheidet er sich von anderen Propheten, die sich – wie etwa Jeremia – gegen ihre Sendung wehrten. Jesaja dagegen wird zum Modell des Menschen, der selber zum Dienst bereit wird.

Lk 10,1-9: Arbeiter für die Ernte. (Vgl. C 44) Der Gedanke der Sendung prägt auch den Evangelientext. Wie Gott in den Erzählungen des Alten Testaments Menschen sendet, so ist es hier Jesus, der Menschen mit seinem Auftrag und damit mit seiner Vollmacht aussendet. Durch diese Teilhabe an seiner Macht können sie seinen Frieden zu den Menschen bringen, sie können sein Wort verkünden: »Das Reich Gottes ist euch nahe.«

Schrifttext und Familien mit Kindern

Anders als am Martinstag mit seinem in der Öffentlichkeit gefeierten Brauchtum ist die Feier von Nikolaus mehr an die Familie und den häuslichen Bereich gebunden. Hier werden »die Schuhe durch den nächtlich durchreisenden Nikolaus gefüllt«, hier gibt es manche Leckerei für die Kinder. Im öffentlichen Bereich beschränkt sich das Brauchtum auf das Auftreten des Nikolaus in Kindergartengruppen und einigen Schulklassen. Hinzu kommt allerdings die kommerzielle Ausbeutung dieses Heiligen durch die fragwürdigen Nikolausgestalten (vermischt mit dem Weihnachtsmann) in unseren Kaufhäusern.

Hier sollte der Familiengottesdienst einer Gemeinde bewusst einen anderen Akzent setzen und ähnlich wie am Martinstag die Gestalt des Nikolaus als eines vorbildlichen Menschen und Christen herausstellen, der uns von seiner Weise, das Evangelium zu leben, Impulse für heute geben kann.

Anders als bei Martin können wir zu Nikolaus allerdings nicht viele geschichtliche Fakten benennen. Er ist im vierten Jahrhundert (also etwa zur gleichen Zeit wie Martin in Tours) Bischof der kleinasiatischen Stadt Myra (heute Türkei) gewesen. Mehr an gesichertem Wissen haben wir nicht. Allerdings ist die Verehrung dieses Heiligen bereits seit früher Zeit nachweisbar. Viele Legenden erzählen von seiner beispielhaften Lebensweise. Seine Gebeine wurden im Mittelalter in die italienische Stadt Bari überführt. Er gilt als Helfer in vielerlei Nöten.

Wie sich diesen Legenden entnehmen lässt, ist Nikolaus also eine Gestalt, die den christlichen Glauben in herausragender Weise in die Tat umgesetzt hat. Damit wird er uns auch heute zum Vorbild.

Die beiden Schrifttexte dieses Tages greifen den Gedanken der Sendung auf. Von Gott und Jesus auserwählt, wird er zu den Menschen gesandt, um gleichsam Prophet, Verkünder der Liebe Gottes zu den Menschen zu werden. Nikolaus hat diese Aufgabe in herausragender Weise erfüllt.

Gestaltungsideen für den Gottesdienst

– *Nikolaus spiegelt die Liebe Gottes:* Die verschiedenen Nikolauslegenden durchzieht ein Gedanke: Nikolaus war in herausragender Weise von seinem Glauben her zur Nächstenliebe bereit. Aus seinem Glauben an die Liebe Gottes wird er zum Boten der Liebe. Nikolaus spiegelt die Liebe Gottes zu den Menschen wider. Im Gottesdienst kann dies durch einen Spiegel verdeutlicht werden, der das Licht einer starken Lichtquelle spiegelt und erkennen lässt.

– *Für die anderen Brot werden:* Ausgehend von der Kornwundererzählung kann deutlich gemacht werden, dass Nikolaus das Wunder Jesu von der großen Speisung (Brotvermehrung) auf seine Weise fortsetzt. So wird er wie Jesus zum Brot für andere, er setzt sich ganz für die anderen ein. Zur Veranschaulichung kann passend zur Geschichte ein Brot genommen und geteilt werden.

– *Helfen wie Nikolaus:* Eine oder mehrere Nikolauslegenden werden durch kleine Spiele (Sprechspiele oder Spielszenen mit verbindenden Texten, die durch einen Erzähler gelesen werden) vorgestellt. Daran schließen sich weitere Spielszenen an, wie Menschen heute einander helfen können. So soll eine Brücke geschlagen werden von seinem Leben und Handeln zum Leben und Handeln von Menschen heute.

– *Wie ein helles Licht:* Heilige stellen in ihrer Zeit und auf ihre je unterschiedliche Weise Lichter dar, die das Leben der Menschen heller und freundlicher machen, die Hoffnung und Freude schenken, die die Menschen zum Sinn eines gelingenden Lebens finden lassen. Dies kann dadurch verdeutlicht werden, dass um eine »Jesuskerze« weitere Kerzen aufgestellt werden, die von großen Heiligen künden (jeweils kurz vorstellen).

Weiterführung nach dem Gottesdienst

Als Geschenk der Gemeinde am Nikolaustag kann – statt noch mehr Süßigkeiten – eine schöne Nikolausgeschichte oder ein Lied des neueren Liedguts mitgegeben werden. Vielleicht lässt sich im Anschluss an den Gottesdienst auch eine Nikolausfeier im Pfarrheim organisieren. Zu den Gottesdienstvorschlägen können auch die verschiedenen Gegenstände als Erinnerung mitgegeben werden (ein Spiegel, ein Stück Brot, eine Kerze). Zum dritten Vorschlag kann – ähnlich wie bei Martin – eine Hilfsaktion innerhalb oder außerhalb der Gemeinde durchgeführt werden: helfen wie Nikolaus.

(C 70) St. Nikolaus

Schriftstellenregister

Stichwortverzeichnis

Hermann-Josef Frisch
In Gemeinschaft feiern
Wortgottesdienste für Familien mit Kindern
Lesejahr A

erscheint im Herbst 1998

Das Lesejahr A (Matthäus) steht unter dem Leitthema
»In Gemeinschaft feiern«.
Damit wird eine Grundlinie der Theologie des Matthäus
aufgegriffen: In der Gemeinschaft der Glaubenden
und in ihrem Gottesdienst wird das Evangelium Jesu verkündet
und der folgenden Generation weitergegeben.

Hermann-Josef Frisch
Zum Geheimnis finden
Wortgottesdienste für Familien mit Kindern
Lesejahr B

erscheint im Herbst 1999

Das Lesejahr B (Markus) steht unter dem Leitthema
»Zum Geheimnis finden«.
Damit wird eine Grundlinie der Theologie des Markus
aufgegriffen: Zum Geheimnis Jesu und zum Glauben an ihn
müssen Menschen durch die Begegnung mit dem Herrn
und durch das Zeugnis der Jünger Schritt für Schritt gelangen.

Die drei Bände zu den drei Lesejahren stellen ein Standardwerk
zur Vorbereitung von Gottesdiensten für Familien mit Kindern von
5-12 Jahren dar. Zu insgesamt über 200 Sonn- und Feiertagen des
dreijährigen Lesezyklus finden sich in diesen Bänden fundierte
Kurzexegesen aller in der Leseordnung enthaltenen Schrifttexte,
dazu eine Besinnung, wie diese Texte mit der Lebenswelt heutiger
Familien zu verbinden sind. Danach gibt es jeweils eine Fülle von
Anregungen zur Gottesdienstgestaltung und zur Weiterführung dieser Gedanken auch nach dem Gottesdienst. Schriftstellen- und
Stichwortregister runden jeden der drei Bände ab, so dass eine
leichte Orientierung auch für weniger geübte Mitarbeiter/innen der
Vorbereitungskreise möglich ist.